Revista Espírita

Jornal de Estudos Psicológicos

Revista Espírita
Jornal de Estudos Psicológicos

Contém:

O relato das manifestações materiais ou inteligentes dos Espíritos, aparições, evocações etc., bem como todas as notícias relativas ao Espiritismo. – O ensino dos Espíritos sobre as coisas do mundo visível e do invisível; sobre as ciências, a moral, a imortalidade da alma, a natureza do homem e o seu futuro. – A história do Espiritismo na Antiguidade; suas relações com o magnetismo e com o sonambulismo; a explicação das lendas e das crenças populares, da mitologia de todos os povos etc.

Publicada sob a direção
de
ALLAN KARDEC

Todo efeito tem uma causa. Todo efeito inteligente tem uma causa inteligente.
O poder da causa inteligente está na razão da grandeza do efeito.

ANO PRIMEIRO – 1858

TRADUÇÃO EVANDRO NOLETO BEZERRA

FEB

Copyright © 2004 *by*
FEDERAÇÃO ESPÍRITA BRASILEIRA – FEB

5ª edição – Impressão pequenas tiragens – 7/2025

ISBN 978-85-7328-835-3

Título do original francês:
REVUE SPIRITE: JOURNAL D'ÉTUDES PSYCHOLOGIQUES
(Paris, 1858)

Todos os direitos reservados. Nenhuma parte desta publicação pode ser reproduzida, armazenada ou transmitida, total ou parcialmente, por quaisquer métodos ou processos, sem autorização do detentor do *copyright*.

FEDERAÇÃO ESPÍRITA BRASILEIRA – FEB
SGAN 603 – Conjunto F – Avenida L2 Norte
70830-106 – Brasília (DF) – Brasil
www.febeditora.com.br
editorial@febnet.org.br
+55 61 2101 6161

Pedidos de livros à FEB
Comercial
Tel.: (61) 2101 6161 – comercial@febnet.org.br

Adquirindo esta obra, você está colaborando com as ações de assistência e promoção social da FEB e com o Movimento Espírita na divulgação do Evangelho de Jesus à luz do Espiritismo.

Dados Internacionais de Catalogação na Publicação (CIP)
(Federação Espírita Brasileira – Biblioteca de Obras Raras)

K18r   Kardec, Allan, 1804–1869
        Revista Espírita: jornal de estudos psicológicos: Ano primeiro – 1858/ publicada sob a direção de Allan Kardec; tradução de Evandro Noleto Bezerra; [(poesias traduzidas por Inaldo Lacerda Lima)]. – 5. ed. – Impressão pequenas tiragens – Brasília: FEB, 2025.
        528 p.; 21 cm

        Tradução de: Revue spirite: journal d'études psychologiques

        Conteúdo: Vol. 1 (1858)

        ISBN 978-85-7328-835-3

        1. Espiritismo. I. Federação Espírita Brasileira. II. Título: Jornal de estudos psicológicos.

CDD 133.9
CDU 133.7
CDE 00.06.01

Sumário

Primeiro Volume – Ano de 1858

Apresentação da FEB à 1ª edição — *13*
Notas do tradutor à 1ª edição — *17*

JANEIRO

Introdução — *21*
Diferentes naturezas de manifestações — *28*
Diferentes modos de comunicação — *30*
Respostas dos Espíritos a algumas perguntas — *34*
Manifestações físicas — *37*
Os duendes — *40*
Evocações particulares — *42*
Mãe, estou aqui! — *42*
Uma conversão — *45*
Os médiuns julgados — *48*

Visões	52
Reconhecimento da existência dos Espíritos e de suas manifestações	54
História de Joana d'Arc	61
O livro dos espíritos – Apreciações diversas	62

FEVEREIRO

Diferentes ordens de Espíritos	69
Escala espírita	72
Terceira ordem – Espíritos imperfeitos	72
Segunda ordem – Espíritos bons	75
Primeira ordem – Espíritos puros	77
Espíritos errantes ou encarnados	78
O fantasma da senhorita Clairon	78
Isolamento dos corpos pesados	84
A floresta de Dodona e a estátua de Mémnon	86
A avareza – por São Luís	92
Conversas de Além-túmulo – *Senhorita Clary D...* – *Evocação*	94
Sr. Home (Primeiro artigo)	97
Manifestações dos Espíritos – pelo Sr. Paul Auguez	103
Aos leitores da *Revista Espírita*	104

MARÇO

Pluralidade dos mundos	*107*
Júpiter e alguns outros mundos	*110*
Confissões de Luís XI (Primeiro artigo)	*117*
A fatalidade e os pressentimentos – *Instruções dadas por São Luís*	*120*
Utilidade de certas evocações particulares	*124*
Conversas familiares de Além-túmulo	*126*
O assassino Lemaire	*126*
A rainha de Oude	*131*
O doutor Xavier	*136*
Sr. Home (Segundo artigo)	*142*
Magnetismo e Espiritismo	*146*

ABRIL

Período psicológico	*149*
O Espiritismo entre os druidas	*151*
Evocação de Espíritos na Abissínia	*167*
Conversas familiares de Além-túmulo	*168*
Descrição de Júpiter	*168*
Mehemet-Ali (Primeira conversa)	*180*

Sr. Home (Terceiro artigo)   *186*

Variedades   *189*

MAIO

Teoria das manifestações físicas (Primeiro artigo)   *191*

O Espírito batedor de Bergzabern (Primeiro artigo)   *197*

Considerações sobre o Espírito batedor de Bergzabern   *203*

O orgulho – por São Luís   *205*

Problemas morais dirigidos a São Luís   *208*

Metades eternas   *208*

Conversas familiares de Além-túmulo   *213*

Mozart   *213*

O Espírito e os herdeiros   *223*

Confissões de Luís XI (Segundo artigo)   *224*

Morte de Luís XI   *225*

Variedades   *226*

O falso Home   *226*

Manifestações no Hospital de Saintes   *229*

Sociedade Parisiense de Estudos Espíritas   *230*

JUNHO

Teoria das manifestações físicas (Segundo artigo)   *233*

O Espírito batedor de Bergzabern (Segundo artigo)   *239*

A preguiça – por São Luís 251
Conversas familiares de Além-túmulo 253
O Sr. Morisson, monomaníaco 253
O suicida da Samaritana 257
Confissões de Luís XI (Terceiro artigo) 261
Envenenamento do duque de Guyenne 261
Henri Martin – Comunicações extracorpóreas 266
Variedades 269
Os banquetes magnéticos 269

JULHO

A inveja – por São Luís 273
Uma nova descoberta fotográfica 275
Considerações sobre a fotografia espontânea 278
O Espírito batedor de Bergzabern (Terceiro artigo) 282
Conversas familiares de Além-túmulo 285
O tambor de Beresina 285
Espíritos impostores – O falso padre Ambrósio 295
Uma lição de caligrafia por um Espírito 301
Correspondência 306

AGOSTO

Contradições na linguagem dos Espíritos 317
A caridade – por São Vicente de Paulo 331

O Espírito batedor de Dibbelsdorf *336*

Observações a propósito dos desenhos de Júpiter *340*

Habitações do planeta Júpiter *342*

SETEMBRO

Propagação do Espiritismo *355*

Platão: Doutrina da escolha das provas *363*

Um aviso de Além-túmulo *371*

Os gritos da noite de São Bartolomeu *377*

Conversas familiares de Além-túmulo *378*

Sra. Schwabenhaus. *Letargia extática* *378*

Os talismãs – *Medalha cabalística* *385*

Problemas morais – *Suicídio por amor* *388*

Observações sobre o desenho da casa de Mozart *391*

OUTUBRO

Obsediados e subjugados *393*

Emprego oficial do magnetismo animal *408*

O magnetismo e o sonambulismo ensinados pela Igreja *410*

O mal do medo *412*

Teoria do móvel de nossas ações *414*

Assassinato de cinco crianças por outra de doze anos – *Problema moral* *417*

Questões de Espiritismo legal — *421*
Fenômenos de aparição — *427*

NOVEMBRO

Polêmica espírita — *431*
Pluralidade das existências corpóreas (Primeiro artigo) — *433*
Problemas morais sobre o suicídio — *443*
Conversas familiares de Além-túmulo — *445*
Mehemet-Ali (Segunda conversa) — *445*
O doutor Muhr — *448*
Madame de Staël — *451*
Médium pintor — *454*
Independência sonambúlica — *459*
Uma noite esquecida ou a feiticeira Manouza – por Frédéric Soulié — *462*
Variedades — *468*
O general Marceau — *468*

DEZEMBRO

Aparições — *471*
Sr. Adrien, médium vidente — *475*
Um Espírito nos funerais de seu corpo — *478*
Estado da alma no momento da morte — *478*

Fenômeno de bicorporeidade	*481*
Sensações dos Espíritos	*485*
Dissertações de Além-túmulo	*494*
O sono	*494*
As flores	*496*
O papel da mulher	*498*
Poesia espírita – *O despertar de um Espírito*	*500*
Conversas familiares de Além-túmulo	*502*
Uma viúva de Malabar	*502*
A Bela Cordoeira	*504*
Variedades	*509*
Monomania	*509*
Uma questão de prioridade a respeito do Espiritismo	*511*
Aos leitores da *Revista Espírita*	*513*
Conclusão do ano de 1858	*513*
NOTA EXPLICATIVA	*517*

Apresentação da FEB à 1ª edição

Na condição de uma das mais antigas e constantes divulgadoras das obras de Allan Kardec, a Federação Espírita Brasileira tem a grata satisfação de iniciar, com a publicação deste volume, a tradução completa dos 12 primeiros tomos da *Revista Espírita*, referentes aos anos de 1858 a 1869, como parte das homenagens que serão prestadas em 2004 pelo transcurso do bicentenário de nascimento do Codificador da Doutrina Espírita.

A iniciativa que ora tomamos visa tornar acessível aos leitores de língua portuguesa mais uma tradução do primeiro e mais importante periódico de difusão do Espiritismo, acervo extraordinário constituído por quase cinco mil páginas, em sua maior parte da lavra do próprio Allan Kardec, contido nos volumes que sofreram a sua influência direta e pessoal.

Logo na introdução com que abriu o primeiro número, ao referir-se à *Revista Espírita*, diz Allan Kardec:

> [...] Não se pode contestar a utilidade de um órgão especial que ponha o público a par do progresso desta nova ciência e o previna contra os excessos da credulidade, bem como do ceticismo. É essa lacuna que nos propomos preencher com a publicação desta Revista, visando a oferecer um meio de comunicação a todos quantos se interessam por estas questões, ligando, por um laço comum, os que compreendem a Doutrina Espírita sob seu verdadeiro ponto de vista moral: a prática do bem e a caridade evangélica para com todos.[1]

Era mais uma manifestação da clarividência do Codificador. O êxito de *O livro dos espíritos*, dado a lume no ano

---
[1] N.E.: Ver na *Introdução* desta obra as p. 22 e 23.

anterior, ultrapassara todas as expectativas. Allan Kardec recebia de todos os lados relatórios de extraordinários fatos espíritas, correspondências indagando sobre tal ou qual ponto da Doutrina, visitas de pessoas que ansiavam por esclarecimentos maiores, inclusive dignitários da nobreza local e de outros países, sem falar nos recortes de jornais, com seus comentários muitas vezes injuriosos sobre o Espiritismo.

Até então a França não dispunha de um único jornal que veiculasse as grandes *vozes do Céu*, que já se faziam ouvir de forma ordenada e sistemática em todas as latitudes do planeta, pois "são chegados os tempos em que todas as coisas devem ser restabelecidas no seu verdadeiro sentido para dissipar as trevas, confundir os orgulhosos e glorificar os justos".[2] Situação diversa ocorria em outros países; os Estados Unidos, por exemplo, dispunham de 17 jornais, em língua inglesa, consagrados às manifestações mediúnicas que, nos tempos modernos, acabavam de eclodir em Hydesville.

Dando-se conta da imperiosa necessidade de criar uma folha que periodicamente pusesse os estudiosos dos fenômenos espíritas a par do que se passava no mundo e os instruísse de modo ordenado sobre as mais variadas questões doutrinárias, Allan Kardec pôs mãos à obra, a despeito de lhe faltar o tempo necessário para semelhante empreendimento, considerando-se os seus afazeres pessoais, inclusive os voltados para a própria subsistência.

A princípio, cogitou do patrocínio de alguém que pudesse colaborar financeiramente com a obra, mas razões providenciais fizeram com que não lograsse êxito em tal intento. De fato, consultando seus orientadores espirituais sobre a viabilidade do plano, foi-lhe aconselhado que perseverasse no seu propósito, que não se intimidasse ante as dificuldades e que haveria tempo para tudo.

Relativamente à apresentação do periódico, o Espírito comunicante transmitiu estas oportunas instruções:

---

[2] N.E.: *O evangelho segundo o espiritismo*, Prefácio. Tradução Evandro Noleto Bezerra.

Apresentação

[...] Será preciso que lhe dispenses muito cuidado, a fim de assentares as bases de um bom êxito durável. A apresentá-lo defeituoso, melhor será nada fazer, porquanto a primeira impressão pode decidir do seu futuro. Inicialmente, deves cuidar de satisfazer à curiosidade; reunir o sério ao agradável: o sério para atrair os homens de Ciência, o agradável para deleitar o vulgo. Esta parte é essencial, porém a outra é mais importante, visto que sem ela o jornal não teria de fundamento sólido. Em suma, é preciso evitar a monotonia por meio da variedade, congregar a instrução sólida ao interesse [...].[3]

Tais instruções seriam escrupulosamente observadas pelo Codificador.

Finalmente, a 1º de janeiro de 1858, era dado a lume o primeiro número da *Revista Espírita*, por conta e risco do Codificador, não dispondo de nenhum assinante e de nenhum auxílio financeiro. Como diria mais tarde Kardec, "[...] não tive de que me arrepender, porquanto o resultado ultrapassou a minha expectativa. [...] esse jornal se tornou um poderoso auxiliar meu [...]".[4]

Segundo as próprias palavras de seu fundador, a *Revista* seria uma tribuna livre, "na qual a discussão jamais se afastará das normas da mais estrita conveniência". E acrescentava: "Numa palavra: discutiremos, mas não *disputaremos*."[5]

Embora lhe fosse pesada a tarefa, Allan Kardec dirigiu a *Revista Espírita* até 31 de março de 1869, sendo responsável, também, pelo fascículo de abril do mesmo ano, que já se achava composto antes da sua desencarnação. Trabalhava sozinho, sem entrave de qualquer vontade estranha.

---

[3] N.E.: *Obras póstumas*, Segunda parte, artigo *A Revista Espírita*. Tradução Evandro Noleto Bezerra.
[4] N.E.: Idem ibidem, observação no artigo *A Revista Espírita*.
[5] N.E.: Ver na *Introdução* desta obra a p. 24.

[...] Enfrentou incessantemente as mais ásperas lutas, as mais violentas tempestades, a fim de deixar aos continuadores de sua querida revista um campo de trabalho menos árduo e de horizontes mais bem definidos.[6]

Nos seus primeiros 12 anos, a *Revista Espírita* foi o complemento e o desenvolvimento da obra doutrinária encetada por Allan Kardec e, também, o seu principal esteio. Além do Codificador, a *Revista* contou com a colaboração de centenas de participantes, encarnados e desencarnados, franceses e de outras nações, dentre os quais cientistas, literatos, filósofos, religiosos e homens do povo, cada qual ajudando a lançar, na sua respectiva esfera de ação, os alicerces sobre os quais se ergueria o portentoso edifício do Espiritismo.

Pois é esse acervo inestimável que a Federação Espírita Brasileira tem o prazer de colocar à disposição dos estudiosos da Doutrina Espírita e de todos os interessados na sua difusão.

NESTOR JOÃO MASOTTI – PRESIDENTE[7]
Brasília (DF), 18 de abril de 2004.

---

[6] N.E.: *Allan Kardec:* Pesquisa biobibliográfica e ensaios de interpretação, Zêus Wantuil e Francisco Thiesen, vol. III, cap. I, item 2, p. 32.
[7] N.E.: Foi presidente da FEB de 2001 a 2013.

Notas do tradutor à 1ª edição

Tão logo assumimos o compromisso de verter para o português a *Revista Espírita* de Allan Kardec, sentimo-nos tomado de certa apreensão, diante da própria magnitude do trabalho: 12 alentados volumes, publicados em Paris sob a responsabilidade direta do Codificador, no período de 1858 a 1869, totalizando 4.568 páginas, a partir dos originais franceses que integram o acervo da Biblioteca de obras raras da Federação Espírita Brasileira, em Brasília.

A par desse aspecto puramente material, a emoção de mergulhar, por assim dizer, na suave psicosfera do Espiritismo nascente, cujas claridades começavam a derramar-se sobre a humanidade sofredora, em cumprimento à promessa de Jesus de ficar eternamente conosco. Conscientes de estar lidando com preciosa ferramenta, desde logo assumimos o compromisso inarredável de *jamais deturpar a verdade*, de maneira a garantir a necessária *fidelidade* ao texto traduzido; em pleno século XXI, já não podíamos incorrer nas velhas artimanhas do passado, que o tempo, por certo, já sepultou. Quem não se lembra das intercalações, supressões e outras modificações lamentáveis que pontificaram nos tempos de intolerância, inseridas nos Evangelhos justamente por aqueles que deveriam zelar pela pureza dos ensinamentos de Jesus? Legislando em causa própria e a soldo de propósitos inconfessáveis, muitas vezes a verdade foi ardilosamente *escamoteada* pelos próprios teólogos que serviam à Igreja dominante, com vistas a coonestar as suas doutrinas insustentáveis.

E, como se tudo isso não bastasse, o receio, natural e compreensível, de abraçar atividade até então confiada somente a inteligências de escol, da expressão de Luís Olímpio Guillon Ribeiro e Manuel Justiniano de Freitas Quintão, para não nos afastarmos da Federação Espírita Brasileira, nem de suas irrepreensíveis traduções das obras básicas de Allan Kardec.

Entretanto, e fazendo abstração do conteúdo e do significado extraordinários da *Revista Espírita*, essa tarefa representava uma oportunidade inesquecível de rever Paris com os olhos da alma... Por certo, não a Paris futurista de *La Défense*, travestida de megalópole americana, mas aquela da *Belle Époque*, embelezada por Napoleão III e envolvida na *charmante* atmosfera do século XIX, com seus *boulevards* adornados de plátanos e olmos, *réverbères* e cafés, sempre apinhados de gente bonita... Mais uma vez percorrer aquelas ruas, vielas e locais, outrora tão familiares ao Codificador: Vaugirard, Grange-Batelière, Rochechouart, Passage Sainte-Anne, Ségur, Harpe, Martyrs, Tiquetonne, Sèvres, Odéon, Tuileries, Luxembourg, Palais-Royal, Galerie d'Orléans, Montparnasse, Montmartre, Père-Lachaise... Mirar novamente as belezas da Cidade Luz, cuja magia a linguagem humana é incapaz de retratar... De fato, como descrever as brumas da manhã, os matizes dourados do outono, o suave encanto do entardecer, o cintilar das estrelas no firmamento e o frenesi dos transeuntes nos Champs-Elysées?

* * *

Devaneios à parte, é importante não se perder de vista que a tradução de uma obra é tarefa espinhosa. Por mais cuidadosa, por mais fiel e honesta, jamais expressará, na sua inteireza, as variadas nuances da língua original. Há palavras, sentenças e máximas que não encontram equivalência satisfatória em nossa língua. Por outro lado, as próprias emoções se diluem ou se ampliam ao serem transferidas de uma para outra cultura, sem falar das armadilhas que nos são estendidas quando traduzimos literalmente ou — mais grave ainda — quando *interpretamos* o pensamento do autor, na inglória tentativa de superar o texto original. A par disto, a desejável observância das regras gramaticais e estilísticas que dizem respeito ao idioma no qual nos exprimimos, de modo a tornar agradável a leitura e não cansar o leitor.

Feitos esses reparos, procuramos ater-nos aos vocábulos e expressões da língua francesa que encontram perfeita correspondência com os seus homólogos portugueses, tal como são empregados no Brasil. Quando, pela própria estrutura da língua em questão, não nos foi possível observar essa regra, ou para não reproduzirmos palavras e períodos que se repetiam com frequência, abandonamos aqui e ali a rigidez do texto, principalmente em atenção à *clareza* e à *melodia* (eufonia) das sentenças, sem, contudo, *jamais* esquecer de guardar o sentido *fiel* das verdades traduzidas para a nossa língua.

A presente tradução é de nossa inteira responsabilidade, à exceção de algumas partes, cuja indicação, em nota de rodapé, pedimos se reportasse o leitor à fonte original. Como é do conhecimento de todos, além da função primacial de órgão de difusão doutrinária, a *Revista Espírita* constituiu-se numa espécie de tribuna livre,[8] na qual Allan Kardec sondava a reação dos homens e a impressão dos Espíritos acerca de determinados assuntos, ainda hipotéticos ou mal compreendidos, enquanto lhes aguardava a confirmação, por meio da *concordância* e da *universalidade* do ensino dos Espíritos. Muitos textos revelados pelos Espíritos superiores, assim como outros da lavra do próprio Codificador, antes publicados na *Revista Espírita*, foram transcritos por Kardec, integralmente ou com pequenas modificações, nas obras básicas — definitivas — que levam o seu nome. Assim, utilizamo-nos das traduções de Guillon Ribeiro e Manuel Quintão quando os mesmos trechos da *Revue* coincidiam com aqueles já traduzidos por esses dois ex-presidentes da FEB.[9]

Reconhecendo nossas reais limitações em matéria de poesia, cujas regras devem ser escrupulosamente observadas, a fim de conservarem a rima e a versificação da língua original — quase sempre desfiguradas na versão que se traduz —, confiamos essa difícil tarefa ao nosso estimado confrade e beletrista Inaldo Lacerda Lima, que, incontinente e de boa vontade, a aceitou, desempenhando-a com mestria e indisfarçável competência.

---

[8] N.T.: Vide *A gênese*, de Allan Kardec, *Introdução*, parágrafo final.
[9] N.E.: Este texto refere-se à 1ª edição. A partir desta nova edição de 2014, passamos a adotar em todos os volumes da Coleção Revista Espírita (1858 a 1869), na transcrição de trechos da Codificação espírita, a tradução de Evandro Noleto Bezerra.

Procuramos evitar, tanto quanto possível, a inserção de notas de rodapé, a não ser quando tivessem a finalidade de esclarecer o leitor acerca de qualquer explicação que não possa ser facilmente encontrada nas enciclopédias e compêndios de História Geral, da própria tradução, de um ponto doutrinário qualquer, ou, ainda, quando se relacionassem com fatos diretamente ligados à vida e à obra do Codificador.

Finalmente, ao oferecer nosso modesto trabalho aos companheiros de ideal espírita, somos os primeiros a reconhecer que não fizemos uma tradução perfeita. Falhas, por certo, haverão de ser detectadas, umas, talvez, durante o processo gráfico de composição e impressão, outras por desatenção nossa, ensejando-nos a feliz oportunidade de saná-las em edições posteriores desta obra, desde que contemos com o auxílio inestimável dos leitores em no-las apontar, com vistas ao seu perene aperfeiçoamento.

EVANDRO NOLETO BEZERRA – TRADUTOR
Brasília (DF), 10 de outubro de 2002.

Revista Espírita
Jornal de estudos psicológicos
ANO I   JANEIRO DE 1858   N° 1

Introdução

A rapidez com que se propagaram, em todas as partes do mundo, os estranhos fenômenos das manifestações espíritas é uma prova evidente do interesse que despertam. A princípio simples objeto de curiosidade, não tardaram a chamar a atenção de homens sérios que neles vislumbraram, desde o início, a influência inevitável que viriam a ter sobre o estado moral da sociedade. As novas ideias que surgem desses fenômenos popularizam-se cada dia mais, e nada lhes pode deter o progresso, pela simples razão de que estão ao alcance de todos, ou de quase todos, e nenhum poder humano lhes impedirá que se manifestem. Se os abafam aqui, reaparecem em cem outros pontos. Aqueles, pois, que neles vissem um inconveniente qualquer seriam constrangidos, pela própria força dos fatos, a sofrer-lhes as consequências, como sói acontecer às indústrias novas que, em sua origem, ferem interesses particulares, logo absorvidos, pois não poderia ser de outro modo. O que já não se fez e disse contra o magnetismo! Entretanto, todos os raios lançados contra ele, todas as armas com que foi ferido, mesmo o ridículo, esboroaram-se ante a realidade e apenas serviram para colocá-lo ainda mais em evidência. É que o magnetismo é uma força natural e, perante as forças da natureza, o homem é um pigmeu, semelhante a cachorrinhos que ladram inutilmente contra tudo que os possa amedrontar.

Dá-se com as manifestações espíritas a mesma coisa que se dá com o sonambulismo: se não se produzirem à luz do dia e publicamente, ninguém impedirá que ocorram na intimidade, pois cada família pode descobrir um médium entre seus membros, das crianças aos velhos, assim como pode encontrar um sonâmbulo. Quem, pois, poderá impedir que a primeira pessoa que encontremos seja médium e sonâmbula? Sem dúvida, os que o combatem não refletiram nisto. Insistimos: quando uma força está na natureza, pode-se detê-la por um instante, porém jamais aniquilá-la! Seu curso apenas poderá ser desviado. Ora, a força que se revela no fenômeno das manifestações, seja qual for a sua causa, está na natureza, da mesma forma que o magnetismo, e não poderá ser exterminada, como a força elétrica também não o será. O que importa é que seja observada e estudada em todas as suas fases, a fim de se deduzirem as leis que a regem. Se for um erro, uma ilusão, o tempo fará justiça; se, porém, for verdadeira, a verdade é como o vapor: quanto mais se o comprime, tanto maior será a sua força de expansão.

Causa justa admiração que, enquanto na América, somente os Estados Unidos possuem 17 jornais consagrados a esse assunto, sem contar um sem-número de escritos não periódicos, a França, o país da Europa onde tais ideias mais rapidamente se aclimataram, não possui nenhum.[10] Não se pode contestar a utilidade de um órgão especial que ponha o público a par do progresso desta nova ciência e o previna contra os excessos da credulidade, bem como do ceticismo. É essa lacuna que nos propomos preencher com a publicação desta Revista, visando a oferecer um meio de comunicação a todos quantos se interessam por estas questões, ligando, por um laço comum, os que compreendem a Doutrina Espírita sob o

---

[10] Nota de Allan Kardec: Até agora só existe na Europa um jornal consagrado à Doutrina Espírita — o *Journal de l'Âme*, publicado em Genebra pelo Dr. Boessinger. Na América, o único jornal em francês é o *Spiritualiste de la Nouvelle Orléans*, publicado pelo Sr. Barthès.

seu verdadeiro ponto de vista moral: a prática do bem e a caridade evangélica para com todos.

Se não se tratasse senão de uma coleta de fatos, a tarefa seria fácil; eles se multiplicam em toda parte com tal rapidez que não faltaria matéria, mas os fatos, por si mesmos, tornam-se monótonos pela repetição e, sobretudo, pela similitude. O que é necessário ao homem racional é algo que lhe fale à inteligência. Poucos anos se passaram desde o surgimento dos primeiros fenômenos, e já estamos longe da época das mesas girantes e falantes, que foram suas manifestações iniciais. Hoje, é uma ciência que revela todo um mundo de mistérios, tornando patentes as verdades eternas que apenas pelo nosso espírito eram pressentidas; é uma doutrina sublime, que mostra ao homem o caminho do dever, abrindo o mais vasto campo até então jamais apresentado à observação filosófica. Nossa obra seria, pois, incompleta e estéril se nos mantivéssemos nos estreitos limites de uma revista anedótica, cujo interesse rapidamente se esgotasse.

Talvez nos contestem a qualificação de *ciência* que damos ao Espiritismo. Certamente não teria ele, *em nenhum caso*, as características de uma ciência exata, e é precisamente aí que reside o erro dos que o pretendem julgar e experimentar como uma análise química ou um problema matemático; já é bastante que seja uma ciência filosófica. Toda ciência deve basear-se em fatos, mas os fatos, por si sós, não constituem a ciência; ela nasce da coordenação e da dedução lógica dos fatos: é o conjunto de leis que os regem. Chegou o Espiritismo ao estado de ciência? Se por isto se entende uma ciência acabada, seria sem dúvida prematuro responder afirmativamente; entretanto, as observações já são hoje bastante numerosas para nos permitirem deduzir, pelo menos, os princípios gerais, onde começa a ciência.

O exame raciocinado dos fatos e das consequências que deles decorrem é, pois, um complemento sem o qual nossa publicação seria de medíocre utilidade, não oferecendo senão um interesse muito secundário para quem quer que reflita e queira inteirar-se daquilo que vê. Todavia, como nosso fim é chegar à verdade, acolheremos todas as observações que nos forem dirigidas e tentaremos, tanto quanto no-lo permita o estado dos conhecimentos adquiridos, dirimir as dúvidas e esclarecer os pontos ainda obscuros. Nossa Revista será, assim, uma tribuna livre, na qual a discussão jamais se afastará das normas da mais estrita conveniência. Numa palavra: discutiremos, mas não *disputaremos*. As inconveniências de linguagem nunca foram boas razões aos olhos de pessoas sensatas; é a arma dos que não possuem algo melhor, voltando-se contra aqueles que dela se servem.

Embora os fenômenos de que nos ocupamos se tenham produzido, nos últimos tempos, de maneira mais geral, tudo prova que têm ocorrido desde as eras mais recuadas. Não há fenômenos naturais nas invenções que acompanham o progresso do espírito humano; desde que estejam na ordem das coisas, sua causa é tão velha quanto o mundo, e os seus efeitos devem ter-se produzido em todas as épocas. O que testemunhamos, hoje, portanto, não é uma descoberta moderna: é o despertar da Antiguidade, desembaraçada do envoltório místico que engendrou as superstições; da Antiguidade esclarecida pela civilização e pelo progresso nas coisas positivas.

A consequência capital que ressalta desses fenômenos é a comunicação que os homens podem estabelecer com os seres do mundo incorpóreo e, dentro de certos limites, o conhecimento que podem adquirir sobre o seu estado futuro. O fato das comunicações com o mundo invisível encontra-se, em termos inequívocos, nos livros bíblicos, mas, de um lado, para certos céticos, a *Bíblia* não tem autoridade suficiente; por outro lado, para os crentes, são fatos sobrenaturais, suscitados por um favor especial da divindade. Não haveria aí, para todo o mundo, uma prova da generalidade dessas manifestações, se não as encontrássemos em milhares de outras fontes diferentes. A existência dos Espíritos, e sua intervenção no mundo corpóreo, está atestada e demonstrada não mais como um fato excepcional, mas como um princípio geral, em Santo Agostinho, São Jerônimo, São João Crisóstomo, São

Gregório Nazianzeno e tantos outros pais da Igreja. Essa crença forma, além disso, a base de todos os sistemas religiosos. Admitiram-na os mais sábios filósofos da Antiguidade: Platão, Zoroastro, Confúcio, Apuleio, Pitágoras, Apolônio de Tiana e tantos outros. Nós a encontramos nos mistérios e nos oráculos, entre os gregos, os egípcios, os hindus, os caldeus, os romanos, os persas, os chineses. Vemo-la sobreviver a todas as vicissitudes dos povos, a todas as perseguições e desafiar todas as revoluções físicas e morais da humanidade. Mais tarde a encontramos entre os adivinhos e feiticeiros da Idade Média, nos Willis e nas Walkírias dos escandinavos, nos Elfos dos teutões, nos Leschios e nos Domeschnios Doughi dos eslavos, nos Ourisks e nos Brownies da Escócia, nos Poulpicans e nos Tensarpoulicts dos bretões, nos Cemis dos caraíbas, numa palavra, em toda a falange de ninfas, de gênios bons e maus, nos silfos, gnomos, fadas e duendes, com os quais todas as nações povoaram o espaço. Encontramos a prática das evocações entre os povos da Sibéria, no Kamtchatka, na Islândia, entre os indígenas da América do Norte e os aborígenes do México e do Peru, na Polinésia e até entre os estúpidos selvagens da Nova Holanda.

Sejam quais forem os absurdos que cercam essa crença e a desfiguram segundo os tempos e os lugares, não se pode discordar de que ela parte de um mesmo princípio, mais ou menos deturpado. Ora, uma doutrina não se torna universal, não sobrevive a milhares de gerações, não se implanta de um polo a outro, entre os povos mais diversificados, pertencentes a todos os graus da escala social, se não estiver fundada em algo de positivo. O que será esse algo? É o que nos demonstram as recentes manifestações. Procurar as relações que possam existir entre tais manifestações e todas essas crenças é buscar a verdade. A história da Doutrina Espírita, de certo modo, é a história do espírito humano; teremos que estudá-la em todas as fontes, que nos fornecerão uma mina inesgotável de observações tão instrutivas quão interessantes, sobre fatos geralmente pouco conhecidos. Essa parte nos dará oportunidade de explicar a origem de uma porção de lendas e de crenças populares, delas destacando o que toca a verdade, a alegoria e a superstição.

No que concerne às manifestações atuais, daremos explicação de todos os fenômenos patentes que testemunharmos ou que chegarem ao nosso conhecimento, quando nos parecerem merecer a atenção de nossos leitores. De igual modo o faremos em relação aos efeitos espontâneos que por vezes se produzem entre pessoas alheias às práticas espíritas e que revelam seja a ação de um poder oculto, seja a emancipação da alma; tais são as visões, as aparições, a dupla vista, os pressentimentos, os avisos íntimos, as vozes secretas etc. À narração dos fatos acrescentaremos a explicação, tal como ressalta do conjunto dos princípios. A respeito faremos notar que esses princípios decorrem do próprio ensinamento dado pelos Espíritos, fazendo sempre abstração de nossas próprias ideias. Não será, pois, uma teoria pessoal que exporemos, mas a que nos tiver sido comunicada e da qual não seremos senão meros intérpretes.

Um grande espaço será igualmente reservado às comunicações escritas ou verbais dos Espíritos, sempre que tiverem um fim útil, assim como às evocações de personagens antigas ou modernas, conhecidas ou obscuras, sem negligenciar as evocações íntimas que, muitas vezes, não são menos instrutivas; numa palavra: abarcaremos todas as fases das manifestações materiais e inteligentes do mundo incorpóreo.

A Doutrina Espírita nos oferece, enfim, a única solução possível e racional de uma multidão de fenômenos morais e antropológicos, dos quais somos testemunhas diariamente e para os quais se procuraria, inutilmente, a explicação em todas as doutrinas conhecidas. Nesta categoria classificaremos, por exemplo, a simultaneidade de pensamentos, a anomalia de certos caracteres, as simpatias e antipatias, os conhecimentos intuitivos, as aptidões, as propensões, os destinos que parecem marcados pela fatalidade e, num quadro mais geral, o caráter distintivo dos povos, seu progresso ou sua degenerescência etc. À citação dos fatos acrescentaremos a pesquisa das causas que os poderiam ter produzido. Da apreciação desses fatos ressaltarão, naturalmente, ensinamentos úteis a respeito da linha de conduta mais conforme à sã moral. Em suas instruções, os Espíritos superiores têm sempre por objetivo despertar nos homens o amor do bem por meio dos preceitos evangélicos; por isso mesmo eles nos traçam o pensamento que deve presidir à redação dessa coletânea.

Nosso quadro, como se vê, compreende tudo quanto se liga ao conhecimento da parte metafísica do homem; estudá-la-emos em seu estado presente e no futuro, porquanto estudar a natureza dos Espíritos é estudar o homem, tendo em vista que ele deverá fazer parte, um dia, do mundo dos Espíritos. Eis por que acrescentamos, ao nosso título principal, o de *Jornal de estudos psicológicos*, a fim de fazer compreender toda a sua importância.

NOTA – Por mais abundantes sejam nossas observações pessoais e as fontes onde as recolhemos, não dissimulamos as dificuldades da tarefa, nem a nossa insuficiência. Para suplementá-la, contamos com o concurso benevolente de todos quantos se interessam por essas questões; seremos, pois, bastante reconhecidos pelas comunicações que houverem por bem transmitir-nos acerca dos diversos assuntos de nossos estudos; a esse respeito chamamos a atenção para os seguintes pontos, sobre os quais poderão fornecer documentos:

1º) Manifestações materiais ou inteligentes obtidas nas reuniões às quais assistirem;

2º) Fatos de lucidez sonambúlica e de êxtase;

3º) Fatos de segunda vista, previsões, pressentimentos etc.;

4º) Fatos relativos ao poder oculto, atribuídos com ou sem razão a certos indivíduos;

5º) Lendas e crenças populares;

6º) Fatos de visões e aparições;

7º) Fenômenos psicológicos particulares, que por vezes ocorrem no instante da morte;

8º) Problemas morais e psicológicos a resolver;

9º) Fatos morais, atos notáveis de devotamento e abnegação, dos quais possa ser útil propagar o exemplo;

10º) Indicação de obras antigas ou modernas, francesas ou estrangeiras, onde se encontrem fatos relativos à manifestação de inteligências ocultas, com a designação e, se possível, a citação das passagens. Do mesmo modo, no que diz respeito à opinião emitida sobre a existência dos Espíritos e suas relações com os homens, por autores antigos ou modernos, cujo nome e saber possam lhes dar autoridade.

Não daremos a conhecer o nome das pessoas que nos enviarem as comunicações, a não ser que, para isto, sejamos formalmente autorizados.

Diferentes naturezas de manifestações

Os Espíritos atestam sua presença de diversas maneiras, conforme sua aptidão, vontade e maior ou menor grau de elevação. Todos os fenômenos, dos quais teremos ocasião de nos ocupar, ligam-se, naturalmente, a um ou outro desses modos de comunicação. Para facilitar a compreensão dos fatos, acreditamos, pois, dever abrir a série de nossos artigos pelo quadro das formas de manifestações. Pode-se resumi-las assim:

1º) *Ação oculta*, quando nada têm de ostensivo. Tais, por exemplo, as inspirações ou sugestões de pensamentos, os avisos íntimos, a influência sobre os acontecimentos etc.

2º) *Ação patente ou manifestação*, quando é apreciável de uma maneira qualquer.

3º) *Manifestações físicas ou materiais*: são as que se traduzem por fenômenos sensíveis, tais como ruídos, movimento e deslocamento de objetos. Essas manifestações frequentemente não trazem nenhum sentido direto; têm por fim somente chamar a atenção para qualquer coisa e de convencer-nos da presença de um poder extra-humano.

4º) *Manifestações visuais ou aparições*, quando o Espírito se mostra sob uma forma qualquer, sem nada possuir das propriedades conhecidas da matéria.

5º) *Manifestações inteligentes*, quando revelam um pensamento. Toda manifestação que comporta um sentido, mesmo quando não passa de simples movimento ou ruído, que acusa certa liberdade de ação, que responde a um pensamento ou obedece a uma vontade, é uma manifestação inteligente. Existem em todos os graus.

6º) *As comunicações* são manifestações inteligentes que têm por objetivo a troca de ideias entre o homem e os Espíritos.

A natureza das comunicações varia conforme o grau de elevação ou de inferioridade, de saber ou de ignorância do Espírito que se manifesta, e segundo a natureza do assunto de que se trata. Podem ser: *frívolas, grosseiras, sérias* ou *instrutivas*.

As *comunicações frívolas* emanam de Espíritos leviangos, zombeteiros e travessos, mais maliciosos que maus, e que não ligam nenhuma importância ao que dizem.

As *comunicações grosseiras* traduzem-se por expressões que chocam o decoro. Procedem somente de Espíritos inferiores ou que se não despojaram ainda de todas as impurezas da matéria.

As *comunicações sérias* são graves quanto ao assunto e à maneira por que são feitas. A linguagem dos Espíritos superiores é sempre digna e isenta de qualquer trivialidade. Toda comunicação que exclui a frivolidade e a grosseria, e que tenha um fim útil, mesmo de interesse particular, é, por isso mesmo, séria.

As *comunicações instrutivas* são as comunicações sérias que têm por objetivo principal um ensinamento qualquer, dado pelos Espíritos sobre as ciências, a moral, a filosofia etc. São mais ou menos profundas e mais ou menos *verdadeiras*, conforme o grau de elevação e de *desmaterialização* do Espírito. Para extrair dessas comunicações um proveito real, é preciso sejam elas regulares e seguidas com perseverança. Os Espíritos sérios ligam-se àqueles que querem instruir-se e os secundam, ao passo que deixam aos Espíritos levianos, com suas facécias, a tarefa de divertir os que não veem nessas manifestações senão uma distração passageira. Somente pela regularidade e frequência das comunicações é que se pode apreciar o valor moral e intelectual dos Espíritos com os quais nos entretemos, assim como o grau de confiança que merecem. Se é preciso ter experiência para julgar os homens, mais ainda será necessário para julgar os Espíritos.

Diferentes modos de comunicação

As comunicações inteligentes entre os Espíritos e os homens podem ocorrer por meio de sinais, pela escrita e pela palavra.

Os sinais consistem no movimento significativo de certos objetos e, mais frequentemente, nos ruídos ou golpes desferidos. Quando os fenômenos comportam um sentido, não deixam dúvida quanto à intervenção de uma inteligência oculta, porquanto, *se todo efeito tem uma causa, todo efeito inteligente deve ter uma causa inteligente.*

Janeiro de 1858

Sob a influência de certas pessoas, designadas pelo nome de *médiuns*, e algumas vezes espontaneamente, um objeto qualquer pode executar movimentos convencionados, bater um número determinado de golpes e transmitir, assim, respostas pelo *sim* e pelo *não*, ou pela designação das letras do alfabeto.

Os golpes também podem ser ouvidos sem nenhum movimento aparente e sem causa ostensiva, quer na superfície, quer nos próprios *tecidos* dos corpos inertes, em uma parede, numa pedra, em um móvel ou em outro objeto qualquer. De todos esses objetos, por serem os mais cômodos, pela mobilidade e facilidade com que nos colocamos à sua volta, as mesas são os mais frequentemente utilizados: daí a designação do fenômeno em geral pelas expressões bastante triviais de *mesas falantes* e de *dança das mesas*, expressões que convém banir, primeiro porque se prestam ao ridículo, depois porque podem induzir em erro, fazendo crer, neste particular, que elas tenham uma influência especial.

A este modo de comunicação daremos o nome de *sematologia espírita*, expressão que dá uma perfeita ideia e compreende todas as variedades de comunicações por meio de sinais, movimentos dos corpos ou pancadas. Um de nossos correspondentes chegou mesmo a propor-nos que se designasse especialmente este último meio, o das pancadas, pela palavra *tiptologia*.

O segundo modo de comunicação é a escrita. Designá-lo-emos sob o nome de *psicografia*, igualmente empregado por um correspondente.

Para se comunicarem pela escrita, os Espíritos empregam, como intermediários, certas pessoas, dotadas da faculdade de escrever sob a influência da força oculta que as dirige e que obedecem a um poder evidentemente fora de seu controle, já que não podem parar nem prosseguir à vontade e, no mais das vezes, não têm consciência do que escrevem. Sua mão é agitada por um movimento involuntário, quase febril; tomam o lápis, mau grado seu, e o deixam do mesmo modo; nem a vontade, nem o desejo podem fazê-la prosseguir, caso não o deva fazer. É a *psicografia direta*.

A escrita é obtida também pela só imposição das mãos sobre um objeto disposto de modo conveniente e munido de um lápis ou qualquer outro instrumento apropriado a escrever. Geralmente, os objetos mais empregados são as pranchetas ou as cestas, dispostas convenientemente para esse efeito. A força oculta que age sobre a pessoa transmite-se ao objeto, que se torna, assim, um apêndice da mão, imprimindo-lhe o movimento necessário para traçar os caracteres. É a *psicografia indireta*.

As comunicações transmitidas pela psicografia são mais ou menos extensas, conforme o grau da faculdade mediadora. Alguns não obtêm senão palavras; em outros, a faculdade se desenvolve pelo exercício, escrevem frases completas e, frequentemente, dissertações desenvolvidas sobre assuntos propostos ou tratados espontaneamente pelos Espíritos, sem que se lhes tenha feito qualquer pergunta.

Às vezes a escrita é clara e legível; em outras, só é decifrável por quem a escreveu e que a lê por uma espécie de intuição ou dupla vista.

Sob a mão da mesma pessoa, a escrita muda, em geral, de maneira completa, com a inteligência oculta que se manifesta, e o mesmo tipo de letra se reproduz cada vez que a mesma inteligência se manifesta. Esse fato, entretanto, nada tem de absoluto.

Os Espíritos transmitem, por vezes, certas comunicações escritas sem intermediário direto. Os caracteres, neste caso, são traçados espontaneamente por um poder extra-humano, visível ou invisível. Como é útil que cada coisa tenha um nome, a fim de nos podermos entender, daremos a esse modo de comunicação escrita o de *espiritografia*, para distingui-la de *psicografia*, ou escrita obtida por um médium. A diferença entre esses dois vocábulos é fácil de apreender. Na psicografia a alma do médium desempenha, necessariamente, certo papel, pelo menos como intermediário, ao passo que na espiritografia é o Espírito que age diretamente, por si mesmo.

O terceiro modo de comunicação é a palavra. Certas pessoas sofrem nos órgãos vocais a influência de um poder oculto que se faz sentir na mão daqueles que escrevem. Transmitem, pela palavra, o que outras transmitem pela escrita.

As comunicações verbais, como as escritas, ocorrem algumas vezes sem intermediário corpóreo. Palavras e frases podem ressoar aos nossos ouvidos ou em nosso cérebro sem causa física aparente. Os Espíritos podem, igualmente, aparecer-nos em sonho ou em estado de vigília e dirigir-nos a palavra para nos dar avisos ou instruções.

Para seguir o mesmo sistema de nomenclatura que adotamos para as comunicações escritas, deveríamos chamar de *psicologia* a palavra transmitida pelo médium, e de *espiritologia* a originada diretamente do Espírito. Porém, a palavra *psicologia* já tem uma acepção conhecida e não a podemos distorcer. Designaremos, pois, todas as comunicações verbais sob o nome de *espiritologia*: as primeiras pelas palavras *espiritologia mediata*, e as segundas pelas de *espiritologia direta*.

Dos diferentes modos de comunicação, a *sematologia* é o mais incompleto; é muito lento e não se presta senão com dificuldade a desenvolvimentos de uma certa extensão. Os Espíritos superiores dela não se servem voluntariamente, seja por causa da lentidão, seja porque as respostas, por *sim* e por *não*, são incompletas e sujeitas a erro. Para o ensino, preferem os meios mais rápidos: a escrita e a palavra.

Com efeito, a escrita e a palavra são os meios mais completos para a transmissão do pensamento dos Espíritos, quer pela precisão das respostas, quer pela extensão dos desenvolvimentos que comportam. A escrita tem a vantagem de deixar traços materiais e de ser um dos meios mais adequados para combater a dúvida. De resto, não se é livre para escolher; os Espíritos comunicam-se pelos meios que julgam apropriados: isso depende das aptidões.

Respostas dos Espíritos a algumas perguntas

P. – Como os Espíritos podem agir sobre a matéria? Isso parece contrário a todas as ideias que fazemos da natureza dos Espíritos.

Resp. – "Segundo vós, o Espírito nada é; e isso é um erro. Já vos dissemos que o Espírito é alguma coisa, daí porque pode agir por si mesmo. Vosso mundo, porém, é muito grosseiro para que ele possa fazê-lo sem um intermediário, isto é, sem o laço que une o Espírito à matéria."

OBSERVAÇÃO – Sendo imaterial o próprio laço que une o Espírito à matéria ou, pelo menos, impalpável, essa resposta não resolveria a questão se não tivéssemos o exemplo de forças igualmente imponderáveis agindo sobre a matéria: é assim que o pensamento é a causa primeira de todos os nossos movimentos voluntários; que a eletricidade derruba, levanta e transporta massas inertes. Do fato de não se conhecer o motor, seria ilógico concluir que ele não existe. O Espírito pode, pois, ter alavancas que nos são desconhecidas; a natureza prova diariamente que o seu poder não se detém no testemunho dos sentidos. Nos fenômenos espíritas, a causa imediata é, incontestavelmente, um agente físico, mas a causa primeira é uma inteligência que age sobre esse agente, como o nosso pensamento age sobre nossos membros. Quando queremos bater, é nosso braço que age; não é o pensamento que bate, ele dirige o braço.

P. – Entre os Espíritos que produzem efeitos materiais, os que se chamam de *batedores* formam uma categoria especial ou são os mesmos que produzem os movimentos e os ruídos?

Resp. – "O mesmo Espírito, certamente, pode produzir efeitos muito diversos, mas há os que se ocupam mais particularmente de certas coisas, como entre vós tendes os ferreiros e os que fazem trabalhos pesados."

P. – O Espírito que age sobre corpos sólidos, seja para movê-los, seja para bater, encontra-se na própria substância do corpo ou fora dela?

Resp. – "Uma coisa e outra; dissemos que a matéria não é um obstáculo para os Espíritos; eles penetram tudo."

P. – As manifestações materiais, tais como os ruídos, o movimento dos objetos e todos esses fenômenos que nos apraz provocar frequentemente, são produzidos indistintamente pelos Espíritos superiores e inferiores?

Resp. – "Apenas os Espíritos inferiores se ocupam dessas coisas. Por vezes os Espíritos superiores servem-se deles, como faríeis com um carregador, a fim de levar a escutá-los. Podeis crer que os Espíritos de uma ordem superior estejam às vossas ordens para vos divertir com pasquinadas? É como se perguntásseis se, em vosso mundo, são os homens sábios e sérios que fazem os papéis de malabaristas e bufões."

OBSERVAÇÃO – Os Espíritos que se revelam por efeitos materiais são, em geral, de ordem inferior. Divertem ou espantam aqueles para quem os espetáculos visuais têm mais atrativos que o exercício da inteligência; são, de alguma sorte, os saltimbancos do mundo espírita. Algumas vezes agem espontaneamente; outras vezes, por ordem dos Espíritos superiores.

Se as comunicações dos Espíritos superiores oferecem um interesse mais sério, as manifestações físicas têm igualmente utilidade para o observador. Revelam-nos forças desconhecidas da natureza e nos oferecem o meio de estudar o caráter e, se assim nos podemos exprimir, os costumes de todas as classes da população espírita.

P. – Como provar que o poder oculto que age nas manifestações espíritas está fora do homem? Não se poderia pensar que reside nele mesmo, isto é, que age sob o impulso de seu próprio Espírito?

Resp. – "Quando uma coisa é feita contra tua vontade e o teu desejo, é claro que não és tu quem a produz; porém, frequentemente, és a alavanca de que se serve o Espírito para agir, e tua vontade lhe vem em auxílio; podes ser um instrumento mais ou menos cômodo para ele."

OBSERVAÇÃO – É, sobretudo, nas comunicações inteligentes que a intervenção de um poder estranho torna-se patente. Quando essas comunicações são espontâneas e estão fora do nosso pensamento e controle; quando respondem a perguntas cuja solução é ignorada pelos assistentes, faz-se necessário procurar sua causa fora de nós. Isso se torna evidente para quem quer que observe os fatos com atenção e perseverança; os matizes de detalhes escapam ao observador superficial.

P. – Todos os Espíritos são capazes de dar manifestações inteligentes?

Resp. – "Sim, visto que todos são inteligentes; porém, como os há de todos os graus, tal qual ocorre entre vós, uns dizem coisas insignificantes ou estúpidas, outros, coisas sensatas."

P. – Todos os Espíritos estão aptos a compreender as perguntas que se lhes fazem?

Resp. – "Não; os Espíritos inferiores são incapazes de compreender certas perguntas, o que não os impede de responder bem ou mal; é ainda como entre vós."

OBSERVAÇÃO – Por aí se vê quanto é essencial pôr-se em guarda contra a crença no saber ilimitado dos Espíritos. Dá-se com eles o que se dá com os homens; não basta interrogar o primeiro que aparece para ter uma resposta sensata. É preciso saber a quem se dirigir.

Quem quer que deseje conhecer os costumes de um povo deve estudá-lo desde a base até o cume da escala; ver somente uma classe é dele fazer uma ideia falsa, pois se julga o todo pela parte. A população dos Espíritos é como a nossa; há de tudo: o bom, o mau, o sublime, o trivial, o saber e a ignorância. Quem não os tiver observado seriamente em todos os graus não se pode gabar de conhecê-los. As manifestações físicas fazem-nos conhecer os Espíritos de baixa evolução: são a rua e a cabana. As comunicações instrutivas e sábias põem-nos em relação com os Espíritos elevados: são a elite da sociedade, o castelo e o Instituto.

Manifestações físicas

Lemos o que se segue em *Le Spiritualiste de la Nouvelle-Orléans*, do mês de fevereiro de 1857:

"Ultimamente perguntamos se todos os Espíritos, indistintamente, fazem mover as mesas, produzem ruídos etc.; e logo a mão de uma dama, bastante séria para brincar com essas coisas, traçou violentamente estas palavras:

— Quem faz dançar os macacos em vossas ruas? Serão os homens superiores?

"Um amigo, espanhol de nascimento, que era espiritualista e que faleceu no verão passado, deu-nos diversas comunicações; em uma delas encontramos a seguinte passagem:

As manifestações que procurais não se acham no número das que mais agradam aos Espíritos sérios e elevados. Confessamos, todavia, que elas têm sua utilidade, porque, talvez mais que nenhuma outra, podem ser úteis para convencer os homens de hoje."

"Para obter tais manifestações é preciso, necessariamente, que se desenvolvam certos médiuns, cuja constituição física esteja em harmonia com os Espíritos que possam produzi-las. Ninguém duvida que os vereis desenvolver-se mais tarde entre vós, e, então, já não serão pequenos golpes que ouvireis, mas ruídos semelhantes ao crepitar da fuzilaria, entremeados de tiros de canhão."

"Em uma parte recuada da cidade existe uma casa habitada por uma família alemã; nela se ouvem ruídos estranhos, enquanto certos objetos são deslocados; pelo menos foi o que nos asseguraram, porquanto não o verificamos; mas, pensando que o chefe dessa família nos pudesse ser útil, convidamo-lo para algumas das sessões que têm por fim este gênero de manifestações e, mais tarde, a mulher desse bravo homem não quis que ele continuasse entre nós porque, disse-nos este último, o barulho aumentou em sua casa. A esse respeito, eis o que nos foi escrito pela mão da senhora...

Não podemos impedir os Espíritos imperfeitos de fazerem barulho ou outras coisas que incomodam e mesmo apavoram, mas o fato de estarem em contato conosco, que somos bem-intencionados, apenas diminui a influência que exercem sobre o médium em questão."

Chamamos a atenção para a perfeita concordância existente entre o que os Espíritos disseram, em Nova Orléans, a respeito da fonte das manifestações físicas e o que foi dito a nós mesmos. Com efeito, nada pintaria essa origem com mais energia do que esta resposta, ao mesmo tempo tão espirituosa e profunda: *"Quem faz dançar os macacos nas ruas? Serão os homens superiores?"*

Teremos ocasião de narrar, conforme os jornais da América, numerosos exemplos desse tipo de manifestações, bem mais extraordinários do que aqueles que acabamos de citar. Sem dúvida responder-nos-ão com este provérbio: "A boa mentira vem de longe." Quando coisas tão maravilhosas nos vêm de 2.000 léguas e não podemos verificar, concebe-se a dúvida; mas esses fenômenos atravessaram os mares com o Sr. Home, que deles nos deu provas. É verdade que o Sr. Home não foi para o teatro para operar seus prodígios e que nem todo mundo, pagando a entrada, pôde vê-los; por isso muitas pessoas o consideram hábil prestidigitador, sem refletir que a alta sociedade, que testemunhou esses fenômenos, não se teria prestado com benevolência a servir-lhe de patrocinador. Se o Sr. Home fosse um charlatão, não teria tido o cuidado de recusar as brilhantes ofertas de muitos estabelecimentos públicos, e teria saído com o ouro a mancheias. Seu desinteresse é a resposta mais peremptória que se pode dar a seus detratores. Um charlatanismo desinteressado seria uma insensatez e uma monstruosidade. Mais tarde falaremos detalhadamente do Sr. Home e da missão que o conduziu à França. Enquanto aguardamos, eis um fato de manifestação espontânea que médico distinto, digno de toda confiança, nos relatou, e que é tanto mais autêntico quando as coisas se passaram com o seu conhecimento pessoal.

Uma família respeitável tinha como empregada doméstica uma jovem órfã de 14 anos, cuja bondade natural e doçura de caráter haviam-lhe granjeado a afeição dos patrões. No mesmo quarteirão habitava outra família, cuja mulher, não se sabe por que, sentia antipatia pela jovem, a tal ponto que não havia mau procedimento de que ela não fosse o objeto. Um dia, quando voltava, a vizinha aparece furiosa, armada de uma vassoura, querendo bater-lhe. Assustada, precipita-se contra a porta e quer tocar a campainha; infelizmente o cordão encontra-se rompido e ela não pode alcançá-lo; eis, porém, que a campainha agita-se por si mesma e vêm abrir-lhe a porta. Em sua perturbação, ela não se deu conta do que se havia passado; mas, depois, a campainha continuou a tocar de tempo em tempo, sem motivo aparente, tanto de dia como de noite, e, quando se ia ver à porta, não se encontrava ninguém. Os vizinhos do quarteirão foram acusados de pregar essa peça de mau gosto; foi dada queixa ao comissário de polícia, que abriu inquérito, investigou se algum cordão secreto se comunicava com o exterior, mas nada pôde descobrir. As coisas, porém, persistiam cada vez mais, em prejuízo do repouso de todos e, sobretudo, da pequena empregada, acusada de ser a causa do barulho. Atendendo ao conselho que lhes foi dado, os patrões da jovem órfã decidiram afastá-la e a colocaram no campo, na casa de amigos. Desde então, a campainha permaneceu quieta e nada de semelhante se produziu em seu novo domicílio.

Esse fato, como muitos outros que vamos relatar, não se passou às margens do Missouri ou do Ohio, mas em Paris, na passagem dos Panoramas. Resta, agora, explicá-lo. A jovem não tocava a campainha, isso é positivo; estava bastante apavorada com o que se passava para pensar numa farsa, da qual teria sido a primeira vítima. Uma coisa não menos positiva é que o toque da campainha deveu-se à sua presença, uma vez que o efeito cessou quando ela partiu. O médico que testemunhou o fato explica-o por uma poderosa ação magnética, exercida de forma inconsciente pela jovem criada. Essa explicação de forma alguma nos parece concludente: por que teria ela perdido esse poder após a partida? Quanto a isso, diz ele que o terror inspirado pela presença da vizinha devia produzir na jovem uma superexcitação, susceptível de desenvolver a ação magnética, e que o efeito cessou com a causa. Confessamos não estar absolutamente convencidos por esse raciocínio. Se a intervenção de uma força oculta não está aqui demonstrada de maneira evidente, pelo menos é provável, conforme fatos análogos que conhecemos. Admitindo, portanto, essa intervenção, diremos que, nas circunstâncias em que o fato se produziu pela primeira vez, um Espírito protetor quis, provavelmente, que a jovem escapasse do perigo que corria; que, apesar da afeição que seus patrões lhe devotavam, fosse talvez de seu interesse sair daquela casa. Eis por que o ruído continuou até que ela tivesse partido.

Os duendes

A intervenção de seres incorpóreos nos assuntos da vida privada faz parte das crenças populares de todos os tempos. Por certo não pode entrar no pensamento de nenhuma pessoa sensata tomar ao pé da letra todas as lendas, todas as histórias diabólicas e todos os contos ridículos que se conta prazerosamente junto à lareira. Entretanto, os fenômenos de que somos testemunhas provam que, mesmo esses contos, repousam sobre alguma coisa, porquanto o que se passa em nossos dias deve ter ocorrido em outras épocas. Tire-se deles o maravilhoso e o fantástico com o qual a superstição os cobriu de ridículo, e se encontrarão todos os caracteres, fatos e gestos de nossos Espíritos modernos; uns são bons, benevolentes, obsequiosos, tendo prazer em prestar serviço, como os bons *Brownies*; outros, mais ou menos maliciosos, travessos, caprichosos e mesmo maus, como os *Gobelins* da Normandia, conhecidos pelo nome de *Bogles*, na Escócia; de *Bogharts*, na Inglaterra; de *Cluricaunes*, na Irlanda, e de *Pucks*, na Alemanha. Segundo a tradição popular, esses duendes penetram nas casas, onde aproveitam todas as ocasiões para brincadeiras de mau gosto. "Eles batem nas portas, deslocam os móveis, aplicam golpes nos tonéis, marteladas no teto e no assoalho, assobiam baixinho, soltam suspiros lamentosos, puxam os lençóis e as cortinas dos que estão deitados etc."

O Boghart dos ingleses exerce suas maldades principalmente contra as crianças, das quais parece ter aversão. "Toma-lhes frequentemente a fatia de pão amanteigado e a tigela de leite; durante a noite, agita as cortinas do leito; sobe e desce as escadas com grande arruído; lança pratos sobre o assoalho e provoca muitos outros estragos nas casas."

Em alguns lugares da França os duendes são considerados como uma espécie de demônio familiar, que se tem o cuidado de alimentar com as mais delicadas iguarias, porque trazem a seus senhores trigo roubado dos celeiros. É deveras curioso encontrar essa velha superstição da antiga Gália entre os borussianos do século XII (os prussianos de hoje). Seus *Koltkys*, ou gênios domésticos, iam também furtar trigo nos celeiros para levá-lo àqueles de quem gostavam.

Quem não reconhecerá nessas diabruras, posta de lado a indelicadeza do trigo roubado, do qual provavelmente os faltosos se desculpavam à custa da reputação dos Espíritos — quem, dizíamos, não reconhecerá nossos Espíritos batedores e aqueles que se pode, sem cometer injúria, chamar de perturbadores? Que, se um fato semelhante ao que relatamos acima, da jovem da passagem dos Panoramas, tivesse acontecido no campo, seria, sem dúvida, tido à conta do *Gobelin* do lugar, depois de amplificado pela fecunda imaginação das comadres; não faltaria mesmo alguém ter visto o pequeno demônio pendurado à campainha, dando risadas e fazendo caretas aos tolos que iam abrir a porta.

Evocações particulares

Mãe, estou aqui!

A Sra. *** havia perdido, há alguns meses, sua filha única, de 14 anos, objeto de toda sua ternura e muito digna de seu pesar, pelas qualidades que dela prometiam fazer uma mulher perfeita. Essa jovem havia sucumbido a uma longa e dolorosa doença. Inconsolável com essa perda, dia a dia a mãe via sua saúde alterar-se, repetindo sem cessar que em breve iria reunir-se à filha. Instruída da possibilidade de comunicar-se com os seres de Além-túmulo, a Sra. *** resolveu procurar, numa conversa com a filha, um alívio para sua pena. Uma senhora de seu conhecimento era médium, mas as duas, com pouca experiência para semelhantes evocações, sobretudo em circunstância assim tão solene, rogaram-me que as assistisse. Éramos apenas três: a mãe, a médium e eu. Eis o resultado dessa primeira sessão:

A mãe: Em nome de Deus Todo-Poderoso, Espírito Júlia ***, minha filha querida, peço-te que venhas, se Deus o permitir.

Júlia: Mãe, estou aqui!

A mãe: És tu mesma, minha filha, que me respondes? Como posso saber que és tu?

Júlia: Lili.

(Era um pequeno apelido familiar dado à jovem em sua infância; não era conhecido nem da médium, nem de mim, considerando-se que, há vários anos, só a chamavam pelo seu nome de Júlia. A esse sinal, a identidade era evidente; não podendo dominar a emoção, a mãe explode em soluços.)

Júlia: Mãe! por que te afliges? Sou feliz, bem feliz: não sofro mais e te vejo sempre.

A mãe: Mas eu não te vejo. Onde estás?

Júlia: Aqui, ao teu lado, minha mão sobre a Sra. *** (a médium) para fazer-lhe escrever o que te digo. Vê a minha letra (a letra, de fato, era de sua filha).

A mãe: Dizes: minha mão; tens, então, um corpo?

Júlia: Não tenho mais aquele corpo que tanto me fazia sofrer, mas lhe guardo a aparência. Não estás contente porque eu não sofro mais e posso conversar contigo?

A mãe: Se eu te visse, então, reconhecer-te-ia?

Júlia: Sim, sem dúvida, e já me viste muitas vezes em teus sonhos.

A mãe: De fato, já te revi em meus sonhos, mas pensei que fosse efeito da imaginação; uma lembrança.

Júlia: Não; sou eu mesma que estou sempre contigo e procuro consolar-te; fui eu que te inspirei a ideia de evocar-me. Tenho muitas coisas a te dizer. Desconfia do Sr. ***; ele não é sincero.

(Esse senhor, conhecido apenas da mãe, e citado assim espontaneamente, era uma nova prova de identidade do Espírito que se manifestava.)

A mãe: Que pode, pois, fazer contra mim o Sr. ***?

Júlia: Não te posso dizer; isto me é proibido. Apenas te advirto para desconfiares dele.

A mãe: Estás entre os anjos?

Júlia: Oh! ainda não; não sou bastante perfeita.

A mãe: Entretanto, eu não via nenhum defeito em ti; tu eras boa, doce, amável e benevolente para com todos; isso não basta?

Júlia: Para ti, mãe querida, eu não tinha nenhum defeito; e eu o acreditava, pois mo dizias tantas vezes! Mas, agora, vejo o que me falta para ser perfeita.

A mãe: Como adquirirás as qualidades que te faltam?

Júlia: Em novas existências, que serão cada vez mais felizes.

A mãe: É na Terra que terás essas novas existências?

Júlia: Nada sei quanto a isso.

A mãe: Considerando que não havias feito o mal durante tua vida, por que sofreste tanto?

Júlia: Prova! Prova! Eu a suportei com paciência, por minha confiança em Deus; sou muito feliz hoje por isso. Até breve, mãe querida!

Em presença de semelhantes fatos, quem ousaria falar do vazio do túmulo, quando a vida futura se nos revela assim tão palpável? Essa mãe, minada pelo desgosto, experimenta hoje uma felicidade inefável em poder conversar com a filha; não há mais separação entre elas; suas almas se confundem e se expandem no seio uma da outra, pela permuta de seus pensamentos.

Apesar da discrição com que cercamos este relato, não nos permitiríamos publicá-lo, se a isto não estivéssemos formalmente autorizados. Disse-nos aquela mãe: possam todos quantos perderam seus afetos na Terra sentir a mesma consolação que experimento!

Acrescentaremos somente uma palavra aos que negam a existência dos Espíritos bons; perguntamos como poderiam provar que o Espírito dessa moça fosse um demônio malfazejo.

UMA CONVERSÃO

A evocação seguinte não desperta menor interesse, embora sob outro ponto de vista.

Um senhor, que designaremos sob o nome de Georges, farmacêutico numa cidade do sul, havia perdido o pai há pouco tempo, objeto de toda a sua ternura e de uma profunda veneração. O pai do Sr. Georges aliava a uma instrução muito vasta todas as qualidades que distinguem o homem de bem, embora professasse opiniões muito materialistas. A esse respeito o filho partilhava e até mesmo excedia as ideias do pai; duvidava de tudo, de Deus, da alma, da vida futura. O Espiritismo não poderia reconhecer como verdadeiros tais pensamentos. Todavia, a leitura de *O livro dos espíritos* produziu nele certa reação, corroborada por uma entrevista direta que tivemos com ele. "Se meu pai" — disse — "pudesse responder-me, não duvidaria mais." Foi então que ocorreu a evocação que iremos relatar e na qual encontraremos mais de um ensinamento.

— Em nome do Todo-Poderoso, peço se manifeste o Espírito de meu pai. Estais perto de mim? "Sim." — Por que não vos manifestastes diretamente a mim, quando tanto nos amamos? "Mais tarde." — Poderemos nos reencontrar um dia? "Sim, breve." — Haveremos de nos amar, como nesta vida? "Mais." — Em que meio estais? "Sou feliz." — Estais reencarnado ou errante? "Errante por pouco tempo."

— Que sensação experimentastes quando deixastes vosso invólucro corporal? "Perturbação." — Quanto tempo durou essa perturbação? "Pouco para mim; bastante para ti." — Podeis avaliar a duração dessa perturbação conforme nossa maneira de contar? "Dez anos para ti, dez minutos para mim." — Mas não se passou esse tempo todo desde que vos perdi; não há somente quatro meses? "Se estivesses em meu lugar, terias sentido esse tempo."

— Acreditais agora em um Deus justo e bom? "Sim." — Acreditáveis nele quando estáveis na Terra? "Eu tinha a presciência, mas não acreditava nele." — Deus é Todo-Poderoso? "Não me elevei até Ele para avaliar a sua força; somente Ele conhece os limites de seu poder, porque *só Ele é seu igual.*" — Ocupa-se Ele dos homens? "Sim." — Seremos punidos ou recompensados conforme nossos atos? "Se fazes o mal, sofrer-lhe-ás as consequências." — Serei recompensado se fizer o bem? *"Avançarás na tua rota."* — Estou no caminho certo? "Faze o bem e nele estarás." — Acredito ser bom, mas estaria melhor se um dia, como recompensa, vos encontrasse. "Que esse pensamento te sustente e te encoraje!" — Meu filho será bom como seu avô? "Desenvolve suas virtudes, abafa seus vícios."

— Custo a crer que estamos nos comunicando, tão maravilhoso me parece este momento. "De onde provém tua dúvida?" — De que, partilhando vossas opiniões filosóficas, fui levado a tudo atribuir à matéria. *"Vês de noite o que vês de dia?"* — Estou, pois, nas trevas, meu pai? "Sim." — Que vedes de mais maravilhoso? "Explica-te melhor." — Reencontrastes minha mãe, minha irmã e Ana, a boa Ana? "Eu as revi." Vede-as quando quiserdes? "Sim."

— Achais penoso ou agradável que me comunique convosco? "Para mim é uma felicidade, se posso te conduzir ao bem." — Voltando para casa, o que poderia fazer para comunicar-me convosco, o que me faz tão feliz? Isso serviria para conduzir-me melhor e me ajudaria a melhor educar os meus filhos. "Cada vez que um impulso te conduzir ao bem, sou eu; serei eu a inspirar-te."

— Calo-me, com receio de importunar-vos. "Se queres ainda, fala." — Visto que permitis, dirigir-vos-ei ainda algumas perguntas. De que afecção morrestes? "Minha prova havia alcançado seu termo." — Onde contraístes o abscesso pulmonar que se manifestou? "Pouco importa; o corpo nada é; o Espírito é tudo." — Qual a natureza da doença que me desperta tão frequentemente, à noite? "Sabê-lo-ás mais tarde." — Considero grave minha afecção, e queria viver ainda para os meus filhos. "Ela não o é; *o coração do homem é uma máquina de vida;* deixa a natureza agir."

— Visto que estais presente aqui, sob que forma vos apresentais? "Sob a aparência de minha forma corpórea." — Estais em um local determinado? "Sim, atrás de Ermance" (a médium). — Poderíeis tornar-vos visível a nós? "Para quê? Teríeis medo."

— Vede-nos todos, aqui reunidos? "Sim." — Tendes uma opinião de cada um de nós? "Sim." — Poderíeis dizer-nos alguma coisa? "Em que sentido me fazes essa pergunta?" — Do ponto de vista moral. "De outra vez; por hoje é bastante."

O efeito produzido no Sr. Georges por essa comunicação foi imenso; uma luz inteiramente nova já parecia clarear-lhe as ideias; uma sessão que houve no dia seguinte, na casa da Sra. Roger, sonâmbula, terminou por dissipar as poucas dúvidas que lhe restavam. Eis um resumo da carta que, a respeito, nos escreveu:

> Essa senhora entrou espontaneamente em detalhes comigo, tão precisos, com respeito a meu pai, minha mãe, meus filhos, minha saúde; descreveu todas as circunstâncias de minha vida com tal precisão, relembrando mesmo certos fatos que há longo tempo se me haviam apagado da memória; numa palavra, deu-me provas tão patentes dessa faculdade maravilhosa da qual são dotados os sonâmbulos lúcidos, que a reação das ideias foi completa em mim desde esse momento. Na evocação, meu pai havia revelado a sua presença; na sessão sonambúlica, eu era, a bem dizer, testemunha ocular da vida extracorpórea, da vida da alma. Para descrever com tanta minúcia e exatidão, e a duas centenas de léguas de distância, o que de mim somente era conhecido, era preciso ver; ora, uma vez

que isso não era possível com os olhos do corpo, haveria, portanto, um laço misterioso, invisível, que ligava a sonâmbula às pessoas e às coisas ausentes, e que ela jamais tinha visto; havia, pois, algo fora da matéria; o que poderia ser esse algo senão aquilo que se chama alma, o ser inteligente, do qual o corpo é apenas o invólucro, mas cuja ação se estende muito além de nossa esfera de ação?

Hoje, não somente o Sr. Georges deixou de ser materialista, como é um dos mais fervorosos e zelosos adeptos do Espiritismo, o que o faz duplamente feliz, pela confiança que o futuro agora lhe inspira e pelo prazer que experimenta em praticar o bem.

Essa evocação, bem simples à primeira vista, não é menos notável em muitos aspectos. O caráter do Sr. Georges, pai, reflete-se nas respostas breves e sentenciosas que estavam em seus hábitos; falava pouco, jamais dizia uma palavra inútil; não é mais o cético que fala: reconhece seu erro; seu Espírito é mais livre, mais clarividente, retratando a unidade e o poder de Deus por estas admiráveis palavras: *Só Ele é seu igual*; aquele que em vida referia tudo à matéria diz agora: *O corpo nada é, o Espírito é tudo*; e esta outra frase sublime: *Vês à noite o que vês de dia?* Para o observador atento, tudo tem uma importância, e é assim que a cada passo encontra a confirmação das grandes verdades ensinadas pelos Espíritos.

Os médiuns julgados

Os adversários da Doutrina Espírita apegaram-se com desvelo a um artigo publicado pelo *Scientific American* de 11 de julho último, sob o título de *Os médiuns julgados*. Vários jornais franceses o reproduziram como um argumento irretorquível. Nós mesmos o reproduzimos, fazendo-o seguir de algumas observações que lhe mostrarão o valor.

Há algum tempo, por intermédio do *Boston Courier*, uma oferta de 500 dólares (2.500 francos) havia sido feita a toda pessoa que, em presença e em satisfação de um certo número de professores da

Universidade de Cambridge, reproduzisse alguns desses fenômenos misteriosos que os espiritualistas dizem frequentemente ser produzidos por meio de agentes chamados *médiuns*.

O desafio foi aceito pelo Dr. Gardner e por diversas pessoas que se vangloriavam de estar em comunicação com os Espíritos. Os concorrentes reuniram-se nos edifícios Albion, em Boston, na última semana de junho, dispostos a provar o seu poder sobrenatural. Entre eles notavam-se as senhoritas Fox, que se tornaram tão célebres pela sua superioridade nesse gênero. A comissão, encarregada de examinar as pretensões dos aspirantes ao prêmio, compunha-se dos professores Pierce, Agassiz, Gould e Horsford, de Cambridge, todos eles sábios muito distintos. Os ensaios espiritualistas duraram vários dias; jamais tinham os médiuns encontrado mais bela ocasião de pôr em evidência seu talento ou sua inspiração, mas, como os profetas de Baal, ao tempo de Elias, em vão invocaram suas divindades, como o prova a passagem seguinte do relatório da comissão:

Considerando que o Dr. Gardner não conseguiu apresentar um agente ou médium que revelasse a palavra confiada aos Espíritos em um quarto vizinho; que lesse a palavra inglesa escrita no interior de um livro ou sobre uma folha de papel dobrada; que respondesse a uma questão que só as inteligências superiores são capazes de o fazer; que fizesse ressoar um piano sem o tocar, ou mover-se uma mesa de um só pé sem o auxílio das mãos; que se revelasse impotente para dar à dita comissão o testemunho de um fenômeno que, mesmo com a interpretação mais flexível e a maior boa vontade, pudesse ser considerado como equivalente das provas propostas; de um fenômeno para cuja produção fosse exigida a intervenção de um Espírito, supondo ou, ao menos, implicando essa intervenção; de um fenômeno até então desconhecido pela Ciência, ou cuja causa não fosse prontamente identificável pela comissão, bastante clara para ela, declara, a dita comissão, que o Dr. Gardner não tem qualquer direito para exigir, do *Courrier* de Boston, o pagamento da soma proposta de 2.500 francos.

A experiência feita nos Estados Unidos a propósito dos *médiuns*, lembra uma outra, realizada dez anos atrás, na França, pró ou contra os sonâmbulos lúcidos, isto é, magnetizados. A Academia de Ciências recebeu a missão de conceder um prêmio de 2.500 francos ao *sujet* magnético que lesse com os olhos vendados. Todos os sonâmbulos fizeram de bom grado essa experiência, nos salões ou nos teatros de feira; liam em livros fechados e decifravam toda uma carta, sentados sobre ela ou colocando-a bem dobrada e fechada sobre o ventre; porém, diante da Academia, não foram capazes de ler absolutamente nada e o prêmio não foi ganho por ninguém.

Essa experiência prova, uma vez mais, da parte de nossos adversários, a absoluta ignorância dos princípios sobre os quais repousam os fenômenos das manifestações espíritas. Entre eles há a ideia fixa de que tais fenômenos devem obedecer à vontade e reproduzir-se com a precisão de uma máquina. Esquecem completamente ou, melhor dizendo, não sabem que a causa deles é inteiramente moral e que as inteligências, que lhes são os agentes imediatos, não obedecem ao capricho de ninguém, sejam médiuns ou outras pessoas. Os Espíritos agem quando e na presença de quem lhes agrada; frequentemente, quando menos se espera é que as manifestações ocorrem com mais vigor, e quando as solicitamos elas não se verificam. Os Espíritos têm modos de ser que nos são desconhecidos; o que está fora da matéria não pode ser submetido ao cadinho da matéria. É, pois, equivocar-se julgá-los do nosso ponto de vista. Se acharem útil manifestar-se por sinais particulares, eles o farão; mas jamais à nossa vontade, nem para satisfazer à vã curiosidade. Além disso, é preciso levar em conta uma causa bem conhecida, que afasta os Espíritos: sua antipatia por certas pessoas, principalmente por aquelas que, fazendo perguntas sobre coisas conhecidas, querem pôr à prova sua perspicácia. Quando uma coisa existe, dizem, eles devem saber; ora, é precisamente porque a coisa vos é conhecida, ou porque tendes os meios de verificá-la, que eles não se dão ao trabalho de responder; essa desconfiança os irrita e nada se obtém de satisfatório; afasta sempre os Espíritos sérios, que ordinariamente não falam senão às pessoas que se lhes dirigem com confiança e sem pensamento preconcebido. Entre nós não temos exemplo disso todos os dias? Homens superiores, conscientes de seu valor, alegrar-se-iam em responder a todas as perguntas ingênuas que visassem submetê-los a um exame, tal como se fossem escolares? Que fariam se se lhes dissessem: "Mas, se não respondeis, é porque não sabeis"? Voltariam as costas; é o que fazem os Espíritos.

Se é assim, direis, de qual meio dispomos para nos convencer? No próprio interesse da Doutrina dos Espíritos, não é desejável fazer prosélitos? Responderemos que é ter bastante orgulho quem se julga indispensável ao sucesso de uma causa; ora, os Espíritos não gostam dos orgulhosos. Convencem quem eles querem; quanto aos que creem em sua importância pessoal, demonstram o pouco caso que disso fazem, não lhes dando ouvidos. Eis, de resto, a resposta que deram a duas perguntas sobre esse assunto:

Pode-se pedir aos Espíritos sinais materiais como prova de sua existência e de seu poder? Resp. "Pode-se, sem dúvida, provocar certas manifestações, mas nem todos estão aptos a isso e frequentemente não obtendes o que pedis; eles não se submetem aos caprichos dos homens."

Quando, porém, alguém pede esses sinais para se convencer, não haveria utilidade em satisfazê-lo, pois que seria um adepto a mais? Resp. "Os Espíritos não fazem senão o que querem e o que lhes é permitido; falando e respondendo às vossas perguntas, atestam a sua presença; isto deve bastar ao homem sério que busca a verdade na palavra."

Escribas e fariseus disseram a Jesus: "Mestre, muito gostaríamos que nos fizésseis ver algum prodígio." Respondeu Jesus: "Esta geração má e adúltera pede um prodígio, mas não lhe será dado outro senão o de Jonas." (MATEUS, 12: 38 e 39.)

Acrescentaremos ainda que é conhecer bem pouco a natureza e a causa das manifestações espíritas quem acredita provocá-las por uma recompensa qualquer. Os Espíritos desprezam a cupidez, tanto quanto o orgulho e o egoísmo. E só essa condição pode ser para eles um motivo de se absterem de manifestar-se. Sabei, pois, que obtereis cem vezes mais de um médium desinteressado do que daquele que é movido pelo incentivo do lucro, e que um milhão não lhe faria realizar o que não deve ser feito. Se uma coisa nos surpreende, é que haja médiuns capazes de se submeterem a uma prova que tinha por aposta uma soma de dinheiro.

Visões

Lê-se no *Courrier de Lyon*:

Na noite de 27 para 28 de agosto de 1857, um caso singular de visão intuitiva se passou em Croix-Rousse, nas circunstâncias seguintes:

Há mais ou menos três meses, o casal B..., honestos tecelões, movidos por um sentimento de louvável comiseração, acolheram em sua casa, na qualidade de doméstica, uma jovem atoleimada que vivia nos arredores de Bourgoing.

Domingo passado, entre duas e três horas da madrugada, o casal B... foi acordado em sobressalto pelos gritos lancinantes da empregada, que dormia num sótão, vizinho ao seu quarto.

Acendendo uma lâmpada, a senhora B... subiu ao sótão e encontrou sua doméstica que, derretendo em lágrimas e numa exaltação de espírito difícil de descrever, torcia os braços em horríveis convulsões e chamava sua mãe que, dizia, acabara de ver morrer.

Depois de consolar a jovem como melhor lhe foi possível, a Sra. B... retornou ao seu quarto. Esse incidente estava quase esquecido quando ontem, terça-feira, no período da tarde, um carteiro dos Correios trouxe à Sra. B... uma carta do tutor da mocinha, informando a esta última que, na noite de domingo para segunda-feira,

Janeiro de 1858

entre duas e três horas da madrugada, sua mãe havia morrido em consequência de uma queda que sofreu do alto de uma escada.

A pobre idiota partiu ontem mesmo de manhã para Bourgoing, acompanhada pelo Sr. B..., seu patrão, para receber a parte dos bens que lhe cabia na herança da mãe, cujo fim deplorável vira tão tristemente em sonho.

Os fatos dessa natureza não são raros e muitas vezes teremos ocasião de nos referir àqueles cuja autenticidade não poderia ser contestada. Algumas vezes se produzem durante o sono, em estado de sonho; ora, como os sonhos nada mais são que um estado de sonambulismo natural incompleto, designaremos as visões que ocorrem nesse estado sob o nome de *visões sonambúlicas*, para distingui-las das que se dão em estado de vigília e que chamaremos de *visões pela dupla vista*. Finalmente, chamaremos de *visões extáticas* as que ocorrem no êxtase; em geral têm por objeto os seres e as coisas do mundo incorpóreo. O fato seguinte pertence à segunda categoria.

Um armador, nosso conhecido, residente em Paris, narrou-nos há poucos dias o seguinte: "No passado mês de abril, estando um pouco indisposto, fui passear com meu sócio nas Tulherias. Fazia um tempo magnífico; o jardim estava cheio de gente. De repente, a multidão desaparece aos meus olhos; já não sinto meu corpo; sou como que transportado e vejo distintamente um navio entrando no porto do Havre. Reconheço-o por *Clémence*, que aguardávamos das Antilhas; vi-o atracar ao cais, distinguindo claramente os mastros, as velas, os marinheiros e os mais minuciosos detalhes, como se lá estivesse. Então disse ao meu companheiro: 'Eis o *Clémence* que chega; receberemos notícia hoje mesmo; sua travessia foi feliz.' Voltando para casa, entregaram-me um telegrama; antes de o ler, eu disse: 'É o anúncio da chegada do *Clémence*, que entrou no Havre às três horas.' Realmente, o telegrama confirmava a entrada na mesma hora em que eu o tinha visto das Tulherias."

Quando as visões têm por objeto os seres do mundo incorpóreo, poder-se-ia, aparentemente com alguma razão, qualificá-las de alucinação, porque nada lhes pode demonstrar a exatidão; porém, nos dois casos que acabamos de narrar, é a verdade mais palpável e mais positiva que se evidencia. Desafiamos todos os fisiologistas e todos os filósofos a que no-los expliquem pelos sistemas ordinários. Somente a Doutrina Espírita é capaz de fazê-lo, por meio do fenômeno da emancipação da alma que, escapando momentaneamente de seus tentáculos materiais, se transporta para além da esfera da atividade corporal. No primeiro caso, é provável que a alma da mãe veio procurar a filha para avisá-la de sua morte; mas, no segundo, o que é certo é que não foi o navio que veio encontrar o armador nas Tulherias; preciso, pois, tenha sido a alma deste que o foi procurar no Havre.

Reconhecimento da existência dos Espíritos e de suas manifestações

Se as primeiras manifestações espíritas fizeram numerosos adeptos, não somente encontraram muitos incrédulos, mas adversários ferrenhos e, muitas vezes, até interessados em seu descrédito. Hoje, os fatos falam tão alto que é forçoso reconhecer a evidência e, se ainda existem incrédulos sistemáticos, podemos predizer-lhes com segurança que não se passarão muitos anos para acontecer com os Espíritos o que se deu com a maior parte das descobertas, que foram pertinazmente combatidas ou encaradas como utopias por aqueles cujo saber deveria tê-los tornado menos céticos no que diz respeito ao progresso. Já vimos muitas pessoas, entre as que não se aprofundaram nesses estranhos fenômenos, concordarem que nosso século é tão fecundo em fatos extraordinários, a natureza tem tantos recursos desconhecidos, que seria mais que leviandade negar-se a possibilidade daquilo que se não compreende. Esses tais dão prova de sabedoria. Eis aqui uma autoridade que não poderia ser suspeita de prestar-se levianamente a uma mistificação, *La Civiltà Cattolica*, um dos principais jornais eclesiásticos de Roma. Reproduziremos, mais adiante, um artigo que esse jornal publicou no mês de março passado, no qual se verá que seria difícil provar a existência e a manifestação dos Espíritos por argumentos mais peremptórios. É verdade que divergimos dele sobre a natureza dos Espíritos; não admitem senão os maus, enquanto admitimos bons e maus; é um ponto que abordaremos mais tarde, com todos os desenvolvimentos necessários. O reconhecimento das manifestações espíritas por uma autoridade tão grave e tão respeitável é um ponto capital. Resta, pois, julgá-las: é o que faremos no próximo número. Reproduzindo o artigo, o *Univers* o faz preceder das seguintes e sábias reflexões:

> Por ocasião da publicação de uma obra, em Ferrara, sobre a prática do *magnetismo animal*, referimos aos nossos leitores os sábios artigos que acabavam de aparecer em *La Civiltà Cattolica*, de Roma, sobre a *necromancia moderna*, reservando-nos trazer-lhes mais amplas informações. Publicamos hoje o último desses artigos que, em algumas páginas, contém as conclusões da revista romana. Além do interesse que naturalmente se liga a essas matérias, e a confiança que deve inspirar um trabalho publicado por *La Civiltà*, a oportunidade particular da questão nos dispensa, neste momento, de chamar a atenção para uma matéria que muitas pessoas, na teoria como na prática, trataram de maneira tão pouco séria, a despeito da regra de vulgar prudência que recomenda sejam os fatos examinados com tanto maior circunspeção quanto mais extraordinários pareçam.

Eis o artigo:

De todas as teorias lançadas para explicar *naturalmente* os diversos fenômenos conhecidos como *espiritualismo americano*, não há uma só que alcance o objetivo e, menos ainda, consiga dar a razão de todos eles. Se uma ou outra dessas hipóteses é suficiente para explicar alguns desses fenômenos, sempre restará alguns que permanecerão inexplicáveis. A fraude, a mentira, o exagero, as alucinações, sem dúvida, devem ter grande parte nos fatos referidos, mas, feito o desconto, resta ainda um volume tal que, para negar a realidade, seria preciso recusar toda fé na autoridade dos sentidos e no testemunho humano. Entre os fatos em questão, um certo número pode ser explicado pela teoria mecânica ou mecânico-fisiológica;

porém, há uma parte, muito mais considerável, que não se presta de maneira alguma a uma explicação desse gênero. A essa ordem de fatos se ligam todos os fenômenos nos quais, dizem, os efeitos obtidos ultrapassam, evidentemente, a intensidade da força motriz que os deveria produzir. Tais são: 1º os movimentos; os sobressaltos violentos de massas pesadas e solidamente equilibradas, à simples pressão e ao leve toque das mãos; 2º os efeitos e os movimentos que se produzem sem nenhum contato, consequentemente sem qualquer impulso mecânico, seja imediato ou mediato; e, enfim, esses outros efeitos, que são de natureza a manifestar, em quem os produz, uma inteligência e uma vontade distintas das dos experimentadores. Para dar a razão dessas três ordens de fatos diversos, temos ainda a teoria do magnetismo; mas, por maiores que sejam as concessões que se lhe disponha a fazer, e mesmo admitindo, de olhos fechados, todas as hipóteses gratuitas sobre as quais ela se funda, todos os erros e absurdos de que está repleta, e as faculdades miraculosas por ela atribuídas à vontade humana, ao fluido nervoso ou a quaisquer outros agentes magnéticos, jamais poderá essa teoria, com o auxílio desses princípios, explicar completamente como uma mesa magnetizada por um *médium* manifesta em seus movimentos uma inteligência e uma vontade próprias, isto é, distintas das do médium e que, por vezes, são contrárias e superiores à sua inteligência e vontade.

Como dar a razão de semelhantes fenômenos? Queremos, também nós, recorrer a não sei que causas ocultas, a que forças ainda desconhecidas da natureza?; a explicações novas de certas faculdades, de certas leis que, até o presente, permaneceram inertes e como que adormecidas no seio da Criação? Estaríamos, desse modo, confessando abertamente a nossa ignorância e levando o problema a aumentar o número de tantos enigmas, dos quais o pobre espírito humano não pôde, até o momento, nem poderá jamais decifrar. Aliás, não hesitamos em confessar nossa ignorância em relação a vários dos fenômenos em questão, dos quais a natureza é tão equívoca e tão obscura que a atitude mais prudente, parece-nos, é não tentar explicá-los. Em compensação, há outros para os quais não nos é difícil encontrar a solução; é verdade que é impossível buscá-la nas causas naturais; por que, então, hesitaríamos em recorrer às causas que pertencem à ordem sobrenatural? Talvez fôssemos desviados pelas objeções que nos opõem os céticos e os que, negando essa ordem sobrenatural, nos digam que não se pode definir até onde se estendem as forças da natureza; que o campo que ainda resta descobrir pelas ciências físicas não tem limites e que ninguém conhece suficientemente bem quais são os limites da ordem natural para poder indicar, com precisão, o ponto onde termina esta e começa a outra. A resposta a tal objeção parece-nos fácil: admitindo que não se possa determinar, de modo preciso, o ponto de divisão dessas duas ordens opostas, a natural e a sobrenatural, não se segue daí que seja impossível definir com certeza se um dado efeito pertence a esta ou àquela. Quem pode, no arco-íris, distinguir o ponto preciso onde acaba uma cor e começa a seguinte? Quem pode fixar o instante exato em que termina o dia e começa a noite? E, entretanto, não há um só homem, por mais limitado que seja, que não distinga se tal zona do arco-íris é vermelha ou amarela, se a tal hora é dia ou noite. Quem não percebe que, para conhecer a natureza de um fato, de modo algum é necessário passar pelo limite onde começa ou termina a categoria à qual ele pertence, e que basta constatar se tem os caracteres peculiares a essa categoria?

Apliquemos essa observação tão simples à presente questão: não podemos dizer até onde vão as forças da natureza; entretanto, dando-se um fato podemos dizer, muitas vezes, com certeza, segundo seus caracteres, que ele pertence à ordem sobrenatural. E, para não sair do nosso problema, entre os fenômenos das mesas falantes há vários que, em nossa opinião, manifestam esses caracteres da maneira mais evidente; tais são aqueles nos quais o agente que move as mesas age como causa inteligente e livre, ao mesmo tempo em que revela uma inteligência e uma vontade próprias, isto é, superiores ou contrárias à inteligência e à vontade dos *médiuns*, dos experimentadores, dos assistentes; numa palavra, distintas destas, qualquer que seja o modo que ateste essa distinção. Seja como for, em casos tais somos forçados a admitir que esse agente é um Espírito, e não é um Espírito humano, estando, desde então, fora dessa ordem, dessas causas que costumamos chamar naturais, daquelas que não ultrapassam as forças do homem.

Tais são precisamente os fenômenos que, como dissemos acima, resistiram a toda teoria baseada sobre princípios puramente naturais, enquanto na nossa eles encontram mais fácil e clara explicação, pois todos sabem que o poder dos Espíritos sobre a matéria ultrapassa de muito o poder do homem, e porque não há efeito maravilhoso, entre os citados da necromancia moderna, que não possa ser atribuído à sua ação.

Sabemos perfeitamente que, nos vendo colocar em cena os Espíritos, mais de um leitor sorrirá de piedade. Sem falar dos que, verdadeiros materialistas, não acreditam na existência dos Espíritos e rejeitam como fábula tudo quanto não seja matéria ponderável e palpável, como também aqueles que, admitindo que existem Espíritos, negam-lhes qualquer influência ou intervenção no que diz respeito ao nosso mundo; há, em nossos dias, muitas criaturas que, concedendo aos Espíritos o que nenhum bom católico lhes poderia recusar, isto é, a existência e a faculdade de intervir nos fatos da vida humana, de maneira oculta ou patente, ordinária ou extraordinária, parecem, todavia, desmentir sua fé na prática, e considerar como uma vergonha, como um excesso de credulidade, como uma superstição de mulher velha, admitir a ação dos mesmos Espíritos em certos casos especiais, contentando-se, em geral, em não negá-la. Em verdade, há um século zombou-se tanto da simplicidade da Idade Média, acusando-a de ver Espíritos, sortilégios e feiticeiros por toda parte, e tanto se invectivou a esse respeito, que não é de admirar que tantas cabeças fracas, querendo parecer fortes, experimentem agora repugnância e uma espécie de vergonha em crer na intervenção dos Espíritos. Mas esse excesso de incredulidade não é menos despropositado do que em outras épocas o foi o excesso contrário; se, em semelhante matéria, crer em demasia leva a vãs superstições, por outro lado, nada querer admitir conduz diretamente à impiedade do naturalismo. O homem sábio, o cristão prudente deve, pois, do mesmo modo, evitar esses dois extremos e manter-se firme na linha intermediária: aí estão a verdade e a virtude. Agora, nessa questão das mesas falantes, para que lado nos fará inclinar uma fé prudente?

A primeira, a mais sábia das regras que nos impõe essa prudência, ensina-nos que, para explicar os fenômenos que oferecem um caráter extraordinário, somente se deve recorrer às causas sobrenaturais se as pertencentes à ordem natural não forem suficientes para os explicar. Em compensação, daí resulta a obrigação de admitir as primeiras, quando as segundas são insuficientes; é justamente o nosso caso. Com efeito, entre os fenômenos de que falamos, há aqueles para os quais nenhuma teoria, nenhuma causa puramente natural poderia dar razão. Assim, pois, não só é prudente, mas necessário mesmo, procurar sua explicação na ordem sobrenatural ou, em outras palavras, atribuí-los a Espíritos puros, visto que, fora e acima da natureza, outra causa possível não existe.

Eis uma segunda regra, um *criterium* infalível para se afirmar, a respeito de um fato qualquer, se pertence à ordem natural ou à sobrenatural: examinar-lhe bem os caracteres e, conforme eles, determinar a natureza da causa que o produziu. Ora, os fatos mais maravilhosos desse gênero, os que nenhuma outra teoria pode explicar, apresentam caracteres tais que não só demonstram uma causa inteligente e livre, mas ainda dotada de uma inteligência e de uma vontade que nada têm de humano; portanto, não pode essa causa deixar de ser senão um Espírito puro.

Assim, por dois caminhos, um indireto e negativo, que procede por exclusão, o outro direto e positivo, fundado sobre a própria natureza dos fatos observados, chegaremos a essa mesma conclusão, a saber: que entre os fenômenos da necromancia moderna há pelo menos uma categoria de fatos que, sem nenhuma dúvida, são produzidos pelos Espíritos. Somos levados a essa conclusão por um raciocínio tão simples, tão natural que, aceitando-o, longe do temor de ceder a uma imprudente credulidade, julgamos, ao contrário, fazer prova de uma fraqueza e de uma incoerência de espírito indesculpável, caso o recusemos. Para confirmar a nossa asserção, não nos faltam argumentos, mas sim espaço e tempo para desenvolvê-los aqui. O que dissemos até o momento é suficiente e pode resumir-se nas quatro seguintes proposições:

1º) Entre os fenômenos em questão, deixando de lado os que podem razoavelmente ser atribuídos à impostura, às alucinações e aos exageros, grande número ainda existe, cuja realidade não pode ser posta em dúvida sem que se violem todas as leis de uma crítica sadia.

2º) Todas as teorias naturais que expusemos e discutimos acima são impotentes para dar uma explicação satisfatória de todos esses fatos; se explicam alguns, deixam um grande número — e estes são os mais difíceis — totalmente inexplicados e inexplicáveis.

3º) Os fenômenos dessa última ordem, por implicarem a ação de uma causa inteligente estranha ao homem, só podem ser explicados pela intervenção dos Espíritos, seja qual for, aliás, o caráter desses Espíritos, questão de que logo nos ocuparemos.

4º) Pode-se dividir todos esses fatos em quatro categorias: muitos deles devem ser rejeitados como falsos ou como produtos da fraude; quanto aos outros, os mais simples, os mais fáceis de conceber, tais como as mesas girantes, em certas circunstâncias admitem uma explicação puramente natural: a do impulso mecânico, por exemplo; uma terceira classe compõe-se de fenômenos mais extraordinários e mais misteriosos sobre a natureza dos quais se fica em dúvida, porque, se bem que pareçam ultrapassar as forças da natureza, não apresentam, entretanto, caracteres tais que, evidentemente, para os explicar, se deva recorrer a uma causa sobrenatural. Enfim, agrupamos na quarta categoria os fatos que, oferecendo de maneira evidente esses caracteres, devem ser atribuídos à operação invisível dos Espíritos puros.

Mas que são esses Espíritos? Bons ou maus? Anjos ou demônios? Almas bem-aventuradas ou almas condenadas? A resposta a esta última parte de nosso problema não pode suscitar dúvida, por pouco que se considere, de uma parte, a natureza desses Espíritos e, de outra, o caráter de suas manifestações. É o que nos falta demonstrar.

História de Joana d'Arc

Ditada por ela mesma à senhorita Ermance Dufaux

Uma pergunta que nos tem sido feita muitas vezes é se os Espíritos, que respondem mais ou menos com precisão às perguntas que lhes são dirigidas, poderiam fazer um trabalho de fôlego. A prova disso está na obra da qual falamos, porquanto aqui não se trata mais de uma série de perguntas e respostas, mas de uma narração completa e seguida como o faria um historiador, e contendo uma infinidade de detalhes pouco ou nada conhecidos sobre a vida da heroína. Aos que poderiam pensar que a senhorita Dufaux inspirou-se em seus conhecimentos pessoais, responderemos que ela escreveu o livro com a idade de 14 anos e que havia recebido a instrução que recebem todas as jovens de boa família, educadas com cuidado; porém, mesmo que tivesse uma memória fenomenal, não seria nos livros clássicos que iria buscar documentos íntimos, dificilmente encontráveis nos arquivos do tempo. Sabemos perfeitamente que os incrédulos sempre terão mil objeções a fazer, mas, para nós, que vimos a médium em ação, a origem do livro não poderia suscitar nenhuma dúvida.

Embora a faculdade da senhorita Dufaux se preste à evocação de qualquer Espírito, de que nós mesmos tivemos provas nas comunicações pessoais que ela nos transmitiu, sua especialidade é a História. Do mesmo modo, ela escreveu a de Luís XI e a de

Carlos VIII, que serão publicadas como a de Joana d'Arc. Passou-se com ela um fenômeno bastante curioso. A princípio, era excelente médium psicógrafa, escrevendo com grande facilidade; pouco a pouco se tornou médium falante, e, à medida que essa nova faculdade se desenvolvia, a primeira enfraquecia; hoje, escreve pouco ou com muita dificuldade, mas o que há de estranho é que, falando, sente necessidade de ter um lápis à mão, fingindo que escreve; é preciso uma terceira pessoa para registrar suas palavras, como as da Sibila. Como todos os médiuns favorecidos pelos Espíritos bons, somente recebeu comunicações de ordem elevada.

Teremos ocasião de voltar à história de Joana d'Arc para explicar os fatos de sua vida, concernentes às suas relações com o mundo invisível, citando o que, a respeito, ela ditou de mais notável ao seu intérprete. (1 vol. in-12º, 3 fr. Dentu, Palays-Royal.)

O livro dos espíritos[11]

Contém

Os princípios da Doutrina Espírita

Sobre a natureza dos seres do mundo incorpóreo, suas manifestações e suas relações com os homens, as leis morais, a vida presente, a vida futura e o porvir da humanidade

Escrito de acordo com o ditado e publicado
por ordem dos Espíritos superiores

Por Allan Kardec

Esta obra, como o indica seu título, não é uma doutrina pessoal: é o resultado do ensino direto dos próprios Espíritos sobre os

---

[11] Nota de Allan Kardec: 1 vol. in 8º em 2 col., 3 fr.; Livraria Dentu, Palais-Royal e na Redação do jornal, rua e passagem Sainte-Anne, 59 (antiga rua dos Martyrs, nº 8)

mistérios do mundo onde estaremos um dia e sobre todas as questões que interessam à humanidade; eles nos dão, de algum modo, o código da vida, ao nos traçarem a rota da felicidade futura. Não sendo este livro fruto de nossas ideias, visto que, sobre muitos pontos importantes, tínhamos uma maneira de ver bem diversa, nossa modéstia nada sofreria com os nossos elogios; preferimos, no entanto, deixar falar os que estão inteiramente desinteressados por esta questão.

O *Courrier de Paris*, de 11 de julho de 1857, publicou sobre este livro o seguinte artigo:

A Doutrina Espírita

O Editor Dentu acaba de publicar uma obra deveras notável; diríamos mesmo bastante curiosa, mas há coisas que repelem toda qualificação banal.

O livro dos espíritos, do Sr. Allan Kardec, é uma página nova do grande livro do infinito, e estamos persuadidos de que um marcador assinalará essa página. Ficaríamos desolados se pensassem que acabamos de fazer aqui um anúncio bibliográfico; se pudéssemos supor que assim fora, quebraríamos nossa pena imediatamente. Não conhecemos absolutamente o autor, mas confessamos abertamente que ficaríamos felizes em conhecê-lo. Aquele que escreveu a introdução que inicia *O livro dos espíritos* deve ter a alma aberta a todos os sentimentos nobres. Aliás, para que não se possa suspeitar de nossa boa-fé e nos acusar de tomar partido, diremos com toda sinceridade que jamais fizemos um estudo aprofundado das questões sobrenaturais. Apenas, se os fatos que se produziram nos causaram admiração, pelo menos jamais nos levaram a dar de ombros. Somos um pouco dessas pessoas que se chamam de sonhadores, porque não pensamos absolutamente como todo mundo. A 20 léguas de Paris, à noite sob as grandes árvores, quando não tínhamos em torno de nós senão choupanas esparsas, pensávamos naturalmente em qualquer coisa, menos na Bolsa, no macadame dos bulevares ou nas corridas de Longchamp. Diversas vezes nos interrogamos, e isto muito tempo antes de ter ouvido falar em médiuns, o que haveria de passar no que se convencionou chamar o Alto. Outrora chegamos mesmo a esboçar uma teoria sobre os mundos invisíveis, guardando-a cuidadosamente para nós, e ficamos muito felizes de reencontrá-la quase por inteiro no livro do Sr. Allan Kardec.

A todos os deserdados da Terra, a todos os que caminham e caem, regando com suas lágrimas o pó da estrada, diremos: Lede *O livro dos espíritos*; isso vos tornará mais fortes. Também aos felizes, aos que pelos caminhos só encontram os aplausos da multidão ou os sorrisos da fortuna, diremos: Estudai-o; ele vos tornará melhores.

O corpo da obra, diz o Sr. Allan Kardec, deve ser reivindicado inteiramente pelos Espíritos que o ditaram. Está admiravelmente classificado por perguntas e por respostas. Algumas vezes, estas últimas são sublimes, e isto não nos surpreende; mas não foi preciso um grande mérito a quem as soube provocar?

Desafiamos a rir os mais incrédulos quando lerem este livro no silêncio e na solidão. Todos honrarão o homem que lhe escreveu o prefácio.

A Doutrina se resume em duas palavras: *Não façais aos outros o que não quereríeis que vos fizessem.* Lamentamos que o Sr. Allan Kardec não tenha acrescentado: *e fazei aos outros o que gostaríeis que vos fosse feito.* O livro, aliás, o diz claramente e a Doutrina, sem isto, não estaria completa. Não basta não fazer o mal; é preciso também fazer o bem. Se apenas sois um homem de bem, não tereis cumprido senão a metade do vosso dever. Sois um átomo imperceptível desta grande máquina que se chama mundo, onde nada deve ser inútil. Sobretudo, não nos digais que se pode ser útil sem fazer o bem; ver-nos-íamos forçados de vos replicar por um volume.

Lendo as admiráveis respostas dos Espíritos na obra do Sr. Kardec, dissemos a nós mesmos que haveria um belo livro a escrever.

Bem depressa reconhecemos que nos havíamos enganado: o livro já está escrito. Apenas o estragaríamos se tentássemos completá-lo.

Sois homem de estudo e possuís a boa-fé, que não pede senão para se instruir? Lede o Livro Primeiro sobre a Doutrina Espírita.

Estais colocado na classe dos que só se ocupam consigo mesmos e que, como se diz, fazem os seus pequenos negócios muito tranquilamente, nada vendo além dos próprios interesses? Lede as *Leis morais*.

A desgraça vos persegue com furor, e a dúvida vos envolve, por vezes, com o seu abraço gelado? Estudai o Livro Quarto: *Esperanças e consolações*.

Todos vós que abrigais nobres pensamentos no coração e que acreditais no bem, lede o livro do começo ao fim.

Se alguém nele encontrasse matéria para zombaria, nós o lamentaríamos sinceramente.

G. DU CHALARD

Entre as numerosas cartas que nos têm sido dirigidas desde a publicação de *O livro dos espíritos*, apenas citaremos duas, porque de certo modo resumem a impressão que este livro produziu e o fim essencialmente moral dos princípios que encerra.

Bordeaux, 25 de abril de 1857.

Senhor,

Submetestes minha paciência a uma grande prova pela demora na publicação de *O livro dos espíritos*, há tanto tempo anunciado;

felizmente, não perdi por esperar, porquanto ele ultrapassa todas as ideias que eu havia feito, de acordo com o prospecto. Impossível descrever o efeito que em mim produziu: assemelho-me a um homem que saiu da obscuridade; parece que uma porta, fechada até hoje, acaba de ser subitamente aberta; minhas ideias se ampliaram em algumas horas! Oh! como a humanidade e todas as suas preocupações miseráveis se me parecem mesquinhas e pueris, ao lado desse futuro de que não duvidava, mas que para mim estava de tal forma obscurecido pelos preconceitos que o imaginava a custo! Graças ao ensino dos Espíritos, agora se apresenta sob uma forma definida, compreensível, maior, mais bela e em harmonia com a majestade do Criador. Quem quer que leia esse livro meditando, como eu, encontrará tesouros inesgotáveis de consolações, pois que ele abarca todas as fases da existência. Em minha vida sofri perdas que me afetaram vivamente; hoje, não me causam nenhum pesar e toda minha preocupação é empregar utilmente o tempo e minhas faculdades para acelerar meu progresso, porque, para mim, agora, o bem tem uma finalidade e compreendo que uma vida inútil é uma vida de egoísta, que não nos permite avançar na vida futura.

Se todos os homens que pensam como vós e eu — e os encontrareis muito, assim espero, para honra da humanidade — pudessem se entender, reunir-se e agir de comum acordo, de que força não disporiam para apressar essa regeneração que nos é anunciada! Quando for a Paris, terei a honra de vos ver e, se não for abusar de vosso tempo, pedir-vos-ei algumas explicações sobre certas passagens e alguns conselhos sobre a aplicação das leis morais a certas circunstâncias que me são pessoais. Recebei, até lá, eu vos peço, senhor, a expressão de todo o meu reconhecimento, porque me proporcionastes um grande bem ao apontar-me a rota da única felicidade real neste mundo e, além disso, quem sabe, um lugar melhor no outro.

Vosso todo devotado.

D..., CAPITÃO REFORMADO

Lyon, 4 de julho de 1857.

Senhor,

Não sei como vos exprimir todo o meu reconhecimento pela publicação de *O livro dos espíritos*, que sinto depois de o ler. Como é consolador para nossa pobre humanidade o que nos fizestes saber! De minha parte, confesso-vos que estou mais forte e mais corajoso para suportar as penas e os aborrecimentos ligados à minha pobre existência. Compartilho, com vários de meus amigos, das convicções que hauri na leitura de vossa obra: todos estão muito felizes; agora compreendem as desigualdades das posições sociais e já não *murmuram* contra a Providência; a certeza de um futuro mais feliz, caso se comportem bem, os consola e encoraja. Gostaria de vos ser útil, senhor; sou um simples filho do povo que obteve certa posição com o seu trabalho, mas a quem falta instrução por ter sido obrigado a trabalhar desde menino; entretanto, sempre amei muito a Deus e fiz tudo quanto pude para ser útil aos semelhantes; é por isso que procuro tudo o que possa ajudar na felicidade de meus irmãos. Vamos nos reunir, vários adeptos que estavam dispersos; envidaremos todos os esforços para vos secundar: levantastes a bandeira, cabe a nós seguir-vos; contamos com vosso apoio e vossos conselhos.

Sou, senhor, se ouso vos chamar de confrade, vosso todo devotado.

C...

Muitas vezes já nos dirigiram perguntas sobre a maneira por que foram obtidas as comunicações que são objeto de *O livro dos espíritos*. Resumimos aqui, com muito prazer, as respostas que temos dado a esse respeito, pois que isso nos ensejará a ocasião de cumprir um dever de gratidão para com as pessoas que, de boa vontade, nos prestaram seu concurso.

Como explicamos, as comunicações por pancadas, ou tiptologia, são muito lentas e bastante incompletas para um trabalho alentado; por isso jamais utilizamos esse recurso: tudo foi obtido por meio da escrita e por intermédio de vários médiuns psicógrafos. Nós mesmos preparamos as perguntas e coordenamos o conjunto da obra; as respostas são, textualmente, as que foram dadas pelos Espíritos; a maior parte delas foi escrita sob nossas vistas, algumas foram tomadas das comunicações que nos foram enviadas por correspondentes ou que recolhemos para estudo em toda parte onde estivemos: a esse efeito, os Espíritos parecem multiplicar aos nossos olhos os motivos de observação.

Os primeiros médiuns que concorreram para o nosso trabalho foram as senhoritas B***, cuja boa vontade jamais nos faltou: este livro foi escrito quase por inteiro por seu intermédio e na presença de numeroso auditório que assistia às sessões e nelas tomava parte com o mais vivo interesse. Mais tarde os Espíritos recomendaram a sua completa revisão em conversas particulares para fazerem todas as adições e correções que julgaram necessárias. Essa parte essencial do trabalho foi feita com o concurso da senhorita Japhet,[12] que se prestou com a maior boa vontade e o mais completo desinteresse a todas as exigências dos Espíritos, pois eram eles que marcavam os dias e as horas para suas lições. O desinteresse não seria aqui um mérito particular, visto que os Espíritos reprovam todo tráfico que se possa fazer de sua presença; a senhorita Japhet, que é também sonâmbula notável, tinha seu tempo utilmente empregado, mas compreendeu, igualmente, que dele poderia fazer um emprego proveitoso, consagrando-se à propagação da Doutrina. Quanto a nós, temos declarado desde o princípio, e nos apraz reafirmar aqui, jamais pensamos em fazer de *O livro dos espíritos* objeto de especulação, devendo sua renda ser aplicada às coisas de utilidade geral; por isso seremos sempre reconhecidos aos que se associarem de coração, e por amor do bem, à obra a que nos estamos consagrando.

ALLAN KARDEC

---

[12] Nota de Allan Kardec: Rua Tiquetonne, 14.

Revista Espírita
Jornal de estudos psicológicos
ANO I   FEVEREIRO DE 1858   Nº 2

Diferentes ordens de Espíritos

Um ponto capital na Doutrina Espírita é o das diferenças que existem entre os Espíritos, sob o duplo ponto de vista intelectual e moral; seu ensino, a esse respeito, jamais variou; não menos importante, porém, é saber que eles não pertencem eternamente à mesma ordem e que, em consequência, essas ordens não constituem *espécies distintas*: são diferentes graus de desenvolvimento. Os Espíritos seguem a marcha progressiva da natureza: os das ordens inferiores são ainda imperfeitos; depois de depurados, atingem as ordens superiores; avançam na hierarquia à medida que adquirem qualidades, experiência e conhecimentos que lhes faltam. No berço, a criança não se assemelha ao que será na idade madura; entretanto, é sempre o mesmo ser.

A classificação dos Espíritos baseia-se no grau de adiantamento deles, nas qualidades que já adquiriram e nas imperfeições de que terão ainda de despojar-se. Esta classificação, aliás, nada tem de absoluta; apenas no seu conjunto cada categoria apresenta caráter definido. De um grau a outro a transição é insensível e, nos limites extremos, os matizes se apagam, como nos reinos da natureza, nas cores do arco-íris ou, também, como nos diferentes períodos da vida do homem. Podem, pois, formar-se maior ou menor número de classes, conforme o ponto de vista donde se considere a questão. Dá-se aqui o que se dá com todos os sistemas de classificação científica, os quais podem ser mais ou menos completos, mais ou menos racionais e mais ou menos cômodos para a inteligência; sejam, porém, quais forem, em nada alteram as bases da Ciência. Assim, é natural que, inquiridos sobre este ponto, hajam os Espíritos divergido quanto ao número das categorias, sem que isto tenha valor algum. Entretanto, não faltou quem se agarrasse a esta contradição aparente, sem refletir que os Espíritos nenhuma importância ligam ao que é puramente convencional; para eles, o pensamento é tudo; deixam-nos a forma, a escolha dos termos, as classificações — numa palavra, os sistemas.

Façamos ainda uma consideração que se não deve jamais perder de vista: a de que entre os Espíritos, assim como entre os homens, há os muito ignorantes, de modo que nunca serão demais as cautelas que se tomem contra a tendência a crer que, por serem Espíritos, todos devam saber tudo. Qualquer classificação exige método, análise e conhecimento aprofundado do assunto. Ora, no mundo dos Espíritos, os que possuem limitados conhecimentos são, como neste orbe, os ignorantes, os inaptos a apreender uma síntese, a formular um sistema; mesmo os que são capazes de tal apreciação podem mostrar-se divergentes quanto às particularidades, de acordo com o seu ponto de vista, sobretudo se se trata de uma divisão, que nenhum cunho absoluto apresente. Lineu, Jussieu e Tournefort tiveram cada um o seu método, sem que a Botânica, em consequência, houvesse experimentado qualquer modificação. É que nenhum deles inventou as plantas, nem seus caracteres. Apenas observaram as analogias, segundo as quais formaram os grupos ou classes. Foi assim que também procedemos. Não inventamos os Espíritos, nem seus caracteres; vimos e observamos, julgamo-los pelas suas palavras e atos, depois os classificamos pelas semelhanças. É o que cada um teria feito em nosso lugar.

Entretanto, não podemos reivindicar a totalidade desse trabalho como se fosse obra nossa. Se o quadro que damos a seguir não foi textualmente traçado pelos Espíritos, e se é nossa a iniciativa, todos os elementos que o compõem foram hauridos em seus ensinamentos; não nos restaria senão formular a disposição material.

Os Espíritos, em geral, admitem três categorias principais, ou três grandes divisões. Na última, a que fica na parte inferior da escala, estão os Espíritos imperfeitos que devem ainda percorrer todas ou quase todas as etapas; caracterizam-se pela predominância da matéria sobre o Espírito e pela propensão ao mal. Os da segunda se caracterizam pela predominância do Espírito sobre a matéria e pelo desejo do bem: são os Espíritos bons. A primeira, finalmente, compreende os Espíritos puros, os que atingiram o grau supremo da perfeição.

Esta divisão nos pareceu perfeitamente racional e com caracteres bem positivados; só nos restava pôr em relevo, mediante subdivisões em número suficiente, os principais matizes do conjunto. Foi o que fizemos, com o concurso dos Espíritos, cujas benévolas instruções jamais nos faltaram.

Com o auxílio desse quadro, fácil será determinar-se a ordem, assim como o grau de superioridade ou de inferioridade dos que podem entrar em relação conosco e, por conseguinte, o grau de confiança ou de estima que merecem. Além disso, interessa-nos pessoalmente porque, como pertencemos, por nossa alma, ao mundo espírita, no qual reentraremos ao deixar nosso invólucro mortal, ele nos mostra o que nos resta fazer para chegarmos à perfeição e ao bem supremo. Faremos, todavia, notar que os Espíritos não ficam pertencendo, exclusivamente, a tal ou tal classe. Sendo sempre gradual o progresso deles e muitas vezes mais acentuado num sentido do que em outro, pode acontecer que muitos reúnam em si os caracteres de várias categorias, o que seus atos e linguagem tornam possível apreciar.

Escala espírita[13]

Terceira ordem – Espíritos imperfeitos

Características gerais. – Predominância da matéria sobre o espírito. Propensão para o mal. Ignorância, orgulho, egoísmo e todas as paixões que lhes são consequentes.

Têm a intuição de Deus, mas não o compreendem.

Nem todos são essencialmente maus. Em alguns há mais leviandade, inconsequência e malícia do que verdadeira maldade. Uns não fazem o bem nem o mal, mas, pelo simples fato de não fazerem o bem, já denotam a sua inferioridade. Outros, ao contrário, se comprazem no mal e ficam satisfeitos quando encontram ocasião se lhes depara de praticá-lo.

Podem aliar a inteligência à maldade ou à malícia; porém, seja qual for o seu desenvolvimento intelectual, suas ideias são pouco elevadas e mais ou menos abjetos seus sentimentos.

São limitados os conhecimentos que têm das coisas do mundo espiritual e o pouco que sabem se confunde com as ideias e preconceitos da vida corporal. Acerca dessas coisas não nos podem dar senão noções falsas e incompletas desse mundo, mas em suas comunicações, mesmo imperfeitas, o observador atento quase sempre encontra a confirmação das grandes verdades ensinadas pelos Espíritos superiores.

O caráter desses Espíritos se revela por sua linguagem. Todo Espírito que, em suas comunicações, trai um mau pensamento pode ser classificado na terceira ordem. Conseguintemente, todo mau pensamento que nos é sugerido vem de um Espírito desta ordem.

---

[13] N.T.: Classificação modificada mais tarde por Allan Kardec, quando do aparecimento da 2ª edição francesa (definitiva) de *O livro dos espíritos*, em 1860 — *Vide* Livro segundo, cap. I, q. 101 a 113.

Eles veem a felicidade dos bons, e essa visão lhes constitui um tormento incessante, porque os faz experimentar todas as angústias que a inveja e o ciúme podem causar.

Conservam a lembrança e a percepção dos sofrimentos da vida corpórea e essa impressão é muitas vezes mais penosa do que a realidade. Sofrem, pois, verdadeiramente, pelos males de que padeceram em vida quanto pelos que causaram aos outros. E, como sofrem por longo tempo, julgam que sofrerão para sempre. Deus, para puni-los, quer que assim julguem.

Podem ser divididos em quatro grupos principais:

Nona classe. ESPÍRITOS IMPUROS. – São inclinados ao mal, de que fazem o objeto de suas preocupações. Como Espíritos, dão conselhos pérfidos, sopram a discórdia e a desconfiança e se mascaram de todas as maneiras para melhor enganar. Apegam-se às pessoas de caráter bastante fraco para cederem às suas sugestões, a fim de induzi-las à perdição, satisfeitos por poderem retardar-lhes o adiantamento, fazendo-as sucumbir nas provas por que passam.

Nas manifestações, os Espíritos são reconhecidos por sua linguagem. A trivialidade e a grosseria das expressões, neles, como nos homens, é sempre indício de inferioridade moral, quando não intelectual. Suas comunicações revelam a baixeza de seus pendores e, se tentam enganar, falando com sensatez, não conseguem sustentar por muito tempo o papel e acabam sempre por trair sua origem.

Alguns povos os transformaram em divindades maléficas; outros os designam pelos nomes de demônios, maus gênios, Espíritos do mal.

Quando encarnados, os seres vivos que eles constituem são inclinados a todos os vícios geradores das paixões vis e degradantes: a sensualidade, a crueldade, a malícia, a hipocrisia, a cupidez, a avareza sórdida. Fazem o mal por prazer, na maioria das vezes sem motivo, e, por ódio ao bem, quase sempre escolhem suas vítimas entre as pessoas honestas. São flagelos para a humanidade, seja qual for a categoria social a que pertençam, e o verniz da civilização não os livra do opróbrio e da ignomínia.

Oitava classe. ESPÍRITOS LEVIANOS. – São ignorantes, maliciosos, inconsequentes e zombeteiros. Intrometem-se em tudo e, a tudo respondem, sem se incomodarem com a verdade. Comprazem-se em causar pequenos desgostos e ligeiras alegrias em aborrecer, em induzir maliciosamente ao erro, por meio de mistificações e de espertezas. A esta classe pertencem os Espíritos vulgarmente tratados de *duendes, trasgos, gnomos, diabretes*. Estão sob a dependência dos Espíritos superiores, que muitas vezes os empregam, como fazemos com os nossos servidores.

Mais que outros, parecem ligados à matéria e ser os principais agentes das vicissitudes dos elementos do globo, quer vivam no ar, na água, no fogo, nos corpos sólidos ou nas entranhas da Terra. Muitas vezes manifestam sua presença por efeitos sensíveis, tais como pancadas, movimento e deslocamento anormal de corpos sólidos, agitação do ar etc., o que lhes valeu o nome de Espíritos batedores ou perturbadores. Reconhece-se que tais fenômenos não se devem a uma causa fortuita e natural quando têm um caráter intencional e inteligente. Todos os Espíritos podem produzir esses fenômenos, porém os Espíritos elevados em geral deixam essas atribuições aos inferiores, mais aptos às coisas materiais que às inteligentes.

Em suas comunicações com os homens, a linguagem de que se servem é, por vezes, espirituosa e faceta, mas quase sempre sem profundidade. Exploram as falhas e o lado ridículo dos homens e os retratam em traços mordazes e satíricos. Se tomam nomes supostos, é mais por malícia que por maldade.

Sétima classe. ESPÍRITOS PSEUDOSSÁBIOS. – Seus conhecimentos são bastante amplos, mas acreditam saber mais do que realmente sabem. Tendo realizado alguns progressos sob diversos pontos de vista, a linguagem deles tem um caráter sério que pode iludir quanto às suas capacidades e luzes; porém, na maioria das vezes, isso não passa de reflexo dos preconceitos e ideias sistemáticas da vida terrestre. É uma mistura de algumas verdades com os erros mais absurdos, em meio aos quais despontam a presunção, o orgulho, o ciúme e a obstinação, de ainda não puderam livrar-se.

Sexta classe. ESPÍRITOS NEUTROS – Nem são bastante bons para fazerem o bem, nem bastante maus para fazerem o mal. Inclinam-se tanto para um como para o outro e não se elevam acima da condição vulgar da humanidade, quer em moral, quer em inteligência. Apegam-se às coisas deste mundo, de cujas grosseiras alegrias sentem saudades.

Segunda ordem – Espíritos bons

Características gerais. – Predominância do espírito sobre a matéria; desejo do bem. Suas qualidades e poderes para o bem estão em relação com o grau de adiantamento que hajam alcançado; uns têm ciência, outros a sabedoria e a bondade. Os mais adiantados aliam o saber às qualidades morais. Não estando ainda completamente desmaterializados, conservam mais ou menos, segundo sua categoria, os traços da existência corpórea, quer na linguagem, quer nos hábitos, entre os quais se encontram mesmo algumas de suas manias. De outro modo, seriam Espíritos perfeitos.

Compreendem Deus e o infinito e já gozam da felicidade dos bons. São felizes pelo bem que fazem e pelo mal que impedem. O amor que os une é, para eles, fonte de inefável ventura, não se alterando nem pela inveja, nem pelos remorsos, nem por nenhuma das más paixões que constituem o tormento dos Espíritos imperfeitos. Mas todos ainda têm de passar por provas, até que atinjam a perfeição absoluta.

Como Espíritos, sugerem bons pensamentos, desviam os homens do caminho do mal, protegem na vida os que se tornam dignos dessa proteção e neutralizam a influência dos Espíritos imperfeitos sobre aqueles que não comprazem em sofrê-la.

Quando encarnados, são bons e benevolentes com os semelhantes. Não são movidos pelo orgulho, nem pelo egoísmo, nem pela ambição. Não experimentam ódio, rancor, inveja ou ciúme e fazem o bem pelo bem.

A esta ordem pertencem os Espíritos designados, nas crenças vulgares, pelos nomes de *bons gênios*, *gênios protetores*, *Espíritos do bem*. Em épocas de superstições e de ignorância, foram considerados como divindades benfazejas.

Pode-se dividi-los em quatro grupos principais:

Quinta classe. ESPÍRITOS BENÉVOLOS. – Sua qualidade dominante é a bondade. Sentem prazer em prestar serviço aos homens e protegê-los, mas os seus conhecimentos são limitados; progrediram mais no sentido moral do que no sentido intelectual.

Quarta classe. ESPÍRITOS DE CIÊNCIA – Distinguem-se especialmente pela amplitude de seus conhecimentos. Preocupam-se menos com as questões morais do que com as científicas, para as quais têm maior aptidão; entretanto, só encaram a Ciência do ponto de vista da utilidade e jamais dominados pelas paixões peculiares aos Espíritos imperfeitos.

Terceira classe. ESPÍRITOS DE SABEDORIA – As qualidades morais da ordem mais elevada constituem o seu caráter distintivo. Sem possuírem conhecimentos ilimitados, são dotados de uma capacidade intelectual que lhes faculta juízo reto sobre os homens e as coisas.

Segunda classe. ESPÍRITOS SUPERIORES – Reúnem em si a ciência, a sabedoria e a bondade. Sua linguagem, que só transpira benevolência, é constantemente digna, elevada e, muitas vezes, sublime. Sua superioridade os torna mais aptos do que os outros a nos darem as mais justas noções sobre as coisas do mundo incorpóreo, dentro dos limites do que é permitido ao homem saber. Comunicam-se de bom grado com os que procuram de boa-fé a verdade e cuja alma já está bastante desprendida dos laços terrenos para compreendê-la, mas se afastam dos que são movidos apenas pela curiosidade, ou que são desviados da prática do bem pela influência da matéria.

Quando, por exceção, encarnam na Terra, é para cumprir missão de progresso e, então, nos oferecem o tipo da perfeição a que a humanidade pode aspirar neste mundo.

Primeira ordem – Espíritos puros

Características gerais. – Nenhuma influência da matéria. Superioridade intelectual e moral absoluta, com relação aos Espíritos das outras ordens.

Primeira classe. Classe única. – Percorreram todos os graus da escala e se despojaram de todas as impurezas da matéria. Tendo alcançado a soma de perfeição de que é suscetível a criatura, não têm que sofrer mais provas, nem expiações. Não estando mais sujeitos à reencarnação em corpos perecíveis, realizam a vida eterna no seio de Deus.

Gozam de inalterável felicidade, porque não estão sujeitos nem às necessidades, nem às vicissitudes da vida material; essa felicidade, porém, não é a de uma *ociosidade monótona vivida em perpétua contemplação*. Eles são os mensageiros e os ministros de Deus, cujas ordens executam para manutenção da harmonia universal. Comandam todos os Espíritos que lhes são inferiores, ajudam-nos a se aperfeiçoarem e designam suas missões. Assistir os homens nas suas aflições, estimulá-los ao bem ou à expiação das faltas que os mantêm distanciados da suprema felicidade, é para eles ocupação agradabilíssima. São designados às vezes pelos nomes de *anjos*, *arcanjos* ou *serafins*.

Os homens podem comunicar-se com eles, mas bem presunçoso seria aquele que pretendesse tê-los constantemente às suas ordens.

Espíritos errantes ou encarnados

Quanto às suas qualidades íntimas, os Espíritos pertencem a diferentes ordens, que percorrem sucessivamente à medida que se depuram. Como *estado*, podem estar *encarnados*, isto é, unidos a um corpo num mundo qualquer; ou *errantes*, ou seja, despojados do corpo material e aguardando nova encarnação para se melhorarem.

Os Espíritos *errantes* não formam uma categoria especial; é um dos estados em que podem encontrar-se.

O estado *errante* ou de *erraticidade* não constitui inferioridade para os Espíritos, pois que nele os podemos encontrar de todos os graus. Todo Espírito que não está encarnado é, por isso mesmo, *errante*, à exceção dos *Espíritos puros* que, não tendo mais encarnação a sofrer, estão no seu estado definitivo.

Não sendo a encarnação senão um estado transitório, a *erraticidade* é, em verdade, o estado normal dos Espíritos, e esse estado não lhes é, forçosamente, uma expiação. São felizes ou desventurados conforme seu grau de elevação e segundo o bem ou mal que hajam praticado.

O fantasma da senhorita Clairon[14]

Esta história fez muito alarido em seu tempo, pela posição da heroína e pelo grande número de pessoas que a testemunharam. Não obstante sua singularidade, estaria provavelmente esquecida se a senhorita Clairon não a tivesse consignado em suas memórias, de onde extraímos o relato que vamos fazer. A analogia que apresenta com alguns fatos que se passam em nossos dias dá-lhe um lugar natural nesta coletânea.

---

[14] Nota de Allan Kardec: Nascida em 1723, a senhorita Clairon morreu em 1803. Estreou em uma companhia italiana aos 13 anos e na Comédia Francesa em 1743. Retirou-se do teatro em 1765, aos 42 anos.

Como se sabe, a senhorita Clairon era tão notável por sua beleza quanto por seu talento, quer como cantora, quer como atriz trágica. Havia inspirado a um jovem bretão, o Sr. de S..., uma dessas paixões que por vezes decidem uma vida, quando não se tem bastante força de caráter para triunfar. A senhorita Clairon respondeu somente com amizade; contudo, a assiduidade do Sr. De S... tornou-se de tal forma importuna que ela resolveu romper qualquer relação com ele. A mágoa que ele sentiu causou-lhe uma longa enfermidade, de que veio a morrer. Isto se passou em 1743. Mas deixemos falar a senhorita Clairon.

"Dois anos e meio havia decorrido entre o nosso conhecimento e a sua morte. Rogou-me lhe concedesse, em seus últimos instantes, a doçura de me ver ainda; minhas relações, porém, impediram-me de fazer essa visita. Morreu não tendo perto de si senão os criados e uma velha dama, única companhia que possuía desde muito tempo. Habitava, então, a muralha, perto de Chaussée-d'Antin, que começavam a construir; eu, à rua de Bussy, perto da rua de Seine e da abadia Saint-Germain. Estava com minha mãe e vários amigos que vinham jantar comigo. Acabara de entoar belas canções pastorais que haviam encantado meus amigos quando, ao soarem onze horas, ouviu-se um grito muito agudo. Sua sombria modulação e sua longa duração espantaram todo o mundo; senti-me desfalecer e estive quase um quarto de hora desacordada...

Todos de minha família, meus amigos, meus vizinhos, a própria polícia, ouviam o mesmo grito, sempre à mesma hora, partindo invariavelmente de sob as minhas janelas, parecendo sair vagamente do ar... Raramente eu jantava na cidade, mas, nos dias em que o fazia, nada se ouvia; muitas vezes, quando me recolhia ao quarto, indagava à minha mãe e aos meus domésticos sobre alguma novidade, e logo o grito partia do meio de nós. Uma vez o presidente de B..., com quem havia jantado, quis acompanhar-me para assegurar-se de que nada me ocorreria no caminho. Quando, à minha porta, me desejava boa-noite, o grito partiu de entre nós. Assim como toda Paris, ele sabia dessa história; entretanto, foi posto em sua carruagem mais morto que vivo.

Outra vez, pedi ao meu camarada Rosely que me acompanhasse à rua Saint-Honoré para escolher tecidos. O único assunto de nossa conversa foi meu fantasma (é assim que o chamavam). Cheio de espírito e em nada acreditando, esse rapaz, a despeito disso, ficara impressionado com a minha aventura; insistia para que eu evocasse o fantasma, prometendo-me que nele creria se me respondesse. Fosse por fraqueza ou por audácia, fiz o que ele pedia: o grito foi ouvido três vezes, terrível por seu estrépito e rapidez. Ao retornar, foi necessário o auxílio de todos da casa para tirar-nos da carruagem, onde estávamos desacordados. Depois dessa cena, fiquei alguns meses sem nada ouvir. Julgava-me livre para sempre, mas me enganava.

Todos os espetáculos haviam sido transferidos para Versalhes, para o casamento do delfim. Tinham-me arranjado um quarto na avenida Saint-Cloud, que eu ocupava com a Sra. Grandval. Às três horas da manhã, eu lhe disse: 'Estamos no fim do mundo; seria muito difícil que o grito nos viesse surpreender aqui.' Mal acabara de falar e o grito estalou! A Sra. Grandval acreditou que o inferno inteiro estava no quarto; usando camisola, correu a casa de alto a baixo, onde, aliás, ninguém pôde pregar os olhos durante a noite. Pelo menos foi a última vez que o ouvimos.

Sete ou oito dias após, conversando com os membros de minhas relações pessoais, à badalada das onze horas seguiu-se um tiro de fuzil, dado em uma de minhas janelas. Todos ouvimos o tiro e vimos o fogo, contudo a janela nenhum dano sofrera. Concluímos, todos, que queriam minha vida, que haviam errado o alvo e que seria necessário tomar precauções com vistas ao futuro. O Sr. de Marville, então tenente de polícia, mandou visitar as casas em frente à minha; a rua encheu-se de toda sorte de espiões possíveis; porém, por mais cuidados que se tomassem, durante três meses inteiros e sempre à mesma hora o tiro foi visto e ouvido, na mesma vidraça, sem que ninguém jamais tenha podido saber de onde partira. Esse fato foi constatado nos registros da polícia.

Acostumada ao meu fantasma, na verdade um pobre diabo que se prestava a pregar peças, não prestei atenção à hora. Como fizesse calor, abri a janela condenada e nos apoiamos, eu e o intendente, no balcão. Ao soar onze horas, o tiro fez-se ouvir e ambos fomos lançados no meio do quarto, onde caímos feito mortos. Retornando a nós mesmos, sentindo que não tínhamos nada, examinando-nos e reconhecendo que havíamos recebido, ele na face esquerda e eu na direita, a mais terrível bofetada jamais aplicada, pusemo-nos a rir como dois loucos.

Dois dias depois, convidada pela senhorita Dumesnil para uma festa à noite em sua casa, na Barrière Blanche, tomei um fiacre às onze horas com minha camareira. Fazia o mais esplêndido luar e fomos conduzidas por bulevares que começavam a encher-se de casas. Indaga minha camareira: 'Não foi aqui que morreu o Sr. de S...?' 'Segundo as informações que me deram, sim', respondi-lhe, apontando com o dedo uma das duas casas à nossa frente. De uma delas partiu o mesmo tiro de fuzil que me perseguia: atravessou nosso fiacre; o cocheiro dobrou a marcha, crendo-se atacado por ladrões. Chegamos à festa, mal refeitos do susto e, de minha parte, tomada por um terror que, confesso, guardei por muito tempo. Mas com armas de fogo essa proeza foi a última.

À explosão sucedeu um bater de palmas, com certo compasso e repetição. Esse ruído, ao qual a complacência do público me havia acostumado, não foi percebido por mim durante algum tempo, mas meus amigos o notaram. Temos espiado, disseram-me eles: é às onze horas, quase à vossa porta, que ele ocorre; ouvimos, mas não vemos ninguém; só pode ser a sequência do que antes experimentastes. Como o ruído nada tinha de terrível, não lhe guardei o tempo de duração. Não mais prestei atenção aos sons melodiosos que depois se fizeram ouvir; parecia voz celeste a esboçar uma ária nobre e tocante, prestes a ser cantada; essa voz começava na encruzilhada de Bussy e acabava em minha porta; e, como ocorrera com todos os outros sons precedentes, ouvia-se, mas nada se via. Finalmente, tudo cessou em pouco mais de dois anos e meio."

Algum tempo depois, a senhorita Clairon obteve, por intermédio da dama idosa que tinha sido a amiga devotada do Sr. de S..., o relato de seus últimos momentos. "Ele contava todos os minutos quando, às 10h30, seu lacaio veio dizer-lhe que a senhora, decididamente, não viria. Depois de um momento de silêncio, tomou-me a mão, em atitude de desespero que me apavorou. *Desalmada!... nada ganhará com isso; persegui-la-ei depois de morto, tanto quanto a persegui em vida!...* Quis tentar acalmá-lo, mas estava morto."

Na edição que temos à vista, esse relato é precedido da seguinte nota, sem assinatura:

> Eis uma anedota bem singular que, sem dúvida, induziu e induzirá as mais diversas opiniões. Ama-se o maravilhoso, mesmo sem nele crer: a senhorita Clairon parece convencida da realidade dos fatos que narra. Contentar-nos-emos em observar que ao tempo em que foi ou se supôs atormentada por seu fantasma, contava ela de 22,5 a 25 anos; que é a idade da imaginação, e que nela essa faculdade era continuamente exercitada e exaltada pelo gênero de vida que levava, no teatro e fora dele. É preciso ainda lembrar que ela disse, no início de suas memórias, que, em sua infância, não se entretinha senão com aventuras de fantasmas e de feiticeiros, que lhe eram contadas como histórias verídicas.

Conhecendo o assunto somente por meio do relato da senhorita Clairon, só podemos julgá-lo por indução. Eis o nosso raciocínio: Esse fato, descrito em seus mínimos detalhes pela própria senhorita Clairon, tem mais autenticidade do que se tivesse sido narrado por terceiros. Acrescentemos que, ao escrever a carta em que o fato está relatado, contava cerca de 60 anos, já passada a idade da credulidade de que fala o autor da nota. Esse autor não põe em dúvida a boa-fé da senhorita Clairon a propósito de sua aventura, mas admite que ela tenha sido vítima de uma ilusão. Que o fosse uma vez, nada haveria de extraordinário; porém, que o tivesse sido durante dois anos e meio, já se nos afiguraria bem mais difícil, como mais difícil ainda é supor que essa ilusão houvesse sido compartilhada por tantas pessoas, testemunhas oculares e auriculares dos fatos, e pela própria polícia. Para nós, que conhecemos o que se passa nas manifestações espíritas, a aventura nada contém de surpreendente e a temos como *provável*. Nesta hipótese, não vacilamos em pensar que o autor de todos esses malefícios não seja outro senão a alma ou o Espírito do Sr. de S..., se, sobretudo, atentarmos para a coincidência de suas últimas palavras com a duração dos fenômenos. Havia ele dito: "Persegui-la-ei depois de morto tanto quanto a persegui em vida." Ora, suas relações com a senhorita Clairon haviam durado dois anos e meio, ou seja, tanto tempo quanto o das manifestações que se seguiram à sua morte.

Algumas palavras ainda sobre a natureza desse Espírito. Não era mau, e é com razão que a senhorita Clairon o qualifica como um pobre diabo, mas também não se pode dizer que fosse a própria bondade. A paixão violenta, sob a qual sucumbiu como homem, prova que nele as ideias terrestres eram dominantes. Os traços profundos dessa paixão, que sobreviveu à destruição do corpo, provam que, como Espírito, ainda se achava sob a influência da matéria. Por mais inofensiva fosse sua vingança, denota sentimentos pouco elevados. Se, pois, quisermos reportar-nos ao nosso quadro da classificação dos Espíritos, não será difícil assinalar-lhe a classe; a ausência de maldade real naturalmente o afasta da última classe, a dos Espíritos impuros, mas, evidentemente, mantinha-se ligado a outras classes da mesma ordem; nada nele poderia justificar uma posição superior.

Uma coisa digna de nota é a sucessão dos diferentes modos pelos quais manifestava sua presença. Foi no mesmo dia e no momento exato de sua morte que ele se fez ouvir pela primeira vez, e isso em meio a um alegre jantar. Quando vivo, via a senhorita Clairon, pelo pensamento, envolvida por essa auréola que a imaginação empresta ao objeto de uma paixão ardente; mas, uma vez desembaraçada a alma de seu véu material, a ilusão cedeu à realidade. Lá está ele, a seu lado, e a vê cercada de *amigos*, tudo lhe excitando o ciúme; por sua jovialidade e encanto, ela parece insultar o seu desespero, que se traduz por um grito de raiva repetido todo dia à mesma hora, como se a censurasse por se haver recusado de o consolar em seus últimos momentos. Aos gritos se sucedem os tiros, inofensivos, é verdade, mas que no mínimo denotam uma raiva impotente e a intenção de perturbar seu repouso. Mais tarde, seu desespero toma um caráter mais sereno; retorna, sem dúvida, a ideias mais sadias, parecendo haver readquirido o domínio de si; restava-lhe a lembrança dos aplausos de que ela era objeto, e ele os repete. Finalmente, diz-lhe adeus por meio de sons que lembravam o eco dessa voz melodiosa que, em vida, tanto o fascinara.

Isolamento dos corpos pesados

O movimento imprimido aos corpos inertes pela vontade é hoje de tal forma conhecido que seria quase pueril relatar fatos desse gênero; já o mesmo não acontece quando o movimento se faz acompanhar de certos fenômenos menos vulgares, por exemplo, o de sua suspensão no espaço. Embora os anais do Espiritismo citem numerosos exemplos, esse fenômeno apresenta tal derrogação das leis da gravidade que a dúvida parece muito natural a quem quer que os tenha testemunhado. Nós mesmos, confessamos, por mais habituados que estejamos às coisas extraordinárias, ficamos bem contentes em constatar-lhe a realidade. O fato que vamos narrar repetiu-se várias vezes sob nossos olhos, nas reuniões que outrora aconteciam na casa do Sr. B***, na rua Lamartine, e sabemos que se produziu inúmeras vezes em outros lugares. Podemos, pois, atestá-lo como incontestável. Eis como as coisas se passavam:

Oito ou dez pessoas, entre as quais algumas dotadas de um poder especial, embora não fossem reconhecidas como médiuns, sentavam-se em torno de uma pesada e maciça mesa de jantar, com as mãos às suas bordas e unidas, todas, pela intenção e pela vontade. Ao fim de um tempo mais ou menos longo, dez minutos ou um quarto de hora, conforme fossem as disposições ambientes mais ou menos favoráveis, a mesa se punha em movimento, a despeito de seu peso de quase 100 quilos; deslizava para a direita ou para a esquerda no assoalho; dirigia-se para diversas partes do salão que fossem designadas; levantava-se depois, ora num pé, ora noutro, até formar um ângulo de 45°; e balançava com rapidez, imitando o movimento de baloiço do navio. Se, em tal posição, os assistentes redobrassem os esforços por sua vontade, a mesa se levantaria completamente do solo, a 10 ou 20 centímetros de altura, sustentando-se, dessa forma, no espaço sem qualquer ponto de apoio, durante alguns segundos, para cair em seguida com todo o seu peso.

O movimento da mesa, seu levantamento sobre um pé e seu baloiço produziam-se mais ou menos à vontade, várias vezes durante a reunião, e também por diversas vezes sem nenhum contato das mãos; bastava somente a vontade para que a mesa se dirigisse ao lado indicado. O isolamento completo era mais difícil de obter, sendo repetido amiúde, a fim de não ser visto como um fato excepcional. Ora, isso não se passava apenas na presença dos adeptos, que se poderia crer muito acessíveis à ilusão, mas diante de vinte ou trinta pessoas, entre as quais se achavam algumas muito pouco simpáticas, que não deixariam de levantar a suspeita de alguma artimanha secreta, sem consideração para com o dono da casa, cujo caráter honrado deveria afastar todo pensamento de fraude e para quem, aliás, teria sido um prazer muito singular passar algumas horas por semana a mistificar uma assembleia, sem qualquer proveito.

Narramos o fato em toda a sua simplicidade, sem restrição nem exagero. Não diremos, no entanto, que vimos a mesa adejar no espaço qual se fora uma pluma; porém, mesmo como as coisas se passaram, o fato não demonstra menos a possibilidade do isolamento dos corpos pesados sem ponto de apoio, por meio de uma força até agora desconhecida. Também não diremos que bastava estender a mão ou fazer um sinal qualquer para que, no mesmo instante, a mesa se movesse e se elevasse como por encanto.

Ao contrário, diremos, a bem da verdade, que os primeiros movimentos se verificaram sempre com certa lentidão, não adquirindo senão gradualmente sua máxima intensidade. O levantamento completo só ocorreu após vários movimentos preparatórios, que eram como que ensaios para uma espécie de arremesso. A força atuante parecia redobrar de esforços para encorajar os assistentes, como um homem ou um cavalo que realiza uma pesada tarefa e que é excitado por gestos e palavras. Uma vez produzido o efeito, tudo retornava à calma e, por alguns instantes, nada se obtinha, como se aquela mesma força tivesse necessidade de retomar o fôlego.

Muitas vezes teremos ocasião de citar fenômenos desse gênero, sejam espontâneos ou provocados, e realizados em proporções e circunstâncias bem mais extraordinárias; porém, quando tivermos sido testemunhas, relatá-lo-emos sempre de maneira a evitar qualquer interpretação falsa ou exagerada. Se no fato relatado acima nos tivéssemos contentado em dizer que vimos uma mesa de 100 quilos elevar-se do solo pelo simples contato das mãos, ninguém duvide que muitas pessoas pensariam que a mesa havia subido até o teto, e com a rapidez de um piscar de olhos. É assim que as coisas mais simples se tornam prodígios pelas proporções que lhes empresta a imaginação. O que não haverá de acontecer quando os fatos atravessarem os séculos e passarem pela boca dos poetas! Se se dissesse que a superstição é filha da realidade, ter-se-ia avançado num paradoxo e, todavia, nada é mais verdadeiro; não há superstição que não repouse sobre um fundo real; tudo está em discernir onde termina uma e começa a outra. O verdadeiro meio de combater as superstições não é contestá-las de maneira absoluta; no espírito de certas pessoas há ideias que não se desenraízam tão facilmente, porque sempre há fatos a citar em apoio de sua opinião; ao contrário, é preciso mostrar o que há de real; então, só restará o exagero ridículo, ao qual o bom senso fará justiça.

A floresta de Dodona e a estátua de Mémnon

Para chegar à floresta de Dodona passamos pela rua Lamartine e paramos um instante na casa do Sr. B***, onde vimos um móvel submisso propor-nos um novo problema de estática.

Fevereiro de 1858

Os assistentes, em qualquer número, colocam-se em torno da mesa em questão, numa ordem também qualquer, pois não há, ali, nem números nem lugares cabalísticos; apoiam as mãos sobre a beirada; mentalmente, ou em voz alta, apelam aos Espíritos que têm o hábito de levar em conta o seu convite. Sendo conhecida nossa opinião sobre esse gênero de Espíritos, nós os tratamos um tanto sem cerimônia. Apenas são decorridos quatro ou cinco minutos quando um ruído claro de toque-toque se faz ouvir na mesa, por vezes bastante forte para ser percebido na sala vizinha, repetindo-se tanto tempo e tantas vezes quanto se deseje. A vibração é sentida nos dedos e, ao aplicar-se o ouvido à mesa, reconhece-se, sem qualquer equívoco, que o ruído se origina na própria substância da madeira, visto vibrar a mesa inteira, dos pés ao tampo.

Qual a causa desse ruído? É a madeira que opera ou, como se costuma dizer, um Espírito? Afastemos, inicialmente, qualquer ideia de fraude; encontramo-nos em casa de pessoas muito sérias e de muito boa companhia para se divertirem à custa daqueles que recebem de bom grado; aliás, essa casa não é de modo algum privilegiada; fatos idênticos se produzem em cem outras, igualmente distintas. Seja-nos permitido uma pequena digressão, enquanto aguardamos a resposta.

Um jovem bacharelando estava em seu quarto, ocupado em recordar suas lições de retórica; batem à porta. Imagino que se possa distinguir a natureza do ruído e, sobretudo por sua repetição, se é causado por um estalido da madeira, pela agitação do vento ou outra causa fortuita qualquer, ou se é alguém que bate, querendo entrar. Neste último caso, o ruído tem um caráter intencional que não pode ser posto em dúvida; é o que pensa nosso estudante. Entretanto, para não se incomodar inutilmente, quis assegurar-se disso, pondo à prova o visitante. Se é alguém — diz — batei uma, duas, três, quatro, cinco, seis vezes; batei no alto, embaixo, à direita, à esquerda; batei o compasso, batei o toque de chamada militar etc.; e a cada um desses pedidos o ruído obedece com a mais perfeita pontualidade. Seguramente, pensa ele, não pode ser o estalido da madeira, nem o vento, nem mesmo um gato, por mais inteligente que se o suponha. Eis um fato; vejamos a que consequências nos conduzirão os argumentos silogísticos. Raciocina, então, da seguinte forma: Ouço um ruído, logo é alguma coisa que o produz. Esse ruído obedece ao meu comando, portanto a causa que o produz me compreende. Ora, o que compreende tem inteligência, portanto a causa desse barulho é inteligente. Se é inteligente, não é a madeira, nem o vento; se não é nem um, nem outro, é alguém. Então foi abrir a porta. Vê-se que não é preciso ser doutor para chegar a essa conclusão e julgamos nosso aprendiz de bacharel bastante aferrado aos seus princípios para deduzir o seguinte: Suponhamos que, ao abrir a porta, não encontre ninguém e o ruído continue exatamente da mesma maneira. Ele prosseguirá o seu raciocínio: "Acabo de provar a mim mesmo, sem contestação, que o ruído é produzido por um ser inteligente, visto responder ao meu pensamento. Ouço sempre esse ruído diante de mim e é certo que não sou eu quem bate; é, pois, outro; ora, se não vejo esse outro, é porque é invisível. Os seres corporais que pertencem à humanidade são perfeitamente visíveis; sendo invisível o que bate, não é um ser corporal humano. À vista disso, desde que chamamos de Espíritos os seres incorpóreos, e não sendo corpóreo o ser que bate, há, pois, de ser um Espírito."

Julgamos perfeitamente lógicas as conclusões de nosso estudante; apenas aquilo que demos como suposição é uma realidade, no que concerne às experiências feitas na casa do Sr. B***. Acrescentaremos que era desnecessária a imposição das mãos e que todos os fenômenos se produziram igualmente bem, ainda que a mesa estivesse livre de qualquer contato. Assim, conforme o desejo expresso, os golpes faziam-se ouvir na mesa, na parede, na porta e em outros lugares, designados verbal ou mentalmente; indicavam a hora, o número de pessoas presentes; batiam o avanço, o toque de chamada militar, o ritmo de uma ária conhecida; imitavam o trabalho do tanoeiro, o rangido da serra, o eco, as rajadas de tiros isolados ou de pelotões e muitos outros efeitos que seria cansativo descrever. Foi-nos dito terem ouvido imitar, em certo círculo, o sibilar do vento, o sussurro das folhas, o ribombar do trovão, o marulho das vagas, o que nada tem de surpreendente. A inteligência da causa tornava-se patente quando, por meio desses golpes, eram obtidas respostas categóricas a determinadas questões; ora, é a essa causa inteligente que chamamos ou, melhor dizendo, que chamou a si mesma *Espírito*. Quando esse Espírito queria dar uma comunicação mais desenvolvida, indicava, por meio de um sinal particular, que desejava escrever; então, o médium escrevente tomava o lápis e transmitia por escrito o seu pensamento.

Entre os assistentes, não falando dos que estavam em volta da mesa, mas de todas as pessoas que enchiam o salão, havia incrédulos autênticos, semicrentes e adeptos fervorosos, mistura pouco favorável como se sabe. Deixaremos os primeiros à vontade, esperando que a luz se faça para eles. Respeitamos todas as crenças, mesmo a incredulidade, que também é uma espécie de crença, quando se preza bastante para não chocar as opiniões contrárias. Não diremos, portanto, que não possam brindar-nos com observações úteis. Seu raciocínio, muito menos prolixo que o do nosso estudante, resume-se geralmente assim: Não creio nos Espíritos, portanto não podem ser Espíritos. Visto que não são Espíritos, deve ser um truque. Essa conclusão os leva naturalmente a supor que a mesa seria dotada de um maquinismo qualquer, à maneira de Robert Houdin. Nossa resposta é muito simples: primeiro seria necessário que todas as mesas e todos os móveis fossem dotados de tal maquinismo, pois que não os há privilegiados; segundo, desconhecemos artifício assaz engenhoso que produza, à vontade, todos os efeitos que acabamos de descrever; terceiro, seria preciso que o Sr. B*** aparelhasse as paredes e portas de seu apartamento com o mesmo maquinismo, o que é pouco provável; e em quarto lugar, enfim, teria sido necessário que as mesas, as portas e as paredes de todas as casas onde tais fenômenos se produzem diariamente fossem igualmente dotadas de maquinismo semelhante, o que também não seria de presumir-se, porque, então, se conheceria o hábil construtor de tantas maravilhas.

Os semicrentes admitem todos os fenômenos, mas estão indecisos quanto à sua causa. Nós os mandamos de volta aos argumentos do nosso futuro bacharel.

Os crentes apresentam três matizes bem característicos: os que nas experiências não veem mais que uma diversão e um passatempo, e cuja admiração se traduz por estas palavras ou seus análogos: É espantoso! É singular! É bem engraçado! Mas não vão além disto. Em seguida vêm as pessoas sérias, instruídas, observadoras, a quem nenhum detalhe escapa e para as quais as menores coisas constituem objeto de estudo. Finalmente, vêm os ultracrentes, se assim nos podemos exprimir, ou, melhor dizendo, os crentes cegos, os que se pode censurar pelo excesso de credulidade, cuja fé, não suficientemente esclarecida, dá-lhes tal confiança nos Espíritos a ponto de lhes emprestarem todos os conhecimentos, a *presciência*, sobretudo. Assim, é com a melhor boa-fé do mundo que fazem perguntas sobre todos os assuntos, sem lhes passar pela mente que teriam obtido as mesmas respostas de uma cartomante a quem pagassem algumas moedas. Para eles, a mesa falante não é matéria de estudo ou de observação: é um *oráculo*. Contra ela há apenas a forma trivial e os seus usos muito vulgares, porém, se a madeira de que é feita, em vez de ser aparelhada para as necessidades domésticas, estivesse de pé, teríeis uma árvore falante; fosse nela esculpida uma estátua e teríeis um ídolo, ante o qual viriam prostrar-se as pessoas crédulas.

Agora, transponhamos os mares e 25 séculos atrás, e nos transportemos ao pé do monte Taurus, em Epiro; aí encontraremos a floresta sagrada, cujos carvalhos proferiam oráculos; acrescentai a isso o prestígio do culto e a pompa das cerimônias religiosas e facilmente se explicará a veneração de um povo ignorante e crédulo, incapaz de perceber a realidade através de tantos meios de fascinação.

A madeira não é a única substância que pode servir de *veículo* à manifestação dos Espíritos batedores. Vimo-la produzir-se numa parede e, por consequência, na pedra. Temos, pois, desse modo, as *pedras falantes*. Representem essas pedras uma personagem sagrada e teremos a estátua de Mémnon ou a de Júpiter Ammon, proferindo oráculos como as árvores de Dodona.

É verdade que a história não nos diz que esses oráculos eram proferidos por pancadas, como vemos em nossos dias. Na floresta de Dodona, resultavam do sibilar do vento através das árvores, do sussurro das folhas ou do murmúrio da fonte que jorra ao pé do carvalho consagrado a Júpiter. Diz-se que a estátua de Mémnon emitia sons melodiosos aos primeiros raios do sol. Mas também a História nos diz, como teremos ocasião de demonstrar, que os Antigos conheciam perfeitamente os fenômenos atribuídos aos Espíritos batedores. Ninguém duvida de que nisso repouse o princípio de sua crença na existência de seres animados nas árvores, nas pedras, nas águas etc. Mas, desde que tal gênero de manifestação foi explorado, as batidas já não eram suficientes; os visitantes eram muito numerosos para que a cada um se pudesse oferecer uma seção particular, o que teria sido, aliás, muito simples; era preciso o prestígio e, contanto que enriquecessem o templo com suas oferendas, tais despesas deviam ser providas. O essencial era que o objeto fosse olhado como sagrado e habitado por uma divindade; desde então, podia-se fazê-lo dizer aquilo que se quisesse, sem se precisar tomar tantas precauções.

Diz-se que os sacerdotes de Mémnon usavam de fraude; a estátua era oca e os sons que emitia eram produzidos por algum processo acústico. Isso é possível e mesmo provável. Até os Espíritos batedores, que em geral são menos escrupulosos do que os outros, nem sempre estão, como nos disseram, à disposição do primeiro que chegar: têm sua vontade, suas ocupações, suas susceptibilidades e nenhum gosta de ser explorado pela cupidez. Que descrédito para os sacerdotes se não fizessem falar o seu ídolo de modo convincente! Seria preciso suprir seu silêncio e, se necessário, forçar uma ajuda. Aliás, era muito mais cômodo do que se dar a tanto trabalho, bastando formular a resposta conforme as circunstâncias. O que vemos hoje em dia não é prova menos evidente de que, a despeito disto, tinham por princípio o conhecimento das manifestações espíritas, razão por que dissemos que o Espiritismo moderno é o despertar da Antiguidade, porém da Antiguidade esclarecida pelas luzes da civilização e da realidade.

A avareza

Dissertação moral ditada por São Luís à senhorita Ermance Dufaux

(6 de janeiro de 1858)

1

Tu, que possuis, escuta-me. Certo dia, dois filhos de um mesmo pai receberam, cada um, o seu alqueire de trigo. O mais velho guardou o seu num lugar oculto; o outro encontrou no caminho um pobre a pedir esmolas; dirigindo-se a ele, despejou no seu manto metade do trigo que lhe coubera; depois, seguiu caminho e foi semear o resto no campo paterno.

Ora, por esse tempo veio uma grande fome, as aves do céu morriam à beira dos caminhos. O irmão mais velho correu ao seu esconderijo, ali não encontrando senão poeira; o caçula, tristemente, ia contemplar o trigo que havia secado no pé, quando depara com o pobre que havia assistido. — Irmão —, disse-lhe o mendigo —, eu ia morrer e tu me socorreste; agora que a esperança secou em teu coração, segue-me. Teu meio alqueire quintuplicou em minhas mãos; aplacarei tua fome e viverás em abundância.

2

Escuta-me, avaro! Conheces a felicidade? Sim, não é? Teus olhos brilham com um sombrio esplendor, nas órbitas que a avareza cavou mais profundamente; teus lábios se cerram; tuas narinas estremecem e teus ouvidos se apuram. Sim, ouço: é o tilintar do ouro que tua mão acaricia, ao se derramar no teu esconderijo. Dizes: É a suprema volúpia. Silêncio: vem gente! Fecha depressa! Oh! como estás pálido! todo o teu corpo estremece. Tranquiliza-te; os passos se afastam. Abre: olha, ainda teu ouro. Abre; não tremas mais; estás sozinho. Ouves? Não é nada; é o vento que geme a passar pelas frestas. Olha, quanto ouro! Mergulha as mãos: faze soar o metal; tu és feliz.

Feliz, tu! mas a noite não te dá repouso e teu sono é atormentado por fantasmas.

Tens frio! Aproxima-te da lareira; aquece-te junto a esse fogo que crepita tão alegremente. Cai a neve; o viajor friorento envolve-se em seu manto e o pobre tirita sob seus andrajos. A chama da lareira diminui; atira mais lenha. Não; para! É o teu ouro que consomes com essa madeira; é o teu ouro que queima.

Tens fome! Olha, toma, sacia-te; tudo isso é teu, pagaste com o teu ouro. Com o teu ouro! Esta abundância te revolta; esse supérfluo é necessário para sustentar a vida? não, esse pedaço de pão será bastante; ainda é muito. Tuas roupas caem em frangalhos; tua casa se fende e ameaça ruir; sofres frio e fome, mas, que importa, tens ouro!

Infeliz! a morte vai separar-te do ouro. Deixá-lo-á à beira do túmulo, como a poeira que o viajor sacode à soleira da porta, onde a família bem-amada o espera para festejar o seu regresso.

Teu sangue congelou-se em tuas veias, enfraquecido e envelhecido por tua voluntária miséria. Ávidos, os herdeiros atiram teu corpo num canto qualquer do cemitério; eis-te face a face com a eternidade. Miserável! que fizeste do ouro que te foi confiado para aliviar o pobre? Ouves estas blasfêmias? Vês estas lágrimas? Este sangue? São as blasfêmias do sofrimento que terias podido acalmar; as lágrimas que fizeste correr; o sangue que derramaste. Tens horror de ti; desejarias fugir e não podes. Tu sofres, condenado, e te contorces em teu sofrimento! Sofre! nada de piedade para ti. Não usaste de misericórdia para com o teu irmão infeliz; quem a teria por ti? Sofre! Sofre! Teu suplício não terá fim. Para te punir, quer Deus que assim o CREIAS.

OBSERVAÇÃO – Escutando o fim dessas eloquentes e poéticas palavras, estávamos surpreendidos por ouvir São Luís falar da eternidade dos sofrimentos, enquanto todos os Espíritos superiores são concordes em combater tal crença, quando estas últimas palavras: *Para te punir, quer Deus que assim o CREIAS*, vieram tudo explicar. Nós as reproduzimos nos caracteres gerais dos Espíritos da terceira ordem. De fato, quanto mais imperfeitos os Espíritos, mais restritas e circunscritas são suas ideias; para eles o futuro está vago, não o compreendem. Sofrem; seus sofrimentos são longos e, para quem sofre por muito tempo, é sofrer sempre. Por si mesmo, esse pensamento já é um castigo.

No próximo artigo citaremos fatos de manifestações que poderão esclarecer-nos sobre a natureza dos sofrimentos de além-túmulo.

Conversas de Além-túmulo

Senhorita Clary D... – Evocação

Nota – A senhorita Clary D..., interessante mocinha, morta em 1850, aos 13 anos, desde então ficou como o gênio da família, na qual é evocada com frequência e à qual deu um grande número de comunicações do mais alto interesse. A conversa que relataremos a seguir ocorreu entre nós no dia 12 de janeiro de 1857, por intermédio de seu irmão, médium.

1. Tendes uma lembrança precisa de vossa existência corporal?

Resp. – O Espírito vê o presente, o passado e um pouco do futuro, conforme sua perfeição e sua proximidade de Deus.

2. Essa condição de perfeição é relativa apenas ao futuro ou se refere igualmente ao presente e ao passado?

Resp. – O Espírito vê o futuro mais claramente à medida que se aproxima de Deus. Depois da morte a alma vê e abarca de relance todas as suas passadas *migrações*, mas não pode ver o que Deus lhe prepara; para isso, é preciso que esteja inteiramente em Deus, *desde muitas existências*.

3. Sabeis em que época reencarnareis?

Resp. – Em 10 ou 100 anos.

4. Será na Terra ou em outro mundo?

Resp. – Num outro.

5. Em relação à Terra, o mundo para onde ireis terá condições melhores, iguais ou inferiores?

Resp. – Muito melhores que as da Terra; lá se é feliz.

6. Visto que estais aqui entre nós, ocupais um lugar determinado; qual é?

Resp. – Estou com aparência etérea; posso dizer que meu Espírito, propriamente dito, estende-se muito mais longe; vejo muitas coisas e me transporto para bem longe daqui com a rapidez do pensamento; minha aparência está à direita de meu irmão e guia-lhe o braço.

7. O corpo etéreo de que estais revestida vos permite experimentar sensações físicas, como o calor e o frio, por exemplo?

Resp. – Quando me lembro muito de meu corpo, sinto uma espécie de impressão, como quando se tira um manto e se fica com a sensação de ainda estar com ele por algum tempo.

8. Acabais de dizer que podeis transportar-vos com a rapidez do pensamento; o pensamento não é a própria alma que se desprende de seu envoltório?

Resp. – Sim.

9. Quando vosso pensamento se transporta para algum lugar, como se dá a separação de vossa alma?

Resp. – A aparência se desvanece; o pensamento segue sozinho.

10. É, pois, uma faculdade que se destaca; onde fica o ser restante?

Resp. – A forma não é o ser.

11. Mas como age esse pensamento? Não agirá sempre por intermédio da matéria?

Resp. – Não.

12. Quando vossa faculdade de pensar se destaca, não agis, então, por intermédio da matéria?

Resp. – A sombra se dissipa; reproduz-se onde o pensamento a guia.

13. Visto que só tínheis 13 anos quando morrestes, como se explica que podeis nos dar, sobre perguntas tão abstratas, respostas que estão fora do alcance de uma criança de vossa idade?

Resp. – Minha alma é tão antiga!

14. Podeis citar-nos, entre vossas existências anteriores, uma das que mais elevaram os vossos conhecimentos?

Resp. – Estive no corpo de um homem, que tornei virtuoso; após sua morte, estive no corpo de uma menina cujo semblante retratava a própria alma; Deus me recompensa.

15. A nós poderia ser concedido vos ver aqui, tal qual estais atualmente?

Resp. – A vós poderia.

16. Como o poderíamos? Depende de nós, de vós ou de pessoas mais íntimas?

Resp. – De vós.

17. Que condições deveríamos satisfazer para isso?

Resp. – Recolher-vos algum tempo, com fé e fervor; serdes menos numerosos, isolar- vos um pouco e providenciardes um médium do gênero de Home.

Sr. Home

(Primeiro artigo)

Os fenômenos realizados pelo Sr. Home produziram tanta sensação como vieram confirmar os maravilhosos relatos chegados de além-mar, à veracidade dos quais se ligava uma certa desconfiança. Mostrou-nos ele que, deixando de lado a mais larga margem possível devido ao exagero, ainda ficava bastante para atestar a realidade de fatos que se cumpriam fora de todas as leis conhecidas.

Tem-se falado do Sr. Home, e de várias maneiras; confessamos que seria exigir demais que todo o mundo lhe fosse simpático, uns por espírito de sistema, outros por ignorância. Queremos até admitir, nestes últimos, uma opinião conscienciosa, visto que por si mesmos não puderam constatar os fatos; mas se, em tal caso, é permitida a dúvida, uma hostilidade sistemática e apaixonada é sempre inconveniente. Em toda relação de causa, julgar o que não se conhece é falta de lógica, e difamar sem provas é esquecer as conveniências. Por um instante, façamos abstração da intervenção dos Espíritos e não vejamos, nos fatos relatados, senão simples fenômenos físicos; quanto mais estranhos forem, mais atenção merecem. Explicai-os como quiserdes, mas não os contesteis *a priori*, se não quiserdes que ponham em dúvida o vosso julgamento. O que deve espantar, o que nos parece ainda mais anormal que os próprios fenômenos em questão é ver esses mesmos que deblateram, sem cessar, contra a oposição de certos núcleos acadêmicos em relação às ideias novas que continuamente lhes são lançadas na face — e isso em termos pouco comedidos —, os dissabores experimentados pelos autores das mais importantes descobertas, como Fulton, Jenner e Galileu, que citam a todo momento, eles mesmos caírem em erro semelhante, logo eles que dizem, e com razão, que até poucos anos atrás teria passado por insensato quem houvesse falado em corresponder-se de um extremo a outro da Terra em alguns segundos. Se acreditam no progresso, do qual se dizem apóstolos, que sejam, pois, coerentes consigo mesmos e não atraiam para si a censura que dirigem aos outros, negando o que não compreendem.

Voltemos ao Sr. Home. Chegado a Paris no mês de outubro de 1855, achou-se, desde o início, lançado no mundo mais elevado, circunstância que deveria ter imposto mais circunspeção no julgamento que lhe fazem, porque, quanto mais elevado e esclarecido é esse mundo, menor é a suspeita de se deixar benevolamente enganar por um aventureiro. Essa mesma posição suscitou comentários. Pergunta-se quem é o Sr. Home. Para viver neste mundo, para fazer viagens dispendiosas, diz-se, é necessário ter fortuna. Se não a tem, deve ser sustentado por pessoa poderosa. Sobre esse tema levantou-se um sem-número de suposições, cada qual mais ridícula. O que não se disse de sua irmã, que ele foi buscar há cerca de um ano! Comentava-se que era médium mais poderosa que ele; que ambos deviam realizar prodígios de fazer empalidecer os de Moisés. Várias vezes nos dirigiram perguntas a esse respeito; eis a nossa resposta.

Vindo à França, o Sr. Home não se dirigiu ao público; ele não gosta nem procura a publicidade. Se tivesse vindo com propósitos especulativos, teria corrido o país, lançando mão da propaganda em seu auxílio; teria procurado todas as ocasiões de se promover, mas as evita; teria estabelecido um preço às suas manifestações, contudo nada pede a ninguém. Malgrado sua reputação, o Sr. Home não é, pois, de forma alguma, o que se pode chamar de um homem do mundo; sua vida privada pertence-lhe exclusivamente. Desde que nada pede, ninguém tem o direito de indagar como vive, sem cometer uma indiscrição. É mantido por pessoas poderosas? Isso não nos diz respeito; tudo quanto podemos dizer é que, nesta sociedade de escol, ele conquistou amizades reais e fez amigos devotados, ao passo que, com um prestidigitador, a gente paga, diverte-se e ponto final. Não vemos, pois, no Sr. Home mais que uma coisa: um homem dotado de uma faculdade notável. O estudo dessa faculdade é tudo quanto nos interessa e tudo quanto deve interessar a quem quer que não seja movido apenas pela curiosidade. Sobre ele a História ainda não abriu o livro de seus segredos; até lá ele pertence à Ciência. Quanto à sua irmã, eis a verdade: é uma menina de 11 anos, que ele trouxe a Paris para sua educação, de que está encarregada ilustre pessoa. Sabe apenas em que consiste a faculdade do irmão. É bem simples, como se vê, bem prosaico para os amantes do maravilhoso.

Agora, por que o Sr. Home teria vindo à França? Certamente não foi para procurar fortuna, como acabamos de provar. Para conhecer o país? Mas ele não o percorre; pouco sai e não tem absolutamente hábitos de turista. O motivo patente é o conselho dos médicos, que acreditam ser o ar da Europa necessário à sua saúde, mas os fatos mais naturais são por vezes providenciais. Pensamos, pois, que, se veio aqui, é porque deveria vir. A França, ainda em dúvida no que diz respeito às manifestações espíritas, necessitava que lhe fosse aplicado um grande golpe; foi o Sr. Home que recebeu essa missão, e, quanto mais alto foi o golpe, maior a sua repercussão. A posição, o crédito, as luzes dos que o acolheram e que foram convencidos pela evidência dos fatos abalaram as convicções de uma multidão de pessoas, mesmo entre aquelas que não puderam ser testemunhas oculares. A presença do Sr. Home terá sido, portanto, um poderoso auxiliar para a propagação das ideias espíritas; se não convenceu a todos, lançou sementes que frutificarão tanto mais quanto mais se multiplicarem os próprios médiuns. Como dissemos alhures, essa faculdade não constitui um privilégio exclusivo; existe em estado latente e em diversos graus entre muita gente, não aguardando senão uma ocasião para desenvolver-se; o princípio está em nós, por efeito mesmo da nossa organização; está na natureza; dele todos temos o germe, não estando longe o dia em que veremos os médiuns surgirem em todos os pontos, em nosso meio, em nossas famílias, entre os pobres como entre os ricos, a fim de que a verdade seja de todos conhecida, pois, segundo nos anunciaram, trata-se de uma nova era, de uma nova fase que começa para a humanidade. A evidência e a vulgarização dos fenômenos espíritas imprimirão novo curso às ideias morais, como o fez o vapor em relação à indústria.

Se a vida privada do Sr. Home deve estar fechada às investigações de uma indiscreta curiosidade, há certos detalhes que podem, com toda razão, interessar ao público e que são de utilidade para a apreciação dos fatos.

O Sr. Daniel Dunglas Home nasceu perto de Edimburgo no dia 15 de março de 1833. Tem, pois, hoje 24 anos. Descende de antiga e nobre família dos Dunglas da Escócia, outrora soberana. É um rapaz de estatura mediana, louro, cuja fisionomia melancólica nada tem de excêntrica; é de compleição muito delicada, de maneiras simples e suaves, de caráter afável e benevolente, sobre o qual o contato com os poderosos não lançou arrogância nem ostentação. Dotado de excessiva modéstia, jamais faz alarde de sua maravilhosa faculdade, nunca fala de si mesmo e se, numa expansão de intimidade, conta coisas pessoais, é com simplicidade que o faz e jamais com a ênfase própria das pessoas com as quais a malevolência procura compará-lo. Diversos fatos íntimos, de nosso conhecimento pessoal, provam seus sentimentos nobres e uma grande elevação de alma; nós o constatamos com tanto maior prazer quanto se conhece a influência das disposições morais sobre a natureza das manifestações.

Os fenômenos dos quais o Sr. Home é instrumento involuntário por vezes têm sido contados por amigos muito zelosos com um entusiasmo exagerado, do qual se apoderou a malevolência. Tais como são, não necessitam de amplificação, mais nociva do que útil à causa. Sendo nosso fim o estudo sério de tudo quanto se liga à ciência espírita, fechar-nos-emos na estrita realidade dos fatos por nós mesmos constatados ou por testemunhas oculares mais dignas de fé. Podemos, assim, comentá-los com a certeza de não estar raciocinando sobre coisas fantásticas.

O Sr. Home é um médium do gênero dos que produzem manifestações ostensivas, sem, por isso, excluir as comunicações inteligentes; contudo, as suas predisposições naturais lhe dão para as primeiras uma aptidão mais especial. Sob sua influência, ouvem-se os mais estranhos ruídos, o ar se agita, os corpos sólidos se movem, levantam-se, transportam-se de um lugar a outro no espaço, instrumentos de música produzem sons melodiosos, seres do mundo extracorpóreo aparecem, falam, escrevem e, frequentemente, vos abraçam até causar dor. Na presença de testemunhas oculares, muitas vezes ele mesmo se viu elevado no ar, sem qualquer apoio e a vários metros de altura.

Do que nos foi ensinado sobre a classe de Espíritos que em geral produzem esses tipos de manifestações, não se deve concluir que o Sr. Home esteja em contato somente com a classe ínfima do mundo espírita. Seu caráter e as qualidades morais que o distinguem devem, ao contrário, granjear-lhe a simpatia dos Espíritos superiores; para estes últimos, ele não passa de um instrumento destinado a abrir os olhos dos cegos de maneira enérgica, sem que, para isso, seja privado das comunicações de ordem mais elevada. É uma missão que aceitou, missão que não está isenta de tribulações nem de perigos, mas que cumpre com resignação e perseverança, sob a égide do Espírito de sua mãe, seu verdadeiro anjo da guarda.

A causa das manifestações do Sr. Home lhe é inata; sua alma, que parece prender-se ao corpo somente por fracos liames, tem mais afinidade com o mundo dos Espíritos que com o mundo corpóreo; eis por que se desprende sem esforços, entrando mais facilmente que os outros em comunicação com os seres invisíveis. Essa faculdade se lhe revelou desde a mais tenra infância. Com a idade de seis meses, seu berço se balançava sozinho, na ausência da ama de leite, e mudava de lugar. Em seus primeiros anos, ele era tão débil que mal podia se sustentar; sentado sobre um tapete, os brinquedos que não podia alcançar deslocavam-se por si mesmos e vinham pôr-se ao alcance de suas mãos. Aos 3 anos, teve suas primeiras visões, não lhes conservando, porém, a lembrança. Tinha 9 anos quando sua família fixou-se nos Estados Unidos; ali, os mesmos fenômenos continuaram com intensidade crescente à medida que avançava em idade, embora sua reputação como médium não se tenha estabelecido senão em 1850, época em que as manifestações espíritas começaram a popularizar-se naquele país. Em 1854 veio à Itália, como dissemos, por motivos de saúde; surpreendeu Florença e Roma com verdadeiros prodígios. Convertido à fé católica nesta última cidade, viu-se obrigado a romper relações com o mundo dos Espíritos. Com efeito, durante um ano, seu poder oculto pareceu havê-lo abandonado, mas, como esse poder está acima de sua vontade, findo esse tempo, conforme lhe anunciara o Espírito de sua mãe, as manifestações reapareceram com nova energia. Sua missão estava traçada: deveria distinguir-se entre aqueles que a Providência escolheu para revelar-nos, por meio de sinais patentes, o poder que domina todas as grandezas humanas.

Se o Sr. Home, como o pretendem certas pessoas que julgam sem haver visto, fosse apenas um hábil prestidigitador, sem dúvida teria sempre à sua disposição, em sua sacola, algumas peças com que pudesse simular suas mágicas, ao passo que não é senhor de produzi-las à vontade. Ser-lhe-ia impossível dar sessões regulares, pois, muitas vezes, justamente no momento em que tivesse necessidade de sua faculdade, esta lhe faltaria. Algumas vezes os fenômenos se manifestam espontaneamente, no momento em que menos se espera, enquanto em outras é incapaz de os provocar, circunstância pouco favorável a quem quisesse fazer exibições em horas certas. O fato seguinte, tomado entre mil, é disso uma prova. Desde mais de quinze dias o Sr. Home não havia obtido nenhuma manifestação, quando, almoçando em casa de um de seus amigos, com mais duas ou três pessoas de seu conhecimento, de repente ouviram-se golpes nas paredes, nos móveis e no teto. "Parece que voltam", disse ele. Nesse momento o Sr. Home estava sentado num canapé com um amigo. Um doméstico trouxe a bandeja de chá e preparava-se para colocá-la sobre a mesa, situada no meio do salão; embora bastante pesada, a mesa se elevou subitamente, destacando-se do solo a uma altura de 20 a 30 centímetros, como se fora atraída pela bandeja. Apavorado, o criado deixou-a escapar e a mesa, de um pulo, lançou-se em direção ao canapé, vindo cair diante do Sr. Home e de seu amigo, sem que nada do que estava em cima se tivesse desarrumado. Esse fato não é, absolutamente, o mais curioso entre aqueles que temos para relatar, mas apresenta essa particularidade digna de nota: a de ter-se produzido espontaneamente, sem provocação, em um círculo íntimo, do qual nenhum dos assistentes, cem vezes testemunhas de fatos semelhantes, necessitava de novas provas, e, seguramente, não era o caso para o Sr. Home exibir suas habilidades, se habilidades existem.

No próximo artigo citaremos outras manifestações.

Manifestações dos Espíritos

Resposta ao Sr. Viennet, por Paul Auguez[15]

O Sr. Paul Auguez é um adepto sincero e *esclarecido* da Doutrina Espírita; sua obra, que lemos com grande interesse, e na qual se reconhece a pena elegante do autor de *Élus de l'avenir*,[16] é uma demonstração lógica e sábia dos pontos fundamentais dessa Doutrina, isto é, da existência dos Espíritos, de suas relações com os homens e, por consequência, da imortalidade da alma e de sua individualidade após a morte. Sendo o seu objetivo principal responder às agressões sarcásticas do Sr. Viennet, só aborda os pontos capitais, limitando-se a provar com os fatos, com o raciocínio e com as autoridades mais respeitáveis que essa crença não está fundada sobre ideias sistemáticas ou preconceitos vulgares, mas sim que repousa sobre bases sólidas. A arma do Sr. Viennet é o ridículo; a do Sr. Auguez é a Ciência. Por meio de numerosas citações, que atestam um estudo sério e uma profunda erudição, ele prova que se os adeptos de hoje, conquanto seu número cresça sem cessar, bem como as pessoas esclarecidas de todos os países que a eles se ligam, fossem, como o pretende ilustre acadêmico, cérebros desequilibrados, essa enfermidade lhes seria comum, como o seria aos maiores gênios que honram a humanidade.

---

[15] Nota de Allan Kardec: Brochura in-12º; preço 2,50 fr.: Dentu, Palais-Royal e Germer Baillière, rua de l'École de Médecine, 4.
[16] N.T.: *Eleitos do futuro*.

Nas suas refutações, o Sr. Auguez soube sempre conservar a dignidade de linguagem, mérito que nunca será suficientemente louvado; aí não se encontram essas diatribes despropositadas, tornadas lugares-comuns de mau gosto e que nada provam, a não ser a falta de urbanidade. Tudo o que disse é grave, sério, profundo, à altura do sábio a quem se dirige. Tê-lo-á convencido? Nós o ignoramos; duvidamos mesmo, para falar francamente; mas como, em definitivo, seu livro é feito para todo o mundo, as sementes que lança não serão todas perdidas. Por mais de uma vez teremos ocasião de citar algumas passagens de seu livro no curso desta publicação, à medida que a isso formos levados pela natureza do assunto.

Sendo a teoria desenvolvida pelo Sr. Auguez, exceto, talvez, em alguns pontos secundários, a que nós mesmos professamos, não faremos a respeito nenhuma crítica de sua obra, que se notabilizará e será lida com proveito. Não desejaríamos senão uma coisa: um pouco mais de clareza nas demonstrações e de método na ordenação das matérias. O Sr. Auguez tratou a questão como sábio, porque se dirigia a um sábio certamente capaz de compreender as coisas mais abstratas; entretanto, deveria ter pensado que escrevia menos para um homem do que para o público, que sempre lê com mais prazer e proveito o que compreende sem esforço.

Aos leitores da *Revista Espírita*

Vários de nossos leitores quiseram responder ao apelo que fizemos em nosso primeiro número, a respeito das informações a nos serem fornecidas. Um grande número de fatos nos foi assinalado, entre os quais alguns muito importantes, pelo que somos infinitamente reconhecidos; não o somos menos pelas reflexões que às vezes os acompanham, mesmo quando revelam um conhecimento incompleto da matéria: proporcionarão esclarecimentos sobre os pontos que não tiverem sido bem compreendidos. Se não fazemos uma menção imediata dos documentos que nos são fornecidos, nem por isso nos passam despercebidos; deles sempre tomamos boa nota, para serem aproveitados cedo ou tarde.

A falta de espaço não é a única causa que pode retardar a publicação, mas ainda a oportunidade das circunstâncias e a necessidade de os relacionar aos artigos dos quais podem ser complementos úteis.

A multiplicidade de nossas ocupações, junto à extensa correspondência, deixa-nos por vezes na impossibilidade material de responder, como gostaríamos e como deveríamos, às pessoas que nos dão a honra de nos escrever. Rogamos encarecidamente não interpretarem de maneira desfavorável um silêncio que independe de nossa vontade. Esperamos que sua boa vontade não se arrefeça e que não queiram interromper suas interessantes comunicações; a esse respeito, chamamos novamente sua atenção para a nota que inserimos no fim da introdução de nosso primeiro número, a propósito das informações que por obséquio solicitamos, rogando, além disso, não deixarem de nos dizer quando poderemos, sem cometer inconveniência, fazer menção dos lugares e das pessoas.

As observações acima se aplicam, igualmente, às questões que nos são dirigidas sobre diversos pontos da Doutrina. Quando necessitarem de um desenvolvimento de maior extensão, tanto menos possível nos é responder por escrito, quando muitas vezes a mesma coisa deve ser repetida a um grande número de pessoas. Destinando-se nossa revista a servir de meio de correspondência, nela tais respostas naturalmente encontrarão lugar à medida que os assuntos tratados nos oferecerem oportunidade, e isso com tanto mais vantagem quanto mais completas e proveitosas forem as explicações.

ALLAN KARDEC

Revista Espírita
Jornal de estudos psicológicos
ANO I   MARÇO DE 1858   Nº 3

Pluralidade dos mundos

Quem ainda não se perguntou, considerando a Lua e os outros astros, se esses globos são habitados? Antes que a Ciência nos houvesse iniciado na natureza desses astros, podia-se duvidar; hoje, no estado atual de nossos conhecimentos, pelo menos há probabilidade; mas, a essa ideia verdadeiramente sedutora, são feitas objeções tiradas da própria Ciência. Parece, dizem, que a Lua não tem atmosfera e, provavelmente, não tem água. Em Mercúrio, tendo em vista a sua proximidade do Sol, a temperatura média deve ser a do chumbo fundido, de sorte que, se ali houver este metal, deve correr como a água dos nossos rios. Em Saturno dá-se exatamente o oposto; não temos um termo de comparação para o frio que lá deve reinar; a luz do Sol deve ser muito fraca, apesar do reflexo de suas sete luas e de seu anel, porquanto, àquela distância, o Sol não deve parecer senão como estrela de primeira grandeza. Em tais condições, pergunta-se se seria possível viver.

Não se concebe que semelhante objeção possa ser feita por homens sérios. Se a atmosfera da Lua não foi percebida, será racional inferir que não exista? Não poderá ser formada de elementos desconhecidos ou bastante rarefeitos para não produzirem refração sensível? Diremos a mesma coisa da água ou dos líquidos ali existentes. Em relação aos seres vivos, não seria negar o poder divino julgar impossível uma organização diferente da que conhecemos, quando, sob nossos olhos, a providência da natureza se estende com uma solicitude tão admirável até o menor inseto, dando a todos os seres órgãos apropriados ao meio em que devem viver, seja a água, o ar ou a terra, estejam imersos na escuridão ou expostos à luz do Sol? Se jamais houvéssemos visto peixes, não poderíamos conceber seres vivendo na água; não faríamos uma ideia de sua estrutura. Ainda há pouco tempo, quem teria acreditado que um animal pudesse viver indefinidamente no seio de uma pedra? Mas, sem falar desses extremos, os seres que vivem sob o forte calor da zona tórrida poderiam existir nos gelos polares? Entretanto, há nesses gelos seres organizados para esse clima rigoroso, incapazes de suportar a ardência de um sol tropical. Por que, então, não admitir que os seres possam ser constituídos de maneira a viver em outros globos e em um meio totalmente diferente do nosso? Seguramente, sem conhecer a constituição física da Lua, dela sabemos o bastante para estarmos certos de que, tais quais somos, ali não poderíamos viver, como não o podemos no seio do oceano, na companhia dos peixes. Pela mesma razão, se os habitantes da Lua, constituídos para viver sem ar ou num ar muito rarefeito, talvez completamente diverso do nosso, pudessem um dia vir à Terra, seriam asfixiados em nossa espessa atmosfera, como ocorre conosco quando caímos na água. Ainda uma vez, se não temos a prova material e *de visu*[17] da presença de seres vivos em outros mundos, nada prova que não possam existir organismos apropriados a um meio ou a um clima qualquer. Ao contrário, diz-nos o simples bom senso que deve ser assim, uma vez que repugna à razão acreditar que esses inumeráveis globos que circulam no espaço não passem de massas inertes e improdutivas. A observação, ali, nos mostra superfícies acidentadas, como aqui, por montanhas, vales, barrancos, vulcões extintos ou em atividade; por que, então, lá não haveria seres orgânicos? Seja, dirão; que haja plantas, mesmo animais, é possível; porém, seres humanos, homens civilizados como nós, conhecendo Deus, cultivando as artes, as ciências, será possível?

---

[17] N.E.: Por ter visto.

Por certo nada prova matematicamente que os seres que habitam os outros mundos sejam homens como nós, nem que sejam mais ou menos avançados do que nós, moralmente falando; mas, quando os selvagens da América viram desembarcar os espanhóis, não tiveram mais dúvidas de que, além dos mares, existia outro mundo, cultivando artes que lhes eram desconhecidas. A Terra é salpicada de inumerável quantidade de ilhas, pequenas ou grandes, e tudo o que é habitável é habitado; não surge no mar um rochedo sem que o homem ali não plante a sua bandeira. Que diríamos se os habitantes de uma dessas menores ilhas, conhecendo perfeitamente a existência das outras ilhas e continentes, mas não tendo tido jamais relações com os que os habitam, acreditassem ser os únicos seres vivos do globo? Dir-lhes-íamos: Como podeis acreditar que Deus tenha feito o mundo somente para vós? Por qual estranha bizarrice vossa pequena ilha, perdida num canto do oceano, teria o privilégio de ser a única habitada? Podemos dizer o mesmo em relação às outras esferas. Por que a Terra, pequeno globo imperceptível na imensidão do universo, que dos outros planetas não se distingue nem por sua posição, nem por seu volume, nem por sua estrutura, visto não ser nem a menor, nem a maior, nem está no centro, nem na extremidade; por que, dizíamos, dentre tantas outras seria a única morada de seres racionais e pensantes? Que homem sensato poderia crer que esses milhões de astros que cintilam sobre nossas cabeças foram feitos somente para recrear os nossos olhos? Qual seria, então, a utilidade desses outros milhões de globos invisíveis a olho nu e que não servem sequer para nos iluminar? Não haveria ao mesmo tempo orgulho e impiedade pensar que assim fosse? Àqueles a quem pouco importa a impiedade, diremos que é ilógico.

Chegamos, pois, por um simples raciocínio, que muitos outros fizeram antes de nós, a concluir pela pluralidade dos mundos, e esse raciocínio é confirmado pelas revelações dos Espíritos. Com efeito, eles nos ensinam que todos esses mundos são habitados por seres corporais apropriados à constituição física de cada globo; que, entre os habitantes desses mundos, uns são mais, outros menos adiantados que nós, do ponto de vista intelectual, moral e mesmo físico. Ainda mais: sabemos hoje que podemos entrar em relação com eles e obter informações sobre o seu estado; sabemos, igualmente, que não apenas são habitados todos os globos por seres corpóreos, mas que o espaço é povoado de seres inteligentes, a nós invisíveis por causa do véu material lançado sobre nossa alma e que revelam sua existência por meios ocultos ou patentes. Assim, tudo é povoado no universo, a vida e a inteligência estão por toda parte: nos globos sólidos, no ar, nas entranhas da Terra e até nas profundezas etéreas. Haverá nessa doutrina alguma coisa que repugne à razão? Não é, ao mesmo tempo, grandiosa e sublime? Ela nos eleva por nossa própria pequenez, bem ao contrário desse pensamento egoísta e mesquinho, que nos coloca como os únicos seres dignos de ocupar o pensamento de Deus.

Júpiter e alguns outros mundos[18]

Antes de entrar em detalhes nas revelações que nos fizeram os Espíritos sobre o estado dos diferentes mundos, vejamos a que consequência lógica podemos chegar por nós mesmos e unicamente pelo raciocínio. Reportando-nos à escala espírita que demos no número anterior, rogamos às pessoas desejosas de se aprofundarem seriamente nessa nova ciência que estudem cuidadosamente esse quadro e dele se compenetrem: aí encontrarão a chave de mais de um mistério.

O mundo dos Espíritos compõe-se das almas de todos os humanos desta Terra e de outras esferas, despojadas dos liames corporais; do mesmo modo, todos os humanos são animados por Espíritos neles encarnados. Há, pois, solidariedade entre esses dois mundos: os homens terão as qualidades e as imperfeições dos Espíritos aos quais estão unidos. Os Espíritos serão mais ou menos bons ou maus, conforme os progressos que hajam feito durante sua existência corporal. Estas poucas palavras resumem toda a doutrina. Como os atos dos homens são o produto de seu livre-arbítrio,

---

[18] N.E.: Ver *Nota Explicativa*, p. 517.

carregam a marca da perfeição ou da imperfeição do Espírito que os provoca. Ser-nos-á, pois, muito fácil fazer uma ideia do estado moral de um mundo qualquer, conforme a natureza dos Espíritos que o habitam; de algum modo poderíamos descrever sua legislação, traçar o quadro de seus costumes, de seus usos e de suas relações sociais.

Suponhamos, então, um globo habitado exclusivamente por Espíritos da nona classe, por Espíritos impuros, e para lá nos transportemos pelo pensamento. Nele veremos todas as paixões liberadas e sem freio; o estado moral no mais baixo grau de embrutecimento; a vida animal em toda a sua brutalidade; nada de laços sociais, porquanto cada um só vive e age por si e para satisfazer seus grosseiros apetites; o egoísmo ali reina como soberano absoluto, arrastando no seu cortejo o ódio, a inveja, o ciúme, a cupidez e o assassínio.

Passemos agora a outra esfera, onde se encontram Espíritos de todas as classes da terceira ordem: Espíritos impuros, levianos, pseudossábios, neutros. Sabemos que o mal predomina em todas as classes dessa ordem; porém, sem ter o pensamento do bem, o do mal decresce à medida que se afastam da última classe. O egoísmo é sempre o móvel principal das ações, mas os costumes são mais suaves, a inteligência mais desenvolvida; o mal aí está um pouco disfarçado, enfeitado, dissimulado. Essas próprias qualidades dão origem a outro defeito: o orgulho, pois as classes mais elevadas são suficientemente esclarecidas para terem consciência de sua superioridade, mas não o bastante para compreenderem aquilo que lhes falta; daí sua tendência à escravização das classes inferiores ou das raças mais fracas, que mantêm sob o seu jugo. Não possuindo o sentimento do bem, só têm o instinto do *eu*, pondo a inteligência em proveito da satisfação das paixões. Se em tal sociedade dominar o elemento impuro, este aniquilará o outro; caso contrário, os menos maus procurarão destruir seus adversários; em todos os casos haverá luta, luta sangrenta, de extermínio, porque são dois elementos que têm interesses opostos. Para proteger os bens e as pessoas, serão necessárias leis, mas essas leis serão ditadas pelo interesse pessoal e não pela justiça; é o forte que as fará, em detrimento do fraco.

Suponhamos agora um mundo onde, entre os elementos maus que acabamos de ver, se encontrem alguns da segunda ordem; no meio da perversidade veremos aparecer, então, algumas virtudes. Se estiverem em minoria, os bons serão vítimas dos maus; porém, à medida que aumente a sua preponderância, a legislação será mais humana, mais equitativa e, para todos, a caridade cristã deixa de ser letra morta. Desse mesmo bem nascerá outro vício. A despeito da guerra incessante que os maus declarem aos bons, não podem evitar que se estimem em seu foro íntimo; percebendo o ascendente da virtude sobre o vício, e não tendo força nem vontade de praticá-la, procuram parodiá-la; tomam-lhe a máscara; daí os hipócritas, tão numerosos em toda sociedade onde a civilização é imperfeita.

Continuemos nosso passeio através dos mundos e paremos neste que nos dará um pouco de repouso do triste espetáculo que acabamos de ver. É habitado somente por Espíritos de segunda ordem. Que diferença! O grau de depuração ao qual chegaram exclui entre eles todo pensamento do mal e apenas essa palavra nos dá uma ideia do estado moral dessa terra feliz. A legislação aí é bem simples, porquanto os homens não têm necessidade de defender-se uns contra os outros; ninguém deseja o mal ao próximo, ninguém se apropria do que não lhe pertence, ninguém procura viver em detrimento de seu vizinho. Tudo respira benevolência e amor; os homens não se procuram prejudicar, não há ódio; o egoísmo é desconhecido e a hipocrisia não teria finalidade. Aí, entretanto, não reina a igualdade absoluta, porquanto tal igualdade supõe uma identidade perfeita no desenvolvimento intelectual e moral. Ora, pela escala espiritual vemos que a segunda ordem compreende vários graus de desenvolvimento; haverá, pois, desigualdade nesse mundo, porque muitos encarnados serão mais avançados que outros; mas, como entre eles só há o pensamento do bem, os mais elevados não conceberão o orgulho, nem os outros, a inveja. O inferior compreende a ascendência do superior e a ela se submete, visto ser puramente moral essa ascendência e ninguém se serve dela para oprimir os outros.

As consequências que tiramos desses quadros, embora apresentados de maneira hipotética, não são menos racionais, podendo cada um deduzir o estado social de um mundo qualquer de acordo com a proporção dos elementos morais que o constituem. Já vimos, abstração feita da revelação dos Espíritos, que todas as probabilidades apontam para a pluralidade dos mundos; ora, não é menos racional pensar que nem todos estejam no mesmo grau de perfeição e que, por isso mesmo, nossas suposições bem possam ser realidades. Não conhecemos, de maneira positiva, senão o nosso mundo. Que posição ocuparia ele nessa hierarquia? Ah! é preciso considerar o que aqui se passa para ver que está longe de merecer a primeira classe; e estamos convencidos de que, ao ler estas linhas, já se lhe terá marcado a posição. Quando os Espíritos afirmam que a Terra, se não está na última classe, está numa das últimas, infelizmente o simples bom senso nos diz que não se enganam; temos ainda muito a fazer para elevá-la à categoria do mundo que descrevemos por último e muita necessidade de que o Cristo nos venha mostrar novamente o caminho.

Quanto à aplicação que podemos fazer de nosso raciocínio aos diferentes globos de nosso turbilhão planetário, só temos o ensino dos Espíritos; ora, para os que só admitem provas palpáveis, é positivo que sua assertiva, a esse respeito, não tenha a certeza da experimentação direta. Entretanto, diariamente não aceitamos, confiantes, as descrições que os viajantes nos fazem de países que jamais vimos? Se só devêssemos crer no que vemos, creríamos em pouca coisa. O que aqui dá certo valor ao que dizem os Espíritos é a correlação existente entre eles, pelo menos quanto aos pontos principais. Para nós, que temos testemunhado essas comunicações centenas de vezes, que as temos apreciado em seus mínimos detalhes, que lhes investigamos os pontos fracos e fortes, que observamos as similitudes e as contradições, nelas encontramos todos os caracteres da probabilidade; contudo, não as damos senão como inventário e a título de ensinamentos, de que cada um será livre para dar a importância que julgar conveniente.

Segundo os Espíritos, o planeta *Marte* seria ainda menos adiantado que a *Terra*.[19] Os Espíritos ali encarnados parecem pertencer quase que exclusivamente à nona classe, a dos Espíritos impuros, de sorte que o primeiro quadro, que demos acima, seria a imagem desse mundo. Vários outros pequenos globos estão, com alguns matizes, na mesma categoria. A *Terra* viria em seguida; a maioria de seus habitantes pertence incontestavelmente a todas as classes da terceira ordem, e uma parte bem menor às últimas classes da segunda ordem. Os Espíritos superiores, os da segunda e da terceira classes, aqui cumprem, algumas vezes, missões de civilização e de progresso, mas constituem exceções. *Mercúrio* e *Saturno* vêm depois da Terra. A superioridade numérica dos Espíritos bons dá-lhes preponderância sobre os Espíritos inferiores, do que resulta uma ordem social mais perfeita, relações menos egoístas e, consequentemente, condições de existência mais felizes. A *Lua* e *Vênus* encontram-se mais ou menos no mesmo grau e, sob todos os aspectos, mais adiantados que Mercúrio e Saturno. *Juno*[20] e *Urano* seriam ainda superiores a estes últimos. Pode supor-se que os elementos morais desses dois planetas são formados das primeiras classes da terceira ordem e, em sua grande maioria, de Espíritos da segunda ordem. Os homens são ali infinitamente mais felizes que na Terra, em razão de não terem de sustentar as mesmas lutas, nem sofrer as mesmas tribulações, assim como não se acham expostos às mesmas vicissitudes físicas e morais.

De todos os planetas, o mais adiantado sob todos os aspectos é *Júpiter*. É o reino exclusivo do bem e da justiça, porquanto só tem *Espíritos bons*. Pode fazer-se uma ideia do estado feliz de seus habitantes pelo quadro que demos de um mundo habitado apenas por Espíritos da segunda ordem.

---

[19] N.T.: Trata-se de mera suposição, sem o que Kardec não teria empregado o verbo *ser* no condicional.
[20] N.T.: *Junon* no original. Hoje catalogado como asteroide, Juno era considerado um planeta na época de Allan Kardec.

A superioridade de Júpiter não está somente no estado moral de seus habitantes; está também na sua constituição física. Eis a descrição que nos foi dada desse mundo privilegiado, onde encontramos a maior parte dos homens de bem que honraram nossa Terra por suas virtudes e talentos.

A conformação do corpo é mais ou menos a mesma daqui, porém é menos material, menos denso e de uma maior leveza específica. Enquanto rastejamos penosamente na Terra, o habitante de Júpiter transporta-se de um a outro lugar, deslizando sobre a superfície do solo, quase sem fadiga, como o pássaro no ar ou o peixe na água. Sendo mais depurada a matéria de que é formado o corpo, dispersa-se após a morte sem ser submetida à decomposição pútrida. Ali não se conhece a maioria das moléstias que nos afligem, sobretudo as que se originam dos excessos de todo gênero e da devastação das paixões. A alimentação está em relação com essa organização etérea; não seria suficientemente substancial para os nossos estômagos grosseiros, sendo a nossa por demais pesada para eles; compõe-se de frutos e plantas; de alguma sorte, aliás, a maior parte eles a haurem no meio ambiente, cujas emanações nutritivas aspiram. A duração da vida é, proporcionalmente, muito maior que na Terra; a média equivale a cerca de cinco dos nossos séculos; o desenvolvimento é também muito mais rápido e a infância dura apenas alguns de nossos meses.

Sob esse leve envoltório, os Espíritos se desprendem facilmente e entram em comunicação recíproca apenas pelo pensamento, sem, todavia, excluir a linguagem articulada; para a maior parte deles, também, a segunda vista é uma faculdade permanente; seu estado normal pode ser comparado ao de nossos sonâmbulos lúcidos; eis por que se nos manifestam mais facilmente do que os encarnados nos mundos mais grosseiros e mais materiais. A intuição que têm do seu futuro, a segurança dada por uma consciência isenta de remorsos fazem que a morte não lhes cause nenhuma apreensão; veem-na chegar sem temor e como simples transformação.

Os animais não estão excluídos desse estado progressivo, sem se aproximarem, contudo, daquele do homem; seu corpo, mais material, prende-se à terra, como os nossos. Sua inteligência é mais desenvolvida que a dos nossos animais; a estrutura de seus membros presta-se a todas as exigências do trabalho; são encarregados da execução de obras manuais: são os serviçais e os operários; as ocupações dos homens são puramente intelectuais. Para os animais, o homem é uma divindade tutelar que jamais abusa do poder para os oprimir.

Quando se comunicam conosco, os Espíritos que habitam Júpiter geralmente sentem prazer em descrever o seu planeta; ao se lhes pedir a razão, respondem que o fazem com o fito de nos inspirarem o amor do bem, com a esperança de lá chegarmos um dia. Foi com essa intenção que um deles, que viveu na Terra com o nome de Bernard Palissy, célebre oleiro do século XVI, ofereceu-se espontaneamente, sem que ninguém lho pedisse, para elaborar uma série de desenhos, tão notáveis por sua singularidade quanto pelo talento de execução, destinados a dar-nos a conhecer, até nos menores detalhes, esse mundo tão estranho e tão novo para nós. Alguns retratam personagens, animais, cenas da vida privada; os mais impressionantes, porém, são os que representam habitações, verdadeiras obras-primas de que coisa alguma na Terra nos poderia dar uma ideia, porque em nada se assemelham ao que conhecemos; é um gênero de arquitetura indescritível, tão original e, entretanto, tão harmoniosa, de uma ornamentação tão rica e tão graciosa que desafia a mais fecunda imaginação. O Sr. Victorien Sardou, jovem literato de nossas relações, cheio de talento e de futuro, mas de forma alguma desenhista, serviu-lhe de intermediário. Palissy prometeu-nos uma série de desenhos que, de certo modo, será a monografia ilustrada desse mundo maravilhoso. Esperamos que essa curiosa e interessante coletânea, sobre a qual voltaremos em artigo especial consagrado aos médiuns desenhistas, possa um dia ser liberada ao público.

O planeta Júpiter, apesar do quadro sedutor que nos foi dado, não é, absolutamente, o mais perfeito dos mundos. Outros há, desconhecidos para nós, que lhe são muito superiores do ponto de vista físico e moral, e cujos habitantes gozam de felicidade ainda mais perfeita; são a morada dos Espíritos mais elevados, cujo etéreo envoltório nada mais tem das propriedades conhecidas da matéria.

Já nos perguntaram diversas vezes se pensamos que a condição do homem terreno seria um obstáculo absoluto à sua passagem, sem intermediário, da Terra para Júpiter. A todas as perguntas que dizem respeito à Doutrina Espírita, jamais respondemos conforme nossas próprias ideias, contra as quais estamos sempre em guarda. Limitamo-nos a transmitir o ensino que nos é dado pelos Espíritos, não os aceitando de forma leviana e com irrefletido entusiasmo. À pergunta acima respondemos claramente, porque tal é o sentido formal de nossas instruções e o resultado de nossas próprias observações: Sim; deixando a Terra, pode o homem ir imediatamente a Júpiter, ou a outro mundo análogo, pois que não é o único dessa categoria. Pode-se ter certeza disso? Não; contudo poderá ele ir, visto haver na Terra, ainda que em pequeno número, Espíritos muito bons e suficientemente desmaterializados para não se sentirem deslocados num mundo onde o mal não tem acesso. Não há certeza, porque o homem pode iludir-se sobre o seu mérito pessoal ou tem que cumprir, alhures, outra missão. Seguramente, os que podem esperar esse favor não são os egoístas, nem os ambiciosos, nem os avarentos, nem os ingratos, nem os ciumentos, nem os orgulhosos, nem os vaidosos, nem os hipócritas, nem os sensuais ou qualquer daqueles que se deixaram dominar pelo apego aos bens terrestres; a esses, serão necessárias, talvez, longas e rudes provas. Isso depende da sua vontade.

Confissões de Luís XI

(Primeiro artigo)

História de sua vida ditada por ele mesmo à Srta. Ermance Dufaux

Falando da *História de Joana d'Arc ditada por ela mesma*, da qual nos propomos citar diversas passagens, dissemos que a senhorita Dufaux havia escrito da mesma maneira a *História de*

Luís XI. Esse trabalho, um dos mais completos no gênero, contém documentos preciosos do ponto de vista histórico. Nele Luís XI revela-se o profundo político que conhecemos, mas, além disso, dá-nos a chave de vários fatos até hoje inexplicados. Do ponto de vista espírita, é uma das mais curiosas mostras de trabalhos de fôlego produzidos pelos Espíritos. A esse respeito, duas coisas são particularmente notáveis: a rapidez de execução (quinze dias foram suficientes para ditar a matéria de um grosso volume) e, em segundo lugar, a lembrança tão precisa que um Espírito pode conservar dos acontecimentos da vida terrestre. Aos que duvidarem da origem desse trabalho e o creditarem à memória da senhorita Dufaux, responderemos que seria preciso, com efeito, da parte de uma menina de 14 anos, uma memória bem fenomenal e um talento de precocidade não menos extraordinário para escrever, de uma assentada, uma obra dessa natureza; mas, supondo que assim o fosse, perguntamos onde essa criança teria haurido as explicações inéditas da nebulosa política de Luís XI e se não teria sido mais conveniente a seus pais atribuir-lhe o mérito. Das diversas histórias escritas por seu intermédio, a de Joana d'Arc é a única que foi publicada. Fazemos votos por que as outras o sejam logo e lhes predizemos um sucesso tanto maior quanto mais difundidas se acham hoje as ideias espíritas. Extraímos, da de Luís XI, a passagem relativa à morte do conde de Charolais:

> Os historiadores, defrontando-se com o fato histórico de que "Luís XI deu ao conde de Charolais a tenência geral da Normandia", confessam não compreender por que um rei, que foi tão grande político, haja cometido tão grande falta.[21]

> As explicações dadas por Luís XI são difíceis de contradizer, visto estarem confirmadas por três episódios de todos conhecidos: a conspiração de Constain, a viagem do conde de Charolais, em seguida à execução do culpado, e, enfim, a obtenção por esse príncipe da tenência geral da Normandia, província que reunia os Estados do duque de Borgonha, inimigos sempre ligados contra Luís XI.

---

[21] Nota de Allan Kardec: *Histoire de France*, por Velly e continuadores.

Luís XI assim se exprime:

"O conde de Charolais foi gratificado com a tenência geral da Normandia e com uma pensão de 36 mil libras. Era grande imprudência aumentar dessa forma o poder da casa de Borgonha. Embora essa digressão nos afaste da sequência dos negócios da Inglaterra, creio dever indicar os motivos que me fizeram agir assim.

Algum tempo depois de seu retorno dos Países Baixos, o duque Filipe de Borgonha tinha caído gravemente enfermo. O conde de Charolais amava verdadeiramente seu pai, apesar dos desgostos que lhe havia causado; é verdade que seu caráter ardente, impetuoso e, sobretudo, minhas pérfidas insinuações, poderiam desculpá-lo. Cuida dele com uma afeição toda filial e não deixa, nem de dia nem de noite, a cabeceira de seu leito.

O perigo do velho duque me levara a sérias reflexões; eu odiava o conde e acreditava ter tudo a temer dele; aliás, não tinha senão uma filha de tenra idade, o que ocasionou, após a morte do duque, que parecia não dever viver muito tempo, uma minoridade que os flamengos, sempre turbulentos, teriam tornado extremamente tempestuosa. Eu poderia ter-me apoderado facilmente, se não de todos os bens da casa de Borgonha, ao menos de uma parte, seja disfarçando essa usurpação com uma aliança, seja lhe deixando tudo quanto a força tem de mais odioso. Havia mais razões do que era preciso para mandar envenenar o conde de Charolais; a ideia de um crime, aliás, não me chocava mais.

Consegui seduzir o copeiro do príncipe, Jean Constain; a Itália, de algum modo, era o laboratório dos envenenadores: foi para lá que Constain enviou Jean d'Ivy, que havia conquistado graças a uma soma considerável, a qual deveria ser-lhe paga quando retornasse. D'Ivy quis saber a quem se destinava o veneno; o copeiro teve a imprudência de confessar que era para o conde de Charolais.

Depois de ter dado conta de sua tarefa, d'Ivy apresentou--se para receber a importância prometida, mas, longe de lha pagar,

Constain o cobriu de injúrias. Furioso com essa recepção, d'Ivy jurou vingar-se. Foi encontrar-se com o conde de Charolais, confessando-lhe tudo que sabia. Constain foi preso e conduzido ao castelo de Rippemonde. O medo da tortura o fez confessar tudo, exceto minha cumplicidade, talvez esperando que eu intercedesse por ele. Já se achava no alto da torre, local destinado ao suplício, e já se preparavam para o decapitar, quando externou o desejo de falar ao conde. Contou-lhe então o papel que eu havia desempenhado nessa tentativa. Apesar do espanto e da cólera que experimentou, o conde de Charolais calou-se e as pessoas presentes não puderam fazer senão conjecturas vagas, fundadas nos movimentos de surpresa que o relato provocou. Malgrado a importância dessa revelação, Constain foi decapitado e seus bens confiscados, mas restituídos à sua família pelo duque de Borgonha.

Seu delator experimentou a mesma sorte, devido em parte à resposta imprudente que deu ao príncipe de Borgonha; havendo este perguntado, caso a soma prometida lhe tivesse sido paga, se teria denunciado o complô, teve ele a inconcebível temeridade de responder que não.

Quando o conde veio a Tours, pediu-me uma entrevista particular; nela deixou extravasar todo o seu furor e me cobriu de censuras. Eu o apaziguei, dando-lhe a tenência geral da Normandia e a pensão de 36 mil libras; a tenência geral não passou de um título sem resultado; quanto à pensão, não recebeu senão o primeiro vencimento."

A fatalidade e os pressentimentos

Instruções dadas por São Luís

Um dos nossos correspondentes escreveu-nos o seguinte:

No mês de setembro último, uma embarcação ligeira, fazendo a travessia de Dunquerque a Ostende, foi surpreendida à noite pelo mau tempo; o barco virou e, das oito pessoas que lá estavam, quatro pereceram; as outras quatro, no número das quais me encontrava, conseguiram manter-se sobre a quilha. Ficamos a noite inteira nessa horrível posição, sem outra perspectiva senão esperar a morte, que nos parecia inevitável e da qual já experimentávamos todas as angústias. Ao romper do dia, tendo o vento nos empurrado para a costa, pudemos ganhar a terra a nado.

Por que nesse perigo, *igual para todos*, só quatro pessoas sucumbiram? Notai que, a meu respeito, é a sexta ou sétima vez que escapo de um perigo tão iminente e mais ou menos nas mesmas circunstâncias. Sou levado realmente a crer que mão invisível me protege. Que fiz para merecer isso? Não sei bem; sou alguém sem importância e sem utilidade neste mundo e não me vanglorio de valer mais que os outros; longe disso: entre as vítimas do acidente havia um digno eclesiástico, modelo de virtudes evangélicas, e uma venerável irmã de São Vicente de Paulo, que iam cumprir uma santa missão de caridade cristã. A fatalidade parece desempenhar grande papel em meu destino. Os Espíritos não estariam ali para alguma coisa? Seria possível obter deles uma explicação a esse respeito, perguntando-lhes, por exemplo, se são eles que provocam ou afastam os perigos que nos ameaçam?...

Conforme o desejo de nosso correspondente, dirigimos as seguintes perguntas ao Espírito São Luís, que de boa vontade se comunica conosco toda vez que há uma instrução útil a transmitir.

1. Quando um perigo iminente ameaça alguém, é um Espírito que dirige o perigo, e quando dele escapa, é outro Espírito que o afasta?

Resp. – Quando um Espírito se encarna, escolhe uma prova; elegendo-a, estabelece-se uma espécie de destino que não pode mais conjurar, uma vez que a ele está submetido; falo das provas físicas. Conservando seu livre-arbítrio sobre o bem e o mal, o Espírito é sempre senhor de suportar ou de repelir a prova; vendo-o fraquejar, um Espírito bom pode vir em seu auxílio, mas não pode influir sobre ele de maneira a dominar sua vontade. Um Espírito mau, isto é, inferior, mostrando-lhe ou exagerando um perigo físico, pode abalá-lo e apavorá-lo, mas nem por isso a vontade do Espírito encarnado fica menos livre de qualquer entrave.

2. Quando um homem está na iminência de perecer por acidente, parece-me que o livre-arbítrio nada vale. Pergunto, pois, se é um Espírito mau que provoca esse acidente; se, de alguma sorte, é o seu agente; e, caso se livre do perigo, se um Espírito bom veio em seu auxílio.

Resp. – Os Espíritos bons e maus não podem sugerir senão pensamentos bons ou maus, conforme sua natureza. O acidente está assinalado no destino do homem. Quando tua vida é posta em perigo, é uma advertência que tu mesmo desejaste, a fim de te desviares do mal e de te tornares melhor. Quando escapas a esse perigo, ainda sob a influência do perigo que correste, pensas mais ou menos vivamente, segundo a ação mais ou menos forte dos Espíritos bons, em te tornares melhor. Sobrevindo o Espírito mau — e digo mau subentendendo o mal que nele ainda persiste —, pensas que igualmente escaparás a outros perigos, e deixas, de novo, tuas paixões se desencadearem.

3. A fatalidade que parece presidir aos destinos materiais de nossa vida também é resultante do nosso livre-arbítrio?

Resp. – Tu mesmo escolheste a tua prova. Quanto mais rude ela for e melhor a suportares, tanto mais te elevarás. Os que passam a vida na abundância e na ventura humana são Espíritos pusilânimes, que permanecem estacionários. Assim, o número dos desafortunados é muito superior ao dos felizes deste mundo, atento que os Espíritos, na sua maioria, procuram as provas que lhes sejam mais proveitosas. Eles veem perfeitamente bem a futilidade das vossas grandezas e gozos. Acresce que a mais ditosa existência é sempre agitada, sempre perturbada, mesmo quando houvesse ausência da dor.

4. Compreendemos perfeitamente essa doutrina, mas isso não nos explica se certos Espíritos exercem uma ação direta

sobre a causa material do acidente. Suponhamos que uma ponte se desmorone no momento em que um homem passa sobre ela. Quem impeliu o homem a passar por essa ponte?

Resp. – Quando um homem passa sobre uma ponte que deve cair, não é um Espírito que o leva a passar ali, é o instinto de seu destino que o conduz a ela.

5. Quem fez a ponte desmoronar?

Resp. – As circunstâncias naturais. A matéria tem em si as causas da destruição. No presente caso, tendo o Espírito necessidade de recorrer a um elemento estranho à sua natureza para movimentar forças materiais, recorrerá de preferência à intuição espiritual. Assim, devendo a ponte desmoronar-se, a água disjunta as pedras que a compõem, a ferrugem corrói as correntes que a sustentam e o Espírito, digamos, insinuará ao homem que passe por essa ponte, em vez de passar por outro local. Tendes, aliás, uma prova material do que digo: seja qual for o acidente, ocorre sempre naturalmente, isto é, por causas que se ligam às outras e o produzem insensivelmente.

6. Tomemos outro caso, em que a destruição da matéria não seja a causa do acidente. Um homem mal-intencionado atira em mim, a bala passa de raspão, mas não me atinge. Poderá ter sucedido que um Espírito bondoso haja desviado o projétil?

Resp. – Não.

7. Podem os Espíritos advertir-nos diretamente de um perigo? Eis um fato que parece confirmá-lo: Uma mulher saiu de casa e seguia pelo bulevar. Uma voz íntima lhe diz: "Vai embora; retorna para tua casa." Ela hesita. A mesma voz faz-se ouvir várias vezes; então ela volta; mas, pensando melhor, diz a si mesma: "O que vou fazer em minha casa? Acabo de sair de lá; sem dúvida é efeito da minha imaginação." Então, continua o seu caminho. Alguns passos mais adiante, uma viga que tiravam de uma casa atinge-lhe a cabeça e a derruba, inconsciente.

Que voz era aquela? Não era um pressentimento do que ia acontecer a essa mulher?

Resp. – A voz do instinto; nenhum pressentimento, aliás, apresenta tais caracteres: são sempre vagos.

8. Que entendeis por voz do instinto?

Resp. – Entendo que, antes de encarnar-se, o Espírito tem conhecimento de todas as fases de sua existência; quando estas fases têm um caráter fundamental, conserva ele uma espécie de impressão em seu foro íntimo, e tal impressão, despertando quando o momento se aproxima, torna-se pressentimento.

Nota – As explicações acima se referem à fatalidade dos acontecimentos materiais. A fatalidade moral é tratada de maneira completa em *O livro dos espíritos*.

Utilidade de certas evocações particulares

As comunicações que se obtêm dos Espíritos muito elevados ou dos que animaram grandes personagens da Antiguidade são preciosas pelo alto ensinamento que encerram. Esses Espíritos adquiriram um grau de perfeição que lhes permite abranger uma esfera de ideias mais extensa, penetrar mistérios que ultrapassam o alcance vulgar da humanidade e, em consequência, de iniciar-nos, melhor do que outros, em certas coisas. Daí não se segue que as comunicações de Espíritos de uma ordem menos elevada não tenham utilidade; longe disso: o observador haure nelas diversas instruções. Para conhecer os costumes de um povo, é preciso estudá-lo em todos os graus da escala. Quem só o tivesse visto sob uma face conhecê-lo-ia mal. A história de um povo não é a de seus reis e das sumidades sociais; para julgá-lo é preciso vê-lo em sua vida íntima, em seus hábitos privados. Ora, os Espíritos superiores são as sumidades do mundo espírita;

sua própria elevação os coloca de tal forma acima de nós que nos assustamos com a distância que nos separa deles. Espíritos mais burgueses — que nos permitam a expressão — tornam mais palpáveis as circunstâncias de sua nova existência. Neles, a ligação entre a vida corporal e a vida espiritual é mais íntima; nós a compreendemos melhor porque nos toca de mais perto. Aprendendo com eles mesmos o que se tornaram, o que pensam, o que experimentam as pessoas de todas as condições e de todos os caracteres, os homens de bem como os viciosos, os grandes e os pequenos, os felizes e os infelizes do século, numa palavra, os homens que viveram entre nós, que vimos e conhecemos, cuja vida real é conhecida, como suas virtudes e defeitos, compreendemos suas alegrias e seus sofrimentos. A eles nos associamos e neles haurimos um ensino moral tanto mais proveitoso quanto mais íntimas as relações entre eles e nós. Colocamo-nos mais facilmente no lugar de quem foi igual a nós do que no daquele que vemos apenas pela miragem de uma glória celeste. Os Espíritos vulgares mostram-nos a aplicação prática das grandes e sublimes verdades, das quais os Espíritos superiores nos ensinam a teoria. Aliás, nada é inútil no estudo de uma ciência: Newton encontrou a lei das forças do universo no mais simples dos fenômenos.

Essas comunicações têm outra vantagem: constatar a identidade dos Espíritos de maneira mais precisa. Quando nos diz um Espírito ter sido Sócrates ou Platão, somos obrigados a crer sob palavra, porquanto não traz consigo um certificado de autenticidade; podemos ver, em suas palavras, se desmente ou não a origem que ele se atribui: julgamo-lo Espírito elevado, eis tudo; em verdade, tenha sido Sócrates ou Platão, pouco importa. Mas, quando o Espírito de nossos parentes, de nossos amigos ou daqueles que conhecemos se nos manifesta, apresentam-se mil circunstâncias de detalhes íntimos nos quais a identidade não poderia ser posta em dúvida: de algum modo adquire-se a prova material. Pensamos, pois, que nos agradecerão, se fizermos, de vez em quando, algumas dessas evocações íntimas: é o romance de costumes da vida espírita, sem ficção.

Conversas familiares de Além-túmulo

O assassino Lemaire[22]

Condenado à pena última pelo júri de Aisne e executado a 31 de dezembro de 1857. Evocado em 29 de janeiro de 1858

1. Rogo a Deus Todo-Poderoso permitir ao assassino Lemaire, executado a 31 de dezembro de 1857, que venha até nós.

Resp. – Eis-me aqui.

2. Como pôde tão prontamente atender ao nosso apelo?

Resp. – Raquel o disse.[23]

3. Vendo-nos, que sensação experimentais?

Resp. – A de vergonha.

4. Como pode uma jovem, mansa como um cordeiro, servir de intermediário a um ser sanguinário como vós?

Resp. – Deus o permite.

5. Conservastes os sentidos até o último momento?

Resp. – Sim.

---

[22] N.T.: *Vide O céu e o inferno*, de Allan Kardec, Segunda parte, cap. VI – *Criminosos arrependidos*.

[23] Nota de Allan Kardec: Tendo sido evocada alguns dias antes por intermédio do mesmo médium, a senhorita Raquel apresentou-se instantaneamente. A respeito, foram-lhe feitas as seguintes perguntas:
— Como é que viestes tão prontamente, no mesmo instante em que vos evocamos? Dir-se-ia que estáveis preparada.
Resp. – Quando Ermance (a médium) nos chama, vimos depressa.
— Tendes, pois, muita simpatia pela senhorita Ermance?
Resp. – Há um laço entre ela e nós. Ela vinha a nós; nós vamos a ela.
— Entretanto, não há nenhuma semelhança entre seu caráter e o vosso; como é, então, que há simpatia?
Resp. – Ela jamais deixou inteiramente o mundo dos Espíritos.

6. Após a execução, tivestes imediata noção dessa nova existência?

Resp. – Eu estava imerso em grande perturbação, da qual, aliás, ainda não me libertei. Senti uma dor imensa, afigurando-se-me ser o coração quem a sofria. Vi rolar não sei quê aos pés do cadafalso; vi o sangue que corria e mais pungente se me tornou minha dor.

7. Era uma dor puramente física, análoga à que resultaria de um grande ferimento, pela amputação de um membro, por exemplo?

Resp. – Não; figurai-vos antes um remorso, uma grande dor moral.

8. Quando começastes a sentir essa dor?

Resp. – Desde que fiquei livre.

9. Mas a dor física do suplício, quem a experimentava: o corpo ou o Espírito?

Resp. – A dor moral estava em meu Espírito, sentindo o corpo a dor física; mas o Espírito desligado também dela se ressentia.

10. Vistes o corpo mutilado?

Resp. – Vi qualquer coisa de informe, à qual me parecia integrado; entretanto, reconhecia-me intacto, isto é, que eu era eu mesmo...

11. Que impressões vos advieram desse fato?

Resp. – Eu sentia bastante a minha dor, estava completamente ligado a ela.

12. Será verdade que o corpo vive ainda alguns instantes depois da decapitação, tendo o supliciado a consciência das suas ideias?

Resp. – O Espírito retira-se pouco a pouco; quanto mais o retêm os laços materiais, menos pronta é a separação.

13. Quanto tempo isso dura?

Resp. – Mais ou menos. (Ver a resposta precedente.)

14. Dizem que se há notado a expressão de cólera e movimentos na fisionomia de certos supliciados, como se quisessem falar; será isso efeito de contrações nervosas ou ato da vontade?

Resp. – Da vontade, visto que o Espírito não se havia ainda desligado.

15. Qual o primeiro sentimento que experimentastes ao entrar na nova existência?

Resp. – Um sofrimento intolerável, uma espécie de remorso pungente, cuja causa ignorava.

16. Acaso vos achastes reunido aos vossos cúmplices concomitantemente supliciados?

Resp. – Infelizmente, sim, por desgraça nossa, pois essa visão recíproca é um suplício contínuo, exprobrando-se uns aos outros os seus crimes.

17. Tendes encontrado as vossas vítimas?

Resp. – Vejo-as... são felizes; seus olhares perseguem-me... sinto que me varam o ser e debalde tento fugir-lhes.

18. Que impressão vos causam esses olhares?

Resp. – Vergonha e remorso. Ocasionei-os voluntariamente e ainda os abomino.

19. E qual a impressão que lhes causais?

Resp. – De piedade.

20. Terão por sua vez o ódio e o desejo de vingança?

Resp. – Não; seus votos atraem para mim a expiação. Não podeis avaliar o suplício horrível de tudo devermos àqueles a quem odiamos.

21. Lamentais a perda da vida corporal?

Resp. – Apenas lamento os meus crimes. Se o fato ainda dependesse de mim, não mais sucumbiria.

22. Como fostes conduzido à vida criminosa que levastes?

Resp. – Compreendei! Eu me julgava forte; escolhi uma rude prova; cedi às tentações do mal.

23. O pendor para o mal estava na vossa natureza ou fostes também influenciado pelo meio em que vivestes?

Resp. – Sendo um Espírito inferior, a tendência para o mal estava na minha própria natureza. Quis elevar-me rapidamente, mas pedi mais do que comportavam minhas forças.

24. Se tivésseis recebido sãos princípios de educação, ter-vos-íeis desviado da senda criminosa?

Resp. – Sim, mas eu havia escolhido a condição do nascimento.

25. Acaso não vos poderíeis ter feito homem de bem?

Resp. – Um homem fraco é incapaz tanto para o bem quanto para o mal. Poderia, talvez, corrigir na vida o mal inerente à minha natureza, mas nunca me elevar à prática do bem.

26. Quando encarnado, acreditáveis em Deus?

Resp. – Não.

27. Dizem que na última hora vos arrependestes; é verdade?

Resp. – Porque acreditei num Deus vingativo, era natural que o temesse...

28. E agora o vosso arrependimento é mais sincero?

Resp. – Pudera! Vejo o que fiz...

29. Que pensais de Deus agora?

Resp. – Sinto-o, mas não o compreendo.

30. Achais justo o castigo que vos infligiram na Terra?

Resp. – Sim.

31. Esperais obter o perdão dos vossos crimes?

Resp. – Não sei.

32. Como pretendeis repará-los?

Resp. – Por novas provações, conquanto me pareça que existe uma eternidade entre elas e mim.

33. Essas provas se cumprirão na Terra ou em outro mundo?

Resp. – Não sei.

34. Como podereis expiar vossas faltas passadas numa nova existência, se não lhes guardais a lembrança?

Resp. – Delas terei a presciência.[24]

35. Onde vos achais agora?

Resp. – Estou no meu sofrimento.

36. Perguntamos qual o lugar em que vos encontrais...

Resp. – Perto de Ermance.

37. Estais reencarnado ou errante?

Resp. – Errante; se estivesse reencarnado, teria esperança. Já disse: parece-me que a eternidade está entre mim e a expiação.

---

[24] N.T.: *Prescience* (presciência) no original francês. No contexto acima, o termo mais adequado seria *intuição*.

38. Uma vez que assim é, sob que forma vos veríamos, se tal nos fosse possível?

Resp. – Ver-me-íeis sob a minha forma corpórea: a cabeça separada do tronco.

39. Poderíeis aparecer-nos?

Resp. – Não. Deixai-me.

40. Poderíeis dizer-nos como vos evadistes da prisão de Montdidier?

Resp. – Nada mais sei... é tão grande o meu sofrimento que apenas guardo a lembrança do crime... Deixai-me.

41. Poderíamos concorrer para vos aliviar esse sofrimento?

Resp. – Fazei votos para que sobrevenha a expiação.

A RAINHA DE OUDE[25]

NOTA – Nestas conversas suprimiremos, doravante, a fórmula de evocação, que é sempre a mesma, a menos que sua resposta apresente alguma particularidade.

1. Quais as vossas sensações ao deixardes o mundo terrestre?

Resp. – Porque ainda perturbada, torna-se-me impossível explicá-las.

2. Sois feliz?

Resp. – Não.

3. Por quê?

Resp. – Tenho saudades da vida... não sei... experimento acerba dor da qual a vida me libertaria... quisera que o corpo se levantasse do túmulo...

---

[25] N.T.: *Vide O céu e o inferno*, de Allan Kardec, Segunda parte, cap. VII – *Espíritos endurecidos*.

4. Lamentais o ter sido sepultada entre cristãos, e não no vosso país?

Resp. – Sim, a terra indiana pesaria menos sobre o meu corpo.

5. Que pensais das honras fúnebres tributadas aos vossos despojos?

Resp. – Não foram grande coisa, pois eu era rainha e nem todos se curvaram diante de mim... Deixai-me... forçam-me a falar, quando não quero que saibais o que ora sou... Asseguro-vos, eu era rainha...

6. Respeitamos a vossa hierarquia e só insistimos para que respondais no propósito de nos instruirmos. Acreditais que vosso filho recupere de futuro os Estados de seu pai?

Resp. – Meu sangue reinará, por certo, visto como é digno disso.

7. Ligais a essa reintegração de vosso filho a mesma importância que lhe dáveis quando encarnada?

Resp. – Meu sangue não pode misturar-se com o do povo.

8. Qual a vossa opinião atual sobre a verdadeira causa da revolta das Índias?

Resp. – O indiano foi feito para ser senhor em sua casa.

9. Que pensais do futuro que está reservado a esse país?

Resp. – A Índia será grande entre as nações.

10. Não se pôde fazer constar na respectiva certidão de óbito o lugar do vosso nascimento; podereis no-lo dizer agora?

Resp. – Sou rainha oriunda do mais nobre dos sangues da Índia. Penso que nasci em Delhi.

11. Vós, que vivestes nos esplendores do luxo, cercada de honras, que pensais hoje de tudo isso?

Resp. – Que tinha direito.

12. A vossa hierarquia terrestre concorreu para que tivésseis outra mais elevada nesse mundo em que ora estais?

Resp. – Continuo a ser rainha... que se enviem escravas para me servirem!... Mas... não sei... parece-me que pouco se preocupam com a minha pessoa aqui... e, contudo, eu... sou sempre a mesma.

13. Professáveis a religião muçulmana ou a hindu?

Resp. – Muçulmana; eu era, porém, bastante poderosa para me ocupar de Deus.

14. Do ponto de vista da felicidade humana, quais as diferenças que assinalais entre a vossa religião e o Cristianismo?

Resp. – A religião cristã é absurda; diz que todos são irmãos.

15. Qual a vossa opinião a respeito de Maomé?

Resp. – Não era filho de rei.

16. Acreditais que ele houvesse tido uma missão divina?

Resp. – Que me importa isso?!

17. Qual a vossa opinião sobre o Cristo?

Resp. – O filho do carpinteiro não é digno de ocupar os meus pensamentos.

18. Que pensais desse uso pelo qual as mulheres muçulmanas se furtam aos olhos masculinos?

Resp. – Penso que as mulheres nasceram para dominar: — eu era mulher.

19. Tendes inveja da liberdade de que gozam as europeias?

Resp. – Que poderia importar-me tal liberdade? Servem-nas, acaso, ajoelhados?

20. Qual a vossa opinião sobre a condição da mulher em geral, na espécie humana?

Resp. – Que me importam as mulheres! Se me falasses de rainhas!...

21. Tendes reminiscências de encarnações anteriores a esta que vindes de deixar?

Resp. – Deveria ter sido sempre rainha.

22. Por que acudistes tão prontamente ao nosso apelo?

Resp. – Não queria fazê-lo, mas forçaram-me. Acaso julgarás que me dignaria responder-te? Quem és tu ao meu lado?

23. E quem vos forçou a vir?

Resp. – Eu mesma não sei... posto que não deve existir ninguém maior do que eu.

24. Em que lugar vos encontrais aqui?

Resp. – Perto de Ermance.

25. Sob que forma vos apresentais aqui?

Resp. – Sempre rainha... e pensas que eu tenha deixado de o ser? És pouco respeitoso... fica sabendo que não é desse modo que se fala a rainhas.

26. Por que não vos podemos ver?

Resp. – Não o quero.

27. Se nos fosse dado enxergar-vos, ver-vos-íamos com os vossos ornatos e pedrarias?

Resp. – Certamente.

28. E como se explica o fato de, despojado de tudo isso, conservar o vosso Espírito tais aparatos, sobretudo os ornamentos?

Resp. – É que eles me não deixaram. Sou tão bela quanto era, e não compreendo o juízo que de mim fazeis. É verdade que nunca me vistes.

29. Que impressão vos causa estardes entre nós?

Resp. – Se eu pudesse evitá-la... Tratam-me com tão pouca cortesia... Não quero que me tratem assim... Chamai-me Majestade ou não responderei mais.

30. Vossa Majestade *compreendia* a língua francesa?

Resp. – Por que não a compreenderia? Eu sabia tudo.

31. Vossa Majestade gostaria de nos responder em inglês?

Resp. – Não... Não me deixareis, pois, tranquila?... Quero ir embora... Deixai-me... Pensais que eu esteja submetida aos vossos caprichos?... Sou rainha, e não escrava.

32. Rogamos somente que respondais, ainda, a duas ou três perguntas.

Resposta de São Luís, que estava presente: Deixai-a, a pobre perturbada. Tende compaixão da sua cegueira e oxalá vos sirva de exemplo. Não sabeis quanto padece o seu orgulho.

Observação – Essa conversa oferece mais de um ensinamento. Evocando essa majestade decaída, agora no túmulo, não esperávamos respostas de grande profundidade, tendo em vista o gênero de educação das mulheres naquele país; mas pensávamos encontrar nesse Espírito, se não a filosofia, pelo menos um sentimento mais verdadeiro da realidade e ideias mais sadias sobre as vaidades e grandezas da Terra. Longe disso: nela as ideias terrestres conservaram toda sua força; é o orgulho, que nada perdeu de suas ilusões, que luta contra sua própria fraqueza e que deve, com efeito, sofrer muito por sua impotência. Prevendo respostas de outra natureza, havíamos preparado diversas perguntas que se tornaram sem objetivo. Essas respostas são tão diferentes das que esperávamos, assim como as pessoas presentes, que nelas não se poderia ver a influência de um pensamento estranho. Além disso, têm uma marca tão característica de personalidade que acusam claramente a identidade do Espírito que se manifestou.

Poder-se-ia estranhar, com razão, ver Lemaire, homem degradado e maculado por todos os crimes, manifestar, em sua linguagem de Além-túmulo, sentimentos que denotam uma certa elevação e uma apreciação bastante exata de sua situação, ao passo que na rainha de Oude, cuja hierarquia deveria ter-lhe desenvolvido o senso moral, não sofreram as ideias terrestres nenhuma modificação. A causa dessa anomalia parece fácil de explicar. Por mais degradado fosse, Lemaire vivia no seio de uma sociedade civilizada e esclarecida, que tinha reagido contra sua natureza grosseira; ele havia absorvido, mau grado seu, alguns raios da luz que o cercava e essa luz nele fez nascer pensamentos sufocados por sua abjeção, mas cujo germe, nem por isso, deixava de subsistir. Ocorre de modo diferente com a rainha de Oude: o meio em que viveu, os hábitos, a ausência absoluta de cultura intelectual, tudo deve ter contribuído para manter, em toda a sua pujança, as ideias de que estava imbuída desde a infância; nada veio modificar essa natureza primitiva, sobre a qual os preconceitos conservaram todo o seu império.

O doutor Xavier

Sobre as diversas questões psicofisiológicas

Um médico de grande talento, que nomearemos Xavier, morto há alguns meses, e que se ocupou muito de magnetismo, havia deixado um manuscrito que supunha viesse revolucionar a

Ciência. Antes de morrer, havia lido *O livro dos espíritos* e desejado um contato com o seu autor. A doença de que sucumbiu não lhe deixou tempo para isso. Sua evocação ocorreu a pedido da família, e as respostas que encerra, eminentemente instrutivas, levaram-nos a inseri-las nesta coletânea, suprimindo, entretanto, tudo quanto fosse de interesse particular.

1. Lembrais do manuscrito que deixastes?

Resp. – Ligo-lhe pouca importância.

2. Qual a vossa opinião atual sobre esse manuscrito?

Resp. – Obra vã, de um ser que se ignorava a si mesmo.

3. Pensáveis, entretanto, que essa obra poderia fazer uma revolução na Ciência?

Resp. – Agora vejo muito claramente.

4. Como Espírito, poderíeis corrigir e acabar esse manuscrito?

Resp. – Parti de um ponto que conhecia mal; talvez fosse preciso refazer tudo.

5. Sois feliz ou infeliz?

Resp. – Espero e sofro.

6. Que esperais?

Resp. – Novas provas.

7. Qual é a causa de vossos sofrimentos?

Resp. – O mal que fiz.

8. Entretanto, não fizestes o mal intencionalmente.

Resp. – Conheceis bem o coração do homem?

9. Sois errante ou encarnado?

Resp. – Errante.

10. Quando entre nós, qual a vossa opinião sobre a Divindade?

Resp. – Não acreditava nela.

11. E agora?

Resp. – Não creio bastante.

12. Tínheis desejo de entrar em contato comigo; lembrai-vos?

Resp. – Sim.

13. Vedes a mim e me reconheceis como a pessoa com quem queríeis entrar em relação?

Resp. – Sim.

14. Que impressão vos deixou *O livro dos espíritos*?

Resp. – Transtornou-me.

15. Que pensais dele agora?

Resp. – É uma grande obra.

16. Que pensais do futuro da Doutrina Espírita?

Resp. – É grande, mas certos discípulos a prejudicam.

17. Quais são os que a prejudicam?

Resp. – Os que atacam o que existe: as religiões, as primeiras e mais simples crenças dos homens.

18. Como médico, e em razão dos estudos que fizestes, sem dúvida podeis responder às seguintes perguntas:

Pode o corpo conservar por alguns instantes a vida orgânica após a separação da alma?

Resp. – Sim.

19. Por quanto tempo?

Resp. – Não há tempo.

20. Precisai vossa resposta, eu vos peço.

Resp. – Isso não dura senão alguns instantes.

21. Como se opera a separação entre a alma e o corpo?

Resp. – Como um fluido que escapa de um vaso qualquer.

22. Há uma linha de demarcação realmente nítida entre a vida e a morte?

Resp. – Esses dois estados se tocam e se confundem; assim, o Espírito se desprende pouco a pouco de seus laços; ele os desenlaça, não os arrebenta.

23. Esse desprendimento da alma opera-se mais prontamente em uns do que em outros?

Resp. – Sim: nos que em vida já se elevaram acima da matéria, porque, então, sua alma pertence mais ao mundo dos Espíritos do que ao mundo terrestre.

24. Em que momento se opera a união entre a alma e o corpo na criança?

Resp. – Quando a criança respira; como se recebesse a alma com o ar exterior.

Observação – Essa opinião é consequência do dogma católico. Com efeito, ensina a Igreja que a alma não pode ser salva senão pelo batismo; ora, como a morte natural intrauterina é muito frequente, em que se tornaria essa alma privada, segundo ela, desse único meio de salvação, se existisse no corpo antes do nascimento? Para ser coerente, seria preciso que o batismo fosse realizado, se não de fato, pelo menos de intenção, desde o momento da concepção.

25. Como, então, explicais a vida intrauterina?

Resp. – É a da planta que vegeta. A criança vive vida animal.

26. Há crime em privar da vida uma criança antes do seu nascimento, uma vez que, nessa fase, não tendo alma, ainda não seria um ser humano?

Resp. – A mãe, ou qualquer outra pessoa, que tirar a vida de uma criança antes de nascer cometerá sempre um crime, porquanto impede a alma de suportar as provas de que o corpo deverá servir de instrumento.

27. A expiação que deveria sofrer a alma impedida de se encarnar, não obstante, poderá ocorrer?

Resp. – Sim, mas Deus sabia que a alma não se uniria àquele corpo; assim, nenhuma alma deveria unir-se àquele envoltório corporal: *era uma prova para a mãe.*

28. Dado o caso que o nascimento da criança pusesse em perigo a vida da mãe dela, haverá crime em sacrificar-se a primeira para salvar a segunda?

Resp. – Não; preferível é se sacrifique o ser que ainda não existe a sacrificar-se o que já existe.

29. A união entre a alma e o corpo opera-se instantânea ou gradualmente? Isto é, será necessário um tempo apreciável para que essa união seja completa?

Resp. – O Espírito não entra bruscamente no corpo. Para medir esse tempo, imaginai que o primeiro sopro que a criança recebe é a alma que entra no corpo: o tempo que o peito se eleva e se abaixa.

30. Há predestinação na união da alma com tal ou qual corpo, ou só na última hora é feita a escolha do corpo que ela tomará?

Resp. – Deus a marcou; essa questão exige maiores desenvolvimentos. Tendo o Espírito escolhido a prova a que queira submeter-se, pede para encarnar. Ora, Deus, que tudo sabe e vê, já antecipadamente sabia e vira que tal Espírito se uniria a tal corpo. Quando o Espírito nasce nas baixas camadas sociais, sabe que sua vida será de labor e sofrimento. A criança que vai nascer tem uma existência que resulta, até certo ponto, da posição de seus pais.

31. Por que pais bons e virtuosos dão nascimento a filhos de natureza perversa? Em outras palavras, por que as boas qualidades dos pais não atraem sempre, por simpatia, um Espírito bom para lhes animar o filho?

Resp. – Um Espírito mau pede bons pais na esperança de que seus conselhos o dirijam por um caminho melhor.

32. Podem os pais, por seus pensamentos e suas preces, atrair ao corpo do filho um Espírito bom, em vez de um Espírito inferior?

Resp. – Não; mas podem melhorar o Espírito da criança a que deram nascimento: é seu dever; os maus filhos são uma prova para os pais.

33. Concebe-se o amor maternal para a conservação da vida da criança, mas, uma vez que esse amor está na natureza, por que há mães que odeiam seus filhos e, muitas vezes, desde o nascimento?

Resp. – Espíritos maus, que tratam de entravar o Espírito da criança, a fim de que sucumba sob a prova que desejou.

34. Agradecemos as explicações que tivestes a bondade de nos dar.

Resp. – Tudo farei para vos instruir.

OBSERVAÇÃO – A teoria dada por esse Espírito sobre o instante da união entre a alma e o corpo não é absolutamente exata. A união começa desde a concepção, isto é, a partir do momento em que o Espírito, sem estar encarnado, liga-se ao corpo por um laço fluídico, que cada vez mais se vai apertando até o instante em que a criança vê a luz. A encarnação só se completa quando a criança respira. (*Vide O livro dos espíritos*, q. 344 e seguintes.)[26]

Sr. Home

(Segundo artigo)

(Ver o número de fevereiro de 1858.)

Como dissemos, o Sr. Home é um médium do gênero daqueles sob cuja influência se produzem, mais especialmente, fenômenos físicos, sem por isso excluir as manifestações inteligentes. Todo efeito que revela a ação de uma vontade livre é, por isso mesmo, inteligente, ou seja, não é puramente mecânico e nem poderia ser atribuído a um agente exclusivamente material; mas daí às comunicações instrutivas de elevado alcance moral e filosófico há uma distância muito grande, e não é de nosso conhecimento que o Sr. Home as obtenha de tal natureza. Não sendo médium escrevente, a maior parte das respostas é dada por pancadas, indicativas das letras do alfabeto, meio sempre imperfeito e bastante lento, que dificilmente se presta a desenvolvimentos de uma certa extensão. Entretanto, ele também obtém a escrita, mas por outro processo de que falaremos dentro em pouco.

Digamos, primeiro, como princípio geral, que as manifestações ostensivas, as que impressionam os sentidos, podem ser espontâneas ou provocadas. As primeiras são independentes da vontade; por vezes, ocorrem mesmo contra a vontade daquele que lhes é objeto e ao qual nem sempre são agradáveis. São frequentes os fatos desse

---

[26] N.T.: Este item entre parênteses não constava na edição original de 1858. Provavelmente foi inserido mais tarde na reimpressão desta revista.

gênero e, sem remontar aos relatos mais ou menos autênticos dos tempos recuados, deles a história contemporânea oferece numerosos exemplos, cuja causa, ignorada em seu princípio, é hoje perfeitamente conhecida: tais são, por exemplo, os ruídos insólitos, o movimento desordenado dos objetos, as cortinas puxadas, as cobertas arrancadas, certas aparições etc. Algumas pessoas são dotadas de uma faculdade especial que lhes dá o poder de provocar esses fenômenos, pelo menos em parte, por assim dizer, à vontade. Essa faculdade não é muito rara e, de cem pessoas, cinquenta pelo menos a possuem em maior ou menor grau. O que distingue o Sr. Home é que nele a faculdade está desenvolvida, como entre os médiuns de sua espécie, de uma maneira a bem dizer excepcional. Alguns não obterão senão golpes leves ou o deslocamento insignificante de uma mesa, enquanto, sob a influência do Sr. Home, os ruídos mais retumbantes fazem-se ouvir e todo o mobiliário de um quarto pode ser revirado, os móveis amontoando-se uns sobre os outros. Por mais estranhos sejam esses fenômenos, o entusiasmo de alguns admiradores muito zelosos ainda encontrou jeito de os amplificar por meio de pura invenção. Por outro lado, os detratores não ficaram inativos; a seu respeito, contaram todo tipo de anedotas, que só existiram em sua imaginação. Eis um exemplo:

O Sr. marquês de..., uma das personagens que mais interesse demonstraram pelo Sr. Home, e em cuja residência o médium era recebido na intimidade, achava-se um dia na ópera com este último. Na plateia superior estava o Sr. de P..., um de nossos assinantes, e que conhece a ambos pessoalmente. Seu vizinho entabula conversação com ele; o assunto é o Sr. Home. "— Acreditais — disse ele — que aquele pretenso feiticeiro, aquele charlatão, encontrou meio de introduzir-se na casa do Sr. marquês de...? Seus artifícios, porém, foram descobertos e ele foi posto no olho da rua a pontapés, como um vil intrigante. — Estais bem certo disso? — pergunta o Sr. de P... — Conheceis o Sr. marquês de...? — Certamente — responde o interlocutor. — Nesse caso — diz o Sr. de P... —, olhai naquele camarote; podereis vê-lo em companhia do próprio Sr. Home, ao qual não parece que queira dar pontapés." Diante disso, nosso melancólico falador, não julgando conveniente continuar a conversa, pegou seu chapéu e não apareceu mais. Por aí se pode julgar do valor de certas afirmações. Seguramente, se certos fatos divulgados pela maledicência fossem verdadeiros, ter-lhe-iam fechado mais de uma porta, mas como as casas mais respeitáveis sempre lhe estiveram abertas, deve-se concluir que sempre e por toda parte ele se conduziu como um cavalheiro. Basta, aliás, haver conversado algumas vezes com o Sr. Home para ver que, com a sua timidez e a sua simplicidade de caráter, seria o mais desajeitado de todos os intrigantes; insistimos nesse ponto pela moralidade da causa. Voltemos às suas manifestações. Sendo o nosso objetivo fazer conhecer a verdade, no interesse da Ciência, tudo quanto relatamos é colhido em fontes de tal maneira autênticas que podemos garantir-lhes a mais escrupulosa exatidão; temos testemunhas oculares muito sérias, muito esclarecidas e altamente colocadas para que sua sinceridade possa ser posta em dúvida. Se dissessem que essas pessoas puderam, de boa-fé, ser vítimas de uma ilusão, responderíamos que há circunstâncias que escapam a toda suposição desse gênero; aliás, tais pessoas estavam muito interessadas em conhecer a verdade para não se precaverem contra toda falsa aparência.

Geralmente o Sr. Home começa suas sessões pelos fatos conhecidos: pancadas em uma mesa ou em qualquer outra parte do apartamento, procedendo como já dissemos alhures. Segue-se o movimento da mesa, que se opera, primeiro, pela imposição das mãos, dele somente ou de várias das pessoas reunidas, depois, a distância e sem contato; é uma espécie de ensaio. Muito frequentemente ele nada mais obtém além: vai depender da disposição em que se encontra e algumas vezes também da dos assistentes; há pessoas perante as quais jamais produziu coisa alguma, mesmo sendo seus amigos. Não nos alongaremos sobre esses fenômenos, hoje tão conhecidos, e que só se distinguem por sua rapidez e energia. Muitas vezes, após várias oscilações e balanços, a mesa se destaca do solo, eleva-se gradualmente, lentamente, por pequenas sacudidelas, não mais alguns centímetros somente, mas até o teto e fora do alcance das mãos. Após permanecer suspensa no espaço por alguns segundos, desce como havia subido, lenta e gradualmente.

Sendo um fato conhecido a suspensão de um corpo inerte e de peso específico incomparavelmente maior que o do ar, concebe-se que o mesmo se possa dar com um corpo animado. Não nos consta que o Sr. Home tivesse agido sobre alguma pessoa além dele mesmo e, ainda assim, o fato não se produziu em Paris, mas verificou-se diversas vezes, tanto em Florença como na França, especialmente em Bordeaux, na presença das mais respeitáveis testemunhas, que poderíamos citar se necessário. Como a mesa, ele se elevou até o teto, descendo do mesmo modo. O que há de bizarro nesse fenômeno é que não se produz por um ato de sua vontade, e ele mesmo nos disse que dele não se apercebe, acreditando estar sempre no solo, a menos que olhe para baixo; apenas as testemunhas o veem elevar-se; quanto a ele, experimenta nesse momento a sensação produzida pelo sacolejo de um navio sobre as ondas. De resto, o fato que relatamos não é de forma alguma peculiar ao Sr. Home. A História cita vários exemplos autênticos que relataremos posteriormente.

De todas as manifestações produzidas pelo Sr. Home, a mais extraordinária, sem dúvida, é a das aparições, razão por que nelas insistiremos mais, tendo em vista as graves consequências daí decorrentes e a luz que elas lançam sobre uma multidão de outros fatos. O mesmo acontece com os sons produzidos no ar, instrumentos de música que tocam sozinhos etc. No próximo número examinaremos detalhadamente esses fenômenos.

Retornando de uma viagem à Holanda, onde produziu forte sensação na corte e na alta sociedade, o Sr. Home acaba de partir para a Itália. Sua saúde, gravemente alterada, exigia um clima mais ameno.

Confirmamos, com prazer, o que certos jornais relataram sobre um legado de 6.000 francos de renda que lhe foi feito por uma dama inglesa, convertida por ele à Doutrina Espírita e em reconhecimento da satisfação que ela experimentou. Sob todos os aspectos, merecia o Sr. Home esse honroso testemunho. Esse ato, de parte da doadora, é um precedente que terá o aplauso de todos quantos partilham de nossas convicções; esperamos tenha a Doutrina, um dia, o seu Mecenas: a posteridade inscreverá seu nome entre os benfeitores da humanidade. A Religião nos ensina a existência da alma e sua imortalidade; o Espiritismo dá-nos a sua prova viva e palpável, não mais pelo raciocínio, mas pelos fatos. O materialismo é um dos vícios da sociedade atual, porque engendra o egoísmo. O que há, com efeito, fora do *eu*, para quem tudo liga à matéria e à vida presente? Intimamente vinculada às ideias religiosas, esclarecendo-nos sobre nossa natureza, a Doutrina Espírita mostra-nos a felicidade na prática das virtudes evangélicas; lembra ao homem os seus deveres para com Deus, a sociedade e para consigo mesmo. Colaborar na sua propagação é desferir um golpe mortal na chaga do cepticismo que nos invade como um mal contagioso; honra, pois, aos que empregam nessa obra os bens com que Deus os favoreceu na Terra!

Magnetismo e Espiritismo

Quando apareceram os primeiros fenômenos espíritas, algumas pessoas pensaram que essa descoberta — se podemos aplicar-lhe esse nome — ia desfechar um golpe fatal no magnetismo e que com ele ocorreria o mesmo que aconteceu com as demais invenções: a mais aperfeiçoada faz esquecer a precedente. Tal erro não tardou em dissipar-se e prontamente se reconheceu o parentesco dessas duas ciências. Ambas, com efeito, baseadas sobre a existência e a manifestação da alma, longe de se combaterem, podem e devem prestar-se um mútuo apoio: completam-se e se explicam uma pela outra. Seus respectivos adeptos, entretanto, diferem sobre alguns pontos: certos magnetistas[27] não admitem ainda a existência ou, pelo menos, a manifestação dos Espíritos; acreditam poder tudo explicar tão só pela ação do fluido magnético, opinião que nos limitamos a constatar, reservando-nos discuti-la mais tarde. Nós mesmos a partilhávamos, no início, mas, como tantos outros, tivemos que nos render

---

[27] Nota de Allan Kardec: Magnetizador é o que pratica o magnetismo; magnetista se diz de alguém que lhe adote os princípios. Pode-se ser magnetista sem ser magnetizador, mas não se pode ser magnetizador sem ser magnetista.

à evidência dos fatos. Os adeptos do Espiritismo, ao contrário, são todos partidários do magnetismo; admitem sua ação e reconhecem nos fenômenos sonambúlicos uma manifestação da alma. Essa oposição, aliás, se enfraquece a cada dia, e é fácil prever que não está longe o tempo em que toda distinção terá cessado. Essa divergência de opinião nada tem que deva surpreender. Nos primórdios de uma ciência ainda tão nova é muito natural que cada um, encarando as coisas do seu ponto de vista, haja formado uma ideia diferente. As ciências mais positivas tiveram sempre, e têm ainda, suas seitas, sustentando com ardor teorias contrárias; os sábios ergueram escolas contra escolas, bandeira contra bandeira, e, muito frequentemente para sua dignidade, sua polêmica, tornada irritante e agressiva pelo amor-próprio ferido, saiu dos limites de uma sábia discussão. Esperamos que os partidários do magnetismo e do Espiritismo, mais bem inspirados, não deem ao mundo o escândalo de discussões tão pouco edificantes e sempre fatais à propagação da verdade, seja qual for o lado em que ela esteja. Podemos ter nossa opinião, sustentá-la, discuti-la, mas o meio de nos esclarecermos não é nos estraçalhando, procedimento sempre pouco digno de homens sérios e que se torna ignóbil se o interesse pessoal está em jogo.

  O magnetismo preparou o caminho do Espiritismo, e o rápido progresso desta última doutrina se deve, incontestavelmente, à vulgarização das ideias sobre a primeira. Dos fenômenos magnéticos, do sonambulismo e do êxtase às manifestações espíritas não há mais que um passo; tal é sua conexão que, por assim dizer, torna-se impossível falar de um sem falar do outro. Se tivéssemos que ficar fora da ciência magnética, nosso quadro seria incompleto e poderíamos ser comparados a um professor de Física que se abstivesse de falar da luz. Todavia, como entre nós o magnetismo já possui órgãos especiais justamente acreditados, seria supérfluo insistirmos sobre um assunto que é tratado com tanta superioridade de talento e de experiência; a ele, pois, não nos referiremos senão acessoriamente, mas de maneira suficiente para mostrar as relações íntimas entre essas duas ciências que, a bem da verdade, não passam de uma.

Devíamos aos nossos leitores essa profissão de fé, que terminamos prestando uma justa homenagem aos homens de convicção que, afrontando o ridículo, os sarcasmos e os dissabores, devotaram-se corajosamente à defesa de uma causa toda humanitária. Qualquer que seja a opinião dos contemporâneos sobre o seu proveito pessoal, opinião que de uma forma ou de outra é sempre o reflexo das paixões vivazes, a posteridade far-lhes-á justiça; ela colocará os nomes do barão Du Potet, diretor do *Journal du Magnétisme*, do Sr. Millet, diretor da *L' Union magnétique*, ao lado de seus ilustres predecessores, o marquês de Puységur e o sábio Deleuze. Graças aos seus perseverantes esforços, o magnetismo, popularizado, fincou o pé na ciência oficial, onde dele já se fala aos cochichos. Esse vocábulo já passou à língua comum; já não afugenta mais e, quando alguém se diz magnetizador, não lhe riem mais no rosto.

Allan Kardec

Revista Espírita
Jornal de estudos psicológicos
Ano I   Abril de 1858   N° 4

Período psicológico

    Se bem que as manifestações espíritas tenham ocorrido em todas as épocas, é incontestável que hoje se produzem de maneira excepcional. Interrogados sobre esse fato, os Espíritos foram unânimes em sua resposta: "Os tempos" — dizem eles — "marcados pela Providência para uma manifestação universal são chegados. Estão encarregados de dissipar as trevas da ignorância e dos preconceitos; é uma era nova que começa e prepara a regeneração da humanidade." Esse pensamento acha-se desenvolvido de maneira notável numa carta que recebemos de um de nossos assinantes, da qual extraímos a seguinte passagem:

> Cada coisa tem seu tempo; o período que acaba de escoar-se parece ter sido especialmente destinado pelo Todo-Poderoso ao progresso das ciências matemáticas e físicas e, provavelmente, foi tendo em vista dispor os homens aos conhecimentos exatos que Ele se opôs, durante muito tempo, à manifestação dos Espíritos, como se tal manifestação pudesse ser prejudicial ao positivismo, que requer o estudo da Ciência; numa palavra, quis habituar o homem a procurar, nas ciências de observação, a explicação de todos os fenômenos que deviam produzir-se a seus olhos.

Hoje, o período científico parece ter chegado a seu termo. Depois dos imensos progressos realizados, não seria impossível que o novo período que deve suceder-lhe fosse consagrado pelo Criador às iniciações de ordem psicológica. Na imutável lei de perfectibilidade que estabeleceu para os seres humanos, o que poderá fazer depois de havê-los iniciado nas leis físicas do movimento e ter-lhes revelado os motores com os quais muda a face do globo? O homem sondou as profundezas mais longínquas do espaço; a marcha dos astros e o movimento geral do universo não têm mais segredos para ele; lê nas camadas geológicas a história da formação do globo; à sua vontade, a luz se transforma em imagens duráveis; domina o raio; com o vapor e a eletricidade suprime as distâncias, e o pensamento transpõe o espaço com a rapidez do relâmpago. Chegado a esse ponto culminante, do qual a história da humanidade não oferece nenhum exemplo, qualquer que tenha sido o seu grau de avanço nos séculos recuados, parece-me racional pensar que a ordem psicológica lhe abre um novo caminho na via do progresso. É, pelo menos, o que se poderia deduzir dos fatos que se produzem em nossos dias e se multiplicam por todos os lados. Esperemos, pois, que se aproxime o momento, se é que ainda não chegou, em que o Todo-Poderoso venha iniciar-nos em novas, grandes e sublimes verdades. Cabe a nós compreendê-lo e secundá-lo na obra da regeneração.

Essa carta é do Sr. Georges, do qual havíamos falado em nosso primeiro número. Não podemos senão felicitá-lo pelos seus progressos na Doutrina; os elevados pontos de vista que desenvolve demonstram que a compreende em seu verdadeiro sentido; para ele a Doutrina não se resume na crença nos Espíritos e em suas manifestações: é toda uma filosofia. Como ele, admitimos que entramos no período psicológico e achamos perfeitamente racionais os motivos que nos apresenta, sem crer, todavia, que o período científico tenha dito sua última palavra; ao contrário, acreditamos que ainda nos reserva muitos outros prodígios. Estamos numa época de transição, em que os caracteres dos dois períodos se confundem.

Os conhecimentos que os Antigos possuíam sobre a manifestação dos Espíritos não serviriam de argumento contra a ideia do período psicológico que se prepara. Com efeito, notamos que na Antiguidade esses conhecimentos estavam circunscritos ao estreito círculo dos homens de elite; sobre eles o povo possuía somente ideias falseadas pelos preconceitos e desfiguradas pelo charlatanismo dos sacerdotes, que delas se serviam como meio de dominação. Como já o dissemos alhures, jamais esses conhecimentos se perderam e as manifestações sempre se produziram; mas ficaram como fatos isolados, certamente porque o tempo de os compreender não havia ainda chegado. O que se passa hoje tem um caráter bem diverso; as manifestações são gerais; impressionam a sociedade desde a base até o cume. Os Espíritos não mais ensinam nos recintos fechados e misteriosos de um templo inacessível ao vulgo. Esses fatos se passam à luz do dia; falam a todos uma linguagem inteligível por todos. Tudo, pois, anuncia, do ponto de vista moral, uma nova fase para a humanidade.

O Espiritismo entre os druidas

Há cerca de dez anos, sob o título *Le vieux neuf*,[28] publicou o Sr. Edouard Fournier, no *Siècle*, uma série de artigos tão notáveis do ponto de vista da erudição quanto interessantes por suas relações históricas. Passando em revista todas as invenções e descobertas modernas, prova o autor que se o nosso século tem o mérito da aplicação e do desenvolvimento, não tem, pelo menos para a maioria delas, o da prioridade. À época em que o Sr. Edouard Fournier escrevia esses eruditos folhetins, não se cogitava ainda de Espíritos, sem o que não teria deixado de nos mostrar que tudo quanto se passa hoje é apenas uma repetição do que os Antigos sabiam muito bem, e talvez melhor que nós. E o lastimamos por nossa conta, porque as suas profundas investigações ter-lhe-iam permitido esquadrinhar a Antiguidade mística, como perscrutou a Antiguidade industrial; e fazemos votos por que suas laboriosas pesquisas sejam dirigidas um dia para esse lado. Quanto a nós, não nos deixam nossas observações pessoais nenhuma dúvida sobre a antiguidade e a universalidade da Doutrina que os Espíritos nos ensinam. Essa coincidência entre o

---

[28] N.T.: O velho novo.

que nos dizem hoje e as crenças dos tempos mais remotos é um fato significativo da mais alta importância. Faremos notar, entretanto, que, se por toda parte encontramos traços da Doutrina Espírita, em parte alguma a vemos completa: tudo indica ter sido reservado à nossa época coordenar esses fragmentos esparsos entre todos os povos, a fim de chegar-se à unidade de princípio por meio de um conjunto mais completo e, sobretudo, mais geral de manifestações, que dariam razão ao autor do artigo que citamos mais acima, a propósito do período psicológico no qual a humanidade parece estar entrando.

Quase por toda parte a ignorância e os preconceitos desfiguraram essa doutrina, cujos princípios fundamentais se misturam às práticas supersticiosas de todos os tempos, exploradas para abafar a razão. Todavia, sob esse amontoado de absurdos germinam as mais sublimes ideias, como sementes preciosas ocultas sob as sarças, não esperando senão a luz vivificante do Sol para se desenvolverem. Mais universalmente esclarecida, nossa geração afasta as sarças; tal limpeza de terreno, porém, não pode ser feita sem transição. Deixemos, pois, às boas sementes, o tempo de se desenvolverem e, às más ervas, o de desaparecerem.

A doutrina druídica oferece-nos um curioso exemplo do que acabamos de dizer. Essa doutrina, de que não conhecemos bem senão as práticas exteriores, eleva-se, sob certos aspectos, até as mais sublimes verdades, mas essas verdades eram apenas para os iniciados: terrificado pelos sacrifícios sangrentos, o povo colhia com santo respeito o visgo sagrado do carvalho e via apenas a fantasmagoria. Poderemos julgá-lo pela seguinte citação, extraída de um documento tão precioso quão desconhecido, e que lança uma luz inteiramente nova sobre a teologia de nossos ancestrais.

Entregamos à reflexão de nossos leitores um texto céltico, há pouco publicado, cujo aparecimento causou certa emoção no mundo culto. É impossível saber-se ao certo o seu autor, nem mesmo a que século remonta. Mas o que é incontestável é que pertence à tradição dos bardos da Gália, e essa origem é suficiente para conferir-lhe um valor de primeira ordem.

Sabe-se, com efeito, que ainda em nossos dias a Gália se constitui no mais fiel abrigo da nacionalidade gaulesa que, entre nós, experimentou tão profundas modificações. Apenas abordada de leve pela dominação romana, que nela só se deteve por pouco tempo e fracamente; preservada da invasão dos bárbaros pela energia de seus habitantes e pelas dificuldades de seu território; submetida mais tarde à dinastia normanda que, todavia, teve que lhe conceder um certo grau de independência, o nome de Galles, *Gallia*, que sempre ostentou, é um traço distintivo pelo qual se liga, sem descontinuidade, ao período antigo. A língua *kymrique*,[29] outrora falada em toda a parte setentrional da Gália, jamais deixou de ser usada, e muitos costumes são igualmente gauleses. De todas as influências estranhas, a única que triunfou completamente foi o Cristianismo, mas não o conseguiu sem muitas dificuldades, relativamente à supremacia da Igreja Romana, da qual a reforma do século XVI mais não fez que lhe determinar a queda, desde longo tempo preparada, nessas regiões cheias de um sentimento indefectível de independência.

Pode-se mesmo dizer que os druidas, convertendo-se inteiramente ao Cristianismo, não se extinguiram totalmente na Gália, como em nossa Bretanha e em outras regiões de sangue gaulês. Como consequência imediata, tiveram uma sociedade muito solidamente constituída, dedicada em aparência, sobretudo, ao culto da poesia nacional, mas que, sob o manto poético, conservou com notável fidelidade a herança intelectual da antiga Gália: é a Sociedade bárdica da Gália que, após ter-se mantido como sociedade secreta durante toda a Idade Média, por uma transmissão oral de seus monumentos literários e de sua doutrina, à imitação da prática dos druidas, decidiu, por volta dos séculos XVI e XVII, confiar à escrita as partes mais essenciais dessa herança. Desse fundamento, cuja autenticidade é atestada por uma cadeia tradicional ininterrupta, procede o texto de que falamos; e o seu valor, dadas essas circunstâncias, não depende, como se vê, nem da mão que teve o mérito de o escrever, nem da época em que sua redação pôde adquirir sua última forma. O que nele transpira, acima de tudo, é o espírito dos bardos

---

[29] N.T.: Grifo nosso.

da Idade Média, eles mesmos os últimos discípulos dessa corporação sábia e religiosa que, sob o nome de druidas, dominou a Gália durante o primeiro período de sua história, mais ou menos do mesmo modo que o fez o clero latino na Idade Média.

Mesmo que estivéssemos privados de toda luz sobre a origem do texto de que se trata, estaríamos claramente no caminho certo, tendo em vista a sua concordância com os ensinamentos que os autores gregos e latinos nos deixaram relativamente à doutrina religiosa dos druidas. Constitui-se esse acordo de pontos de solidariedade que não permitem nenhuma dúvida, porque se apoiam em razões tiradas da própria substância de tais escritos; e a solidariedade, assim demonstrada pelos escritos capitais, os únicos de que nos falaram os Antigos, estende-se naturalmente aos desenvolvimentos secundários. Com efeito, esses desenvolvimentos, penetrados do mesmo espírito, derivam necessariamente da mesma fonte; fazem corpo com o fundo e não podem explicar-se senão por ele. E, ao mesmo tempo em que remontam, por uma origem tão lógica, aos depositários primitivos da religião druídica, é impossível assinalar-lhes algum outro ponto de partida; porque, fora da influência druídica, a região de onde provêm só conheceu a influência cristã, totalmente estranha a tais doutrinas.

Os desenvolvimentos contidos nas tríades estão de tal modo fora do Cristianismo que as raras influências cristãs, que resvalam aqui e ali em seu conjunto, distinguem-se do fundo primitivo logo à primeira vista. Essas emanações, oriundas ingenuamente da consciência dos bardos cristãos, bem podiam, se assim podemos dizer, intercalar-se nos interstícios da tradição, mas nela não puderam fundir-se. A análise do texto é, pois, tão simples quanto rigorosa, visto que pode reduzir-se a pôr de lado tudo o que traz o sinete do Cristianismo e, uma vez operada a triagem, considerar como de origem druídica tudo quanto fica visivelmente caracterizado por uma religião diferente da do Evangelho e dos concílios. Assim, para citar apenas o essencial, e partindo do princípio tão conhecido de que o dogma da caridade em Deus e no homem é tão especial ao Cristianismo quanto o é o da transmigração das almas ao antigo druidismo, um certo número de tríades, nas quais respira um espírito de amor jamais conhecido na Gália primitiva, traem-se imediatamente como marcas de um caráter comparativamente moderno; enquanto as outras, animadas por um sopro totalmente diferente, deixam ver ainda melhor o selo da alta antiguidade que as distingue.

Enfim, não é inútil observar que a própria forma do ensinamento contido nas tríades é de origem druídica. Sabe-se que os druidas tinham uma predileção particular pelo número três e o empregavam de modo especial, como no-lo mostra a maioria dos monumentos gauleses, para a transmissão de suas lições que, mediante essa forma precisa, gravavam-se mais facilmente na memória. Diógenes Laércio conservou-nos uma dessas tríades, que resume sucintamente o conjunto dos deveres do homem para com a Divindade, para com seus semelhantes e para consigo mesmo: "Honrar os seres superiores, não cometer injustiça e cultivar em si a virtude viril." A literatura dos bardos propagou, até nós, uma multidão de aforismos do mesmo gênero, interessando a todos os ramos do saber humano: Ciência, História, Moral, Direito, Poesia. Não os há mais interessantes, nem mais próprios a inspirar grandes reflexões do que aqueles que publicamos aqui, segundo a tradução que foi feita pelo Sr. Adolphe Pictet.

Dessa série de tríades, as 11 primeiras são consagradas à exposição dos atributos característicos da Divindade. É nessa seção que as influências cristãs, como era fácil de prever, tiveram mais ação. Se não se pode negar ao druidismo o conhecimento do princípio da unidade de Deus, é possível que, em consequência de sua predileção pelo número ternário, tivesse concebido vagamente alguma coisa da divina trindade. Todavia, é incontestável que o que completa essa elevada concepção teológica, qual seja a distinção das pessoas e particularmente da terceira, pôde permanecer perfeitamente estranho a essa antiga religião. Tudo leva a crer que os seus sectários estavam muito mais preocupados em estabelecer a liberdade do homem do que em instituir a caridade; e foi mesmo em consequência dessa falsa posição de seu ponto de partida que ela pereceu. Também parece lógico associar a uma influência cristã, mais ou menos determinada, todo esse começo, particularmente a partir da quinta tríade.

Em seguida aos princípios gerais relativos à natureza de Deus, passa o texto a expor a constituição do universo. O conjunto dessa constituição é formulado superiormente em três tríades que, ao mostrarem os seres particulares em uma ordem absolutamente diferente da de Deus, completam a ideia que se deve formar do Ser único e imutável. Sob fórmulas mais explícitas, essas tríades não fazem, afinal, senão reproduzir o que já se sabia, pelo testemunho dos Antigos, da doutrina da transmigração das almas, passando alternativamente da vida à morte e da morte à vida. Pode-se considerá-las como o comentário de um célebre verso da *Phrasale*, no qual o poeta exclama, dirigindo-se aos sacerdotes da Gália, que, se aquilo que ensinam é verdade, a morte é apenas o meio de uma longa vida: *Longae vitae mors media est*.

Deus e o universo

I – Há três unidades primitivas e, de cada uma delas, não poderia existir senão uma: um Deus, uma verdade e um ponto de liberdade, isto é, o ponto em que se encontra o equilíbrio de toda oposição.

II – Três coisas procedem das três unidades primitivas: toda vida, todo bem e todo poder.

III – Deus é necessariamente três coisas, a saber: a maior parte da vida, a maior parte da Ciência e a maior parte do poder; e não poderia haver uma maior parte de cada coisa.

IV – Três coisas que Deus não pode deixar de ser: o que deve constituir o bem perfeito, o que deve querer o bem perfeito e o que deve realizar o bem perfeito.

V – Três garantias do que Deus faz e fará: seu poder infinito, sua sabedoria infinita, seu amor infinito; porquanto nada há que não possa ser efetuado, que não possa tornar-se verdadeiro e que não possa ser desejado por um atributo.

VI – Três fins principais da obra de Deus, como Criador de todas as coisas: diminuir o mal, reforçar o bem e pôr em evidência toda diferença; de modo que se possa saber o que deve ser ou, ao contrário, o que não deve ser.

VII – Três coisas que Deus não pode deixar de conceder: o que há de mais vantajoso, o que há de mais necessário e o que há de mais belo para cada coisa.

VIII – Três poderes da existência: não poder ser de outro modo, não ser necessariamente outro e não poder ser melhor pela concepção; e é nisso que está a perfeição de todas as coisas.

IX – Três coisas prevalecerão necessariamente: o supremo poder, a suprema inteligência e o supremo amor de Deus.

X – As três grandezas de Deus: vida perfeita, ciência perfeita, poder perfeito.

XI – Três causas originais dos seres vivos: o amor divino, de acordo com a suprema inteligência; a sabedoria suprema, pelo conhecimento perfeito de todos os meios; e o poder divino, de acordo com a vontade, o amor e a sabedoria de Deus.

Os três círculos[30]

XII – Há três círculos de existência: o *círculo da região vazia* (*ceugant*), onde, exceto Deus, não há nada vivo, nem morto e nenhum ser que Deus não possa atravessar; o *círculo da migração*

---

[30] N.E.: Conforme as *Tríades* (resumo da síntese dos druidas), há três fases ou círculos de vida: no *annoufn*, ou círculo da necessidade, o ser começa sob a forma mais simples; no *abred* ele se desenvolve, vida após vida, no seio da humanidade, e adquire a consciência e o livre-arbítrio; no *gwynfyd*, ele desfruta da plenitude da existência e de todos os seus atributos, libertado das formas materiais e da morte, ele evolui para a perfeição superior e atinge o círculo da felicidade. *O gênio céltico e o mundo invisível*, Léon Denis, CELD editora.

(*abred*), onde todo ser animado procede da morte e o homem o atravessou; e o *círculo da felicidade* (*gwynfyd*), onde todo ser animado procede da vida e o homem o atravessará no Céu.

XIII – Três estados sucessivos dos seres animados: o estado de descida no abismo (*annoufn*), o estado de liberdade na humanidade e o estado de felicidade no Céu.

XIV – Três fases necessárias de toda existência em relação à vida: o começo em *annoufn*, a transmigração em *abred* e a plenitude em *gwinfyd*; e sem essas três coisas nada pode existir, exceto Deus.

Em resumo, sobre esse ponto capital da teologia cristã, assim como Deus, em seu poder Criador, tira as almas do nada, as tríades não se pronunciam de maneira precisa. Depois de terem revelado Deus em sua esfera eterna e inacessível, elas mostram simplesmente as almas originando-se nas camadas mais profundas do universo, no abismo (*annoufn*); daí passam para o círculo das migrações (*abred*), onde seu destino é determinado através de uma série de existências, conforme o bom ou mau uso que hajam feito de sua liberdade; e, por fim, elevam-se ao círculo supremo (*gwynfyd*), onde as migrações cessam, onde não mais se morre e onde a vida transcorre em completa felicidade, em tudo conservando sua atividade perpétua e a plena consciência de sua individualidade. Seria preciso, com efeito, que o druidismo caísse no erro das teologias orientais, que levam o homem a ser finalmente absorvido no seio imutável da Divindade, porquanto, ao contrário, distingue um círculo especial, o círculo do vazio ou do infinito (*ceugant*), que forma o privilégio incomunicável do Ser supremo e no qual nenhum ser, seja qual for o seu grau de santidade, jamais poderá penetrar. É o ponto mais elevado da religião, visto marcar o limite fixado ao progresso das criaturas.

O traço mais característico dessa teologia, se bem seja um traço puramente negativo, consiste na ausência de um círculo particular, tal qual o Tártaro da Antiguidade pagã, destinado à punição sem fim das almas criminosas. Entre os druidas, o inferno propriamente dito não existe. *A seus olhos, a distribuição dos castigos efetua-se no círculo das migrações, pelo comprometimento das almas em condições de existência mais ou menos infelizes, onde, sempre senhoras de sua liberdade, expiam suas faltas pelo sofrimento e se predispõem, pela reforma de seus vícios, a um futuro melhor.* Em certos casos pode mesmo acontecer que as almas retrogradem até aquela região do *annoufn*, onde se originam e à qual quase não se pode dar outro significado senão o da animalidade. Por esse lado perigoso (a retrogradação), que nada justifica, visto que a diversidade das condições de existência no círculo da humanidade é perfeitamente suficiente à penalidade de todos os graus, o druidismo teria, então, chegado a resvalar até a metempsicose. Mas esse extremo deplorável, *ao qual não conduz nenhuma necessidade da doutrina do desenvolvimento das almas pela vida das migrações*, como se verá pela série de tríades relativas ao regime do círculo de *abred*, parece ter ocupado, no sistema da religião, apenas um lugar secundário.

Salvo algumas obscuridades, que talvez resultem de uma língua cujas sutilezas metafísicas não nos são ainda bem conhecidas, as declarações das tríades relativas às condições inerentes ao círculo de *abred* espargem as mais vivas luzes sobre o conjunto da religião druídica. Respira-se aí um sopro de superior originalidade. O mistério que oferece à nossa inteligência o espetáculo de nossa existência atual adquire nela uma feição singular, que não se encontra em parte alguma; dir-se-ia que um grande véu, rompendo-se antes e depois da vida, permite à alma navegar, de repente, com uma força inesperada, através de uma extensão indefinida de que ela própria jamais suspeitou, em virtude de seu encarceramento entre as espessas portas do nascimento e da morte. Seja qual for o julgamento a que cheguemos quanto à verdade dessa doutrina, não podemos deixar de convir que é poderosa. Refletindo sobre o efeito que esses princípios inevitavelmente deviam produzir sobre as almas ingênuas, sua origem e seu destino, é fácil dar-se conta da imensa influência que os druidas haviam naturalmente adquirido sobre o espírito de nossos antepassados. Em meio às trevas da Antiguidade, esses ministros sagrados não podiam deixar de aparecer, aos olhos das populações, como os reveladores do Céu e da Terra.

Eis o texto notável de que se trata:

O CÍRCULO DE *ABRED*

XV – Três coisas necessárias no círculo de *abred*: o menor grau possível de toda a vida e, daí, o seu começo; a matéria de todas as coisas e, daí, o crescimento progressivo, que só se realiza no estado de necessidade; e a formação de todas as coisas da morte e, daí, a debilidade das existências.

XVI – Três coisas das quais todo ser vivo participa necessariamente pela justiça de Deus: o socorro de Deus em *abred*, porque sem isso ninguém poderia conhecer coisa alguma; o privilégio de participar do amor de Deus; e o acordo com Deus quanto à realização pelo poder de Deus, enquanto for justo e misericordioso.

XVII – Três causas da necessidade do círculo de *abred*: o desenvolvimento da substância material de todo ser animado; o desenvolvimento do conhecimento de todas as coisas; e o desenvolvimento da força moral para superar todo contrário e *Cythraul* (*o Espírito mau*) e para libertar-se de *Droug* (*o mal*). Sem essa transição de cada estado de vida, não poderia haver nele a realização de nenhum ser.

XVIII – Três calamidades primitivas de *abred*: a necessidade, a ausência de memória e a morte.

XIX – Três condições necessárias para chegar-se à plenitude da ciência: transmigrar em *abred*, transmigrar em *gwynfyd* e recordar-se de todas as coisas passadas, até em *annoufn*.

XX – Três coisas indispensáveis no círculo de *abred*: a transgressão da lei, visto não poder ser de outro modo; a liberação pela morte ante *Droug* e *Cythraul*; o crescimento da vida e do bem pelo afastamento de *Droug* na liberação da morte; e isso pelo amor de Deus, que abrange todas as coisas.

XXI – Três meios eficazes de Deus em *abred* para dominar *Droug* e *Cythraul* e superar sua oposição em relação ao círculo de *gwynfyd*: a necessidade, a perda da memória e a morte.

XXII – Três coisas são primitivamente contemporâneas: o homem, a liberdade e a luz.

XXIII – Três coisas necessárias ao triunfo do homem sobre o mal: a firmeza contra a dor, a mudança, *a liberdade de escolha; e com o poder que o homem tem de escolher, não se pode saber antecipadamente para onde irá.*

XXIV – Três opções oferecidas ao homem: *abred* e *gwynfyd*, necessidade e liberdade, mal e bem; o todo em equilíbrio, e pode o homem à vontade ligar-se a um ou outro.

XXV – Por três coisas cai o homem sob a necessidade de *abred*: pela ausência de esforço para o conhecimento, pela não ligação ao bem e pela vinculação ao mal. Em consequência dessas coisas, desce em *abred* até o seu análogo e recomeça o curso de sua transmigração.

XXVI – Por três coisas retorna o homem necessariamente em *abred*, se bem que, em outros sentidos esteja ligado ao que é bom: pelo orgulho, cai até em *annoufn;* pela falsidade, até o ponto do demérito equivalente; pela crueldade, até o grau correspondente de animalidade. Daí transmigra novamente para a humanidade, como antes.

XXVII – As três coisas principais a obter no estado de humanidade: a ciência, o amor, a força moral, no mais alto grau possível de desenvolvimento, antes que sobrevenha a morte. Isso não pode ser obtido anteriormente ao estado de humanidade, e não o pode ser senão pelo privilégio da liberdade e da escolha. Essas três coisas são chamadas as três vitórias.

XXVIII – Há três vitórias sobre *Droug* e *Cythraul*: a ciência, o amor e a força moral; porque o saber, o querer e o poder realizam o que quer que seja em sua conexão com as coisas. Essas três vitórias começam na condição de humanidade e se demoram eternamente.

XXIX – Três privilégios da condição do homem: o equilíbrio do bem e do mal e, daí, a faculdade de comparar; a liberdade na escolha e, daí, o julgamento e a preferência; e o desenvolvimento da força moral em consequência do julgamento e, daí, a preferência. Essas três coisas são necessárias à realização do que quer que seja.

Assim, em resumo, o princípio dos seres no seio do universo dá-se no mais baixo ponto da escala da vida; e, se não é levar muito longe as consequências da declaração contida na vigésima sexta tríade, pode-se conjeturar que na doutrina druídica o ponto inicial estava supostamente no abismo confuso e misterioso da animalidade. Daí, consequentemente, desde a própria origem da história da alma, a necessidade lógica do progresso, uma vez que os seres não são por Deus destinados a permanecer numa condição tão baixa e tão obscura. Todavia, nos estágios inferiores do universo, esse progresso não se desenvolve segundo uma linha contínua; essa longa vida, nascida tão baixo para elevar-se tanto, rompe-se em fragmentos solitários na base de sua sucessão, mas, graças à falta de memória, sua misteriosa solidariedade escapa, pelo menos por algum tempo, à consciência do indivíduo. São essas interrupções periódicas no curso secular da vida que constituem o que chamamos morte; de sorte que a morte e o nascimento, em uma visão superficial, formam acontecimentos tão diversos que não são, na realidade, mais que duas faces do mesmo fenômeno, uma voltada para o período que se acaba, a outra para o que se inicia.

Considerada em si mesma, a morte não é uma calamidade verdadeira, mas um benefício de Deus que, rompendo os hábitos estreitíssimos que havíamos contraído com nossa vida presente, transporta-nos a novas condições e dá lugar, desse modo, a que nos elevemos mais livremente a novos progressos.

Assim como a morte, a perda de memória que a acompanha deve ser tomada também como um benefício. É uma consequência do primeiro ponto. Porque se a alma, no curso dessa longa vida, conservasse claramente suas lembranças de um período a outro, a interrupção não seria mais que acidental e não haveria nem morte propriamente dita, nem nascimento, visto que esses dois acontecimentos perderiam, desde então, o caráter absoluto que os distingue e lhes dá força. E, até mesmo do ponto de vista dessa teologia, não parece difícil perceber até que ponto a perda da memória pode ser considerada um benefício, no que concerne aos períodos passados, em relação ao homem em sua condição presente; porque se esses períodos passados constituem uma prova, como a posição atual do homem num mundo de sofrimentos o indica, foram infelizmente maculados de erros e de crimes, causa primeira das misérias e das expiações de hoje, representando para a alma evidente vantagem, por achar-se ela livre da visão de tão grande quantidade de faltas, bem como dos remorsos deveras acabrunhantes que daí se originarão. Não a obrigando a um arrependimento formal senão em relação às culpas da vida atual, assim se compadecendo de sua fraqueza, Deus realmente lhe concede uma grande graça.

Enfim, segundo essa mesma maneira de considerar o mistério da vida, as necessidades de toda natureza a que estamos submetidos neste mundo e que, desde o nosso nascimento, determinam, por uma sentença por assim dizer fatal, a forma de nossa existência no presente período constituem um último benefício, tão sensível quanto os dois outros; porque, em definitivo, são essas necessidades que dão à nossa vida o caráter que melhor convém às nossas expiações e às nossas provas e, conseguintemente, ao nosso desenvolvimento moral; e são ainda essas mesmas necessidades, seja de nossa organização física, seja das circunstâncias exteriores, em cujo meio somos colocados, que, arrastando-nos forçosamente ao termo da morte, conduzem-nos por isso mesmo à nossa suprema libertação. Em resumo, como dizem as tríades em sua enérgica concisão, aí está todo o conjunto e as três calamidades primitivas, bem como os três meios eficazes de Deus em *abred*.

Entretanto, mediante qual conduta a alma realmente se eleva nesta vida e merece alcançar, após a morte, um modo superior de existência? A resposta que dá o Cristianismo a essa questão fundamental é de todos conhecida: é sob a condição de destruir em si o egoísmo e o orgulho, de desenvolver, na intimidade de sua substância, os valores da humildade e da caridade, únicos eficazes e meritórios perante Deus: Bem-aventurados os brandos, diz o Evangelho; bem-aventurados os humildes! A resposta do druidismo é bem diversa e contrasta claramente com esta última. Segundo suas lições, a alma se eleva na escala das existências com vistas a fortificar a sua personalidade, por meio do trabalho sobre si mesma, resultado que naturalmente obtém pelo desenvolvimento da força do caráter, aliada ao desenvolvimento do saber. É o que exprime a vigésima quinta tríade, que declara que a alma recai na necessidade de transmigrações, isto é, nas vidas confusas e mortais, não só por alimentar as más paixões, como também pelo hábito da tibieza no cumprimento das ações justas e pela falta de firmeza no apego ao que prescreve a consciência; numa palavra, pela fraqueza de caráter. E, além dessa falta de virtude moral, a alma é ainda retida em seu progresso em direção ao Céu pela falta de aperfeiçoamento do Espírito. A iluminação intelectual, necessária para a plenitude da felicidade, não se opera na alma bem-aventurada simplesmente por uma irradiação graciosa do Alto; e não se produz na vida celeste a não ser que a própria alma tenha se esforçado, desde esta vida, para adquiri-la. A tríade também não fala apenas da falta de saber, mas da falta de esforços para saber, o que, no fundo, como para a virtude precedente, é um preceito de atividade e de movimento.

Em verdade, nas tríades seguintes, a caridade é recomendada no mesmo título que a ciência e a força moral, mas, ainda aqui, como no que toca à natureza divina, a influência do Cristianismo é sensível. É a ele, e não à forte, mas dura religião de nossos antepassados, que pertence a predicação e a entronização no mundo da lei da caridade em Deus e no homem; e se essa lei brilha nas tríades, é por efeito de uma aliança com o Evangelho ou, melhor dizendo, de um feliz aperfeiçoamento da teologia dos druidas pela ação da dos apóstolos, e não por uma tradição primitiva. Arrebatemos esse raio divino e teremos, em sua rude grandeza, a moral da Gália, moral que pôde produzir, na ordem do heroísmo e da ciência, poderosas personalidades, mas que não as soube unir entre si nem à multidão dos humildes.[31]

    A Doutrina Espírita não consiste apenas na crença na manifestação dos Espíritos, mas em tudo o que nos ensinam sobre a natureza e o destino da alma. Se, pois, nos reportarmos aos preceitos contidos em *O livro dos espíritos*, no qual se encontra formulado todo o seu ensinamento, seremos surpreendidos com a identidade de alguns princípios fundamentais com os da doutrina druídica, dos quais um dos mais notáveis é, sem sombra de dúvida, o da reencarnação. Nos três círculos, nos três estados sucessivos dos seres animados, encontramos todas as fases apresentadas por nossa escala espírita. Com efeito, o que é o círculo de *abred* ou o da *migração* senão as duas ordens de Espíritos que se depuram através de suas existências sucessivas? No círculo de *gwynfyd* o homem não transmigra mais, desfrutando da suprema felicidade. Não é a primeira ordem da escala, a dos Espíritos puros que, tendo realizado todas as provas, não mais necessitam de encarnação e gozam da vida eterna? Notemos ainda que, conforme a doutrina druídica, o homem conserva o seu livre-arbítrio; eleva-se gradualmente por sua vontade, por sua perfeição progressiva e pelas provas que suportou, do *annoufn* ou abismo, até a perfeita felicidade em *gwynfyd*, com a diferença, todavia, de que o druidismo admite o possível retorno às camadas inferiores, enquanto o Espírito, conforme o Espiritismo, pode permanecer estacionário, mas não pode degenerar. Para completar a analogia, não teríamos que acrescentar à nossa escala, abaixo da terceira ordem, senão o círculo de *annoufn* para caracterizar o abismo ou a origem desconhecida das almas e, acima da primeira ordem, o círculo de *ceugant*, morada de Deus, inacessível às criaturas. O quadro seguinte tornará mais clara essa comparação.

---

[31] Nota de Allan Kardec: Extraído do *Magasin pittoresque*, 1857.

	ESCALA ESPÍRITA[31]			ESCALA DRUÍDICA
1ª ORDEM	1ª classe	Espíritos puros (não mais reencarnam)		*Ceugant.* Morada de Deus. *Gwynfyd.* Morada dos bem-aventurados. Vida eterna.
2ª ORDEM Espíritos bons	2ª classe 3ª classe 4ª classe 5ª classe	Espíritos superiores Espíritos de sabedoria Espíritos de ciência Espíritos benévolos	Depuram-se e se elevam pelas provas da reencarnação	*Abred*, ciclo das migrações ou das diversas existências corporais que as almas percorrem para chegar de *annoufn* a *gwynfyd*.
3ª ORDEM Espíritos imperfeitos	6ª classe 7ª classe 8ª classe 9ª classe	Espíritos neutros Espíritos pseudossábios Espíritos levianos Espíritos impuros		*Annoufn*, abismo; ponto de partida das almas.

[31] N.T.: *Vide Revista Espírita*, mês de fevereiro.

Abril de 1858

Evocação de Espíritos na Abissínia

James Bruce, em sua *Voyage aux sources du Nil*, em 1768, narra o que se segue a respeito de Gingiro, pequeno reino situado na parte meridional da Abissínia, a leste do reino de Adel. Trata-se de dois embaixadores que Socínios, rei da Abissínia, enviou ao papa, por volta de 1625, e que tiveram que atravessar o Gingiro.

> Então [disse Bruce], foi necessário advertir o rei de Gingiro da chegada da caravana e pedir-lhe audiência, mas, naquele momento, achava-se ele ocupado com uma importante operação de magia, sem a qual esse soberano jamais ousaria empreender qualquer coisa.
>
> O reino de Gingiro pode ser considerado como o primeiro desse lado da África em que se estabeleceu a estranha prática de predizer o futuro pela *evocação dos Espíritos* e por uma comunicação direta com o diabo.
>
> O rei de Gingiro achou que devia deixar passar oito dias antes de receber, em audiência, o embaixador e seu companheiro, o jesuíta Fernandez. Em consequência, no nono dia eles obtiveram a permissão de se dirigirem à corte, onde chegaram na mesma tarde.
>
> Nada se faz no país de Gingiro sem o concurso da magia. Por aí se vê quanto a razão humana se acha degradada a algumas léguas de distância. Que não nos venham mais dizer que essa fraqueza deva ser atribuída à ignorância ou ao calor ali reinantes. Por que um clima quente induziria os homens a se tornarem feiticeiros, de preferência a um clima frio? Por que a ignorância estende o poder do homem a ponto de fazê-lo transpor os limites da inteligência comum e dar-lhe a faculdade de corresponder-se com uma nova ordem de seres habitantes de outro mundo? Os etíopes, que cercam quase toda a Abissínia, são mais negros que os gingirianos; seu país é mais quente e, como estes, são indígenas nos lugares que habitam, desde o princípio dos séculos; entretanto, não adoram o diabo, nem com ele pretendem estabelecer qualquer comunicação; não sacrificam homens em seus altares; finalmente, entre eles não se encontra traço algum dessa revoltante atrocidade.

Nas regiões da África que se comunicam diretamente com o mar, o comércio de escravos é uma prática que ocorre desde os séculos mais recuados, mas o rei de Gingiro, cujos domínios se acham encerrados quase no centro do continente, sacrifica ao diabo os escravos que não pode vender ao homem. É ali que começa esse horrível costume de derramar o sangue humano em todas as solenidades. Ignoro [diz o Sr. Bruce] até onde ele se estende ao sul da África, mas considero o Gingiro como o limite geográfico do reino do diabo, do lado setentrional da península.

Tivesse visto o Sr. Bruce o que hoje testemunhamos e nada acharia de assombroso na prática das evocações usadas em Gingiro. Nelas vê apenas uma crença supersticiosa, enquanto nós encontramos sua causa nos fatos de manifestações falsamente interpretadas que lá, como alhures, se produziram. O papel que a credulidade faz o diabo representar nada tem de surpreendente. Primeiro há de notar-se que todos os povos bárbaros atribuem a um poder maléfico o que não podem explicar. Em segundo lugar, um povo bastante atrasado para sacrificar seres humanos não pode atrair ao seu meio Espíritos superiores. A natureza dos que o visitam não pode, pois, senão confirmá-lo em sua crença. Além disso, é preciso considerar que os povos dessa parte da África hão conservado grande número de tradições judaicas, mescladas mais tarde a algumas ideias rudimentares do Cristianismo, fonte na qual, em consequência de sua ignorância, sorveram a doutrina do diabo e dos demônios.

Conversas familiares de Além-túmulo

Bernard Palissy

(9 de março de 1858)

Descrição de Júpiter

Nota – Sabíamos, por evocações anteriores, que Bernard Palissy, o célebre oleiro do século XVI, habita Júpiter. As respostas seguintes confirmam, por todos os pontos, o que em diversas ocasiões nos foi dito sobre esse planeta, por outros Espíritos e por meio de diferentes médiuns. Pensamos que serão lidas com interesse, a título de complemento do quadro que traçamos em nosso último número. Fato notável, a identidade que apresentam com as descrições anteriores é, no mínimo, uma presunção de exatidão.

1. Onde te encontraste ao deixares a Terra?

Resp. – Nela ainda me demorei.

2. Em que condições estavas aqui?

Resp. – Sob os traços de uma mulher amorosa e devotada; era apenas uma missão.

3. Essa missão durou muito?

Resp. – Trinta anos.

4. Lembra-te do nome dessa mulher?

Resp. – É obscuro.

5. A estima em que são tidas tuas obras te agrada? E isso te compensa dos sofrimentos que suportaste?

Resp. – Que me importam as obras materiais de minhas mãos? *O que me importa é o sofrimento que me elevou.*

6. Com que objetivo traçaste, pelas mãos do Sr. Victorien Sardou, os desenhos admiráveis que nos deste sobre o planeta Júpiter, onde habitas?

Resp. – Com o fim de inspirar o desejo de vos tornardes melhores.

7. Desde que vens com frequência a esta Terra que habitaste tantas vezes, deves conhecer bastante o seu estado físico e moral para que possas estabelecer uma comparação entre ela e Júpiter; rogamos-te, pois, nos esclareças sobre diversos pontos.

Resp. – Ao vosso globo venho apenas como Espírito; o Espírito não tem mais sensações materiais.

Estado físico do globo

8. Pode-se comparar a temperatura de Júpiter à de uma de nossas latitudes?

Resp. – Não; ela é suave e temperada; sempre igual, enquanto a vossa varia. Lembrai dos Campos Elísios que vos foram descritos.

9. O quadro que os Antigos nos deram dos Campos Elísios resultaria do conhecimento intuitivo que possuíam de um mundo superior, tal como Júpiter, por exemplo?

Resp. – Do conhecimento positivo; a evocação permanecia nas mãos dos sacerdotes.

10. A temperatura varia segundo as latitudes, como na Terra?

Resp. – Não.

11. Conforme nossos cálculos, o Sol deve aparecer aos habitantes de Júpiter sob um ângulo muito pequeno e, em consequência, dar-lhes pouca luz. Podes dizer-nos se a intensidade da luz é ali igual à da Terra ou se é menos forte?

Resp. – Júpiter é envolvido por uma espécie de luz espiritual que mantém relação com a essência de seus habitantes. A luz grosseira de vosso Sol não foi feita para eles.

12. Há uma atmosfera?

Resp. – Sim.

13. A atmosfera de Júpiter é formada dos mesmos elementos que a atmosfera terrestre?

Resp. – Não; os homens não são os mesmos; suas necessidades mudaram.

14. Existem água e mares?

Resp. – Sim.

15. A água é formada dos mesmos elementos que a nossa?

Resp. – Mais etérea.

16. Há vulcões?

Resp. – Não; nosso globo não é atormentado como o vosso; lá, a natureza não teve suas grandes crises; é a morada dos bem-aventurados; nele, a matéria mal existe.

17. As plantas têm analogia com as nossas?

Resp. – Sim, mas são mais belas.

Estado físico dos habitantes

18. A conformação do corpo dos habitantes guarda relação com o nosso?

Resp. – Sim, é a mesma.

19. Podes dar-nos uma ideia de sua estatura, comparada à dos habitantes da Terra?

Resp. – Grandes e bem proporcionados. Maiores que os vossos maiores homens. O corpo do homem é como o molde de seu Espírito: belo, onde ele é bom; o envoltório é digno dele: não é mais uma prisão.

20. Lá os corpos são opacos, diáfanos ou translúcidos?

Resp. – Há uns e outros. Uns têm tal propriedade; outros têm outra, conforme sua destinação.

21. Concebemos isso para os corpos inertes, mas nossa questão refere-se aos corpos humanos.

Resp. – O corpo envolve o Espírito sem o ocultar, como um tênue véu lançado sobre uma estátua. Nos mundos inferiores o invólucro grosseiro oculta o Espírito a seus semelhantes, mas os bons nada têm a esconder: podem ler no coração uns dos outros. Que aconteceria se assim fosse na Terra?

22. Há sexos diferentes?

Resp. – Sim; há sexo por toda parte onde existe a matéria; é uma lei da matéria.

23. Qual a base da alimentação dos habitantes? É animal e vegetal, como aqui?

Resp. – Puramente vegetal; o homem é o protetor dos animais.

24. Foi-nos dito que eles absorvem uma parte de sua alimentação do meio ambiente, do qual aspiram as emanações; isso é exato?

Resp. – Sim.

25. Comparada à nossa, a duração da vida é mais longa ou mais curta?

Resp. – Mais longa.

26. Qual é a duração média da vida?

Resp. – Como medir o tempo?

27. Não podes tomar um de nossos séculos por termo de comparação?

Resp. – Creio que mais ou menos cinco séculos.

28. O desenvolvimento da infância é proporcionalmente mais rápido que o nosso?

Resp. – O homem conserva a sua superioridade; a infância não comprime sua inteligência, nem a velhice a extingue.

29. Estão os homens sujeitos a doenças?

Resp. – Não estão sujeitos aos vossos males.

30. A vida está dividida entre a vigília e o sono?

Resp. – Entre a ação e o repouso.

31. Poderias dar-nos uma ideia das diversas ocupações dos homens?

Resp. – Seria preciso dizer muito. Sua principal ocupação é encorajar os Espíritos que habitam os mundos inferiores a perseverarem no bom caminho. Não havendo entre eles infortúnio a aliviar, vão procurá-los onde existe sofrimento; são os Espíritos bons que vos sustentam e vos atraem ao bom caminho.

32. Ali se cultivam certas artes?

Resp. – Lá elas são inúteis. As vossas artes são brinquedos que distraem vossas dores.

33. A densidade específica do corpo humano permite-lhe transportar-se de um lugar a outro, sem ficar, como aqui, preso ao solo?

Resp. – Sim.

34. Experimenta-se ali o tédio e o desgosto da vida?

Resp. – Não; o desgosto da vida não provém senão do desprezo de si mesmo.

35. Sendo menos denso do que os nossos, o corpo dos habitantes de Júpiter é formado de matéria compacta e condensada ou de matéria vaporosa?

Resp. – Compacta para nós, mas não o seria para vós: é menos condensada.

36. O corpo, considerado como feito de matéria, é impenetrável?

Resp. – Sim.

37. Seus habitantes têm uma linguagem articulada como a nossa?

Resp. – Não; entre eles há comunicação de pensamentos.

38. A segunda vista é, como nos disseram, uma faculdade normal e permanente entre vós?

Resp. – Sim, o Espírito não tem entraves; nada se lhe oculta.

39. Se ao Espírito nada se oculta, conhece, pois, o futuro? Referimo-nos aos Espíritos encarnados em Júpiter.

Resp. – O conhecimento do futuro depende da perfeição do Espírito; tem menos inconvenientes para nós do que para vós; é-nos mesmo necessário, até certo ponto, para a realização das missões que devemos executar, mas, daí a dizer que conhecemos o futuro, sem restrição, seria colocar-nos na mesma posição que Deus.

40. Podeis revelar-nos tudo quanto sabeis sobre o futuro?

Resp. – Não; esperai até que tenhais merecido sabê-lo.

41. Comunicai-vos com os outros Espíritos mais facilmente do que o fazeis conosco?

Resp. – Sim! sempre: não existe mais a matéria entre eles e nós.

42. A morte inspira o horror e o pavor que provoca entre nós?

Resp. – Por que seria apavorante? O mal já não existe entre nós. Só o mau encara o seu último momento com pavor: ele teme o seu juiz.

43. Em que se transformam os habitantes de Júpiter após a morte?

Resp. – Crescem sempre em perfeição, sem mais terem que sofrer provas.

44. Não haverá, em Júpiter, Espíritos que se submetam a provas para cumprirem uma missão?

Resp. – Sim, mas não se trata mais de uma prova; só o amor do bem os leva a sofrer.

45. Podem falir em suas missões?

Resp. – Não, visto que são bons; não há fraqueza senão onde há defeito.

46. Poderias nomear alguns dos Espíritos habitantes de Júpiter que cumpriram grande missão na Terra?

Resp. – São Luís.

47. Poderias indicar outros?

Resp. – Que vos importa? Há missões desconhecidas que não têm por objetivo senão a felicidade de um só; são, por vezes, maiores: e são mais dolorosas.

Os animais

48. O corpo dos animais é mais material que o dos homens?

Resp. – Sim; o homem é o rei, o Deus terrestre.

49. Entre os animais, há os que são carnívoros?

Resp. – Os animais não se estraçalham entre si; vivem todos submetidos ao homem, amando-se mutuamente.

50. Mas não haverá animais que escapem à ação do homem, como os insetos, os peixes, os pássaros?

Resp. – Não; todos lhe são úteis.

51. Disseram-nos que os animais são os servidores e os operários que executam os trabalhos materiais, constroem as habitações etc.; isso é verdade?

Resp. – Sim; o homem não se rebaixa mais para servir ao seu semelhante.

52. Os animais servidores estão ligados a uma pessoa ou a uma família, ou são tomados e trocados à vontade, como aqui?

Resp. – Todos se ligam a uma família particular; mudais mais para achar um melhor.

53. Vivem os animais servidores em estado de escravidão ou de liberdade? São uma propriedade ou podem mudar de dono à vontade?

Resp. – Eles lá se encontram em estado de submissão.

54. Os animais trabalhadores recebem uma remuneração qualquer por seus esforços?

Resp. – Não.

55. As faculdades dos animais desenvolvem-se por uma espécie de educação?

Resp. – Eles o fazem por si mesmos.

56. Os animais têm uma linguagem mais precisa e mais caracterizada que a dos animais terrestres?

Resp. – Certamente.

Estado moral dos habitantes

57. As habitações de que nos deste uma amostra por teus desenhos estão reunidas em cidades, como aqui?

Resp. – Sim; os que se amam se reúnem; só as paixões estabelecem a solidão em torno do homem. Se, ainda mau, procura este seu semelhante, que para ele não é senão um instrumento de dor, por que o homem puro e virtuoso fugiria do seu irmão?

58. Os Espíritos são iguais ou de diferentes graduações?

Resp. – De diversos graus, mas da mesma ordem.

59. Rogamos que te reportes à escala espírita que demos no segundo número da *Revista* e que nos digas a que ordem pertencem os Espíritos encarnados em Júpiter.

Resp. – Todos bons, todos superiores; por vezes o bem desce até o mal, mas o mal jamais se mistura ao bem.

60. Os habitantes formam diferentes povos, como na Terra?

Resp. – Sim; mas todos se unem entre si pelos laços do amor.

61. Sendo assim, as guerras são desconhecidas?

Resp. – Pergunta inútil.

62. Na Terra, poderá o homem alcançar suficiente grau de perfeição que o isente das guerras?

Resp. – Seguramente alcançará; a guerra desaparecerá com o egoísmo dos povos e à medida que compreenderem melhor a fraternidade.

63. Os povos são governados por chefes?

Resp. – Sim.

64. Em que se baseia a autoridade dos chefes?

Resp. – No seu grau superior de perfeição.

65. Em que consiste a superioridade e a inferioridade dos Espíritos em Júpiter, considerando-se que todos são bons?

Resp. – Eles têm maior ou menor cabedal de conhecimentos e experiência; depuram-se, à medida que se esclarecem.

66. Como na Terra, há povos mais ou menos avançados do que outros?

Resp. – Não; mas os há em diversos graus.

67. Se o povo mais avançado da Terra se visse transportado para Júpiter, que posição ocuparia?

Resp. – A dos vossos macacos.

68. Lá os povos são governados por leis?
Resp. – Sim.

69. Há leis penais?
Resp. – Não há mais crimes.

70. Quem faz as leis?
Resp. – Deus as faz.

71. Há ricos e pobres, isto é, homens que vivem na abundância e no supérfluo, e outros a quem falta o necessário?

Resp. – Não; todos são irmãos; se um possuísse mais que o outro, com este dividiria; não seria feliz quando seu irmão se privasse do necessário.

72. De acordo com isso, as fortunas seriam iguais para todos?

Resp. – Eu não disse que todos sejam ricos no mesmo grau; perguntastes se haveria os que possuem o supérfluo e outros a quem faltasse o necessário.

73. Essas duas respostas nos parecem contraditórias. Pedimos que estabeleças a concordância entre elas.

Resp. – A ninguém falta o necessário; ninguém possui o supérfluo, ou seja, a fortuna de cada um está em relação com a sua condição. Estais satisfeitos?

74. Agora compreendemos; mas perguntamos, ainda, se aquele que tem menos não é infeliz relativamente àquele que tem mais?

Resp. – Não pode ser infeliz, desde que não é invejoso nem ciumento. A inveja e o ciúme fazem mais infelizes que a miséria.

75. Em que consiste a riqueza em Júpiter?

Resp. – Que vos importa?

76. Há desigualdades sociais?

Resp. – Sim.

77. Sobre o que se fundam tais desigualdades?

Resp. – Sobre as leis da sociedade. Uns são mais ou menos avançados em perfeição. Os que são superiores exercem sobre os outros uma espécie de autoridade, como um pai sobre os filhos.

78. As faculdades do homem se desenvolvem pela educação?

Resp. – Sim.

79. Pode o homem adquirir bastante perfeição na Terra para merecer passar imediatamente a Júpiter?

Resp. – Sim, mas na Terra o homem é submetido a imperfeições, a fim de estar em relação com os seus semelhantes.

80. Quando um Espírito que deixa a Terra deve reencarnar-se em Júpiter, fica errante durante algum tempo até encontrar o corpo ao qual deverá se unir?

Resp. – Ele o é durante certo tempo, até que se tenha liberado das imperfeições terrestres.

81. Há várias religiões?

Resp. – Não; todos professam o bem e todos adoram um único Deus.

82. Há templos e um culto?

Resp. – Por templo, há o coração do homem; por culto, o bem que ele faz.

Mehemet-Ali, antigo paxá do Egito

(Primeira conversa)

(16 de março de 1858)

1. O que vos impeliu a atender ao nosso apelo?

Resp. – Para vos instruir.

2. Estais contrariado por vir até nós e responder às perguntas que vos desejamos fazer?

Resp. – Não; as que tiverem por fim vossa instrução, eu o consinto.

3. Que prova podemos ter de vossa identidade e como poderemos saber se não é outro Espírito que toma vosso nome?

Resp. – Para que serviria isso?

4. Sabemos, por experiência, que os Espíritos inferiores muitas vezes se utilizam de nomes supostos; é por isso que vos fizemos essa pergunta.

Resp. – Eles utilizam também as provas; mas o Espírito que toma uma máscara também se revela por suas próprias palavras.

5. Sob que forma e em que lugar estais entre nós?

Resp. – Sob a que leva o nome de Mehemet-Ali; perto de Ermance.

6. Gostaríeis que vos déssemos um lugar especial?

Resp. – A cadeira vazia.

OBSERVAÇÃO — Perto dali havia uma cadeira vazia, à qual não se tinha prestado atenção.

7. Tendes uma lembrança precisa de vossa última existência corporal?

Resp. – Não a tenho ainda precisa; a morte me deixou sua perturbação.

8. Sois feliz?

Resp. – Não; infeliz.

9. Estais errante ou reencarnado?

Resp. – Errante.

10. Recordais o que fostes antes de vossa última existência?

Resp. – Eu era pobre na Terra; invejei as grandezas terrestres: subi para sofrer.

11. Se pudésseis renascer na Terra, que condição escolheríeis de preferência?

Resp. – Obscura; os deveres são muito grandes.

12. Que pensais agora da posição que ocupastes por último na Terra?

Resp. – Vaidade do nada! Quis conduzir os homens; sabia conduzir-me a mim mesmo?

13. Dizia-se que já há algum tempo a vossa razão estava alterada; isso é verdade?

Resp. – Não.

14. A opinião pública aprecia o que fizestes pela civilização egípcia e vos coloca entre os maiores príncipes. Experimentais satisfação com isso?

Resp. – Que me importa! A opinião dos homens é o vento do deserto que levanta a poeira.

15. Vedes com prazer vossos descendentes trilhando o mesmo caminho? Interessai-vos por seus esforços?

Resp. – Sim, já que têm por objetivo o bem comum.

16. Entretanto, sois acusado de atos de grande crueldade: envergonhai-vos deles agora?

Resp. – Eu os expio.

17. Vedes os que mandastes massacrar?

Resp. – Sim.

18. Que sentimento experimentam por vós?

Resp. – O do ódio e o da piedade.

19. Depois que deixastes esta vida, revistes o sultão Mahamud?

Resp. – Sim: em vão fugimos um do outro.

20. Que sentimento experimentais agora um pelo outro?

Resp. – O da aversão.

21. Qual a vossa opinião atual sobre as penas e recompensas que nos esperam após a morte?

Resp. – A expiação é justa.

22. Qual o maior obstáculo que tivestes de vencer para a realização de vossos objetivos progressistas?

Resp. – Eu reinava sobre escravos.

23. Pensais que se o povo que governastes fosse cristão, teria sido menos rebelde à civilização?

Resp. – Sim; a religião cristã eleva a alma; a maometana não fala senão à matéria.

24. Quando vivo, vossa fé na religião muçulmana era absoluta?

Resp. – Não; eu acreditava num Deus maior.

25. Que pensais disso agora?

Resp. – Ela não faz homens.

26. Na vossa opinião, Maomé tinha uma missão divina?

Resp. – Sim, mas que ele corrompeu.

27. Em que a corrompeu?

Resp. – Ele quis reinar.

28. O que pensais de Jesus?

Resp. – Esse vinha de Deus.

29. Na vossa opinião, qual dos dois, Jesus ou Maomé, fez mais pela felicidade da humanidade?

Resp. – Por que o perguntais? Que povo Maomé regenerou? A religião cristã saiu pura da mão de Deus; a maometana é obra do homem.

30. Acreditais que uma dessas duas religiões esteja destinada a desaparecer da face da Terra?

Resp. – O homem progride sempre; a melhor permanecerá.

31. Que pensais da poligamia consagrada pela religião muçulmana?

Resp. – É um dos laços que retêm na barbárie os povos que a professam.

32. Acreditais que a submissão da mulher esteja conforme os desígnios de Deus?

Resp. – Não; a mulher é igual ao homem, pois que o Espírito não tem sexo.

33. Diz-se que o povo árabe não pode ser conduzido senão pelo rigor; não pensais que os maus-tratos, em vez de o submeterem, mais o embrutecem?

Resp. – Sim, é o destino do homem; ele se avilta quando é escravo.

34. Poderíeis reportar-vos aos tempos da Antiguidade, quando o Egito era florescente, e dizer-nos quais foram as causas de sua decadência moral?

Resp. – A corrupção dos costumes.

35. Parece que fazíeis pouco caso dos monumentos históricos que cobrem o solo do Egito. Não podemos compreender essa indiferença da parte de um príncipe amigo do progresso.

Resp. – Que importa o passado! O presente não o substituiria.

36. Poderíeis explicar-vos mais claramente?

Resp. – Sim. Não era necessário lembrar ao egípcio envilecido um passado muito brilhante: não o teria compreendido. Menosprezei aquilo que me pareceu inútil; não poderia ter me enganado?

37. Os sacerdotes do antigo Egito tinham conhecimento da Doutrina Espírita?

Resp. – Era a deles.

38. Recebiam manifestações?

Resp. – Sim.

39. As manifestações obtidas pelos sacerdotes egípcios provinham da mesma fonte que as recebidas por Moisés?

Resp. – Sim, ele foi iniciado por elas.

40. Por que as manifestações de Moisés eram mais poderosas que as recebidas pelos sacerdotes egípcios?

Resp. – Moisés queria revelar; os sacerdotes egípcios, apenas ocultar.

41. Acreditais que a doutrina dos sacerdotes egípcios tivesse alguma relação com a dos indianos?

Resp. – Sim; todas as religiões primitivas estão ligadas entre si por laços quase imperceptíveis; procedem de uma mesma fonte.

42. Dentre essas duas religiões, a dos egípcios e a dos indianos, qual delas é a mãe da outra?

Resp. – São irmãs.

43. Como se explica que em vida éreis tão pouco esclarecido sobre essas questões, e agora podeis respondê-las com tanta profundidade?

Resp. – Outras existências mo ensinaram.

44. No estado errante em que estais agora, tendes, pois, pleno conhecimento de vossas existências anteriores?

Resp. – Sim, exceto da última.

45. Haveis, pois, vivido no tempo dos faraós?

Resp. – Sim; três vezes vivi no solo egípcio: como sacerdote, como mendigo e como príncipe.

46. Sob que reinado fostes sacerdote?

Resp. – Já faz tanto tempo! O príncipe era vosso Sesóstris.

47. Conforme isso, parece que não progredistes, uma vez que expiais, agora, os erros da vossa última existência.

Resp. – Sim, progredi lentamente; acaso era eu perfeito por ter sido sacerdote?

48. Porque fostes sacerdote àquela época é que pudestes falar com conhecimento de causa da antiga religião dos egípcios?

Resp. – Sim; mas não sou bastante perfeito para tudo saber; outros leem no passado como num livro aberto.

49. Poderíeis dar-nos uma explicação sobre o motivo da construção das pirâmides?

Resp. – É muito tarde.

OBSERVAÇÃO – Eram quase onze horas da noite.

50. Só vos faremos mais uma pergunta; dignai-vos ter a bondade de respondê-la.

Resp. – Não, é muito tarde; essa pergunta suscitaria outras.

51. Poderíeis respondê-la em outra ocasião?

Resp. – Não me comprometo com isso.

52. Mesmo assim, agradecemos a benevolência com que respondestes às nossas perguntas.

Resp. – Bem! Eu voltarei.

Sr. Home

(Terceiro artigo)

(*Vide* os números de fevereiro e março de 1858.)

Não é de nosso conhecimento que o Sr. Home tenha feito aparecer, pelo menos visivelmente a todos, outras partes do corpo além das mãos. Cita-se, entretanto, um general, morto na Crimeia, que teria aparecido à sua viúva e visível somente a ela; mas não pudemos constatar a realidade do fato, sobretudo no que diz respeito à intervenção do Sr. Home em tal circunstância. Limitar-nos-emos apenas àquilo que pudermos afirmar. Por que mãos, de preferência a pés ou a uma cabeça? É o que não sabemos e ele próprio ignora. Interrogados a respeito, os Espíritos responderam que outros médiuns poderiam fazer aparecer o corpo inteiro; aliás, não é isso o ponto mais importante; se só as mãos aparecem, as demais partes do corpo não são menos evidentes, como se verá dentro em pouco.

A aparição de uma mão geralmente se manifesta, em primeiro lugar, sob a toalha da mesa, por meio de ondulações produzidas ao percorrer toda a sua superfície; depois se mostra à borda da toalha, que ela levanta; algumas vezes vem postar-se sobre a toalha, bem no meio da mesa; frequentemente, toma um objeto e o leva para baixo da toalha. Essa mão, visível para todo o mundo, não é vaporosa nem translúcida, tem a cor e a opacidade naturais; no punho, termina de maneira vaga, mal definida; se é tocada com precaução, confiança e sem segunda intenção hostil, oferece a resistência, a solidez e a impressão de mão viva; seu calor é suave, úmido e comparável ao de um pombo morto há cerca de meia hora. Não é de forma alguma inerte, porquanto age, presta-se aos movimentos que se lhe imprime, ou resiste, acaricia-vos ou vos aperta. Se, ao contrário, quiserdes pegá-la bruscamente e de surpresa, somente encontrareis o vazio. Uma testemunha ocular narrou-nos o seguinte fato que com ela se passou. Tinha entre os dedos uma campainha de mesa; uma mão, a princípio invisível, pouco depois perfeitamente visível, veio pegá-la, fazendo esforços para arrancá-la; não o tendo conseguido, passou por cima para fazê-la escorregar; o esforço da tração era muito sensível, qual se fora mão humana. Tendo querido segurar violentamente essa mão, a sua só encontrou o ar; havendo retirado os dedos, a campainha ficou suspensa no espaço e veio pousar lentamente no assoalho.

Algumas vezes há várias mãos. A mesma testemunha contou-nos o fato que se segue. Várias pessoas estavam reunidas em torno de uma dessas mesas de sala de jantar que se separam em duas. Golpes são batidos; a mesa se agita, abre-se por si mesma e, através da fenda, aparecem três mãos, uma de tamanho natural, muito grande outra, e uma terceira completamente felpuda; toca-se nelas, apalpa-se-lhes, elas vos apertam a mão, depois se esvanecem. Na casa de um de nossos amigos, que havia perdido um filho de tenra idade, é a mão de um recém-nascido que aparece; todos a podem ver e tocar; essa criança acomoda-se no colo da mãe, que sente distintamente a impressão de todo o seu corpo sobre os joelhos.

Frequentemente, a mão vem pousar sobre vós. Então a vedes ou, se não o conseguis, percebeis a pressão de seus dedos; algumas vezes ela vos acaricia, em outras vos belisca até provocar dor. Na presença de várias pessoas, o Sr. Home sentiu que lhe pegavam o pulso, e os assistentes puderam ver-lhe a pele puxada. Um instante depois ele sentiu que o mordiam, e a marca da impressão de dois dentes ficou visivelmente assinalada durante mais de uma hora.

A mão que aparece também pode escrever. Algumas vezes ela se coloca no meio da mesa, pega o lápis e traça letras sobre um papel especialmente colocado para esse fim. Na maioria das vezes leva o papel para debaixo da mesa e o traz de volta todo escrito. Se a mão permanece invisível, a escrita parece produzir-se por si mesma. Obtêm-se, por esse meio, respostas às diversas perguntas que se quer fazer.

Outro gênero de manifestações não menos notável, mas que se explica pelo que acabamos de dizer, é o dos instrumentos de música que tocam sozinhos. Em geral são pianos ou acordeões. Nessas circunstâncias, vê-se distintamente as teclas se agitarem e o fole mover-se. A mão que toca ora é visível, ora invisível; a ária que se ouve pode ser conhecida e executada a pedido de alguém. Se o artista invisível é deixado à vontade, produz acordes harmoniosos, cujo efeito lembra a vaga e suave melodia da harpa eólica. Na residência de um de nossos assinantes, onde tais fenômenos se produziram muitas vezes, o Espírito que assim se manifestava era o de um rapaz, falecido há algum tempo, amigo da família e que, quando vivo, possuía notável talento como músico; a natureza das árias que preferia tocar não deixava nenhuma dúvida quanto à sua identidade às pessoas que o haviam conhecido.

O fato mais extraordinário desse gênero de manifestações não é, em nossa opinião, o da aparição. Se fosse sempre vaporosa, concordaria com a natureza etérea que atribuímos aos Espíritos; ora, nada se oporia a que essa matéria etérea se tornasse perceptível à vista por uma espécie de condensação, sem perder sua propriedade vaporosa. O que há de mais estranho é a solidificação dessa mesma matéria, bastante resistente para deixar uma impressão visível em nossos órgãos. Daremos, em nosso próximo número, a explicação desse singular fenômeno, conforme o ensinamento dos próprios Espíritos. Limitar-nos-emos, hoje, a deduzir-lhe uma consequência relativa ao toque espontâneo dos instrumentos de música. Com efeito, desde que a tangibilidade temporária dessa matéria eterizada é um fato constatado; que, nesse estado, uma mão, aparente ou não, oferece bastante resistência para exercer pressão sobre os corpos sólidos, nada há de espantoso em que possa exercer pressão suficiente para mover as teclas de um instrumento. Por outro lado, fatos não menos positivos atestam que essa mão pertence a uma inteligência; nada, pois, de admirar que tal inteligência se manifeste por sons musicais, como o pode fazer pela escrita ou pelo desenho. Uma vez entrados nessa ordem de ideias, as pancadas, o movimento dos objetos e todos os fenômenos espíritas de ordem material se explicam naturalmente.

Variedades

Em certos indivíduos a malevolência não conhece limites; a calúnia tem sempre veneno para quem quer que se eleve acima da multidão. Os adversários do Sr. Home acharam a arma do ridículo demasiado fraca; com efeito, ela devia voltar-se contra os nomes respeitáveis que o cobrem com a sua proteção. Não podendo mais divertir-se à sua custa, quiseram denegri-lo. Espalhou-se o boato, adivinhe-se com que objetivo, e as más línguas a repetir, de que o Sr. Home não havia partido para a Itália, como fora anunciado, mas que estava encarcerado na prisão de Mazas, sob o peso das mais graves acusações, narradas como anedotas, de que estão sempre ávidos os desocupados e os amantes de escândalo. Podemos garantir que não há nada de verdadeiro em todas essas maquinações infernais.

Sob nossos olhos, temos várias cartas do Sr. Home, datadas de Pisa, Roma e Nápoles, onde se encontra neste momento, e estamos em condição de provar o que afirmamos. Muita razão têm os Espíritos quando dizem que os verdadeiros demônios estão entre os homens.

* * *

Lê-se num jornal: "Segundo a *Gazette des Hôpitaux*, o hospital dos alienados de Zurique conta neste momento 25 pacientes que perderam a razão graças às mesas falantes e aos Espíritos batedores."

Em primeiro lugar, perguntamos se foi bem averiguado que esses 25 alienados devem, *todos*, a perda da razão aos Espíritos batedores, o que se pode contestar até prova em contrário. Supondo que esses estranhos fenômenos tenham podido impressionar de maneira lamentável certos caracteres fracos, perguntaríamos, além disso, se o medo do diabo não fez mais loucos do que a crença nos Espíritos. Ora, como não se impedirá os Espíritos de baterem, o perigo está em crer que são demônios todos aqueles que se manifestam. Afastai essa ideia, dando a conhecer a verdade, e deles não se terá mais medo do que dos fogos-fátuos. A ideia de que se é assediado pelo demônio é feita sob medida para perturbar a razão. Eis, de sobra, a contrapartida do artigo acima. Lemos em outro jornal: "Existe um curioso documento estatístico, de funestas consequências, o de que o povo inglês é levado ao hábito da intemperança e dos licores fortes. De cada 100 indivíduos admitidos no hospício de loucos de Hamwel, há 72 cuja alienação deve ser atribuída à embriaguez."

* * *

Recebemos de nossos assinantes numerosas relações de fatos muito interessantes, que nos apressaremos a publicar em nossas próximas edições; a falta de espaço, porém, nos impede de fazê-lo neste número.

Allan Kardec

Revista Espírita
Jornal de estudos psicológicos
Ano I   Maio de 1858   Nº 5

Teoria das manifestações físicas

(Primeiro artigo)

Concebe-se facilmente a influência moral dos Espíritos e as relações que possam ter com nossa alma ou com o Espírito em nós encarnado. Compreende-se que dois seres da mesma natureza possam comunicar-se pelo pensamento, que é um de seus atributos, sem o auxílio dos órgãos da palavra; porém, mais difícil de compreender são os efeitos materiais que eles podem produzir, tais como ruídos, movimentos de corpos sólidos e aparições, sobretudo as tangíveis. Vamos tentar dar a explicação segundo os próprios Espíritos e conforme a observação dos fatos.

A ideia que fazemos da natureza dos Espíritos torna, à primeira vista, incompreensíveis esses fenômenos. Diz-se que o Espírito é a ausência completa da matéria, portanto não pode agir materialmente; ora, aí está o erro. Interrogados sobre a questão de saber se são imateriais, assim responderam os Espíritos: "[...] *Imaterial* não é bem o termo, incorpóreo seria mais exato, pois deves compreender que, sendo uma criação, o Espírito há de ser alguma coisa. É a matéria quintessenciada, mas sem analogia para vós, e tão etérea que não pode ser percebida pelos vossos sentidos."[32] Assim, o Espí-

---
[32] N.T.: *Vide O livro dos espíritos*, Livro segundo, q. 82.

rito não é, como alguns pensam, uma abstração; é um *ser*, mas cuja natureza íntima escapa totalmente aos nossos sentidos grosseiros.

Encarnado no corpo, o Espírito constitui a alma; quando o deixa com a morte, não sai despojado de todo o envoltório. Dizem-nos todos que conservam a forma que tinham quando vivos, e, de fato, quando nos aparecem, geralmente é sob aquela por que os conhecemos na Terra.

Observemo-los atentamente no momento em que acabam de deixar a vida: acham-se em estado de perturbação; ao seu redor tudo é confuso; veem seu corpo são ou mutilado, segundo o gênero de morte; por outro lado, veem-se e sentem-se vivos; alguma coisa lhes diz que aquele é o seu corpo, e não compreendem por que deles estão separados: o laço que os unia, pois, não está ainda completamente rompido.

Dissipado esse primeiro momento de perturbação, o corpo torna-se para eles uma roupa velha, da qual se despojaram e que não lamentam, mas continuam a se ver em sua forma primitiva. Ora, isto não é um sistema: é o resultado das observações feitas com inúmeros sensitivos. Que se reportem agora ao que narramos de certas manifestações produzidas pelo Sr. Home e outros médiuns desse gênero: aparecem mãos, que têm todas as propriedades de mãos vivas, que tocamos, que nos seguram e que se esvanecem repentinamente. Que devemos concluir disso? Que a alma não deixa tudo no caixão e que leva alguma coisa consigo.

Assim, haveria em nós duas espécies de matéria: uma grosseira, que constitui o envoltório externo; a outra sutil e indestrutível. A morte é a destruição, ou melhor, a desagregação da primeira, daquela que a alma abandona; a outra se libera e segue a alma que, dessa maneira, continua tendo sempre um envoltório; é o que chamamos *perispírito*. Essa matéria sutil, extraída por assim dizer de todas as partes do corpo ao qual estava ligada durante a vida, dele conserva a forma; eis por que os Espíritos se veem e por que nos aparecem tais quais eram quando vivos. Mas essa matéria sutil não tem a tenacidade nem a rigidez da matéria compacta do corpo; é, se assim nos podemos exprimir, flexível e expansível; por isso a forma que toma, embora calcada sobre a do corpo, não é absoluta: dobra-se à vontade do Espírito, que pode dar-lhe tal ou qual aparência, à sua vontade, ao passo que o envoltório sólido oferece-lhe uma resistência insuperável. Desembaraçado desse entrave que o comprimia, o períspirito dilata-se ou se contrai, transforma-se, presta-se a todas as metamorfoses, segundo a vontade que atua sobre ele.

Prova a observação — e insistimos nesse vocábulo observação, porque toda a nossa teoria é consequência de fatos estudados — que a matéria sutil que constitui o segundo envoltório do Espírito só pouco a pouco se desprende do corpo, e não instantaneamente. Assim, os laços que unem a alma e o corpo não são subitamente rompidos pela morte. Ora, o estado de perturbação que observamos dura todo o tempo em que se opera o desprendimento; o Espírito não recobra a inteira liberdade de suas faculdades, nem a consciência clara de si mesmo, senão quando esse desprendimento é completo.

A experiência prova ainda que a duração desse desprendimento varia segundo os indivíduos. Em alguns se opera em três ou quatro dias, enquanto em outros somente se completa ao cabo de vários meses. Assim, a destruição do corpo e a decomposição pútrida não bastam para operar a separação; eis por que certos Espíritos dizem: sinto os vermes a me roerem.

Em algumas pessoas a separação começa antes da morte; são as que em vida se elevaram, pelo pensamento e pela pureza de seus sentimentos, bem acima das coisas materiais; nelas a morte encontra apenas fracos liames entre a alma e o corpo, e que se rompem quase instantaneamente. Quanto mais o homem viveu materialmente, quanto mais seus pensamentos foram absorvidos nos prazeres e nas preocupações da personalidade, tanto mais tenazes são esses laços; parece que a matéria sutil se identifica com a matéria compacta e que entre elas haja coesão molecular; daí por que não se separam senão lenta e dificilmente.

Nos primeiros instantes que se seguem à morte, quando ainda existe união entre o corpo e o perispírito, conserva este muito melhor a impressão da forma corpórea, da qual reflete, por assim dizer, todos os matizes e, mesmo, todos os acidentes. Eis por que um supliciado nos dizia, poucos dias após a sua execução: "Se pudésseis ver-me, ver-me-íeis com a cabeça separada do tronco." Um homem que morreu assassinado nos dizia: "Vede a ferida que me fizeram no coração." Acreditava que poderíamos vê-lo.

Essas considerações levaram-nos a examinar a interessante questão da sensação dos Espíritos e de seus sofrimentos; fá-lo-emos em outro artigo, limitando-nos aqui ao estudo das manifestações físicas.

Imaginemos, pois, o Espírito revestido de seu envoltório semimaterial, ou perispírito, tendo a forma ou a *aparência* que possuía quando encarnado. Alguns até se servem dessa expressão para se designarem; dizem: minha aparência está em tal lugar. Evidentemente, estão aí os manes dos Antigos. A matéria desse envoltório é bastante sutil para escapar à nossa vista, em seu estado normal, mas nem por isso deixa de ser visível. Nós a percebemos, primeiro, pelos olhos da alma, nas visões produzidas durante os sonhos; porém, não é disso que vamos nos ocupar. Essa matéria eterizada é passível de modificações, e o próprio Espírito pode fazê-la sofrer uma espécie de condensação que a torna perceptível aos olhos materiais: é o que acontece nas aparições vaporosas. A sutileza dessa matéria permite-lhe atravessar os corpos sólidos, razão por que tais aparições não encontram obstáculos e por que tantas vezes se desvanecem através das paredes.

A condensação pode chegar a ponto de produzir a resistência e a tangibilidade; é o caso das mãos que podemos ver e tocar; mas essa condensação — única palavra de que nos podemos servir para exprimir o nosso pensamento, embora a expressão não seja perfeitamente exata — essa condensação, dizíamos, ou melhor, essa solidificação da matéria eterizada é apenas temporária ou acidental, visto não se encontrar em seu estado normal. Daí por que essas aparições tangíveis, num determinado momento, nos escapam como uma sombra. Assim, do mesmo modo que vemos um corpo se nos apresentar em estado sólido, líquido ou gasoso, conforme seu grau de condensação, de igual modo a matéria do períspirito poderá apresentar-se em estado sólido, vaporoso visível ou vaporoso invisível. Veremos, a seguir, como se opera essa modificação.

A mão aparente tangível oferece uma resistência; exerce uma pressão; deixa impressões; opera uma tração sobre os objetos que seguramos; há, pois, nela uma força. Ora, esses fatos, que não são hipóteses, podem conduzir-nos à explicação das manifestações físicas.

Notemos, em primeiro lugar, que essa mão obedece a uma inteligência, visto agir espontaneamente; que dá sinais inequívocos de vontade e obedece a um pensamento; pertence, pois, a um ser completo, que se nos revela apenas por essa parte de si mesmo; e a prova disso é a impressão que produz das partes invisíveis, os dentes deixando marcas impressas na pele e provocando dor.

Entre as diferentes manifestações, uma das mais interessantes, sem dúvida, é o toque espontâneo dos instrumentos musicais. Os pianos e os acordeões parecem ser, para esse efeito, os instrumentos de predileção. Esse fenômeno explica-se muito naturalmente pelo que o precede. A mão que tem a força de segurar um objeto pode muito bem apoiar-se sobre as teclas e fazê-las ressoar; aliás, por diversas vezes vimos os dedos da mão em ação, e, quando a mão não é vista, veem-se as teclas se agitarem e o fole abrir-se e fechar-se. Essas teclas só podem ser movidas por mão invisível, dando prova de sua inteligência, tocando árias perfeitamente ritmadas, e não como sons incoerentes.

Uma vez que essa mão pode enfiar-nos as unhas na carne, beliscar-nos, arrebatar aquilo que temos na mão; desde que a vemos apanhar e transportar um objeto, como o faríamos nós mesmos, pode muito bem dar pancadas, levantar e derrubar uma mesa, agitar uma campainha, puxar cortinas e, até mesmo, dar-nos uma bofetada invisível.

Sem dúvida perguntarão como pode essa mão ter a mesma força, tanto no estado vaporoso invisível quanto no estado tangível. E por que não? Não vemos o ar derrubar edifícios, o gás lançar projéteis, a eletricidade transmitir sinais e o fluido do ímã levantar massas? Por que a matéria eterizada do períspirito seria menos poderosa? Não a queiramos submeter às nossas experiências de laboratório e às nossas fórmulas algébricas; sobretudo por havermos tomado os gases como termo de comparação, não lhes vamos atribuir propriedades idênticas, nem computar suas forças como calculamos a do vapor. Até o momento ela escapa a todos os nossos instrumentos; é uma nova ordem de ideias que está fora da alçada das ciências exatas; eis por que essas ciências não nos oferecem aptidão especial para as apreciar.

Demos essa teoria do movimento dos corpos sólidos sob a influência dos Espíritos, somente para mostrar a questão sob todas as faces e provar que, sem nos afastarmos muito das ideias preconcebidas, podemos dar-nos conta da ação dos Espíritos sobre a matéria; mas outra há, de elevado alcance filosófico, dada pelos próprios Espíritos, e que lança sobre essa questão uma luz inteiramente nova. Compreendê-la-emos melhor depois de a havermos lido; aliás, é útil conhecer todos os sistemas, a fim de se poder compará-los.

Resta, pois, explicar agora como se opera essa modificação da substância eterizada do períspirito; por que processo o Espírito opera e, em consequência, qual o papel dos médiuns de efeitos físicos na produção desses fenômenos; aquilo que neles se passa em tais circunstâncias, a causa e a natureza de suas faculdades etc. É o que faremos no próximo artigo.

O Espírito batedor de Bergzabern

(Primeiro artigo)

Já tínhamos ouvido falar de certos fenômenos espíritas que em 1852 fizeram muito alarido na Baviera renana, nos arredores de Spira, e sabíamos até que um relato autêntico havia sido publicado numa brochura alemã. Depois de longas e infrutíferas pesquisas, uma dama, dentre as nossas assinantes da Alsácia, demonstrando nessa circunstância um zelo e uma perseverança de que lhe seremos eternamente agradecidos, finalmente conseguiu obter um exemplar daquela brochura e no-lo ofereceu. Damos, a seguir, sua tradução *in extenso*; sem dúvida será lida com grande interesse, pois, dentre tantas outras, é uma prova a mais de que os fatos desse gênero são de todos os tempos e países, já que ocorreram numa época em que apenas se começava a falar em Espíritos.

Prefácio

Há vários meses um acontecimento muito estranho tornou-se o assunto preferido de todas as conversas em nossa cidade e em seus arredores. Referimo-nos ao *Batedor*, como é chamado, da casa do alfaiate Pierre Sanger.

Até então nos abstivemos de qualquer relato em nossa folha — o *Journal de Bergzabern* — sobre as manifestações que se produziram nessa casa desde o dia 1º de janeiro de 1852. Como, porém, chamaram a atenção geral, a tal ponto que as autoridades se sentiram no dever de pedir ao Dr. Beutner uma explicação a esse respeito, chegando o Dr. Dupping, de Spira, a dirigir-se ao local para observar os fatos, não nos podemos furtar, por mais tempo, ao dever de dar-lhes publicidade.

Não esperem nossos leitores uma apreciação nossa sobre a questão, pois nos sentiríamos muito embaraçados; deixamos essa tarefa aos que, pela natureza de seus estudos e de sua posição, estão mais aptos a se pronunciarem, o que, aliás, farão sem dificuldade, caso consigam descobrir a razão daqueles efeitos. Quanto a nós, limitar-nos-emos ao simples relato dos fatos, principalmente daqueles que testemunhamos ou que ouvimos de pessoas dignas de fé, deixando que o leitor forme a sua própria opinião.

F.-A. Blanck
Redator do Journal de Bergzabern
Maio de 1852.

No dia 1º de janeiro deste ano (1852), na casa em que habitava e num quarto vizinho ao em que comumente ficava, a família Pierre Sanger, de Bergzabern, ouviu um ruído como se fora um martelamento, iniciando-se por golpes surdos que pareciam vir de longe e que se tornavam progressivamente mais fortes e distintos. Esses golpes davam a impressão de ser desferidos contra a parede, perto da qual se achava o leito onde dormia seu filho de 11 anos. Habitualmente era entre nove horas e meia e dez e meia que o ruído se fazia ouvir. A princípio o casal Sanger não lhe deu maior importância; porém, como tal singularidade se repetisse a cada noite, pensaram que poderia vir da casa vizinha, onde, à guisa de passatempo, um enfermo se distraísse em tamborilar contra a parede. Contudo, logo o casal se convenceu de que o doente não era nem poderia ser a causa do ruído. O chão do quarto foi revolvido, a parede derrubada, mas sem qualquer resultado. O leito foi removido para o lado oposto do quarto, e então — coisa admirável! — o ruído passou a ser ouvido desse lado, tão logo o menino dormia. Estava muito claro que de alguma forma a criança tomava parte na manifestação daquele ruído; como as pesquisas da polícia nada descobriram, começou-se a pensar que o fenômeno pudesse ser atribuído a uma doença do garoto ou a uma particularidade de sua conformação. Contudo, nada até agora veio confirmar essa hipótese. É ainda um enigma para os médicos.

Com o passar do tempo, a coisa não fez senão desenvolver-se; o ruído se prolongou além de uma hora, e as batidas tinham mais força. A criança foi trocada de quarto e de leito, mas o batedor se manifestou nesse outro quarto, sob a cama, na cama e na parede. As batidas não eram idênticas; ora eram fortes, ora fracas e isoladas, ora, enfim, sucedendo-se rapidamente e seguindo o ritmo das marchas militares e dos bailados.

O garoto ocupava, desde alguns dias, o quarto acima mencionado quando notaram, durante o sono, que ele emitia palavras curtas e incoerentes. Logo se tornaram mais distintas e mais inteligíveis; dir-se-ia que a criança conversava com outra pessoa, sobre a qual tinha autoridade. Entre os fatos que diariamente se produziam, o autor desta brochura narrará um, do qual foi testemunha: Achava-se a criança no leito, deitada sobre o lado esquerdo. Tão logo pegou no sono, os golpes começaram, pondo-se ela a falar assim: "Tu, tu, bate uma marcha." E o batedor batia uma marcha que se assemelhava bastante a uma marcha da Baviária. À ordem de "Alto!" dada pela criança, o batedor parou. Então a criança ordenou: "Bate três, seis, nove vezes", e o batedor executou a ordem. A uma nova ordem de bater 19 golpes, 20 pancadas fizeram-se ouvir; completamente adormecida, a criança disse: "Não está certo, são 20 golpes", e logo 19 golpes foram contados. Em seguida, o menino ordenou 30 golpes: ouviram-se 30 batidas. "Cem golpes". Não se pôde contar senão até 40, tão rapidamente se sucediam as pancadas. Ao último golpe, disse o garoto: "Muito bem; agora 110." Aqui só se pôde contar cerca de 50 pancadas. Quando soou o último golpe, o dorminhoco disse: "Não é isso, foram apenas 106", e logo mais quatro pancadas fizeram-se ouvir para completar o número 110. Depois ele pediu: "Mil!"; somente 15 golpes foram dados. "Vamos, diga lá!" Houve ainda cinco pancadas e o batedor parou. Então os assistentes tiveram a ideia de ordenar diretamente ao batedor, executando este as ordens que lhe eram dadas. Ele se calou à ordem de "Alto! Silêncio! Paz!" Depois, por si mesmo e sem comando, recomeçou a bater. Num canto do quarto, em voz baixa, um dos assistentes disse que queria ordenar, apenas pelo pensamento, seis batidas. O experimentador postou-se diante do leito e não disse sequer uma palavra: foram ouvidas as seis pancadas. Ainda por pensamento foram comandados quatro golpes e os quatro golpes foram batidos. A mesma experiência foi tentada por outras pessoas, nem sempre com sucesso. Logo a criança distendeu os membros, afastou o cobertor e se levantou.

Quando lhe perguntaram o que havia acontecido, respondeu que tinha visto um homem grande e mal-encarado, que se mantinha diante de seu leito a apertar-lhe os joelhos. Acrescentou que sentia dor nos joelhos quando o homem batia. A criança dormiu novamente e as mesmas manifestações se reproduziram até que o relógio do quarto bateu onze horas. De repente o batedor parou, o menino entrou em sono tranquilo, o que foi reconhecido pela regularidade da respiração, e nada mais foi ouvido naquela noite. Observamos que o batedor obedecia ao comando de bater marchas militares. Várias pessoas afirmaram que quando se lhe pedia uma marcha russa, austríaca ou francesa, ela era batida com muita exatidão.

No dia 25 de fevereiro, estando adormecido, disse o menino: "Não queres mais bater agora, queres arranhar. Pois bem! quero ver como o farás." Com efeito, no dia seguinte, 26, em lugar das pancadas, ouviu-se um arranhar que parecia vir do leito e que se tem manifestado até hoje. Os golpes se misturavam à raspadela, ora alternadamente, ora simultaneamente, de tal sorte que nas árias de marcha ou de dança a raspadura marcava a primeira parte e os golpes, a segunda. Conforme o pedido, a hora do dia e a idade das pessoas presentes eram indicadas por raspagem ou por golpes secos. Em relação à idade das pessoas, às vezes havia erros, logo corrigidos na 2ª ou 3ª tentativas, quando se dizia que o número de pancadas não era exato. Amiúde, em vez de dar a idade pedida, o batedor executava uma marcha.

A linguagem da criança, durante o sono, tornava-se cada dia mais perfeita. Aquilo que a princípio não passava de simples palavras ou ordens muito breves ao batedor, com o tempo se transformou numa conversa ordenada com os pais. Assim, um dia ele se entreteve com a irmã mais velha sobre assuntos religiosos e, em tom de exortação e de instrução, disse-lhe que devia ir à missa, orar todos os dias e mostrar submissão e obediência aos pais. À noite, retomou o mesmo assunto de conversa; em seus ensinamentos nada havia de teológico, mas apenas algumas noções que se aprende na escola.

Antes dessas palestras, pelo menos durante uma hora, ouviam-se pancadas e arranhões não somente durante o sono do garoto, mas, até mesmo, no estado de vigília. Vimo-lo beber e comer enquanto as batidas e raspadelas se manifestavam, e o vimos também, acordado, a dar ordens ao batedor, que foram todas executadas.

Na noite de sábado, 6 de março, havendo o menino predito a seu pai, durante o dia e completamente desperto, que o batedor apareceria às nove horas, várias pessoas se reuniram na casa dos Sanger. Às nove horas em ponto, quatro golpes foram batidos na parede com tanta violência que os assistentes se assustaram. Logo, e pela primeira vez, as batidas foram dadas na madeira da cama e exteriormente; o leito abalou-se todo. Esses golpes manifestaram-se de todos os lados da cama, ora num lugar, ora noutro. As pancadas e as arranhaduras alternavam-se no leito. A uma ordem do menino e das pessoas presentes, ora os golpes se faziam ouvir no interior do leito, ora no exterior. De repente, a cama levantou-se em sentidos diferentes, enquanto os golpes eram batidos com força. Mais de cinco pessoas tentaram, sem sucesso, fazê-la voltar ao chão; tendo sido abandonada, ela se balançou ainda por alguns instantes, retomando depois a sua posição natural. Esse fato já havia ocorrido uma vez, antes dessa manifestação pública.

Toda noite, também, a criança fazia uma espécie de discurso. Falaremos disso muito sucintamente.

Antes de tudo é preciso notar que o garoto, assim que baixava a cabeça, logo dormia, e as pancadas e os arranhões começavam. Com os golpes, ele gemia, agitava as pernas e parecia sentir-se mal. O mesmo não ocorria com as raspadelas. Chegado o momento de falar, deitava sobre o dorso e sua face tornava-se pálida, assim como suas mãos e braços. Com a mão direita fazia sinal, dizendo: "Vamos!

vem para perto do meu leito e junta as mãos: vou te falar do Salvador do mundo." Então cessavam os golpes e os arranhões, e todos os assistentes ouviam com respeitosa atenção o discurso do adormecido.

A criança falava lentamente e de modo muito inteligível em puro alemão, o que surpreendia bastante, tanto mais quanto se sabia que era menos adiantada do que seus colegas de escola, sobretudo em virtude de uma moléstia dos olhos que a impedia de estudar. Suas palestras versavam sobre a vida e as ações de Jesus, desde os 12 anos, de sua presença no templo com os escribas, de seus benefícios à humanidade e de seus milagres; em seguida, estendia-se sobre o relato de seus sofrimentos, censurando severamente os judeus por o haverem crucificado, apesar de seus numerosos atos de bondade e de suas bênçãos. Terminando, o garoto dirigia a Deus uma prece fervorosa, rogando que "lhe concedesse a graça de suportar, com resignação, os sofrimentos que lhe enviara, pois que o havia escolhido para entrar em comunicação com o Espírito". Pedia a Deus não o deixasse morrer ainda, pois era apenas uma criança e não queria baixar à tumba escura. Terminados seus discursos, recitava em voz solene o *Pater noster*, após o que dizia: "Agora podes vir"; imediatamente as batidas e as arranhaduras recomeçavam. Ainda falou duas vezes ao Espírito e, a cada uma delas, o Espírito batedor parava. Dizia ainda algumas palavras e terminava assim: "Agora podes ir embora, em nome de Deus." E despertava.

Durante essas conversas, os olhos do menino ficavam bem fechados; os lábios, porém, se mexiam; as pessoas que estavam mais próximas do leito podiam observar-lhe os movimentos. A voz era pura e harmoniosa.

Ao despertar, perguntavam-lhe o que havia visto e o que se tinha passado. Respondia: "O homem que vem me ver. — "Onde está ele?" — "Perto de meu leito, com as outras pessoas." — "Vistes as outras pessoas?" — "Vi todas que estavam perto de meu leito."

Compreende-se facilmente que tais manifestações encontraram muitos incrédulos e que se supôs mesmo que essa história toda não passasse de mistificação, mas o pai era incapaz de charlatanice, sobretudo de um charlatanismo que teria exigido toda a habilidade de um prestidigitador profissional. Ele gozava da reputação de um homem honrado e honesto.

Para responder a essas suspeitas e fazê-las cessar, o garoto foi levado para uma casa estranha. Mal lá chegou e as batidas e arranhaduras fizeram-se ouvir. Além disso, alguns dias antes tinha ido com sua mãe a um pequeno vilarejo chamado Capelle, a cerca de meia légua de distância, à casa da viúva Klein; ele se disse fatigado; deitaram-no sobre um canapé e logo o mesmo fenômeno se produziu. Várias testemunhas podem confirmar o fato. Embora a criança demonstrasse estar bem de saúde, devia, apesar disso, ser afetada por uma doença que, se não fosse provada pelas manifestações acima relatadas, pelo menos o seria pelos movimentos involuntários dos músculos e dos sobressaltos nervosos.

Para terminar, destacamos que há algumas semanas a criança foi conduzida à casa do Dr. Beutner, onde deveria permanecer, a fim de que o sábio pudesse estudar de mais perto os fenômenos em questão. Desde então cessou todo o barulho na casa dos Sanger, passando, todavia, a produzir-se na casa do Dr. Beutner.

Tais são, em toda a sua autenticidade, os fatos que se passaram. Nós os entregamos ao público sem emitir juízo de valor. Oxalá possam os mais entendidos dar-lhes uma explicação satisfatória.

BLANCK

Considerações sobre o Espírito batedor de Bergzabern

É fácil a explicação solicitada pelo narrador que acabamos de citar; não existe senão uma, e apenas a Doutrina Espírita é capaz de fornecê-la. Esses fenômenos nada têm de extraordinário para quem esteja familiarizado com os que nos habituaram os Espíritos. Sabe-se que papel certas pessoas atribuem à imaginação. Sem dúvida, se a criança somente houvesse tido visões, os partidários da alucinação ter-se-iam sentido cobertos de razão. Mas aqui havia efeitos materiais de natureza inequívoca e que tiveram grande número de testemunhas; seria preciso se imaginasse que todos estivessem alucinados a ponto de pensarem ouvir o que de fato não escutavam e verem a mobília mudando de lugar; ora, nisso haveria um fenômeno mais extraordinário ainda. Aos incrédulos só resta um recurso: negar; é mais fácil e dispensa o raciocínio.

Examinando as coisas do ponto de vista espírita, torna-se evidente que o Espírito que se manifestou era inferior ao da criança, visto que lhe obedecia; era mesmo subordinado aos assistentes, pois que também lhe davam ordens. Se não soubéssemos pela Doutrina que os Espíritos ditos batedores estão embaixo na escala, aquilo que se passou seria uma prova disto. Realmente não se conceberia que um Espírito elevado, assim como nossos sábios e filósofos, viesse divertir-se em bater marchas e valsas; numa palavra, a representar o papel de um pelotiqueiro, nem submeter-se aos caprichos dos seres humanos. Mostra-se sob os traços de um homem mal-encarado, circunstância que não pode senão corroborar essa opinião; em geral a moral se reflete no envoltório. Para nós está, pois, demonstrado que o *batedor* de Bergzabern é um Espírito inferior, da classe dos Espíritos levianos, que se manifestou como tantos outros o fizeram e ainda fazem todos os dias.

Agora, com que propósito veio? A notícia não diz que haja sido chamado; hoje, que se tem mais experiência sobre essas coisas, não se deixaria vir um visitante tão estranho sem se informar o que ele quer. Portanto, só podemos fazer uma conjectura. É verdade que nada fez que revelasse maldade ou má intenção; não experimentou o menino nenhum distúrbio, nem físico, nem moral; só os homens teriam podido perturbar sua moral, ferindo-lhe a imaginação com os contos ridículos, e é muito bom que não o tenham feito. Por muito inferior que fosse esse Espírito, não era mau nem malevolente; simplesmente era um desses Espíritos tão numerosos que, sem cessar e sem o sabermos, nos rodeiam. Nessa circunstância pode ter agido por mero capricho, como também o poderia fazer por instigação de Espíritos elevados, com vistas a despertar a atenção dos homens e de os convencer da realidade de um poder superior que se encontra fora do mundo corporal.

Quanto ao menino, é certo que era um desses médiuns de efeitos físicos, dotados, mau grado seu, dessa faculdade, e que estão para os outros médiuns assim como os sonâmbulos naturais estão para os sonâmbulos magnéticos. Essa faculdade, dirigida por um homem experimentado nessa nova ciência, poderia ter produzido coisas mais extraordinárias ainda, susceptíveis de lançar nova luz sobre esses fenômenos, que não são maravilhosos senão para os que não os compreendem.

O orgulho

Dissertação moral ditada por São Luís á senhorita Ermance Dufaux

(19 e 26 de janeiro de 1858)

I

Um homem soberbo possuía alguns hectares de boa terra; sentia-se envaidecido pelas grandes espigas que cobriam o seu campo e olhava com desdém o campo estéril do humilde. Este se levantava ao cantar do galo e permanecia o dia todo curvado sobre o solo ingrato; recolhia pacientemente os seixos e os lançava à beira do caminho; revolvia profundamente a terra e arrancava com dificuldade os espinheiros que a cobriam. Ora, seu suor fecundou o campo e ele colheu o melhor trigo.

Entretanto, o joio crescia no campo do homem soberbo e sufocava o trigo, enquanto o dono se vangloriava de sua fecundidade, olhando com ar de piedade os esforços silenciosos do humilde.

Em verdade vos digo que o orgulhoso é semelhante ao joio que abafa o bom grão. Aquele dentre vós que acredita valer mais que seu irmão e que disso se vangloria é insensato; sábio, porém, é o que trabalha por si mesmo, como o humilde em seu campo, sem se envaidecer de sua obra.

II

Havia um homem rico e poderoso que desfrutava o poder do príncipe; morava em palácios, e numerosos serviçais esmeravam-se por lhe adivinhar os desejos.

Um dia suas matilhas acossavam os cervos nas profundezas da floresta quando percebeu um pobre lenhador que caminhava com muita dificuldade, sob o peso de um feixe de lenha. Chamou-o e disse-lhe:

— Vil escravo! por que passas teu caminho sem te inclinares diante de mim? Sou igual aos senhores da terra: nos conselhos minha voz decide a paz ou a guerra, e os maiorais do reino curvam-se em minha presença. Fica sabendo que sou sábio entre os sábios, poderoso entre os poderosos, grande entre os grandes, e minha posição elevada é obra de minhas mãos.

— Senhor! — respondeu o pobre homem — temi que minha humilde saudação fosse uma ofensa para vós. Sou pobre e não possuo outro bem senão meus braços; mesmo assim, não desejo vossas grandezas enganosas. Durmo a sono solto e não receio, como vós, que o prazer do mestre me faça cair em minha obscuridade.

Ora, o príncipe se aborreceu com o orgulho do soberbo; os grandes humilhados apoderaram-se dele e o precipitaram das culminâncias de seu poder, como a folha seca que o vento varre do alto de uma montanha, mas o humilde continuou tranquilamente seu rude trabalho, sem se preocupar com o dia seguinte.

III

Soberbo, humilha-te, porquanto a mão do Senhor dobrará teu orgulho até que se reduza a pó!

Escuta! Nasceste onde te lançou a sorte; saíste do seio de tua mãe, fraco e despido como o último dos homens. Por que elevas mais alto a fronte do que os teus semelhantes, tu que, como eles, nasceste para a dor e para a morte?

Ouve! Tuas riquezas e tuas grandezas, vaidade das vaidades, escaparão de tuas mãos quando vier o Grande Dia, como as águas errantes da torrente que o sol faz evaporar. De tuas riquezas só levarás contigo as tábuas do caixão; e os títulos gravados na lápide sepulcral serão palavras vazias de sentido.

Escuta! O cão do coveiro brincará com teus ossos, e eles serão misturados aos dos indigentes, confundindo-se tuas cinzas com as deles, porque um dia ambos sereis reduzidos a pó. Amaldiçoarás, então, os dons que recebeste, quando vires o mendigo revestido na sua glória, e chorarás o teu orgulho.

Humilha-te, soberbo, porquanto a mão do Senhor curvará o teu orgulho até o pó.

* * *

— Por que São Luís nos fala em parábolas?

Resp. – O Espírito humano ama o mistério; a lição se grava melhor no coração quando a procuramos.

— Não parece que atualmente a instrução nos deva ser dada de maneira mais direta, sem que precisemos recorrer à alegoria?

Resp. – Encontrá-la-eis no desenvolvimento. Desejo ser lido, e a moral necessita ser disfarçada sob a atração do prazer.

Problemas morais dirigidos a São Luís

1. De dois homens ricos, um nasceu na opulência e jamais conheceu dificuldade; o outro deve sua fortuna ao próprio trabalho; ambos a empregaram exclusivamente na satisfação pessoal. Qual dos dois é mais culpável?

Resp. – O que conheceu o sofrimento: ele sabe o que é sofrer.

2. O que acumula incessantemente, sem fazer o bem a ninguém, achará uma desculpa válida em sua consciência, de que acumula para deixar mais aos filhos?

Resp. – É um compromisso com a consciência má.

3. De dois avaros, o primeiro se priva do necessário e morre de precisão sobre o seu tesouro; o segundo só é avarento para os outros, sendo pródigo para si mesmo. Enquanto se nega ao menor sacrifício para prestar um obséquio ou fazer algo de útil, nada economiza para a satisfação de seus prazeres pessoais. Se se lhe pede um favor, está sempre de má vontade; se quer entregar-se a uma fantasia, nunca lhe falta ensejo de realizá-la. Qual o mais culpado, e qual deles terá o pior lugar no mundo dos Espíritos?

Resp. – O que goza; o outro já encontrou a sua própria punição.

4. Aquele que em vida não empregou de maneira útil a fortuna encontra alívio em fazer o bem após a morte, pelo destino que lhe dá?

Resp. – Não; o bem vale o que custa.

Metades eternas

Extraímos a seguinte passagem da carta de um de nossos assinantes:

[...] Há alguns anos perdi uma esposa boa e virtuosa e, malgrado me houvesse deixado seis filhos, sentia-me em completo isolamento, quando ouvi falar das manifestações espíritas. Logo me encontrava no seio de um pequeno grupo de bons amigos, que todas as noites se ocupavam desse assunto. Nas comunicações obtidas, cedo aprendi que a verdadeira vida não está na Terra, mas no mundo dos Espíritos; que minha Clémence lá era feliz e que, como os outros, trabalhava pela felicidade dos que aqui havia conhecido. Ora, eis um ponto sobre o qual desejo ardentemente ser por vós esclarecido.

Uma noite, dizia eu à minha Clémence: querida amiga, por que, apesar de todo o nosso amor, acontecia que nem sempre nos púnhamos de acordo nas diferentes circunstâncias de nossa vida comum, e por que muitas vezes éramos forçados a nos fazer mútuas concessões para vivermos em boa harmonia?

Ela me respondeu isto: meu amigo, éramos pessoas honradas e honestas; vivemos juntos, e poderíamos dizer, do melhor modo possível nesta Terra de provas, mas não éramos *nossas metades eternas*. Tais uniões são raras na Terra; podem ser encontradas, entretanto representam um grande favor de Deus. Os que desfrutam dessa felicidade experimentam alegrias que te são desconhecidas.

Podes dizer-me — repliquei — se vês tua metade eterna? — Sim — diz ela —, é um pobre coitado que vive na Ásia; só poderá reunir-se a mim dentro de 175 anos, segundo a vossa maneira de contar. — Reunir-vos-eis na Terra ou em outro mundo? — Na Terra. Mas escuta: não te posso descrever bem a felicidade dos seres assim reunidos; rogarei a Heloísa e Abelardo que te venham informar.

Então, senhor, esses dois seres felizes vieram nos falar dessa indizível felicidade. "À nossa vontade", disseram eles, "dois não fazem mais que um; viajamos nos espaços; desfrutamos de tudo; amamo-nos com um amor sem-fim, acima do qual só pode existir o amor de Deus e dos seres perfeitos. Vossas maiores alegrias não valem um só de nossos olhares, um só de nossos apertos de mão."

A ideia das metades eternas me alegra. Ao criar a humanidade, parece que Deus a fez dupla e, ao separar suas duas metades, teria dito: Ide por esse mundo e procurai encarnações. Se fizerdes o bem, a viagem será curta e permitirei a vossa união; do contrário, muitos séculos se passarão antes que possais desfrutar dessa felicidade. Tal é, parece-me, a causa primeira do movimento instintivo que leva a humanidade a buscar a felicidade; felicidade que não compreendemos e que não nos damos ao trabalho de compreender.

Desejo ardentemente, senhor, ser esclarecido sobre essa teoria das metades eternas e ficaria feliz se encontrasse uma explicação sobre o assunto em um dos vossos próximos números [...]

Abelardo e Heloísa, interrogados sobre esse ponto, nos deram as seguintes respostas:

P. As almas foram criadas duplas?

Resp. – Se tivessem sido criadas duplas, as simples seriam imperfeitas.

P. É possível reunirem-se duas almas na eternidade e formarem um todo?

Resp. – Não.

P. Tu e Heloísa formastes, desde a origem, dois seres bem distintos?

Resp. – Sim.

P. Formai-vos ainda, neste momento, duas almas distintas?

Resp. – Sim; mas sempre unidas.

P. Todos os homens se encontram na mesma condição?

Resp. – Conforme sejam mais ou menos perfeitos.

P. Todas as almas são destinadas a um dia se unirem a outra alma?

Resp. – Cada Espírito tem a tendência de procurar outro Espírito que lhe seja afim; a isso chamas simpatia.

P. Nessa união há uma condição de sexo?

Resp. – As almas não têm sexo.

* * *

Tanto para satisfazer o desejo de nosso assinante quanto para nossa própria instrução, dirigimos ao Espírito São Luís as seguintes perguntas:

1. As almas que devem unir-se estão predestinadas a essa união desde a sua origem, e cada um de nós tem, em alguma parte do universo, *a sua metade*, a que fatalmente se unirá um dia?

Resp. – Não; não existe união particular e fatal de duas almas. Existe união entre todos os Espíritos, mas em graus diferentes, segundo a categoria que ocupam, isto é, segundo a perfeição que tenham adquirido: quanto mais perfeitos, tanto mais unidos. Da discórdia nascem todos os males humanos; da concórdia resulta a completa felicidade.

2. Em que sentido se deve entender a palavra *metade*, de que alguns Espíritos se servem para designar os Espíritos simpáticos?

Resp. – A expressão não é exata. Se um Espírito fosse a metade do outro, separados deste, estaria incompleto.

3. Uma vez reunidos, dois Espíritos perfeitamente simpáticos permanecerão assim por toda a eternidade, ou poderão separar-se e se unir-se a outros Espíritos?

Resp. – Todos os Espíritos estão unidos entre si. Falo dos que atingiram a perfeição. Nas esferas inferiores, desde que um Espírito se eleva, já não tem a mesma simpatia pelos que deixou.

4. Dois Espíritos simpáticos são complemento um do outro ou essa simpatia resulta de perfeita identidade?

Resp. – A simpatia que atrai um Espírito a outro resulta da perfeita concordância de seus pendores e instintos. Se um tivesse que completar o outro, perderia a sua individualidade.

5. A identidade necessária para a simpatia perfeita consiste apenas na similitude dos pensamentos e sentimentos ou também na uniformidade dos conhecimentos adquiridos?

Resp. – Na igualdade dos graus de elevação.

6. Podem tornar-se simpáticos no futuro, Espíritos que hoje não o são?

Resp. – Sim, todos o serão. Um Espírito que hoje está numa esfera inferior, ao aperfeiçoar-se, alcançará a esfera na qual reside outro. O encontro entre os dois se dará mais depressa se o Espírito mais elevado, por suportar mal as provas a que esteja submetido, permanecer no mesmo estado.

7. Dois Espíritos simpáticos poderão deixar de sê-los?

Resp. – Certamente, se um deles for preguiçoso.

Essas respostas resolvem perfeitamente a questão. A teoria das metades eternas é uma imagem representativa da união de dois Espíritos simpáticos. É uma expressão usada até mesmo na linguagem vulgar e que não deve ser tomada ao pé da letra. Os Espíritos que dela se utilizam certamente não pertencem à ordens mais elevadas. Sendo necessariamente limitada a esfera de suas ideias, elas exprimiram seus pensamentos por meio de termos de que se teriam servido durante a vida corpórea. É preciso, pois, repelir a ideia de que dois Espíritos, criados um para o outro, tenham fatalmente que se reunir um dia na eternidade, depois de terem estado separados por um lapso de tempo mais ou menos longo.[33]

---

[33] N.T.: Esse assunto não foi abordado na primeira edição de *O livro*

Maio de 1858

Conversas familiares de Além-túmulo

Mozart

Um de nossos assinantes nos comunicou as duas entrevistas seguintes, que se deram com o Espírito Mozart. Ignoramos onde e quando se realizaram; desconhecemos o interpelante e o médium; somos, pois, completamente estranhos a tudo isso. Notar-se-á, no entanto, a concordância perfeita existente entre as respostas obtidas e as que foram dadas por outros Espíritos sobre diversos pontos capitais da Doutrina, em circunstâncias inteiramente diferentes, seja a nós, seja a outras pessoas, e que relatamos em nossos fascículos anteriores e em *O livro dos espíritos*. Sobre tal analogia chamamos a atenção dos nossos leitores, que dela tirarão a conclusão que julgarem mais acertada. Aqueles, pois, que pudessem ainda pensar que as respostas às nossas perguntas são um reflexo de nossas opiniões pessoais, por aí verão se nessa ocasião pudemos exercer uma influência qualquer. Felicitamos as pessoas por meio das quais essas entrevistas foram obtidas, bem como a maneira por que as perguntas foram elaboradas. Apesar de certas falhas que revelam a inexperiência dos interlocutores, em geral são formuladas com ordem, clareza e precisão, e de modo algum se afastam da linha de seriedade, condição essencial para se obter boas comunicações. Os Espíritos elevados dirigem-se às pessoas sérias que de boa-fé desejam ser esclarecidas; os Espíritos levianos divertem-se com as pessoas frívolas.

---

dos espíritos, dada a lume por Allan Kardec a 18 de abril de 1857 [ver Edição Histórica Bilíngue, trad. Evandro Noleto Bezerra, 1ª edição de 2013, editora FEB], e que continha somente 501 perguntas, divididas em três partes. Aparece na segunda edição — definitiva — de 1860. As sete questões acima correspondem às q. 298 a 303a, do referido livro, acrescidas dos comentários com que o Codificador as enriqueceu.
Vide nota à q. 324, inserta no final do livro *O consolador*, do Espírito Emmanuel, editado pela FEB e psicografado pelo médium Francisco Cândido Xavier, a respeito da teoria das almas gêmeas.

Primeira conversa

1. Em nome de Deus, Espírito Mozart, estás aqui?
Resp. – Sim.

2. Por que és Mozart, e não outro Espírito?
Resp. – Foi a mim que evocastes: então vim.

3. Que é um médium?
Resp. – O agente que une o meu ao teu Espírito.

4. Quais as modificações, tanto fisiológicas quanto anímicas, que, mau grado seu, sofre o médium ao entrar em ação intermediária?
Resp. – Seu corpo nada sente, mas seu Espírito, parcialmente desprendido da matéria, está em comunicação com o meu, unindo-me a vós.

5. O que se passa nele nesse momento?
Resp. – Nada para o corpo; mas uma parte de seu Espírito é atraída para mim; faço sua mão agir pelo poder que meu Espírito exerce sobre ele.

6. Assim, o médium entra em comunicação com uma individualidade espiritual diferente da sua?
Resp. – Certamente; tu também, sem que sejas médium, estás em contato comigo.

7. Quais os elementos que concorrem para a produção desse fenômeno?
Resp. – A atração dos Espíritos para instruir os homens; leis de eletricidade física.

8. Quais são as condições indispensáveis?

Resp. – É uma faculdade concedida por Deus.

9. Qual o princípio determinante?

Resp. – Não o posso dizer.

10. Poderias revelar-nos as suas leis?

Resp. – Não, não; não agora. Mais tarde sabereis tudo.

11. Em que termos positivos poder-se-ia anunciar a fórmula sintética desse maravilhoso fenômeno?

Resp. – Leis desconhecidas que, por ora, não poderíeis compreender.

12. Poderia o médium pôr-se em relação com a alma de uma pessoa viva, e em que condições?

Resp. – Facilmente, se a pessoa estiver dormindo.[34]

13. O que entendes pela palavra *alma*?

Resp. – A centelha divina.

14. E por Espírito?

Resp. – Espírito e alma são a mesma coisa.

15. Como Espírito imortal, tem a alma a consciência do ato da morte, a consciência de si mesma ou do *eu* imediatamente após a morte?

Resp. – A alma nada sabe do passado, nem conhece o futuro senão após a morte do corpo; vê, então, sua vida passada e as

---

[34] Nota de Allan Kardec: Se uma pessoa viva for evocada em estado de vigília, pode adormecer no momento da evocação ou, pelo menos, sofrer um entorpecimento e uma suspensão das faculdades sensitivas; frequentemente, porém, a evocação não surte qualquer efeito, sobretudo se não for feita com intenção séria e com benevolência.

últimas provas que sofrerá; assim, não se deve lamentar o que se sofre na Terra, a tudo suportando com coragem.

16. Após a morte acha-se a alma desprendida de todo elemento, de todo liame terrestre?

Resp. – De todo elemento, não; tem ainda um fluido que lhe é próprio, que haure na atmosfera de seu planeta e que representa a aparência de sua última encarnação; os laços terrenos nada mais são para ela.

17. Sabe ela donde vem e para onde vai?

Resp. – A décima quinta resposta resolve essa questão.

18. Nada leva consigo daqui da Terra?

Resp. – Somente a lembrança de suas boas ações, o pesar de suas faltas e o desejo de ir para um mundo melhor.

19. Abarca num golpe de vista retrospectivo o conjunto de sua vida passada?

Resp. – Sim, para servir à sua vida futura.

20. Entrevê o fim da vida terrestre, o significado e o sentido desta vida, assim como a importância do destino que aqui se cumpre em relação à vida futura?

Resp. – Sim; compreende a necessidade de depuração para chegar ao infinito; quer purificar-se para alcançar os mundos bem-aventurados. Sou feliz; porém, ainda não me encontro nos mundos onde se desfruta da visão de Deus!

21. Existe na vida futura uma hierarquia dos Espíritos? Qual a sua lei?

Resp. – Sim; é o grau de depuração que a marca: a bondade e as virtudes são os títulos de glória.

22. Como potência progressiva, é a inteligência que nela determina a marcha ascendente?

Resp. – Sobretudo as virtudes: o amor do próximo, especialmente.

23. Uma hierarquia dos Espíritos faria supor outra de residência. Existe esta última? Sob que forma?

Resp. – Dom de Deus, a inteligência é sempre a recompensa das virtudes: caridade, amor ao próximo. Os Espíritos habitam diferentes planetas, conforme seu grau de perfeição; aí desfrutam de maior ou menor felicidade.

24. O que se deve entender por Espíritos superiores?

Resp. – Os Espíritos purificados.

25. Nosso globo terrestre é o primeiro desses degraus, o ponto de partida, ou procedemos de uma região mais inferior ainda?

Resp. – Há dois globos antes do vosso, que é um dos menos perfeitos.

26. Qual o mundo que habitas? Ali és feliz?

Resp. – Júpiter. Nele desfruto de grande calma; amo a todos os que me rodeiam; não temos ódio.

27. Se guardas lembrança da vida terrestre, deves recordar-te do casal A..., de Viena; já os vistes após a tua morte? Em que mundo e em que condições?

Resp. – Não sei onde estão; não to posso dizer. Um é mais feliz que o outro. Por que me falas deles?

28. Por uma única palavra, indicativa de um fato capital de tua vida, e que não podes ter esquecido, seria possível forneceres uma prova certa dessa lembrança? Intimo-te a dizer essa palavra.

Resp. – Amor; reconhecimento.

Segunda conversa

O interlocutor não é mais o mesmo. Pela natureza da conversa, é possível que se trate de um músico, feliz por se entreter com um mestre. Após diversas perguntas, que nos pareceram inútil relatar, diz Mozart:

1. Acabemos com as perguntas de G...: conversarei contigo; dir-te-ei o que em nosso mundo entendemos por melodia. Por que não me evocaste mais cedo? Ter-te-ia respondido.

2. O que é melodia?

Resp. – Para ti, muitas vezes é uma lembrança da vida passada; teu Espírito recorda aquilo que entreviu num mundo melhor. No planeta em que habito — Júpiter — há melodia em toda parte: no murmúrio da água, no crepitar das folhas, no *canto do vento*; as flores sussurram e cantam; tudo torna os sons melodiosos. Sê bom; conquista esse planeta por tuas virtudes; bem escolheste, cantando a Deus: a música religiosa auxilia a elevação da alma. Como gostaria de vos poder inspirar o desejo de ver esse mundo onde somos tão felizes! Todos somos caridosos; tudo ali é belo e a natureza é tão admirável! Tudo nos inspira o desejo de estar com Deus. Coragem! Coragem! Acreditai em minha comunicação espírita: sou eu mesmo que aqui me encontro; desfruto do poder de vos dizer o que experimentamos; possa eu vos inspirar bastante o amor ao bem, para vos tornardes dignos desta recompensa, que nada é ao lado de outras a que aspiro!

3. Nossa música é a mesma em outros planetas?

Resp. – Não; nenhuma música poderá vos dar uma ideia da música que temos aqui: é divina! Oh! felicidade! Faz por merecer o gozo de semelhantes harmonias: luta! coragem! Não possuímos instrumentos: os coristas são as plantas e as aves; o pensamento compõe e os ouvintes desfrutam sem audição material, sem o auxílio da palavra, e isso a uma distância incomensurável. Nos mundos superiores isso é ainda mais sublime.

4. Qual a duração da vida de um Espírito encarnado em outro planeta que não o nosso?

Resp. – Curta nos planetas inferiores; mais longa nos mundos como esse em que tenho a felicidade de estar. Em Júpiter ela é, em média, de trezentos a quinhentos anos.

5. Haverá alguma vantagem em voltar-se a habitar a Terra?

Resp. – Não; a menos que seja em missão, porque então avançamos.

6. Não se seria mais feliz permanecendo na condição de Espírito?

Resp. – Não, não! estacionar-se-ia e o que se quer é caminhar para Deus.

7. É a primeira vez que me encontro na Terra?

Resp. – Não, mas não posso falar do passado de teu Espírito.

8. Eu poderia ver-te em sonho?

Resp. – Se Deus o permitir, far-te-ei ver a minha habitação em sonho, e dela guardarás lembrança.

9. Onde estás aqui?

Resp. – Entre ti e tua filha; vejo os dois; estou sob a forma que tinha quando estava vivo.

10. Eu poderia ver-te?

Resp. – Sim; crê e verás; se tivesses mais fé, ser-nos-ia permitido dizer o porquê; tua própria profissão é um laço entre nós.

11. Como entraste aqui?

Resp. – O Espírito atravessa tudo.

12. Estás ainda muito longe de Deus?

Resp. – Oh! sim!

13. Melhor que nós, compreendes o que seja a eternidade?

Resp. – Sim, sim, mas não o podeis compreender no corpo.

14. Que entendes por universo? Houve um início e haverá um fim?

Resp. – Segundo vós, o universo é a Terra! Insensatos! O universo não teve começo nem terá fim; considerai que é obra de Deus; o universo é o infinito.

15. Que devo fazer para me acalmar?

Resp. – Não te inquietes tanto pelo teu corpo. Tens perturbado o Espírito. Resiste a essa tendência.

16. O que é essa perturbação?

Resp. – Temes a morte.

17. Que devo fazer para não temê-la?

Resp. – Crer em Deus; sobretudo acreditar que Deus não separa um pai útil de sua família.

18. Como alcançar essa calma?

Resp. – Pela vontade.

19. Onde haurir essa vontade?

Resp. – Desvia o teu pensamento disso pelo trabalho.

20. Que devo fazer para aperfeiçoar o meu talento?

Resp. – Podes evocar-me; obtive a permissão de inspirar-te.

21. Quando eu estiver trabalhando?

Resp. – Certamente! Quando quiseres trabalhar, estarei perto de ti algumas vezes.

22. Ouvirás a minha obra? (uma obra musical do interpelante).

Resp. – És o primeiro músico que me evoca; venho a ti com prazer e ouço as tuas obras.

23. Como explicar que não tenhas sido evocado?

Resp. – Fui evocado; não, porém, por músicos.

24. Por quem?

Resp. – Por várias damas e curiosos, em Marselha.

25. Por que a *Ave-Maria* me comove até as lágrimas?

Resp. – Teu Espírito se desprende e junta-se ao meu e ao de Pergolèse, que me inspirou essa obra, mas esqueci aquele trecho.

26. Como pudeste esquecer a música composta por ti mesmo?

Resp. – A que tenho aqui é tão bela! Como lembrar daquilo que era só matéria?

27. Vês minha mãe?

Resp. – Ela está reencarnada na Terra.

28. Em que corpo?

Resp. – Nada posso dizer a propósito.

29. E meu pai?

Resp. – Está errante para auxiliar no bem; fará tua mãe progredir; reencarnarão juntos e serão felizes.

30. Ele me vem ver?

Resp. – Muitas vezes; a ele deves teus impulsos caritativos.

31. Foi minha mãe quem pediu para reencarnar-se?

Resp. – Sim; tinha grande vontade de elevar-se por uma nova prova e adentrar num mundo superior à Terra; já deu um passo imenso nesse sentido.

32. Que queres dizer com isso?

Resp. – Ela resistiu a todas as tentações; sua vida na Terra foi sublime, comparada com seu passado, que foi o de um Espírito inferior. Assim, já galgou alguns degraus.

33. Havia escolhido, então, uma prova acima de suas forças?

Resp. – Sim, foi isso.

34. Quando sonho que a vejo, é ela própria que aparece?

Resp. – Sim, sim.

35. Se tivessem evocado Bichat no dia da inauguração de sua estátua, teria ele respondido? Estaria lá?

Resp. – Ele estava lá, e eu também.

36. Por que também estavas lá?

Resp. – Pela mesma razão que vários outros Espíritos, que desfrutam o bem e se sentem felizes por ver que glorificais os que se ocupam da humanidade sofredora.

37. Obrigado, Mozart; adeus.

Resp. – Crede, crede, estou aqui... Sou feliz... Crede que há mundos acima do vosso... Crede em Deus... Evocai-me mais frequentemente, e em companhia de músicos; ficarei feliz em vos instruir e em contribuir para a vossa melhoria, e em vos ajudar a subir para Deus.

O Espírito e os herdeiros

De Haia, na Holanda, um de nossos assinantes comunica-nos o seguinte fato, ocorrido num círculo de amigos que se ocupavam com as manifestações espíritas. Isso prova uma vez mais — diz ele —, e sem nenhuma contestação possível, a existência de um elemento inteligente e invisível agindo individual e diretamente sobre nós.

Os Espíritos se anunciam pelo movimento de pesadas mesas e pelas pancadas que desferem. Pergunta-se-lhes os nomes: finados Sr. e Sra. G., muito afortunados durante a existência; o marido, de quem provinha a fortuna, não tendo filhos, deserdou seus parentes próximos em favor da família da esposa, morta pouco tempo antes dele. Entre as nove pessoas presentes à sessão, encontravam-se duas damas deserdadas, bem como o marido de uma delas.

O Sr. G. fora sempre um pobre diabo e o mais humilde servidor de sua esposa. Após a morte desta, sua família instalou-se em sua casa para cuidar dele. O testamento foi feito com o atestado de um médico declarando que o moribundo gozava da plenitude de suas faculdades mentais.

O marido da dama deserdada, que designaremos sob a inicial R..., usou da palavra nestes termos: "Como ousais apresentar-vos aqui depois do escandaloso testamento que fizestes?" A seguir, exaltando-se cada vez mais, acabou por lhe dizer injúrias. A mesa, então, deu um salto e atirou a lâmpada com força na cabeça do interlocutor. Este lhe pediu desculpas por aquele primeiro impulso de cólera e aquela perguntou-lhes o que vinham fazer ali. – R. Viemos prestar conta das razões de nossa conduta. (As respostas eram dadas por meio de pancadas indicando as letras do alfabeto).

Conhecendo a inépcia do marido, o Sr. R. disse-lhe bruscamente que ele devia retirar-se e que só ouviria a esposa.

Então o Espírito desta disse que a senhora R... e sua irmã eram bastante ricas e poderiam passar muito bem sem a sua parte na herança; que alguns eram maus e que outros, enfim, deveriam sofrer essa prova; que por tais razões aquela fortuna melhor convinha à sua própria família. O Sr. R. não se deu por satisfeito com essas explicações e manifestou sua cólera em reprimendas injuriosas. A mesa, então, agitou-se violentamente, empinou-se, bateu fortes pancadas no assoalho e atirou mais uma vez a lâmpada sobre o Sr. R... Após acalmar-se, o Espírito tentou convencer que, desde sua morte, tinha sido informado de que o testamento fora ditado por um Espírito superior. O Sr. R... e suas senhoras, não mais desejando prosseguir em uma contestação inútil, ofereceu-lhe sincero perdão. Logo a mesa se levantou para o lado do Sr. R... e desceu suavemente contra o seu peito, como se quisesse abraçá-lo; as duas senhoras receberam o mesmo gesto de gratidão. A mesa tinha uma vibração muito pronunciada. Serenados os ânimos, o Espírito lamentou a herdeira atual, dizendo que acabaria por tornar-se louca.

O Sr. R. o censurou também, mas afetuosamente, por não haver feito o bem durante a vida, quando possuía tão grande fortuna, acrescentando que ela não era lamentada por ninguém. "Sim", respondeu o Espírito, "há uma pobre viúva que mora na rua...; ainda pensa em mim com frequência, porque algumas vezes lhe dei alimento, roupa e aquecimento".

Não havendo o Espírito dado o nome dessa pobre mulher, um dos assistentes foi à sua procura e a encontrou no endereço indicado. E, o que não é menos digno de nota é que, depois da morte da Sra. G..., a viúva havia mudado de domicílio. É este último que foi indicado pelo Espírito.

Confissões de Luís XI

(Segundo artigo)

Extraído do manuscrito ditado por Luís XI à senhorita Ermance Dufaux

Nota – Rogamos aos nossos leitores que se reportem às observações que fizemos sobre estas notáveis comunicações em nosso artigo de março último.

Morte de Luís XI

Não me sentindo bastante firme para ouvir pronunciar a palavra morte, muitas vezes tinha recomendado a meus oficiais que apenas me dissessem, quando me vissem em perigo: "Falai pouco", e eu saberia o que isso significava. Quando já não havia mais esperança, Olivier le Daim me disse duramente, na presença de Francisco de Paula[35] e de Coittier:

— Majestade, é preciso que nos desobriguemos de nosso dever. Não tenhais mais esperanças neste santo homem, nem em qualquer outro, porquanto chegastes ao fim; pensai em vossa consciência; não há mais remédio.

A essas palavras cruéis, toda uma revolução operou-se em mim; eu já não era o mesmo homem e me surpreendia comigo mesmo. O passado desenrolou-se rapidamente ante meus olhos e as coisas me pareceram sob um aspecto novo: não sei que de estranho se passava em mim. O duro olhar de Olivier le Daim, fixado sobre o meu rosto, parecia interrogar-me. Para subtrair-me a esse olhar frio e inquisidor, respondi com aparente tranquilidade:

— Espero que Deus me ajude; talvez eu não esteja tão doente como imaginais.

Ditei minhas últimas vontades e mandei para junto do jovem rei aqueles que ainda me cercavam. Encontrei-me só com meu confessor, Francisco de Paula, le Daim e Coittier. Francisco me fez uma exortação tocante; a cada uma de suas palavras parecia que os meus vícios se apagavam e que a natureza retomava seu curso; senti-me aliviado e comecei a recobrar um pouco de esperança na clemência de Deus.

Recebi os últimos sacramentos com uma piedade firme e resignada. Repetia a cada instante: "Nossa Senhora de Embrun, minha boa Senhora, ajudai-me!"

---

[35] N.E.: Religioso italiano (1416–1507). Fundador da ordem dos padres mínimos. Reconfortou espiritualmente o rei Luís XI no momento de sua morte, sendo, posteriormente, conselheiro espiritual de seus filhos.

Terça-feira, 30 de agosto, cerca de sete horas da noite, caí em nova prostração; todos os que estavam presentes, crendo-me morto, retiraram-se. Olivier le Daim e Coittier, temendo a execração pública, permaneceram junto ao meu leito, já que não tinham outro asilo.

Logo recobrei inteiramente a consciência. Ergui-me, sentei-me na cama e olhei em torno de mim; ninguém de minha família lá estava; nenhuma mão amiga buscava a minha nesse momento supremo, para suavizar-me a agonia numa última carícia. Àquela hora, talvez, meus filhos se divertissem, enquanto seu pai morria. Ninguém pensou que o culpado ainda pudesse ter um coração que compreendesse o seu. Procurei ouvir um soluço abafado, mas só ouvi as risadas dos dois miseráveis que estavam junto de mim.

Em um canto do quarto, percebi minha galga[36] favorita que morria de velha. Meu coração estremeceu de alegria: tinha um amigo, um ser que me estimava.

Fiz-lhe sinal com a mão; a galga se arrastou com dificuldade até o pé de meu leito e veio lamber-me a mão agonizante. Olivier percebeu esse movimento; praguejando, levantou-se bruscamente e golpeou o infeliz animal com um bastão até que morresse; ao morrer, meu único amigo lançou-me um longo e doloroso olhar.

Olivier empurrou-me violentamente sobre o leito. Deixei-me cair e entreguei a Deus a minha alma culpada.

Variedades

O falso Home

Lia-se há pouco tempo, nos jornais de Lyon, o seguinte anúncio, veiculado igualmente em cartazes fixados nas paredes da cidade:

---

[36] N.E.: Fêmea do galgo, cão de pernas compridas, corpo alongado com abdome muito estreito, focinho afilado, extremamente ágil e veloz.

O Sr. Hume, o célebre médium americano, que teve a honra de fazer suas experiências perante S. M. o Imperador,[37] a partir de quinta-feira, 1º de abril, dará sessões de espiritualismo no grande teatro de Lyon. Produzirá aparições etc. etc. Poltronas especiais serão dispostas no teatro para os senhores médicos e sábios, a fim de poderem assegurar-se de que nada foi preparado. As sessões serão variadas pelas experiências da célebre vidente, Sra..., sonâmbula extralúcida, que reproduzirá sucessivamente todos os sentimentos, à vontade dos espectadores. Preço dos lugares: 5 francos — primeira classe; 3 francos — segunda classe.

Os antagonistas do Sr. Home (alguns escrevem Hume) não quiseram perder essa ocasião de o expor ao ridículo. Em seu ardente desejo de fisgá-lo, acolheram essa grosseira mistificação com uma solicitude que bem atesta a sua má-fé e o seu desprezo pela verdade, porquanto, antes de atirar pedras nos outros, é preciso assegurar-se de que elas não errarão o alvo. Mas a paixão é cega, não raciocina e, muitas vezes, engana-se a si mesma na tentativa de prejudicar os outros. "Eis, pois", exclamaram jubilosos, "esse homem tão glorificado, reduzido a mostrar-se nos palcos, dando espetáculos a tanto por pessoa!" E os seus jornais a darem crédito ao fato sem maior exame. Infelizmente, para eles, sua alegria não durou muito. Mais que depressa, nos escreveram de Lyon para obter informações que pudessem ajudar a desmascarar a fraude, e isso não foi difícil, graças, sobretudo, ao zelo de numerosos adeptos que o Espiritismo conta naquela cidade. Assim que o diretor do teatro soube de que negócio se tratava, imediatamente dirigiu aos jornais a carta seguinte:

> Senhor redator, apresso-me a informar que o espetáculo anunciado para quinta-feira, 1º de abril, no grande teatro, não mais será

---

[37] N.T.: Napoleão III. Último imperador francês, o sobrinho de Napoleão Bonaparte não disfarçava seu interesse pela Doutrina Espírita. A pedido seu, o próprio Allan Kardec compareceu às Tulherias para tratar da doutrina exposta em *O livro dos espíritos*. Sabe-se, inclusive, que memoráveis sessões espíritas de efeitos físicos foram realizadas no antigo palácio de Catarina de Médicis, na presença do soberano e da imperatriz Eugênia. Excessivamente modesto e discreto, traços marcantes de sua personalidade, jamais o Codificador fez alarde desse fato.

realizado. Eu julgava haver cedido a sala ao Sr. Home, e não ao Sr. Lambert Laroche, que se diz Hume. As pessoas que antecipadamente obtiveram camarotes ou cadeiras numeradas na plateia poderão apresentar-se à bilheteria para serem reembolsadas.

Por outro lado, o acima mencionado Lambert Laroche (natural de Langres), interpelado acerca de sua identidade, achou por bem responder nos seguintes termos, que reproduzimos na íntegra, visto não desejarmos absolutamente que ele nos possa acusar da menor alteração:

> *"Vós me submeteste diverças extra de vossas correspondência de Paris, das quais resulta que um Sr. Home que dá cessão nalgum salão da capital, se acha nesse momento na Intália e não pode por consequença se achar em Lyon. Senhor, eu ingnoro 1º conhecer esse Sr. Home, 2º eu não cei quale é o seu talento, 3º eu nunca tive nada de comum cum esse Sr. Home, 4º eu trabaiei e trabaio cum nomi de guerra que é Hume do qual eu justifico pelos artigo de jornais du istrangeiro e francês que vos é submetido, 5º viajo cum dois cumpanhêro meu gênero de isperiença consiste em espiritualismo ou evocação vizão, e numa palavra reprodução das idéa do ispectador por um sugeito, minha ispecialidade é de operá por esse procedimento sobre as pessoa istrangeiras, como se pude ver nos jornais que vein da espanha e da africa. Assim Sr. redator, vos demonstro que eu não quinz tomar o nome desse pretendido Home que vós dizeis em reputassão, o meu é suficientemente conhesido por sua grande notoredade e pelas isperiença que possul. Recebei Sr. redator minhas saudassão atensiosa."* [38]

Cremos inútil dizer que o Sr. Lambert Laroche deixou Lyon com as honras da guerra. Por certo irá a outros lugares em busca de pessoas mais fáceis de enganar. Acrescentamos somente uma palavra para exprimir nosso pesar, por vermos com quem deplorável avidez certas pessoas, que se dizem sérias, acolhem tudo quanto possa servir à sua animosidade. O Espiritismo goza hoje de muita reputação para temer

---

[38] N.T.: Grifos nossos. A tradução aqui apresentada tenta reproduzir, embora sem muito sucesso, o linguajar e a escrita de uma pessoa semianalfabeta. Torna-se bastante evidente a pouca cultura do missivista.

a charlatanice; não é mais aviltado pelos charlatães do que a verdadeira ciência médica pelos curandeiros das encruzilhadas; por toda parte encontra, sobretudo entre as pessoas esclarecidas, zelosos e numerosos defensores, que sabem afrontar as zombarias. Longe de prejudicar, o caso de Lyon apenas serve à sua propagação, ao chamar a atenção dos indecisos para a realidade. Quem sabe até se não foi provocado com essa finalidade por um poder superior? Quem pode se vangloriar de sondar os desígnios da Providência? Quanto aos adversários do Espiritismo, permite-se-lhes rir, jamais caluniar; alguns anos ainda e veremos quem dará a última palavra. Se é lógico duvidar daquilo que não se conhece, é sempre imprudente inscrever-se em falso contra as ideias novas que, mais cedo ou mais tarde, podem dar um humilhante desmentido à nossa perspicácia: a História aí está para o provar. Aqueles que, no seu orgulho, aparentam piedade dos adeptos da Doutrina Espírita estarão tão elevados quanto imaginam? Esses Espíritos, que ridicularizam, recomendam que se faça o bem e proíbem o mal, mesmo aos inimigos; eles nos dizem que nos rebaixamos pelo só desejo do mal. Qual é, pois, o mais elevado — o que procura fazer o mal ou aquele que não guarda em seu coração nem ódio nem rancor?

O Sr. Home regressou a Paris há pouco tempo, mas deve partir sem demora para a Escócia e, de lá, para São Petersburgo.

Manifestações no hospital de Saintes

O jornal *Indépendant de la Charente-Inférieure* narrava, no mês de março passado, o seguinte fato que teria ocorrido no hospital civil de Saintes:

> Contam-se histórias maravilhosas e nesses oito dias não se fala senão dos estranhos ruídos que, todas as noites, ora imitam o trote de um cavalo, ora a marcha de um cachorro ou de um gato. Garrafas colocadas sobre a lareira são lançadas para o outro lado do quarto. Um pacote de trapos velhos foi encontrado, certa manhã, torcido em mil nós, impossíveis de desatar. Um papel, sobre o qual haviam escrito: "Que queres? que pedes?", foi deixado uma noite sobre a lareira; na

manhã do dia seguinte estava escrita a resposta, mas em caracteres desconhecidos e indecifráveis. Fósforos colocados sobre uma mesa, à noite, desapareceram como por encanto; enfim, todos os objetos mudaram de lugar e se espalharam por todos os cantos. Tais sortilégios somente ocorrem na obscuridade da noite. Desde que se faça a luz, tudo volta ao silêncio; apagando-a, os ruídos logo recomeçam. É um Espírito amigo das trevas. Várias pessoas, eclesiásticos, antigos militares deitaram-se nesse quarto enfeitiçado e foi-lhes impossível descobrir alguma coisa ou dar-se conta do que ouviam.

Um empregado do hospital, suspeito de ser o autor dessas travessuras, acaba de ser despedido. Assegura-se, porém, que ele não é o culpado; ao contrário, muitas vezes foi a própria vítima.

Parece que esse caso começou há mais de um mês. Passou-se muito tempo sem que nada fosse dito, cada um desconfiando dos próprios sentidos e temendo ser levado ao ridículo. Somente há alguns dias é que se começou a falar disso.

OBSERVAÇÃO – Ainda não tivemos tempo de nos assegurar da autenticidade dos fatos descritos acima; só os apresentamos com muita reserva; observaremos apenas que, caso tenham sido inventados, nem por isso são menos *possíveis* e nada apresentam de mais extraordinário que muitos outros do mesmo gênero, e que estão perfeitamente constatados.

Sociedade Parisiense de Estudos Espíritas

Fundada em Paris no dia 1º de abril de 1858 e autorizada por portaria do Sr. Prefeito de Polícia, conforme o aviso de S. Exa. Sr. Ministro do Interior e da Segurança Geral, em data de 13 de abril de 1858

A extensão por assim dizer universal que a cada dia tomam as crenças espíritas fazia vivamente desejar-se a criação de um centro regular de observações; essa lacuna acaba de ser preenchida. A Sociedade, cuja formação temos o prazer de anunciar, composta exclusivamente de pessoas sérias, isentas de prevenções e animadas do sincero desejo de serem esclarecidas, contou, desde o início, entre seus associados, com homens eminentes por seu saber e posição social. Ela é chamada — disso estamos convencidos — a prestar incontestáveis serviços à comprovação da verdade. Seu regulamento orgânico lhe assegura uma homogeneidade sem a qual não há vitalidade possível; baseia-se na experiência dos homens e das coisas e no conhecimento das condições necessárias às observações que são o objeto de suas pesquisas. Vindo a Paris, os estrangeiros que se interessarem pela Doutrina Espírita encontrarão, assim, um centro ao qual poderão dirigir-se para obter informações, e onde poderão também comunicar suas próprias observações.[39]

ALLAN KARDEC

---

[39] Nota de Allan Kardec: Para todas as informações relativas à Sociedade, dirigir-se ao Sr. ALLAN KARDEC, rua Sainte-Anne, nº 59, das 3 às 5 horas; ou ao Sr. LEDOYEN, livreiro, Galeria d'Orléans, nº 31, no Palais-Royal.

Revista Espírita
Jornal de estudos psicológicos
Ano I   Junho de 1858   N° 6

Teoria das manifestações físicas

(Segundo artigo)

Rogamos aos nossos leitores o obséquio de se reportarem ao primeiro artigo que publicamos acerca desse assunto; sendo este a sua continuação, seria pouco inteligível se não se tivesse em mente aquele começo.

As explicações que demos sobre as manifestações físicas, como dissemos, fundam-se sobre a observação e a dedução lógica dos fatos: concluímos de acordo com o que vimos. Agora, como se operam, na matéria eterizada, as modificações que vão torná-la perceptível e tangível? Deixemos, primeiro, que falem os Espíritos, a quem interrogamos a respeito desse assunto, acrescentando depois os nossos próprios comentários. As respostas seguintes foram dadas pelo Espírito São Luís; concordam com o que nos havia sido dito anteriormente por outros Espíritos.

1. Como pode um Espírito aparecer com a solidez de um corpo vivo?

Resp. – Ele combina uma parte do fluido universal com o fluido que o médium libera, próprio a esse efeito. À sua vontade, esse fluido toma a forma que o Espírito deseja; mas em geral a forma é impalpável.

2. Qual é a natureza desse fluido?

Resp. – Fluido; está dito tudo.

3. Esse fluido é material?

Resp. – Semimaterial.

4. É esse fluido que compõe o perispírito?

Resp. – *Sim*, é a ligação do espírito à matéria.

5. É esse fluido que dá vida, o princípio vital?

Resp. – Sempre ele; eu disse ligação.

6. Esse fluido é uma emanação da Divindade?

Resp. – Não.

7. É uma criação da Divindade?

Resp. – Sim, tudo é criado, exceto o próprio Deus.

8. O fluido universal tem alguma relação com o fluido elétrico, do qual conhecemos os efeitos?

Resp. – Sim; é o seu elemento.

9. A substância etérea que existe entre os planetas é o fluido universal em questão?

Resp. – Ele envolve os mundos: sem o princípio vital, nada viveria. Se um homem se elevasse além do envoltório fluídico que circunda os globos, pereceria, porquanto o princípio vital dele se retiraria para juntar-se à massa. Esse fluido vos anima; é ele que respirais.

10. Esse fluido é o mesmo em todos os globos?

Resp. – É o mesmo princípio, mais ou menos eterizado, conforme a natureza dos globos; o vosso é um dos mais materiais.

11. Desde que é esse fluido que compõe o períspirito, estaria em uma espécie de condensação que, até certo ponto, o aproxima da matéria?

Resp. – Até um certo ponto, sim, visto não ter suas propriedades; é mais ou menos condensado, conforme os mundos.

12. São os Espíritos solidificados que erguem uma mesa?

Resp. – Essa pergunta não levará ainda ao que desejais. Quando uma mesa se move sob vossas mãos, o Espírito evocado por vosso Espírito vai haurir, do fluido cósmico universal, aquilo com que haverá de animar essa mesa com uma vida factícia. Os Espíritos que produzem tais efeitos são sempre Espíritos inferiores, ainda não inteiramente desprendidos de seu fluido ou períspirito. Estando assim preparada à sua vontade — à vontade dos Espíritos batedores — o Espírito a atrai e a movimenta, sob a influência do seu próprio fluido, liberado por sua vontade. Quando a massa que deseja levantar ou mover lhe é demasiado pesada, chama em seu auxílio Espíritos que se acham nas mesmas condições que ele. Creio que me expliquei com bastante clareza para fazer-me compreender.

13. Os Espíritos que ele chama em seu auxílio são inferiores?

Resp. – Quase sempre são iguais; frequentemente vêm por si mesmos.

14. Compreendemos que os Espíritos superiores não se ocupem de coisas que estão abaixo deles; mas perguntamos, em virtude de serem desmaterializados, se teriam o poder de o fazer, caso tivessem vontade?

Resp. – Têm a força moral, como os outros têm a força física; quando necessitam desta última, servem-se dos que a possuem. Não se vos disse que eles se servem dos Espíritos inferiores como o fazeis com os carregadores?

15. De onde vem o poder especial do Sr. Home?

Resp. – De sua organização.

16. Que tem ela de particular?

Resp. – Essa pergunta não está clara.

17. Perguntamos se se trata de sua organização física ou moral.

Resp. – Eu disse organização.

18. Entre as pessoas presentes há alguém que possa ter a mesma faculdade do Sr. Home?

Resp. – Têm-na em certo grau. Não foi um de vós que fez mover a mesa?

19. Quando uma pessoa faz mover um objeto, é sempre pelo concurso de um Espírito estranho ou a ação pode provir somente do médium?

Resp. – Algumas vezes o Espírito do médium pode agir sozinho, porém, na maioria das vezes, é com o auxílio dos Espíritos evocados; isso é fácil de reconhecer.

20. Como é que os Espíritos aparecem com as roupas que usavam na Terra?

Resp. – Delas muitas vezes só têm a aparência. Aliás, quantos fenômenos sem solução não tendes entre vós? Como pode o vento, que é impalpável, arrancar e quebrar árvores, que são compostas de matéria sólida?

21. Que entendeis quando afirmais que essas roupas têm apenas a sua aparência?

Resp. – Ao tocá-las, nada se sente.

22. Se bem compreendemos o que nos dissestes, o princípio vital reside no fluido universal; o Espírito haure nesse fluido o envoltório semimaterial que constitui o seu períspirito, e é por meio desse fluido que ele age sobre a matéria inerte. É isso mesmo?

Resp. – Sim; isto é, ele anima a matéria com uma espécie de vida factícia; a matéria se anima da vida animal. A mesa que se move sob vossas mãos vive e sofre como o animal; obedece por si mesma ao ser inteligente. Não é ele que a dirige, como o homem com um fardo; quando a mesa se ergue, não é o Espírito que a levanta, é a mesa animada que obedece ao Espírito inteligente.

23. Desde que o fluido universal é a fonte da vida, é, ao mesmo tempo, a fonte da inteligência?

Resp. – Não; o fluido anima somente a matéria.

Essa teoria das manifestações físicas oferece vários pontos de contato com a que demos, mas dela difere sob certos aspectos. De uma e da outra ressalta um ponto capital: o fluido universal, no qual reside o princípio da vida, é o agente principal dessas manifestações, e esse agente recebe sua impulsão do Espírito, quer seja encarnado ou errante. Esse fluido condensado constitui o períspirito ou envoltório semimaterial do Espírito. Quando encarnado, o perispírito está unido à matéria do corpo; no estado de erraticidade, fica livre. Ora, duas questões se apresentam aqui: a da aparição dos Espíritos e a do movimento imprimido aos corpos sólidos.

Em relação à primeira, diremos que, no estado normal, a matéria eterizada do perispírito escapa à percepção dos nossos órgãos; só a alma pode vê-la, quer em sonho, quer em estado sonambúlico ou, até mesmo, semiadormecida; numa palavra, toda vez em que houver suspensão total ou parcial da atividade dos sentidos. Quando o Espírito está encarnado, a substância do perispírito se acha mais ou menos ligada intimamente à matéria do corpo, mais ou menos aderente, se assim nos podemos exprimir. Em algumas pessoas há uma espécie de emanação desse fluido, em consequência de sua organização, e é isso que constitui propriamente os médiuns de efeitos físicos. Emanando do corpo, esse fluido se combina, segundo leis que nos são desconhecidas, com o fluido que forma o envoltório semimaterial de um Espírito estranho. Disso resulta uma modificação, uma espécie de reação molecular que lhe altera momentaneamente as propriedades, a ponto de torná-lo visível e, em certos casos, tangível. Esse efeito pode produzir-se com ou sem o concurso da vontade do médium; é isso que distingue os médiuns naturais dos médiuns facultativos. A emissão do fluido pode ser mais ou menos abundante: daí os médiuns mais ou menos potentes; e como tal emissão não é permanente, fica explicada a intermitência daquele poder. Enfim, se se levar em conta o grau de afinidade que pode existir entre o fluido do médium e o de tal ou qual Espírito, conceber-se-á que sua ação possa exercer-se sobre uns e não sobre outros.

Evidentemente, o que acabamos de dizer também se aplica à força mediúnica, no que concerne ao movimento dos corpos sólidos; resta saber como se opera esse movimento. Conforme as respostas que relatamos acima, a questão se apresenta sob uma luz inteiramente nova; assim, quando um objeto é posto em movimento, erguido ou lançado no ar, não é o Espírito que o agarra, empurra e levanta, como o faríamos com a mão; ele, por assim dizer, o *satura* com o seu fluido, combinando-o com o do médium, e o objeto, assim momentaneamente vivificado, age como o faria um ser vivo, com a diferença de que, não tendo vontade própria, segue a impulsão da vontade do Espírito, tanto podendo essa vontade ser do Espírito do médium quanto de um Espírito estranho e, algumas vezes, dos dois, agindo de comum acordo, conforme sejam ou não simpáticos. A simpatia ou antipatia que pode existir entre os médiuns e os Espíritos que se ocupam desses efeitos materiais explica por que nem todos são aptos a provocá-los.

Desde que o fluido vital, emitido de alguma sorte pelo Espírito, dá uma vida factícia e momentânea aos corpos inertes; desde que outra coisa não é o perispírito senão o próprio fluido vital, segue-se que, quando encarnado, é o Espírito que dá vida ao corpo, por intermédio de seu perispírito; fica-lhe unido enquanto a organização o permite; quando se retira, o corpo morre. Agora, se, em vez de uma mesa, talhamos uma estátua em madeira e se agirmos sobre ela como sobre a mesa, teremos uma estátua que se movimentará, que baterá, que responderá por movimentos e pancadas; numa palavra, uma estátua momentaneamente animada de uma vida artificial. Quanta claridade lança essa teoria sobre uma multidão de fenômenos até aqui inexplicados! Quantas alegorias e efeitos misteriosos ela explica! É toda uma filosofia.

O Espírito batedor de Bergzabern

(Segundo artigo)

Extraímos as passagens seguintes de uma nova brochura alemã, publicada em 1853, pelo Sr. Blanck, redator do jornal de Bergzabern, sobre o Espírito batedor de que falamos em nosso número do mês de maio. Os fenômenos extraordinários ali relatados, cuja autenticidade não poderia ser posta em dúvida, provam que, a esse respeito, nada podemos invejar da América. Notar-se-á, nesse relato, o cuidado minucioso com que os fatos foram observados. Seria desejável que em casos semelhantes se votasse a mesma atenção e a mesma prudência. Sabe-se hoje que os fenômenos desse gênero não resultam de um estado patológico, mas denotam sempre, entre aqueles em que se manifestam, uma excessiva sensibilidade, fácil de ser superexcitada. O estado patológico não é a causa eficiente, mas pode ser-lhe consecutivo. A mania de experimentação, em casos análogos, mais de uma vez causou acidentes graves que não teriam ocorrido se se tivesse deixado a natureza agir por si mesma. Em nossa *Instrução prática sobre as manifestações espíritas*,[40] encontram-se os conselhos necessários para esse fim. Sigamos o Sr. Blanck em seu relato:

"Os leitores de nossa brochura, intitulada *Os Espíritos batedores*, viram que as manifestações de Philippine Senger têm um caráter enigmático e extraordinário. Relatamos esses fatos maravilhosos desde seu início até o momento em que a criança foi conduzida ao médico real do cantão. Examinaremos, agora, o que se passou desde aquele dia.

---

[40] N.E.: Ver edição publicada pela FEB Editora, traduzida por Evandro Noleto Bezerra.

Quando a criança deixou a casa do Dr. Bentner para regressar à casa paterna, as batidas e arranhaduras recomeçaram na casa do pai Senger; até esse momento, e mesmo depois da cura completa da jovem, as manifestações foram mais marcantes e mudaram de natureza.[41] Neste mês de novembro (1852) o Espírito começou a assobiar; a seguir ouvia-se um ruído comparável ao de uma roda de carrinho de mão que girasse sobre o seu eixo seco e enferrujado; mas o mais extraordinário de tudo, incontestavelmente, foi a desordem dos móveis no quarto de Philippine,[42] desordem que durou quinze dias. Uma ligeira descrição do lugar parece-me essencial. O quarto tem aproximadamente 18 pés de comprimento por 8 de largura; chega-se a ele pela sala comum. A porta que comunica essas duas peças abre-se à direita. O leito da criança estava colocado à direita; no meio havia um armário e, no canto esquerdo, a mesa de trabalho de Senger, na qual foram feitas duas cavidades circulares, cobertas por tampas.

Na noite em que começou o tumulto, a Sra. Senger e Francisque, sua filha mais velha, estavam sentadas na primeira sala, perto de uma mesa, ocupadas em descascar vagens; de repente uma pequena roda, lançada do quarto de dormir, caiu perto delas. Ficaram tanto mais amedrontadas quanto sabiam que ninguém, além de Philippine, então mergulhada em sono profundo, se encontrava no quarto. Além disso, a rodinha fora lançada do lado esquerdo, embora se achasse na prateleira de um pequeno móvel colocado à direita. Se houvesse partido do leito, deveria ter alcançado a porta e aí se detido; tornava-se evidente, portanto, que a criança nada tinha a ver com o caso. Enquanto a família Senger externava sua surpresa sobre o acontecimento, alguma coisa caiu da mesa no chão: era um pedaço de pano que, antes, estava mergulhado numa bacia cheia de água.

---

[41] Nota de Allan Kardec: Teremos ocasião de falar da indisposição dessa criança; como, entretanto, depois de sua cura reproduziram-se os mesmos efeitos, isso é uma prova evidente de que eram independentes de seu estado de saúde.

[42] N.T.: Nota-se que há discordância do relator da brochura quanto ao sexo da criança responsável pelos fenômenos, aqui apresentada como uma menina, em vez do garoto descrito no fascículo do mês anterior. O mesmo podemos dizer dos nomes próprios, ora grafados como *Sanger* ou *Senger*, ora como *Beutner* ou *Bentner*.

Ao lado da rodinha jazia também uma cabeça de cachimbo, havendo a outra metade ficado sobre a mesa. O que tornava a coisa ainda mais incompreensível era que a porta do armário onde estava a pequena roda, antes de ser atirada, achava-se fechada, a água da bacia não estava agitada e nenhuma gota se havia derramado sobre a mesa. De repente a criança, sempre adormecida, grita do leito: '*Pai, vá embora, ele atira! Saiam! Eles vos atirarão também.*' Obedeceram a essa ordem, e, assim que foram à primeira sala, a cabeça do cachimbo foi atirada com muita força, sem que, no entanto, se quebrasse. Uma régua, que Philippine usava na escola, seguiu o mesmo caminho. O pai, a mãe e sua filha mais velha entreolhavam-se apavorados e, como refletissem sobre o caminho a tomar, uma grande plaina do Sr. Senger e uma grande tora de madeira foram lançadas de sua banca de carpinteiro para o outro quarto. Sobre a mesa de trabalho, as tampas estavam no lugar e, apesar disso, os objetos que elas cobriam também haviam sido jogados longe. Na mesma noite os travesseiros da cama foram lançados sobre o armário e o cobertor atirado contra a porta.

Em outro dia haviam posto aos pés da menina, debaixo do cobertor, um ferro de passar pesando cerca de 6 libras; logo foi atirado na outra sala; o cabo tinha sido retirado e foi encontrado sobre uma cadeira no quarto de dormir.

Fomos testemunhas de que cadeiras colocadas a cerca de 3 pés do leito foram derrubadas e as janelas abertas, embora antes estivessem fechadas, e isso tão logo havíamos virado as costas para entrar na peça vizinha. Uma outra vez, duas cadeiras foram levadas para cima da cama, sem desarrumar as cobertas. No dia 7 de outubro havia-se fechado firmemente a janela e estendido diante dela um lençol branco. Desde que deixamos o quarto, foram dados golpes redobrados e tão violentos que as pessoas que passavam pela rua fugiram espavoridas. Correram para o quarto: a janela estava aberta, o lençol jogado sobre o pequeno armário ao lado, a coberta do leito e os travesseiros no chão, as cadeiras de pernas para o ar e a criança, em seu leito, protegida unicamente pela camisola. Durante 14 dias a Sra. Senger somente se ocupou de arrumar a cama.

Uma vez tinham deixado uma harmônica sobre uma cadeira: sons fizeram-se ouvir; entrando precipitadamente no quarto, encontraram a criança, como sempre, tranquilamente deitada em sua cama; o instrumento estava sobre a cadeira, mas não tocava mais. Uma noite, o Sr. Senger saía do quarto da filha quando recebeu, nas costas, a almofada de um assento. De outra vez, foi um par de chinelos velhos, sapatos que estavam debaixo do leito ou tamancos que lhe iam ao encontro. Muitas vezes também sopravam a vela acesa, colocada sobre a mesa de trabalho. As pancadas e as arranhaduras alternavam-se com essa demonstração do mobiliário. O leito parecia movimentar-se por mão invisível. À ordem de: 'Balançai a cama', ou 'Ninai a criança', o leito ia e vinha, num e noutro sentido, com barulho; à ordem de 'Alto!', ele parava. Nós, que presenciamos o fato, podemos afirmar que quatro homens que se sentaram na cama foram levantados também, sem poderem deter o seu movimento; foram erguidos com o móvel. Ao fim de quatorze dias cessou a desordem dos móveis e a essas manifestações sucederam-se outras.

Na noite do dia 26 de outubro, encontravam-se no quarto, dentre outras pessoas, os Srs. Louis Soëhnée, licenciado em Direito, e o capitão Simon, ambos de Wissembourg, assim como o Sr. Sievert, de Bergzabern. Nesse momento, Philippine Senger encontrava-se mergulhada em sono magnético.[43] O Sr. Sievert apresentou-lhe um papel contendo cabelos para ver o que faria com eles. Ela abriu o papel sem, no entanto, pôr os cabelos à mostra, aplicou-os sobre as pálpebras fechadas e depois os afastou, como se quisesse examiná-los a distância, dizendo: 'Gostaria muito de saber o que contém esse papel... São cabelos de uma dama que desconheço... Se ela quiser vir, que venha... Não posso convidá-la, já que não a conheço.' Às perguntas que lhe dirigiu o Sr. Sievert, não respondeu, mas, tendo colocado o papel na palma da mão, que estendia e revirava, o papel ficou suspenso. Em seguida o colocou na ponta do indicador e com a mão, por bastante tempo, descreveu um semicírculo, dizendo:

---

[43] Nota de Allan Kardec: Uma sonâmbula de Paris havia entrado em relação com a jovem Philippine e, desde então, esta caía espontaneamente em sonambulismo. Nessa ocasião passavam-se fatos notáveis, que relataremos de outra vez.

'Não caia', e o papel se manteve na ponta do dedo; em seguida, à ordem de 'Agora cai', ele se destacou sem que ela tivesse feito o menor movimento para determinar-lhe a queda. De repente, virando-se para o lado da parede, disse: 'Agora quero pregar-te à parede'; e aplicou o papel à parede, que ali ficou fixado em torno de 5 a 6 minutos, após o que o retirou. Um exame minucioso do papel e da parede não revelou qualquer causa de aderência. Acreditamos ser um dever informar que o quarto estava perfeitamente iluminado, o que nos possibilitava examinar completamente essas particularidades.

Na noite seguinte deram-lhe outros objetos: chaves, moedas, cigarreiras, anéis de ouro e de prata; todos, sem exceção, ficavam suspensos à sua mão. Notaram que a prata aderia a ela mais facilmente que as outras substâncias, pois tiveram dificuldade em retirar-lhe as moedas e essa operação causou-lhe dor. Um dos fatos mais curiosos nesse gênero foi o seguinte: Sábado, 11 de novembro, o oficial que estava presente deu-lhe seu sabre com o tiracolo, pesando ao todo 4 libras, conforme verificação feita; o conjunto ficou suspenso pelo dedo do médium, balançando-se por bastante tempo. O que não é menos singular é que todos os objetos, qualquer que fosse a matéria de que eram feitos, também ficavam suspensos. Essa propriedade magnética comunicava-se pelo simples contato das mãos às pessoas suscetíveis da transmissão do fluido; disso tivemos vários exemplos.

Um capitão, o Sr. cavaleiro de Zentner, então servindo na guarnição de Bergzabern, testemunha desses fenômenos, teve a ideia de pôr uma bússola perto da menina, para observar suas variações. Na primeira tentativa, a agulha desviou-se 15 graus, permanecendo imóvel nas seguintes, embora a criança a segurasse em uma das mãos e a acariciasse com a outra. Essa experiência provou que esses fenômenos não poderiam ser explicados pela ação do fluido mineral, até porque a atração magnética não se exerce indiferentemente sobre todos os corpos.

Habitualmente, quando a pequena sonâmbula se dispunha a iniciar suas sessões, chamava ao quarto todas as pessoas que lá se encontravam. Simplesmente dizia: *'Vinde! Vinde!'*, ou então *'Dai, dai'*. Muitas vezes só se tranquilizava quando todas as pessoas, sem exceção, estavam perto de sua cama. Então pedia, com diligência e impaciência, um objeto qualquer; tão logo lhe era dado, ligava-se a seus dedos. Frequentemente acontecia que 10, 12 ou mais pessoas estavam presentes e cada uma lhe apresentava vários objetos. Durante a sessão não permitia que lhe tomassem nenhum deles; parecia sobretudo preferir os relógios; abria-os com grande habilidade, examinava o movimento, fechava-os e depois os colocava perto de si para cuidar de outra coisa. Ao final, devolvia a cada um o que lhe haviam confiado; examinava os objetos com os olhos fechados e jamais se enganava de proprietário. Se alguém estendesse a mão para tomar o que não lhe pertencia, ela o repelia. Como explicar essa distribuição múltipla e sem erros a tão grande número de pessoas? Em vão tentaram fazer o mesmo com os olhos abertos. Terminada a sessão e retirados os estranhos, as pancadas e arranhaduras, momentaneamente interrompidas, recomeçaram. É preciso acrescentar que a criança não queria que ninguém ficasse ao pé de sua cama, perto do armário, o que entre os dois móveis deixava um espaço de aproximadamente um pé. Se alguém aí se interpusesse, com um gesto os afastava. E, se recusassem, demonstrava grande inquietude, ordenando, com gestos imperiais, que deixassem o lugar. Uma vez ela exortou os assistentes a jamais ocuparem o local proibido, porque não queria que acontecesse problema com ninguém. Era tão positiva essa advertência que ninguém a esqueceu daí por diante.

Algum tempo depois, às pancadas e arranhaduras juntou-se um zumbido comparável ao som produzido por uma grossa corda de violoncelo. Uma espécie de assobio misturava-se a esse zumbido. Se alguém pedisse uma marcha ou uma dança, seu desejo era satisfeito: o músico invisível mostrava-se muito complacente. Com o auxílio das arranhaduras, chamava pelo nome as pessoas da casa ou os estranhos presentes; esses entendiam a quem eram dirigidos os apelos. A esse chamado, a pessoa designada respondia *sim*, para dar a entender que sabia tratar-se dela; então era executada, em sua homenagem, um trecho de música, que por vezes dava lugar a cenas divertidas. Se alguém que não fosse chamado respondia *sim*, a arranhadura fazia-se entender por um *não*, exprimido a seu modo, de que nada tinha a dizer-lhe naquele momento. Tais fatos se produziram pela primeira vez na noite do dia 10 de novembro e continuam a manifestar-se até hoje.

Eis agora como procedia o Espírito batedor para designar as pessoas. Desde várias noites, havia-se notado que, aos diversos convites para fazer tal ou qual coisa, ele respondia por um golpe seco ou por uma arranhadura prolongada. Tão logo o golpe seco era dado, o batedor começava a executar o que se desejasse dele; ao contrário, quando arranhava, não satisfazia o pedido. Um médico teve então a ideia de tomar por *sim* o primeiro ruído, e por *não* o segundo, sendo desde então confirmada essa interpretação. Notou-se também que, por uma série de arranhões mais ou menos fortes, o Espírito exigia certos objetos das pessoas presentes. Por força de atenção, e notando a maneira por que o ruído se produzia, pôde-se compreender a intenção do batedor. Assim, por exemplo, o Sr. Senger contou que certa manhã, ao romper do dia, ouvira barulhos modulados de certa maneira; sem ligar a isso nenhum sentido, percebeu que não cessavam senão quando ele estava fora do leito, daí compreendendo que significavam: '*Levanta-te.*' Foi assim que, pouco a pouco, familiarizou-se com essa linguagem e, por certos sinais, pôde reconhecer as pessoas designadas.

Chegou o aniversário do dia em que o Espírito batedor se havia manifestado pela primeira vez; numerosas mudanças se tinham operado no estado de Philippine Senger. As batidas, os arranhões e os zumbidos continuavam, mas, a todas essas manifestações, juntou-se um grito particular, que ora se assemelhava ao de um ganso, ora ao de um papagaio ou ao de qualquer outra ave de grande porte; ao mesmo tempo, ouvia-se um como que repicar na parede, semelhante ao ruído das bicadas de um pássaro. Nessa época, Philippine Senger falava muito durante o sono, parecendo preocupada sobretudo com um certo animal, semelhante a um papagaio, postado ao pé do leito, gritando e dando bicadas na parede. Desejando-se ouvir o papagaio gritar, este emitia gritos pungentes. Fizeram-se diversas perguntas, às quais respondeu por gritos do mesmo gênero; várias pessoas ordenaram-lhe dizer *Kakatoès*, e foi ouvida distintamente a palavra *Kakatoès*, como se houvera sido pronunciada pelo próprio pássaro. Silenciaremos sobre os fatos menos interessantes, limitando-nos a relatar o que houve de mais notável em relação às modificações sobrevindas ao estado físico da garota.

Algum tempo antes do Natal, as manifestações renovaram-se com mais energia; os golpes e os arranhões tornaram-se mais violentos e duravam mais tempo. Mais agitada que de costume, muitas vezes Philippine pedia para não dormir em sua cama, e sim na de seus pais; rolava no leito, clamando: 'Não posso mais ficar aqui; vou sufocar; eles vão me encerrar na parede; socorro!' E sua calma só retornava quando a carregavam para o outro leito. Apenas nele se achava e golpes muito fortes eram ouvidos no alto; pareciam partir do sótão, como se um carpinteiro martelasse sobre as vigas; algumas vezes eram tão vigorosos que a casa ficava toda abalada, as janelas vibravam e as pessoas presentes sentiam o chão tremer sob os pés; golpes semelhantes eram dados igualmente contra a parede, perto da cama. Às perguntas formuladas, as mesmas pancadas respondiam como ordinariamente, alternando-se sempre com as arranhaduras. Não menos curiosos, os fatos que se seguem reproduziram-se muitas vezes.

Quando todo ruído havia cessado e a menina repousava tranquilamente em seu pequeno leito, viram-na muitas vezes prostrar-se e unir as mãos, mantendo fechados os olhos; depois virava a cabeça para todos os lados, ora à direita, ora à esquerda, como se algo extraordinário atraísse sua atenção. Um amável sorriso corria-lhe então sobre os lábios; dir-se-ia que se dirigia a alguém; estendia as mãos e, por esse gesto, compreendia-se que apertaria as mãos de alguns amigos ou conhecidos. Viram-na também depois de tais cenas retomar sua primeira atitude suplicante, unindo novamente as mãos e curvando a cabeça até tocar o cobertor, após o que se endireitava e derramava lágrimas. Então suspirava e parecia orar com grande fervor. Nesses momentos sua fisionomia se transformava: ficava pálida e adquiria a expressão de uma mulher de 24 a 25 anos. Muitas vezes esse estado durava mais de meia hora, durante o qual só exclamava *ah! ah!* As batidas, os arranhões, o zumbido e os gritos cessavam até o momento do despertar. Então o batedor novamente se fazia ouvir, procurando executar árias alegres, de modo a dissipar a impressão penosa deixada na assistência. Ao despertar, a criança estava muito abatida; podia apenas levantar os braços, e os objetos que lhe eram apresentados não ficavam mais suspensos em seus dedos.

Curiosos em conhecer o que ela havia experimentado, interrogaram-na várias vezes. Somente após reiterados pedidos foi que se decidiu a contar que havia visto conduzirem e crucificarem o Cristo no Gólgota; que a dor das santas mulheres prostradas ao pé da cruz e a crucificação haviam-lhe produzido uma impressão impossível de descrever. Também tinha visto uma porção de mulheres e de virgens vestidas de negro, e pessoas jovens em longas roupas brancas, percorrendo em procissão as ruas de uma bela cidade; finalmente, foi conduzida a uma vasta igreja, onde assistiu a um serviço fúnebre.

Em pouco tempo o estado de Philippine Senger se alterou de modo a causar inquietação sobre sua saúde, porque, estando acordada, divagava e sonhava em voz alta; não reconhecia os pais, nem a irmã, nem qualquer outra pessoa, vindo esse estado agravar-se mais ainda por uma completa surdez que persistiu durante quinze dias. Não podemos silenciar sobre o que se passou nesse lapso de tempo.

A surdez de Philippine manifestou-se de meio-dia às três horas, ela mesma declarando que ficaria surda durante um certo tempo e que cairia doente. O que há de singular é que, por vezes, recuperava a audição durante cerca de meia hora, com o que se mostrava feliz. Ela própria predizia o momento em que a surdez se manifestaria e desapareceria. Uma vez, entre outras, anunciou que à noite, às oito e meia, ouviria claramente durante uma meia hora; com efeito, à hora predita voltou a ouvir, e isso durou até às nove horas.

Durante a surdez seus traços se modificavam; seu rosto adquiria uma expressão de estupidez, que perdia tão logo retornava ao estado normal. Nada, então, causava impressão sobre ela; ficava sentada, olhando as pessoas presentes fixamente e sem as reconhecer. Ninguém se podia fazer compreender a não ser por sinais, aos quais em geral não respondia, limitando-se a fitar os olhos sobre os que lhe dirigiam a palavra. Uma vez agarrou pelo braço, de repente, uma das pessoas presentes e lhe disse, empurrando-a: 'Quem és, pois?' Nessa situação permanecia às vezes por mais de hora e meia imobilizada na cama. Seus olhos mantinham-se semiabertos e parados num ponto qualquer; de vez em quando giravam à direita e à esquerda, voltando depois ao mesmo lugar. Toda a sensibilidade parecia então embotada: o pulso apenas batia e, quando lhe colocavam uma lâmpada diante dos olhos, não fazia nenhum movimento: dir-se-ia morta.

Durante a surdez, numa noite em que se achava deitada, aconteceu pedir uma lousa e um giz, escrevendo em seguida: 'Às onze horas falarei alguma coisa, mas exijo que permaneçam quietos e silenciosos.' Depois dessas palavras acrescentou cinco sinais semelhantes à escrita latina, mas que nenhum dos assistentes pôde decifrar. Foi escrito na lousa que ninguém compreendia aqueles sinais. Em resposta a essa observação, ela escreveu: 'Não é que não possais ler!' E mais embaixo: 'Não é alemão, é uma língua estrangeira.' Em seguida, virando a lousa, escreveu do outro lado: 'Francisque (sua irmã mais velha) sentar-se-á à mesa e escreverá o que eu ditar.' Fez acompanhar essas palavras de cinco sinais semelhantes aos primeiros e entregou a lousa. Notando que tais sinais ainda não eram compreendidos, pediu de volta a lousa e aditou: 'São ordens particulares.'

Um pouco antes das onze horas, disse: 'Ficai tranquilos; que todos se sentem e prestem atenção!' e, ao baterem onze horas, virou-se em seu leito e entrou em sono magnético habitual. Alguns instantes mais tarde, pôs-se a falar, sem interrupção, durante cerca de meia hora. Entre outras coisas declarou que durante o ano em curso produzir-se-iam fatos que ninguém compreenderia, e que todas as tentativas feitas para os explicar seriam infrutíferas.

Durante a surdez da jovem Senger a desordem dos móveis, a abertura inexplicada das janelas e a extinção das luzes colocadas na mesa de trabalho repetiram-se várias vezes. Certa noite aconteceu que dois bonés, que estavam pendurados em um cabide do quarto de dormir, foram atirados sobre a mesa do outro quarto, derrubando uma xícara cheia de leite, que se esparramou pelo chão. As batidas contra o leito eram tão violentas que o deslocaram de seu lugar; algumas vezes foi mesmo desmontado ruidosamente, sem que as pancadas se fizessem ouvir.

Como houvesse ainda pessoas incrédulas, ou que atribuíam essas singularidades a uma brincadeira da criança, que, segundo elas, batia ou arranhava com os pés ou com as mãos, se bem tivessem os fatos sido constatados por mais de cem testemunhas, e que fora verificado que a mocinha tinha os braços estendidos sobre a coberta enquanto se produziam os ruídos, o capitão Zentner imaginou um meio de os convencer. Mandou trazer da caserna dois cobertores muito grossos, os quais foram postos um sobre o outro e ambos envolveram o colchão e os lençóis da cama; eram felpudos, de tal sorte que neles seria impossível produzir o mais leve ruído por simples atrito. Vestindo uma simples camisa e uma camisola de dormir, Philippine foi colocada sobre os cobertores; apenas acomodada, as arranhaduras e os golpes se produziram como antes, ora na madeira do leito, ora no armário vizinho, conforme o desejo que era manifestado.

Acontecia muitas vezes que quando alguém cantarolava ou assobiava uma ária qualquer, o batedor o acompanhava, e os sons percebidos pareciam provir de dois, três ou quatro instrumentos: ao mesmo tempo ouvia-se arranhar, bater, assobiar e retumbar, conforme o ritmo da ária cantada. Muitas vezes também o batedor pedia a um dos assistentes que cantasse uma canção; designava-o pelo processo que já conhecemos e, quando a pessoa compreendia que era a si mesma que o Espírito se dirigia, perguntava, por sua vez, se devia cantar tal ou qual ária; respondia-se-lhe por *sim* ou *não*. Ao cantar a ária indicada, um acompanhamento de zumbidos e assobios fazia-se ouvir perfeitamente no compasso. Depois de uma música alegre, frequentemente o Espírito pedia o hino: *Grande Deus, nós te louvamos*, ou a canção de Napoleão I.[44] Se se lhe pedisse para tocar sozinho esta última canção, ou qualquer outra, executava-a do começo ao fim.

As coisas iam assim na casa dos Senger, quer de dia, quer de noite, durante o sono ou no estado de vigília da menina, até o dia 4 de março de 1853, época em que as manifestações entraram numa nova fase. Esse dia foi marcado por um fato ainda mais extraordinário que os precedentes."

(Continua no próximo número.)

OBSERVAÇÃO – Esperamos que nossos leitores não nos censurem pela extensão que demos a esses curiosos detalhes e que leiam a sua continuação com não menor interesse. Faremos notar que esses fatos não nos vêm de além-mar, cuja distância é um grande argumento, pelo menos para certos céticos; nem mesmo vêm de além-Reno, porquanto se passaram em nossas fronteiras, quase sob nossos olhos e há seis anos apenas.

Como se vê, Philippine Senger era uma médium natural muito complexa; além da influência que exercia sobre os fenômenos bem conhecidos dos ruídos e movimentos, era uma sonâmbula extática. Conversava com seres incorpóreos que via; ao mesmo tempo via os assistentes e lhes dirigia a palavra, embora nem sempre lhes respondesse, o que prova que em certos momentos se achava isolada. Para aqueles que conhecem os efeitos da emancipação da alma, as visões que relatamos nada têm que não possam ser explicadas

---

[44] N.E.: Ao terminar a Terceira Sinfonia, conhecida hoje como *Eroica*, Ludwig van Beethoven provavelmente em 1802, colocou-lhe o título de *Buonaparte*, seguido do subtítulo "para celebrar a memória de um grande homem". O nome permaneceu até 1804, quando Napoleão coroou a si mesmo diante do papa, provocando um acesso de fúria em Beethoven, que achou aquilo um ato de tirania. O músico retirou o nome de Napoleão do topo da partitura, rasgou o papel em dois e o jogou no chão. Depois, rasurou o título da folha de rosto da obra.

facilmente; nesses momentos de êxtase é provável que o Espírito da criança se visse transportado para algum país longínquo, onde assistia, talvez em recordação, a uma cerimônia religiosa. Pode-se admirar da lembrança que conservava ao despertar, mas esse fato não é insólito; de resto, pode-se notar que a lembrança era confusa, sendo necessário insistir muito para provocá-la.

Se observarmos atentamente o que se passava durante a surdez, reconheceremos sem dificuldade um estado cataléptico. Uma vez que essa surdez era apenas temporária, é evidente que não provocava alterações nos órgãos da audição. O mesmo podemos dizer da obliteração momentânea das faculdades mentais, que nada tinha de patológico, visto que, num dado instante, tudo voltava ao estado normal. Essa espécie de estupidez aparente resultava de um desprendimento mais completo da alma, cujas excursões faziam-se com maior liberdade, não deixando aos sentidos senão a vida orgânica. Que se julgue, pois, o efeito desastroso que teria resultado de uma intervenção terapêutica em semelhante circunstância! Fenômenos do mesmo gênero podem produzir-se a cada momento; não saberíamos, nesse caso, recomendar maior circunspecção; uma imprudência pode comprometer a saúde e até mesmo a vida.

A preguiça

Dissertação moral ditada por São Luís à senhorita Hermance Dufaux[45]

(5 de maio de 1858)

I

Um homem saiu muito cedo e foi à praça para contratar trabalhadores. Ora, ali viu dois homens do povo que estavam sentados e de braços cruzados. Foi a um deles e o abordou, dizendo: "Que fazes aqui?" Ao que o mesmo respondeu: "Não tenho trabalho"; o

---

[45] N.T.: O nome da médium Ermance Dufaux também aparece grafado com *h* (Hermance).

que procurava trabalhadores disse, então: "Pega a enxada e vai ao meu campo, na vertente da colina onde sopra o vento sul; cortarás as urzes e revolverás o solo até que venha a noite; a tarefa é rude, mas terás um bom salário." E o homem do povo colocou a enxada no ombro e agradeceu ao outro de coração.

Ouvindo isso, o outro trabalhador levantou de seu lugar e aproximou-se, dizendo: "Senhor, deixai também que eu vá trabalhar em vosso campo"; e tendo dito a ambos que o seguissem, marchou à frente para mostrar-lhes o caminho. Depois, quando chegaram à encosta da colina, dividiu o trabalho em dois e se foi.

Logo que partiu, o último dos trabalhadores contratados pôs fogo no mato da gleba que lhe coube na partilha e lavrou a terra com a enxada. O suor minava em sua fronte, sob o calor ardente do Sol. Murmurando a princípio, o outro o imitou, mas logo abandonou a tarefa; fincando a enxada no chão, sentou-se ao lado, olhando o trabalho que seu companheiro fazia.

Ora, no início da noite o dono do campo veio examinar o trabalho que havia sido realizado; chamando o trabalhador diligente, cumprimentou-o, dizendo: "Trabalhaste bem; eis o teu salário"; e o despediu, após dar-lhe uma moeda de prata. O outro também se aproximou, reclamando o valor de seu salário, mas o dono lhe disse: "Mau trabalhador, meu pão não saciará tua fome, porque deixaste inculta a parte do campo que te foi confiada; não é justo que aquele que nada fez seja recompensado como o que trabalhou bem." E o despediu sem lhe dar nada.

II

Eu vos digo que a força não foi dada ao homem, nem a inteligência ao seu espírito para consumir os dias na ociosidade, mas para ser útil aos semelhantes. Ora, aquele cujas mãos estiverem desocupadas e o espírito ocioso será punido e deverá recomeçar sua tarefa.

Em verdade vos digo que sua vida será posta de lado como uma coisa que a ninguém aproveita, quando seu tempo se cumprir; compreendei isso como uma comparação. Qual dentre vós, se tiverdes em vosso pomar uma árvore que não dê bons frutos, não dirá a seu servo: "Cortai essa árvore e lançai-a no fogo, porque seus ramos são estéreis"? Ora, assim como tal árvore será cortada por causa de sua esterilidade, a vida do preguiçoso será posta no refugo, por ter sido estéril em boas obras.

Conversas familiares de Além-túmulo

O Sr. Morisson, monomaníaco

No mês de março passado, um jornal inglês noticiava o seguinte sobre o Sr. Morisson, que acabava de morrer na Inglaterra, deixando uma fortuna de cem milhões de francos. Segundo o jornal, nos últimos anos de sua vida ele era presa de singular monomania: imaginava-se reduzido à extrema pobreza e devia ganhar o pão de cada dia com um trabalho manual. Sua família e seus amigos haviam reconhecido a inutilidade de tentar fazê-lo mudar de ideia; era pobre, não possuía um centavo e devia trabalhar para viver: essa a sua convicção. Punham-lhe, pois, uma enxada nas mãos a cada manhã e o mandavam trabalhar em seus jardins. Logo vinham procurá-lo, pois sua tarefa estava concluída; pagavam-lhe um salário modesto pelo trabalho, e ele ficava contente; seu espírito era apaziguado e sua mania, satisfeita. Teria sido o mais infeliz dos homens se o tivessem contrariado.

1. Peço a Deus Todo-Poderoso permitir ao Espírito Morisson, que acaba de morrer na Inglaterra, deixando uma fortuna considerável, que se comunique conosco.

Resp. – Estou aqui.

2. Lembrai-vos do estado em que vos acháveis durante os dois últimos anos de vossa existência corporal?

Resp. – É sempre a mesma.

3. Após a morte, vosso Espírito ficou ressentido da aberração de vossas faculdades durante a vida?

Resp. – Sim. (São Luís completa a resposta, dizendo espontaneamente: "Desprendido do corpo, por algum tempo o Espírito sente a compressão dos seus laços.")

4. Assim, uma vez morto, não recobrou vosso Espírito imediatamente a plenitude de suas faculdades?

Resp. – Não.

5. Onde estais agora?

Resp. – Atrás de Ermance.

6. Sois feliz ou infeliz?

Resp. – Falta-me alguma coisa... Não sei o quê... Procuro... Sim, sofro.

7. Por que sofreis?

Resp. – "Sofre pelo bem que não fez" (São Luís).

8. De onde provinha essa mania de vos imaginar pobre com tão grande fortuna?

Resp. – Eu o era; verdadeiramente rico é aquele que não tem necessidades.

9. Qual a origem dessa ideia de que era necessário trabalhar para viver?

Resp. – Eu era louco e ainda o sou.

10. Essa loucura vinha de onde?

Resp. – Que importa? Eu havia escolhido essa expiação.

11. Qual era a origem de vossa fortuna?

Resp. – Que te importa?

12. Entretanto, a invenção que fizestes não tinha por fim o alívio da humanidade?

Resp. – E enriquecer-me também.

13. Que uso fizestes da fortuna quando desfrutáveis da plenitude da razão?

Resp. – Nenhum; creio que a gozava.

14. Por que vos teria Deus concedido fortuna, já que não devíeis empregá-la em benefício dos outros?

Resp. – Eu havia escolhido a prova.

15. O que desfruta de uma fortuna adquirida pelo trabalho não é mais desculpável por se apegar a ela do que aquele que nasceu na opulência e jamais conheceu a necessidade?

Resp. – Menos. (São Luís acrescenta: "Aquele conhece a dor, mas não a alivia.")

16. Lembrai-vos da existência que precedeu a que acabais de deixar?

Resp. – Sim.

17. Que éreis, então?

Resp. – Um operário.

18. Dissestes que éreis infeliz; vedes um termo ao vosso sofrimento?

Resp. – Não. (São Luís acrescenta: "É cedo demais.")

19. De que depende isso?

Resp. – De mim. O que está ali mo disse.

20. Conheceis aquele que está ali?

Resp. – Vós o chamais Luís.

21. Sabeis o que foi ele na França no século XIII?

Resp. – Não... Conheço-o por vosso intermédio... Agradeço por aquilo que me ensinou.

22. Acreditais numa nova existência corporal?

Resp. – Sim.

23. Se tiverdes de renascer na vida corpórea, de quem dependerá a posição social que desfrutareis?

Resp. – De mim, suponho. Já escolhi tantas vezes que isso não pode depender senão de mim.

OBSERVAÇÃO – Essas palavras: "*Já escolhi tantas vezes*" são características. Seu estado atual prova que, apesar das numerosas existências, pouco progrediu, estando sempre a recomeçar.

24. Qual a posição social que escolheríeis, caso pudésseis começar de novo?

Resp. – Baixa; avança-se com mais segurança; só se está encarregado de si mesmo.

25. (A São Luís) Não haverá um sentimento de egoísmo na escolha de uma posição inferior, na qual só estamos encarregados de nós mesmos?

Resp. – Em parte alguma estamos encarregados apenas de nós mesmos; o homem responde por aqueles que o cercam, e não apenas pelas almas cuja educação lhe foi confiada, mas ainda das outras: o exemplo faz todo o mal.

26. (A Morisson) Agradecemos por haverdes respondido às nossas perguntas e rogamos a Deus vos dê forças para que possais suportar novas provas.

Resp. – Vós me aliviastes. Aprendi.

OBSERVAÇÃO – Pelas respostas acima se reconhece facilmente o estado moral desse Espírito; são curtas e, quando não monossilábicas, têm algo de sombrio e de vago: um louco melancólico não falaria de outro modo. Essa persistência da aberração das ideias após a morte é um fato notável, embora não seja constante, podendo apresentar, por vezes, um caráter bem diverso. Teremos oportunidade de citar vários exemplos, em que se estudam os diferentes gêneros de loucura.

O SUICIDA DA SAMARITANA[46]

Recentemente os jornais relataram o seguinte fato:

> No dia 7 de abril de 1858, por volta das sete horas da noite, um homem de cerca de 50 anos e decentemente trajado apresentou-se no estabelecimento da Samaritana, em Paris, e mandou que lhe preparassem um banho. Decorridas cerca de duas horas, o empregado de serviço, admirado pelo silêncio do freguês, resolveu entrar no seu gabinete, a fim de verificar o que ocorria. Deparou-se, então, com um quadro horrível: o infeliz degolara-se com uma navalha e todo o seu sangue misturava-se à água da banheira. E, como a identidade do suicida não pôde ser apurada, foi o cadáver removido para o necrotério.

Pensamos que poderíamos haurir um ensinamento útil à nossa instrução, da conversa com o Espírito desse homem. Evocamo-lo, pois, no dia 13 de abril, consequentemente seis dias apenas depois de sua morte.

1. Rogo a Deus Todo-Poderoso permitir ao Espírito do indivíduo que se suicidou no dia 7 de abril de 1858, nos banhos da Samaritana, que se comunique conosco.

Resp. – Espere... (Após alguns segundos) Ei-lo aqui.

OBSERVAÇÃO – Para compreender essa resposta é preciso saber que geralmente há um Espírito familiar, do médium ou da

---

[46] N.T.: Vide *O céu e o inferno*, Segunda parte, cap. V – *Suicidas*.

família, em todas as reuniões regulares, que está sempre presente sem que se o precise chamar. É ele quem faz virem os Espíritos que são evocados e, conforme seja mais ou menos elevado, ele próprio serve como mensageiro ou dá ordens aos Espíritos que lhe são inferiores. Quando nossas reuniões têm por intérprete a senhorita Ermance Dufaux, é sempre o Espírito São Luís que de boa vontade se encarrega dessa tarefa.

2. Onde vos achais agora?

Resp. – Não sei... dizei-mo.

3. Na Galeria Valois, Palais-Royal, nº 35, numa reunião de pessoas que estudam o Espiritismo e que são benévolas para convosco.

Resp. – Dizei-me se vivo... Esse caixão me sufoca.

4. Quem vos impeliu a vir aqui?

Resp. – Senti-me aliviado.

5. Qual o motivo que vos arrastou ao suicídio?

Resp. – Morto? Eu? Não... pois que habito o meu corpo... Não sabeis como sofro!... Sufoco-me... Ah! se mão compassiva me aniquilasse de vez!

Observação – Embora separada do corpo, sua alma ainda está completamente imersa no que se poderia chamar o turbilhão da matéria corpórea; as ideias terrenas ainda estão vivas, a ponto de se acreditar encarnado.

6. Por que não deixastes indícios que pudessem tornar-vos reconhecível?

Resp. – Estou abandonado; *fugi ao sofrimento para entregar-me à tortura.*

7. Tendes agora os mesmos motivos para ficar incógnito?

Resp. – Sim; não revolvais com ferro candente a ferida que sangra.

8. Podereis dar-nos o vosso nome, idade, profissão e domicílio?

Resp. – Absolutamente não.

9. Tínheis família, mulher, filhos?

Resp. – Estava abandonado, ninguém me amava.

10. E que fizestes para que ninguém vos amasse?

Resp. – Quantos o são como eu!... Um homem pode viver abandonado no seio da família, quando ninguém o ama.

11. No momento de praticardes o suicídio, não experimentastes qualquer hesitação?

Resp. – Ansiava pela morte... Esperava repousar.

12. Como é que a ideia do futuro não vos fez renunciar a tal projeto?

Resp. – Já não acreditava nele. Era um desiludido. O futuro é a esperança.

13. Que reflexões vos ocorreram ao sentirdes a extinção da vida?

Resp. – Não refleti, senti... Mas minha vida não se extinguiu... minha alma está ligada ao corpo... *sinto os vermes a me corroerem.*

14. Que sensação experimentastes no momento decisivo da morte?

Resp. – Pois ela se completou?

15. Foi doloroso o momento em que a vida se vos extinguiu?

Resp. – Menos doloroso que depois. Só o corpo sofreu. (São Luís continua): "O Espírito descarregou o fardo que o oprimia; ressentia a volúpia da dor."

(A São Luís): Tal estado é sempre consequência do suicídio?

Resp. – Sim. O Espírito do suicida fica ligado ao corpo até o termo dessa vida. A morte natural é a libertação da vida: o suicídio a rompe por completo.

16. Dar-se-á o mesmo nas mortes acidentais, embora involuntárias, mas que abreviam a existência?

Resp. – Não. Que entendeis por suicídio? O Espírito só responde pelos seus atos.

Observação – Havíamos preparado uma série de perguntas que nos propúnhamos a dirigir ao Espírito desse homem sobre sua nova existência; diante das respostas, se tornaram sem objetivo; para nós, era evidente que ele não tinha nenhuma consciência de sua situação; seu sofrimento foi a única coisa que nos pôde descrever.

Esta dúvida da morte é muito comum nas pessoas recentemente desencarnadas e principalmente naquelas que, durante a vida, não elevam a alma acima da matéria. É um fenômeno que parece singular à primeira vista, mas que se explica naturalmente. Se a um indivíduo, pela primeira vez sonambulizado, perguntarmos se dorme, ele responderá quase sempre que *não*, e essa resposta é lógica: o interlocutor é que faz mal a pergunta, servindo-se de um termo impróprio. Na linguagem comum, a ideia do sono prende-se à suspensão de todas as faculdades sensitivas; ora, o sonâmbulo pensa, vê, sente e tem consciência da sua liberdade; logo, não se crê adormecido, e de fato não dorme, na acepção vulgar da palavra. Eis a razão por que responde *não*, até que se familiarize com essa maneira de apreender o fato. O mesmo acontece com o homem que acaba de morrer; para ele a morte era o aniquilamento do ser, e, tal como o sonâmbulo, ele vê, sente, fala, e assim não se considera morto, afirmando isto até que adquira a intuição do seu novo estado.

Confissões de Luís XI

(Terceiro artigo)

Extrato da vida de Luís XI, ditada por ele mesmo à senhorita Ermance Dufaux
(Ver os números de março e maio de 1858)

ENVENENAMENTO DO DUQUE DE GUYENNE

"[...] Em seguida ocupei-me da Guyenne. Odet d'Aidies, senhor de Lescun, que se havia indisposto comigo, fazia os preparativos da guerra com uma atividade impressionante. Era com muita dificuldade que alimentava o ardor belicoso de meu irmão, o duque de Guyenne. Tinha de combater um adversário temível no espírito de meu irmão: a senhora de Thouars, amante de Carlos, duque de Guyenne.

Essa mulher nada procurava, a não ser tirar vantagem do império que exercia sobre o jovem duque, com vistas a dissuadi-lo da guerra, não ignorando que esse conflito tinha por fim o casamento do amante. Seus inimigos secretos tinham afetado louvar, em sua presença, a beleza e as brilhantes qualidades da noiva: isso foi o bastante para convencê-la de que sua desgraça seria certa se aquela princesa desposasse o duque de Guyenne. Certa da paixão de meu irmão, recorreu às lágrimas, às preces e a todas as extravagâncias de uma mulher perdida em semelhante situação. O frágil Carlos cedeu, dando conhecimento de suas novas resoluções a Lescun. Este logo preveniu o duque da Bretanha e demais interessados: eles se alarmaram e mandaram representações a meu irmão, cujo efeito só serviu para mergulhá-lo ainda mais em suas hesitações.

Entretanto, a favorita conseguiu, não sem dificuldade, demovê-lo novamente da guerra e do casamento; desde então, sua morte foi decidida por todos os príncipes. Temendo que meu irmão viesse atribuí-la a Lescun, cuja antipatia pela senhora de Thouars lhe era conhecida, resolveram conquistar Jean Faure Duversois, monge beneditino, confessor de meu irmão e abade de Saint-Jean d'Angély.

Esse homem era um dos partidários mais entusiastas da senhora de Thouars, e ninguém ignorava o ódio que votava a Lescun, cuja influência política invejava. Não era provável que meu irmão lhe atribuísse jamais a morte de sua amante, pois aquele sacerdote era um dos favoritos em quem mais confiança ele depositava. Uma vez que apenas a sede das grandezas o ligava à favorita, deixou-se corromper facilmente.

Há muito tempo que eu vinha tentando seduzir o abade, mas ele sempre repelia minhas ofertas, deixando-me, todavia, a esperança de um dia alcançar esse objetivo.

Compreendeu facilmente a delicada posição em que se meteria, ao prestar aos príncipes o serviço que esperavam dele; sabia que nada lhes custava desembaraçar-se de um cúmplice. Por outro lado, conhecia a inconstância de meu irmão e temia tornar-se sua vítima.

Para conciliar a sua segurança com os seus interesses, determinou-se por sacrificar o seu jovem senhor. Tomando esse partido, tanto tinha chance de sucesso quanto de fracasso. Para os príncipes, a morte do jovem duque de Guyenne deveria ser o resultado do desprezo ou de um incidente imprevisto. Mesmo que fosse imputada ao duque da Bretanha e a seus comparsas, a morte da favorita passaria, por assim dizer, despercebida, pois que ninguém teria descoberto os motivos que lhe conferiam uma importância real, do ponto de vista político.

Admitindo que se pudesse acusá-los da morte de meu irmão, achar-se-iam expostos aos maiores perigos, porquanto teria sido de meu dever castigá-los rigorosamente; sabiam que não era boa vontade que me faltava e, nesse caso, o povo se voltaria contra eles; o próprio duque de Borgonha, alheio ao que se tramava em Guyenne, ver-se-ia forçado a aliar-se a mim, sob pena de ser acusado de cumplicidade. Mesmo nesta última hipótese, tudo teria saído a meu favor. Eu poderia fazer que declarassem Carlos, o Temerário, criminoso de lesa-majestade, e levar o Parlamento a condená-lo à morte, como assassino de meu irmão. Essas condenações, chanceladas por aquele importante tribunal, tinham sempre grandes resultados, sobretudo quando eram de uma legitimidade incontestável.

Vê-se facilmente que interesse tinham os príncipes em manejar o abade. Em compensação, nada era mais fácil do que se desfazer dele secretamente.

Comigo, o abade de Saint-Jean teria ainda mais chances de impunidade. O serviço que me prestava era-me da maior importância, sobretudo naquele momento: a liga formidável que se formava, da qual o duque de Guyenne era o centro, deveria perder-me infalivelmente; a morte de meu irmão era o único meio de destruí-la e, em consequência, de salvar-me. Ele ambicionava o favor de Tristão, o Eremita, pensando que, por esse meio, conseguiria elevar-se acima dele ou, pelo menos, partilhar de minhas boas graças e de minha confiança com ele. Aliás, os príncipes tinham cometido a imprudência de deixar-lhe nas mãos provas incontestáveis de sua culpabilidade: eram diferentes escritos; como estavam naturalmente concebidos em termos muito vagos, não seria difícil substituir a pessoa de meu irmão pela de sua favorita, que não era designada senão em termos subentendidos. Entregando-me esses documentos, ele afastaria de mim qualquer tipo de dúvida sobre a minha inocência; livrar-se-ia, assim, do único perigo que corria ao lado dos príncipes e, provando que de forma alguma eu estava envolvido no envenenamento, deixava de ser meu cúmplice e me tirava qualquer interesse em fazê-lo perecer.

Restava provar que ele próprio nada tinha a ver com isso; era uma dificuldade menor: primeiro estava certo de minha proteção e, depois, não tendo os príncipes qualquer prova de sua culpabilidade, poderia devolver-lhes as acusações, a título de calúnias.

Tudo bem pesado, fez passar perto de mim um emissário, que fingia vir espontaneamente, a dizer-me que o abade de

Saint-Jean estava descontente com meu irmão. Vi, imediatamente, todo o partido que poderia tirar dessa situação e caí na armadilha que o astucioso abade me estendeu. Não suspeitando que aquele homem pudesse ter sido enviado por ele, despachei um de meus espiões de confiança. Saint-Jean representou tão bem o seu papel que o emissário foi enganado. Com base em seu relatório, escrevi ao abade a fim de o conquistar; ele fingiu muitos escrúpulos, mas triunfei, não sem dificuldade. Concordou em encarregar-se do envenenamento de meu jovem irmão: tão pervertido me achava que nem mesmo hesitei em cometer esse crime horrível.

Henri de la Roche, escudeiro do duque, encarregou-se de mandar preparar um pêssego, que o próprio abade ofereceu à senhora de Thouars, quando merendava à mesa com meu irmão. A beleza desse fruto era notável; ela chamou a atenção do príncipe e o dividiu com ele. Tão logo haviam comido, a favorita sentiu dores violentas nas entranhas: não tardou em expirar, em meio aos mais atrozes sofrimentos. Meu irmão experimentou os mesmos sintomas, porém com muito menor violência.

Talvez pareça estranho que o abade se tenha servido de tal meio para envenenar seu jovem senhor; com efeito, o mais leve incidente poderia frustrar seu plano. Era, entretanto, o único que a prudência poderia autorizar: estabelecia a possibilidade de um equívoco. Impressionada pela beleza do pêssego, era muito natural que a senhora de Thouars fizesse com que seu amante também a admirasse, oferecendo-lhe a metade: ele não poderia deixar de aceitá-la e de comer um pouco, fosse ainda por complacência. Mas, admitindo que comesse somente um pedacinho, seria suficiente para provocar os primeiros sintomas necessários; então, um envenenamento posterior poderia levar à morte, como consequência do primeiro.

Desde que souberam das funestas consequências do envenenamento da favorita, o terror tomou conta dos príncipes; não tiveram a menor suspeita da premeditação do abade; pensaram apenas em dar todas as aparências de naturalidade à morte da jovem senhora e à enfermidade de seu amante; nenhum deles tomou a iniciativa de oferecer um contraveneno ao infeliz príncipe, temendo comprometer-se; com efeito, essa providência teria dado a entender que conheciam o veneno e que eram, por conseguinte, cúmplices do crime.

Graças à juventude e à força de seu temperamento, Carlos resistiu por algum tempo ao veneno. Seus sofrimentos físicos não fizeram outra coisa senão levá-lo com mais ardor aos seus antigos projetos. Temendo que a moléstia diminuísse o zelo de seus oficiais, quis que renovassem o juramento de fidelidade. Como exigisse que se comprometessem a servi-lo contra tudo e contra todos, mesmo contra mim, alguns deles, temendo a morte que parecia próxima, recusaram-se a fazê-lo e passaram para a minha corte."

OBSERVAÇÃO – Em nosso número precedente lemos os interessantes detalhes fornecidos por Luís XI sobre sua morte. O fato que acabamos de relatar não é menos notável, pelo duplo ponto de vista da História e do fenômeno das manifestações; aliás, não tínhamos dificuldades senão quanto à escolha; a vida desse rei, tal como foi ditada por ele mesmo é, sem contestação, a mais completa que temos e, podemos mesmo dizer, é a mais imparcial. O estado de espírito de Luís XI permite-lhe hoje apreciar as coisas em seu justo valor; pudemos ver, pelos três fragmentos que citamos, como ele faz o seu próprio julgamento; explica sua política melhor que qualquer um de seus historiadores; não absolve sua conduta; e em sua morte, tão triste e tão vulgar para um monarca que fora todo-poderoso até algumas horas antes, vê um castigo antecipado.

Como fato de manifestação, esse trabalho oferece um interesse todo particular: prova que as comunicações espíritas podem nos esclarecer sobre a História, quando sabemos nos colocar em condições favoráveis. Fazemos votos por que a publicação da vida de Luís XI, da mesma forma que a não menos interessante de Carlos VIII, igualmente concluída, venha em breve fazer companhia à de Joana d'Arc.

Henri Martin

Comunicações extracorpóreas

Vemos certos escritores eméritos dar de ombros à simples referência de uma história escrita pelos Espíritos. — Como? — dizem eles — como podem os seres do outro mundo vir controlar o nosso saber, a nós outros, sábios da Terra? Ora, pois! Isso é possível? — Senhores, não vos forçamos a acreditar; nem sequer nos esforçaremos, por pouco que seja, para vos demover dessa ilusão tão cara. Até mesmo no interesse de vossa glória futura, nós vos exortamos a inscrever vossos nomes, em caracteres *indestrutíveis*, ao pé desta modesta sentença: *Todos os partidários do Espiritismo são insensatos, porque somente a nós cabe julgar até onde vai o poder de Deus*, e isso a fim de que a posteridade não vos possa esquecer; ela mesma verá se deve conceder-vos um lugar ao lado dos que, até há pouco tempo, repeliram os homens a quem a ciência e o reconhecimento público hoje erigem estátuas.

No entanto, eis um escritor cuja capacidade não é desconhecida por ninguém e que ousa, a despeito do risco de fazer-se passar também por um cérebro vazio, hastear a bandeira das ideias novas sobre as relações do mundo físico com o mundo incorpóreo.

Na *Histoire de France*, de Henri Martin, volume 6, página 143, lemos o seguinte, a propósito de Joana d'Arc:

> [...] Existe, na humanidade, uma ordem extraordinária de fatos morais e físicos que parecem derrogar as leis ordinárias da natureza: são os estados de êxtase e de sonambulismo, quer espontâneo, quer artificial, com todos os seus impressionantes fenômenos de deslocamento dos sentidos, de insensibilidade total ou parcial do corpo, de exaltação da alma, enfim, de percepções alheias a todas as condições da vida habitual. Essa classe de fatos foi julgada sob pontos de vista inteiramente opostos. Os fisiologistas, vendo

perturbadas ou deslocadas as relações costumeiras dos órgãos físicos, qualificam de doença o estado extático ou sonambúlico, admitindo a realidade daqueles fenômenos que podem ser incluídos na patologia e negando todo o resto, isto é, tudo aquilo que pareça estranho às leis constatadas da Física. A seus olhos, a doença se converte mesmo em loucura quando, ao deslocamento da ação dos órgãos, junta-se a alucinação dos sentidos, tal como a visão de objetos, que só existem para o visionário. Um eminente fisiologista defendeu, com toda clareza, a tese de que Sócrates era louco, porque esse filósofo imaginava conversar com o seu demônio. Respondem os místicos não somente atestando por reais os fenômenos extraordinários das percepções magnéticas — questão sobre a qual encontram numerosos auxiliares, e incontáveis testemunhas fora do misticismo —, mas sustentando, também, que as visões dos extáticos têm objetos reais, vistos, é certo, não através dos olhos do corpo, mas do Espírito. Para eles, o êxtase é a ponte lançada do mundo visível ao mundo invisível, o meio de comunicação do homem com os seres superiores, a lembrança e a promessa da existência de um mundo melhor, de onde fomos destituídos e que devemos reconquistar.

Nesse debate, que partido devem tomar a História e a Filosofia?

Não poderia a História determinar, com precisão, nem os limites, nem a extensão dos fenômenos e das faculdades extáticas e sonambúlicas; constata, porém, que ocorrem por toda parte; que sempre os homens neles acreditaram; que têm exercido uma ação considerável sobre os destinos do gênero humano; que se têm manifestado não somente entre os contemplativos, mas igualmente entre os gênios mais poderosos e mais ativos; enfim, entre a maior parte dos grandes iniciados; que, por mais desarrazoados se mostrem diversos extáticos, nada há de comum entre as divagações da loucura e as visões de alguns; que tais visões podem estabelecer ligações com certas leis; que os extáticos de todos os países e de todos os séculos têm o que se poderia chamar uma linguagem de símbolos, da qual a poesia é apenas um derivado, linguagem que exprime, mais ou menos constantemente, as mesmas ideias e os mesmos sentimentos pelas mesmas imagens.

Talvez seja mais temerário ainda tentar-se concluir em nome da Filosofia; entretanto, após haver reconhecido a importância moral desses fenômenos, por mais obscura nos seja sua lei e sua finalidade; depois de neles distinguir dois graus, um inferior, que não passa de uma extensão estranha ou de um deslocamento inexplicável da ação dos órgãos, o outro superior, nada mais sendo do que a exaltação prodigiosa das forças morais e intelectuais, o filósofo poderia sustentar, ao que nos parece, que a ilusão do inspirado consiste em tomar, como revelação trazida por seres exteriores, anjos, santos ou gênios, as revelações interiores dessa personalidade infinita que está em nós e, muitas vezes também, entre os melhores e os maiores, as quais se manifestam como lampejos de forças latentes que ultrapassam, quase que sem medida, as faculdades de nossa condição atual. Numa palavra, na linguagem dos mestres, são, para nós, *fatos de subjetividade*; na linguagem das antigas filosofias místicas e das religiões mais adiantadas, são as revelações do *férouer* masdeísta, do bom demônio (o de Sócrates), do anjo guardião, desse outro *Eu* que nada mais é que o *Eu* eterno, em plena posse de si mesmo, pairando sobre o *Eu* envolvido nas sombras desta vida (figura do magnífico símbolo zoroastriano, figurado por toda parte em Persépolis e em Nínive; o *férouer* alado ou o *Eu* celeste, adejando sobre a criatura terrestre).

Negar a ação dos seres exteriores sobre o inspirado, não ver em suas pretensas manifestações mais que a forma dada às intuições do extático pelas crenças de seu tempo e de seu país, e buscar a solução do problema nas profundezas da personalidade humana, não é, absolutamente, uma maneira de pôr em dúvida a intervenção divina nesses grandes fenômenos e nessas grandes existências. O autor e sustentáculo de toda a vida, por mais essencialmente independente que seja de cada criatura e de toda a criação, por mais distinta que seja de nosso ser contingente a sua personalidade absoluta, de forma alguma é um ser exterior, isto é, estranho a nós, e não é de fora que ele nos fala; quando a alma mergulha em si mesma, nela o encontra e, em toda inspiração salutar, nossa liberdade se associa à sua Providência. Aqui, como em toda parte, grassa o duplo escolho da incredulidade e da piedade mal esclarecida: uma não vê mais que ilusões e impulsos puramente humanos, a outra recusa admitir qualquer parcela de ilusão, de ignorância ou de imperfeição, onde vê somente o dedo de Deus. Como se os enviados de Deus deixassem de ser homens, homens de um certo tempo e de um certo lugar, e como se os lampejos sublimes que lhes atravessam a alma aí depositassem a ciência universal e a perfeição absoluta. Nas mais evidentes e providenciais inspirações, os erros que procedem dos homens se mesclam à verdade que provém de Deus. O Ser infalível a ninguém comunica a sua infalibilidade.

Não pensamos que essa digressão possa parecer supérflua; tínhamos de nos pronunciar sobre o caráter e sobre a obra daquelas que foram inspiradas e que, no mais alto grau, deram testemunho das faculdades extraordinárias de que falamos há pouco, e que as aplicou à mais retumbante missão dos tempos modernos; era, pois, preciso exprimir uma opinião quanto à categoria dos seres excepcionais à qual pertence Joana d'Arc."

Variedades

Os banquetes magnéticos

No dia 26 de maio, aniversário natalício de Mesmer, realizam-se dois banquetes anuais que reúnem a elite dos magnetizadores de Paris e os adeptos estrangeiros que a eles querem se juntar. Sempre nos perguntamos por que essa solenidade comemorativa é celebrada por dois banquetes rivais, nos quais cada lado bebe à saúde do outro e nos quais se ergue, sem resultado, um brinde à união. Quando se está lá, parece que estão bem perto de se entenderem.

Por que, então, uma cisão entre homens que se dedicam ao bem da humanidade e ao culto da verdade? Não lhes apresentará a verdade sob a mesma luz? Terão duas maneiras de compreender o bem da humanidade? Estarão divididos sobre os princípios de sua ciência? Absolutamente; têm todos as mesmas crenças, o mesmo mestre, que é Mesmer. Se esse mestre, cuja memória invocam, atende ao apelo que lhe fazem, como acreditamos, deve lamentar ao ver a desunião entre seus discípulos. Felizmente essa falta de união não provocará guerras como as que, em nome do Cristo, têm ensanguentado o mundo, para a eterna vergonha dos que se dizem cristãos. Mas essa guerra, por mais inofensiva que seja, embora se limite a golpes de penas e a beber cada um do seu lado, nem por isso deixa de ser menos lamentável. Gostaríamos de ver os homens de bem unidos num mesmo sentimento de confraternização; com isso, ganharia a ciência magnética em progresso e em consideração.

Desde que os dois campos não estão divididos por divergências doutrinárias, a quem aproveita, pois, o seu antagonismo? Só podemos ver-lhe a causa nas susceptibilidades inerentes à imperfeição de nossa natureza, de que os homens, até mesmo os superiores, não estão isentos. Em todos os tempos, o gênio da discórdia tem agitado o seu facho sobre a humanidade, isto é, do ponto de vista espírita, os Espíritos inferiores, invejosos da felicidade dos homens, entre eles encontram um acesso muito fácil. Felizes aqueles que têm bastante força moral para repelir suas sugestões.

Fizeram-nos a honra de nos convidar a uma dessas duas reuniões. Como ocorreriam simultaneamente, como não somos ainda senão um Espírito muito materialmente encarnado, nem possuímos o dom da ubiquidade, só nos foi possível satisfazer a um desses graciosos convites, o que era presidido pelo Dr. Duplanty. Devemos dizer que os partidários do Espiritismo ali não constituíam maioria; todavia, constatamos com prazer que, à parte alguns piparotes dados aos Espíritos nas espirituosas canções que foram executadas pelo Sr. Jules Lovi, e nas não menos divertidas cantadas pelo Sr. Fortier, que exigiram a honra do bis, da parte de ninguém foi a Doutrina Espírita objeto dessas críticas tão inconvenientes, de que são pródigos certos adversários, a despeito da educação de que se vangloriam.

Longe disso, num discurso notável e por isso mesmo aplaudido, o Dr. Duplanty proclamou, em alta voz, o respeito que se deve ter pelas crenças sinceras, ainda mesmo que não as compartilhemos. Sem se pronunciar pró ou contra o Espiritismo, fez observar sabiamente que os fenômenos do magnetismo, ao nos revelarem uma força até então desconhecida, devem tornar-se ainda mais circunspectos em relação aos que se podem ainda revelar e que, pelo menos, seria imprudência negar os que não compreendemos ou não pudemos constatar, sobretudo quando se apoiam na autoridade de homens honrados, cujas luzes e cuja lealdade não poderiam ser postas em dúvida. São palavras sensatas, que agradecemos ao Sr. Duplanty; contrastam singularmente com as de certos adeptos do magnetismo que, de forma desrespeitosa, cobrem de ridículo uma doutrina que confessam não conhecer, esquecendo eles mesmos que outrora foram alvo dos sarcasmos; que também foram enviados aos hospitais de alienados e perseguidos pelos céticos como inimigos do bom senso e da religião. Hoje, que o magnetismo se reabilitou pela própria força das coisas; que dele não mais se ri; que se pode sem temor confessar-se magnetizador, é pouco digno, pouco caridoso para eles, usarem de represálias contra uma ciência irmã da sua, que não lhes poderia prestar senão um salutar apoio. Não atacamos os homens, dizem; somente rimos daquilo que nos parece ridículo, aguardando que a luz se faça para nós. Em nossa opinião, a ciência magnética, que professamos há 35 anos, deveria ser inseparável da seriedade. Parece-nos que, à sua verve satírica, não falta combustível neste mundo, não tomando como alvo as coisas sérias. Esquecem-se, pois, de que contra eles foi usada a mesma linguagem; que também acusavam os incrédulos de julgarem levianamente e que diziam, como nós agora, por nossa vez: "Paciência! Rirá melhor quem rir por último!"

ERRATA

No número V (maio de 1858), uma falha tipográfica desnaturou um nome próprio que, por isso mesmo, perdeu o sentido. À página 142, linha 1ª, em vez de Poryolise, lede Pergolèse.[47]

ALLAN KARDEC

---

[47] N.T.: Já procedemos à grafia correta no fascículo indicado, como recomendou Allan Kardec. Ver na p. 221 a resposta da pergunta 25.

Revista Espírita
Jornal de estudos psicológicos
Ano I   Julho de 1858   Nº 7

A inveja

Dissertação moral ditada pelo Espírito São Luís ao Sr. D...

Em uma das sessões da Sociedade, São Luís nos havia prometido uma dissertação sobre a inveja. O Sr. D..., que começava a desenvolver a mediunidade e ainda duvidava um pouco — não da Doutrina, de que é um dos mais ferventes adeptos e que a compreende em sua essência, isto é, do ponto de vista moral, mas da faculdade que nele se revelava —, invocou São Luís em seu nome particular, dirigindo-lhe a seguinte pergunta:

— Poderíeis dissipar minhas dúvidas e inquietações a respeito de minha força mediúnica, escrevendo, por meu intermédio, a dissertação que havíeis prometido à Sociedade para terça-feira, 1º de junho?

Resp. – Sim; para te tranquilizar o farei.

Foi então que o trecho seguinte foi ditado. Faremos notar que o Sr. D... dirigiu-se a São Luís com um coração puro e sincero, sem segundas intenções, condição indispensável a toda boa comunicação. Não era uma prova que fazia: duvidava apenas de si mesmo, permitindo Deus que fosse atendido, a fim de dar-lhe os meios de tornar-se útil. Hoje, o Sr. D... é um dos médiuns mais completos, não só pela grande facilidade de execução, como por sua aptidão em servir de intérprete a todos os Espíritos, mesmo àqueles de ordem mais elevada, que se exprimem facilmente e de boa vontade por seu intermédio. São essas, sobretudo, as qualidades que devemos procurar num médium e que podem sempre ser adquiridas com paciência, vontade e exercício. O Sr. D... não necessitou de muita paciência; havia nele a vontade e o *fervor*, unidos a uma aptidão natural. Bastaram alguns dias para levar sua faculdade ao mais alto grau. Eis o ditado que lhe foi dado sobre a inveja:

> Vede este homem: seu espírito está inquieto, sua infelicidade terrestre está no auge: inveja o ouro, o luxo e a felicidade, aparente ou fictícia, de seus semelhantes; seu coração está devastado, sua alma secretamente consumida por essa luta incessante do orgulho e da vaidade não satisfeita; carrega consigo, em todos os instantes de sua miserável existência, uma serpente que acalenta no peito e que sem cessar lhe sugere os mais fatais pensamentos: "Terei essa volúpia, essa felicidade? Não obstante, isso me é devido como aos outros; sou homem como eles; por que seria deserdado?" E se debate na sua impotência, atormentado pelo horrível suplício da inveja. Feliz ainda se essas funestas ideias não o levarem à beira do abismo. Entrando nesse caminho, ele se pergunta se não deve obter, pela violência, o que julga ser-lhe devido; se não irá expor, aos olhos de todos, o horrendo mal que o devora. Se esse infeliz apenas tivesse olhado para baixo de sua posição, teria visto o número daqueles que sofrem sem se lastimarem e ainda bendizendo o Criador, porquanto a infelicidade é um benefício de que Deus se serve para fazer avançar a pobre criatura até o seu trono eterno.
>
> Fazei vossa felicidade e vosso verdadeiro tesouro na Terra em obras de caridade e de submissão, as únicas que vos permitirão ser admitidos no seio de Deus; essas obras do bem farão a vossa alegria e a vossa felicidade eternas; a inveja é uma das mais feias e mais tristes misérias de vosso globo; a caridade e a constante *emissão* da fé farão desaparecer

todos os males, que se irão um a um à medida que se multiplicarem os homens de boa vontade que a vós se seguirão. Amém.

Uma nova descoberta fotográfica

Vários jornais relataram o seguinte fato:

O Sr. Badet, morto no dia 12 de novembro último, após uma enfermidade de três meses — diz o jornal *Union Bourguignonne*, de Dijon —, costumava, toda vez que lhe permitiam as forças, postar-se a uma janela do primeiro andar, com a cabeça constantemente voltada para o lado da rua, a fim de se distrair vendo os transeuntes que passavam. Há alguns dias a Sra. Peltret, cuja casa fica defronte da residência da viúva Badet, percebeu na vidraça dessa janela o próprio Sr. Badet, com seu boné de algodão, seu rosto emagrecido etc., enfim, tal qual o tinha visto durante sua doença. Grande foi sua emoção, para dizer o mínimo. Não apenas chamou os vizinhos, cujo testemunho podia ser suspeito, mas também homens sérios, que perceberam bem distintamente a imagem do Sr. Badet na vidraça da janela em que tinha o costume de ficar. Tal imagem foi mostrada também à família do defunto, que imediatamente fez desaparecer o vidro.

Ficou, todavia, bem constatado que a vidraça tinha tomado a impressão do rosto do doente, que nela estava como que daguerreotipado,[48] fenômeno que poderíamos explicar se, do lado oposto à janela, houvesse outra, por onde os raios solares pudessem ter chegado ao Sr. Badet; mas não havia nada: o quarto tinha uma única janela. Tal é a verdade, nua e crua, sobre esse fato impressionante, cuja explicação deve ser deixada aos sábios.

Confessamos que, à leitura desse artigo, nosso primeiro impulso foi o de classificá-lo como vulgar, como se faz com as

---

[48] N.E.: Imagem fotográfica obtida (de alguém, algo ou de si mesmo) com o emprego do daguerreótipo, antigo aparelho fotográfico inventado por Louis Jacques Daguerre (1787–1851), físico e pintor francês, que fixava as imagens obtidas na câmara escura numa folha de prata sobre uma placa de cobre.

notícias apócrifas, a ele não ligando a menor importância. Poucos dias depois, o Sr. Jobard, de Bruxelas, assim nos escrevia:

> À leitura do fato que se segue — daquele que acabamos de citar — passado em meu país, *com um de meus parentes*, dei de ombros ao ver o jornal que o relata remeter aos sábios a sua explicação, e essa valorosa família retirar a vidraça através da qual Badet olhava os transeuntes. Evocai-o para saber o que ele pensa disso.

Essa confirmação do fato, da parte de um homem do caráter do Sr. Jobard, cujos méritos e honorabilidade todos conhecem, além da circunstância particular de ser o herói um de seus parentes, não nos poderiam deixar dúvida quanto à sua veracidade. Conseguintemente, evocamos o Sr. Badet na sessão da Sociedade Parisiense de Estudos Espíritas, no dia 15 de junho de 1858, terça-feira. Eis as explicações que se seguiram:

1. Rogo a Deus Todo-Poderoso permitir ao Espírito Badet, morto em Dijon a 11 de novembro último, que se comunique conosco.

Resp. – Estou aqui.

2. O fato que vos concerne e que acabamos de relembrar é verdadeiro?

Resp. – Sim, é verdadeiro.

3. Poderíeis dar-nos a sua explicação?

Resp. – Existem agentes físicos, por ora desconhecidos, que mais tarde se tornarão comuns. Trata-se de um fenômeno bastante simples, semelhante a uma fotografia, combinada com forças que ainda não descobristes.

4. Por vossas explicações poderíeis apressar o momento dessa descoberta?

Resp. – Bem que gostaria, mas isso é tarefa de outros Espíritos e do trabalho humano.

5. Poderíeis reproduzir, pela segunda vez, o mesmo fenômeno?

Resp. – Não fui eu quem o produziu, foram as condições físicas, das quais sou independente.

6. Pela vontade de quem, e com que finalidade se deu esse fato?

Resp. – Produziu-se quando eu era vivo, e independente da minha vontade; um estado particular da atmosfera o revelou depois.

Tendo-se estabelecido uma discussão entre os assistentes sobre as prováveis causas desse fenômeno, e sendo emitidas várias opiniões sem que ao Espírito fossem dirigidas outras perguntas, disse este espontaneamente: "E não levais em consideração a eletricidade e a galvanoplastia, que agem também sobre o *perispírito*?"

7. Foi-nos dito ultimamente que os Espíritos não têm olhos; ora, se essa imagem é a reprodução do perispírito, como foi possível reproduzir os órgãos da visão?

Resp. – O perispírito não é o Espírito; a aparência ou perispírito tem olhos, mas o Espírito não os possui. Já vos disse bem, falando do perispírito, que eu estava vivo.

OBSERVAÇÃO – Enquanto aguardamos que essa nova descoberta se faça, dar-lhe-emos o nome provisório de *fotografia espontânea*. Todos lamentarão que, por um sentimento difícil de compreender, tenham destruído a vidraça sobre a qual estava reproduzida a imagem do Sr. Badet; tão curioso monumento poderia facilitar as pesquisas e as observações próprias para o estudo da questão. Talvez tenham visto nessa imagem uma obra do demônio; em todo o caso, se o demônio tem algo a ver com esse assunto, é seguramente na destruição da vidraça, porque é inimigo do progresso.

Considerações sobre a fotografia espontânea

Resulta das explicações acima que, em si mesmo, o fato não é sobrenatural nem miraculoso. Quantos fenômenos estão no mesmo caso, que nos tempos de ignorância deverão ter ferido as imaginações por demais propensas ao maravilhoso! É, pois, um efeito puramente físico, que prenuncia um novo passo na ciência fotográfica.

Como se sabe, o perispírito é o envoltório semimaterial do Espírito; não é apenas depois da morte que o Espírito se acha revestido dele; durante a vida está unido ao corpo: é o laço entre o corpo e o Espírito. A morte é apenas a destruição do envoltório mais grosseiro; o Espírito conserva o segundo, que afeta a aparência do primeiro, como se dele tivesse guardado a impressão. Geralmente invisível, em certas circunstâncias o perispírito se condensa e, combinando-se com outros fluidos, torna-se perceptível à visão e, por vezes, até mesmo tangível; é ele que é visto nas aparições.

Sejam quais forem a sutileza e a imponderabilidade do perispírito, nem por isso deixa de ser uma espécie de matéria, cujas propriedades físicas nos são ainda desconhecidas. Desde que é matéria, pode agir sobre a matéria; essa ação é patente nos fenômenos magnéticos; acaba de revelar-se nos corpos inertes, pela impressão que a imagem do Sr. Badet deixou na vidraça. Essa impressão se deu quando estava vivo; conservou-se após sua morte, mas era invisível; foi necessário, ao que parece, a ação fortuita de um agente desconhecido, provavelmente atmosférico, para torná-la aparente. Que haveria nisso de espantoso? Não é sabido que podemos, à vontade, fazer aparecer e desaparecer a imagem daguerreotipada? Citamos isto como comparação, sem pretender estabelecer analogia de processos. Desse modo, seria o perispírito do Sr. Badet que, exteriorizando-se do corpo deste último, teria, com o passar do tempo e sob o império de circunstâncias desconhecidas, exercido uma verdadeira ação química sobre a substância vítrea, semelhante à da luz. Incontestavelmente, a luz e a eletricidade devem desempenhar grande papel nesse fenômeno. Resta saber quais são os agentes e essas circunstâncias; é o que mais tarde provavelmente se saberá, e não será uma das descobertas menos curiosas dos tempos modernos.

Se é um fenômeno natural, dirão os que tudo negam, por que é a primeira vez que se produz? Por nossa vez, perguntar-lhes-emos por que as imagens daguerreotipadas só se fixaram depois de Daguerre, embora não tenha sido ele quem inventou a luz, tampouco as placas de cobre, nem a prata, nem os cloretos? Há muito tempo se conhecem os efeitos da câmara escura; uma circunstância fortuita favoreceu a via da fixação; depois, auxiliados pelo gênio, de perfeição em perfeição chegou-se às obras-primas que vemos hoje. Provavelmente será o mesmo fenômeno estranho que acaba de revelar-se; e quem sabe se ele já não se produziu e se não passou despercebido por falta de um observador atento? A reprodução de uma imagem sobre um vidro é um fato vulgar, mas a fixação dessa imagem em outras condições que não a da fotografia, o estado latente dessa imagem, sua reaparição depois, eis o que deve ser marcado nos fastos da Ciência. Se cremos nos Espíritos, devemos esperar muitas outras maravilhas, várias das quais nos são assinaladas por eles. Honra, pois, aos sábios suficientemente modestos para não acreditarem que a natureza, para eles, já tenha virado a última página de seu livro.

Se esse fenômeno se produziu uma vez, deve poder reproduzir-se. É o que provavelmente ocorrerá quando dele tivermos a chave. Enquanto aguardamos, eis o que contava um dos membros da Sociedade, na sessão de que falamos:

Disse ele: "Eu habitava uma casa em Montrouge; estávamos no verão, o sol cintilava pela janela. Na mesa havia uma garrafa cheia d'água e, debaixo dela, uma pequena esteira; de repente, a esteira pegou fogo. Se alguém não estivesse lá, um incêndio poderia ter ocorrido sem que se lhe soubesse a causa. Tentei reproduzir o mesmo fenômeno centenas de vezes e jamais o consegui." A causa física da combustão é bem conhecida: a garrafa produziu o efeito de um vidro ardente. Mas por que não se pôde repetir a experiência? É que, independentemente da garrafa d'água, houve o concurso de circunstâncias que operavam de modo excepcional a concentração dos raios solares: talvez o estado da atmosfera, dos vapores, da água, a eletricidade etc., e provavelmente tudo isso, em certas proporções requeridas; daí a dificuldade de reproduzir-se exatamente as mesmas condições e a inutilidade das tentativas para se chegar a um efeito semelhante. Eis, pois, um fenômeno inteiramente do domínio da Física, do qual conhecemos o princípio, mas que, entretanto, não podemos repetir à vontade. Acorrerá à mente do cético mais empedernido negar o fato? Seguramente não. Por que, então, negam esses mesmos céticos a realidade dos fenômenos espíritas — falamos das manifestações em geral — simplesmente por não as poderem manipular à vontade? Não admitir que fora daquilo que conhecemos possa haver agentes novos, regidos por leis especiais; negar esses agentes, porque não obedecem às leis que conhecemos, é dar prova de bem pouca lógica e revelar um espírito por demais limitado.

Voltemos à imagem do Sr. Badet. Como nosso colega e sua garrafa, certamente se farão numerosas tentativas infrutíferas, antes de obter qualquer êxito, até que um acaso feliz, ou o esforço de um gênio poderoso, possa dar a chave do mistério. Então, isso se transformará provavelmente numa arte nova, de que se enriquecerá a indústria. Desde já podemos ouvir numerosas pessoas dizerem: mas há um meio bem mais simples de termos essa chave: por que não a pedem aos Espíritos? É o caso de realçar um erro em que cai a maior parte dos que julgam a ciência espírita sem a conhecer. Lembremos, primeiramente, deste princípio fundamental: os Espíritos, ao contrário do que se pensava outrora, longe estão de tudo saber.

Dá-nos a escala espírita a medida de sua capacidade e moralidade, e diariamente a experiência confirma nossas observações a esse respeito. Os Espíritos, pois, nem tudo sabem, em muitos aspectos sendo bastante inferiores a certos homens: eis o que não podemos jamais perder de vista. O Espírito Badet, autor involuntário do fenômeno de que nos ocupamos, por suas respostas demonstra certa elevação, mas não grande superioridade; ele próprio reconhece sua falta de habilidade para dar uma explicação completa; como dissera, isso é *"tarefa de outros Espíritos e do trabalho humano"*. Estas últimas palavras encerram todo um ensinamento. De fato, seria bastante cômodo não ter senão que interrogar os Espíritos para fazermos as mais extraordinárias descobertas; onde, então, estaria o mérito dos inventores, se mão oculta lhes viesse facilitar a tarefa e poupar-lhes o trabalho de pesquisa? Por certo, mais de uma pessoa não teria escrúpulo de registrar uma patente de invenção em seu nome pessoal, sem mencionar o verdadeiro inventor. Acrescentemos que semelhantes perguntas são feitas visando sempre a interesses e na esperança de fortuna fácil, coisas pessimamente recomendadas junto aos Espíritos bons; aliás, eles não se prestam jamais a servir como instrumento de tráfico. O homem deve ter a sua iniciativa, sem o que será reduzido à condição de máquina; deve aperfeiçoar-se pelo trabalho: é uma das condições de sua existência terrestre. É necessário, também, que cada coisa venha a seu tempo e pelos meios que apraz a Deus empregar, pois os Espíritos não podem desviar os caminhos da Providência. Querer forçar a ordem estabelecida é colocar-se à mercê dos Espíritos zombeteiros que lisonjeiam a ambição, a cupidez e a vaidade, para depois se rirem das decepções que causam. Muito pouco escrupulosos de sua natureza, dizem tudo o que se quer, dão todas as receitas que se lhes pede e, se necessário, as apoiarão em fórmulas científicas, sem se importarem ao menos se terão o valor das receitas dos charlatães. Iludem-se, pois, todos aqueles que acreditavam pudessem os Espíritos abrir-lhes minas de ouro: sua missão é mais séria. "Trabalhai, esforçai-vos; eis o que de fato precisais", disse um célebre moralista, do qual em breve daremos uma notável conversa de Além-túmulo. A essa sábia máxima, a Doutrina Espírita acrescenta: É a estes que os Espíritos sérios vêm auxiliar, pelas ideias que lhes sugerem ou por conselhos diretos, e não aos preguiçosos, que desejam gozar sem nada fazer, nem aos ambiciosos, que querem ter mérito sem esforço. Ajuda-te e o Céu te ajudará.

O Espírito batedor de Bergzabern

(Terceiro artigo)

Continuamos a citar a brochura do Sr. Blanck, redator do *Journal de Bergzabern*.[49]

"Os fatos que vamos relatar ocorreram de sexta-feira, 4, a quarta-feira, 9 de março de 1853; depois, nada semelhante se produziu. Nessa época Philippine não mais dormia no quarto que conhecemos: seu leito havia sido transferido para a peça vizinha, onde ainda se acha presentemente. As manifestações tomaram um caráter tão estranho que é impossível admitir a sua explicação pela intervenção dos homens. Aliás, são de tal modo diferentes das que haviam sido observadas anteriormente que todas as opiniões iniciais caíram por terra.

Sabe-se que no quarto onde dormia a mocinha, as cadeiras e os outros móveis muitas vezes eram derrubados, as janelas abriam-se com estrondo, sob golpes repetidos. Há cinco semanas ela permanece no quarto comum, onde, desde o princípio da noite, até a manhã seguinte, há sempre uma luz; pode-se, pois, ver perfeitamente o que ali se passa. Eis o fato observado sexta-feira, 4 de março:

Philippine ainda não estava deitada; achava-se no meio de algumas pessoas que conversavam com o Espírito batedor quando, de repente, a gaveta de uma mesa muito grande e pesada, que se encontrava na sala, foi puxada e empurrada com grande barulho e com uma impetuosidade extraordinária. Os assistentes ficaram fortemente surpreendidos com essa nova manifestação; no mesmo instante, a própria mesa começou a movimentar-se em todos os sentidos, avançando em direção à lareira, perto da qual estava sentada Philippine. Por assim dizer, perseguida pelo móvel, viu-se obrigada a deixar o

---

[49] Nota de Allan Kardec: Devemos à cortesia de um de nossos amigos, o Sr. Alfred Pireaux, empregado da administração dos Correios, a tradução dessa interessante brochura.

seu lugar e correr para o meio do quarto, mas a mesa voltou-se nessa direção e se deteve a meio pé da parede. Colocaram-na em seu lugar costumeiro, de onde não se mexeu mais; entretanto, as botas que se encontravam debaixo dela, e que todos puderam ver, foram jogadas no meio do quarto, com grande pavor das pessoas presentes. Uma das gavetas recomeçou a deslizar nas corrediças, abrindo-se e fechando-se por duas vezes, de início muito vivamente, e depois de forma cada vez mais lenta; quando estava completamente aberta, acontecia ser sacudida com estrondo. Deixado sobre a mesa, um pacote de fumo mudava de lugar a todo instante. As pancadas e arranhaduras eram ouvidas na mesa. Philippine, que então gozava de excelente saúde, achava-se no meio das pessoas reunidas e de forma alguma parecia inquieta com todas essas estranhezas, que se repetiam todas as noites, desde sexta-feira; domingo, porém, foram ainda mais notáveis.

Por várias vezes a gaveta foi puxada e empurrada com violência. Depois de haver estado em seu antigo dormitório, Philippine voltou subitamente, foi tomada de sono magnético e deixou-se cair numa cadeira, onde por várias vezes foram ouvidas as arranhaduras. Suas mãos apoiavam-se sobre os joelhos e a cadeira ora se movia para a direita, ora para a esquerda, ou para frente e para trás. Viam-se os pés dianteiros da cadeira se erguerem, enquanto a cadeira balançava num equilíbrio impressionante sobre os pés traseiros. Tendo sido levada para o meio do quarto, tornou-se mais fácil observar esse novo fenômeno. Então, a uma palavra de ordem, a cadeira girava, avançava ou recuava mais ou menos depressa, ora num sentido, ora noutro. Durante essa dança singular, os pés da criança arrastavam-se no chão, como se estivessem paralisados; por meio de gemidos e levando a mão à fronte diversas vezes, dava a entender que estava com dor de cabeça. Depois, despertando de repente, pôs-se a olhar para todos os lados, sem compreender a situação: seu mal-estar a havia deixado. Ela se deitou; então as pancadas e arranhaduras, antes produzidas na mesa, fizeram-se ouvir no leito, com força e de maneira divertida.

Pouco antes, tendo uma campainha produzido sons espontâneos, tiveram a ideia de prendê-la à cama: logo se pôs a tocar e a balançar. O que houve de mais curioso nessa circunstância foi o fato de a campainha permanecer imobilizada e em silêncio, quando a cama era levantada e deslocada. Por volta da meia-noite todo o ruído cessou e a assistência dispersou-se.

Na segunda-feira à noite, 15 de maio, prenderam ao leito uma grande campainha; imediatamente fez-se ouvir um barulho desagradável e ensurdecedor. No mesmo dia, ao meio-dia, as janelas e a porta do quarto de dormir foram abertas, mas de maneira silenciosa.

Devemos dizer, também, que a cadeira em que se sentava Philippine, na sexta-feira e no sábado, levada pelo Sr. Senger para o meio do quarto, pareceu-lhe muito mais leve que de costume: dir-se-ia que força invisível a sustentava. Querendo empurrá-la, um dos assistentes não encontrou a menor resistência: a cadeira parecia deslizar por si mesma no assoalho.

O Espírito batedor ficou em silêncio durante três dias: quinta-feira, sexta-feira e sábado da Semana Santa. Somente no Domingo de Páscoa os golpes recomeçaram, imitando o som de sinos; eram ritmados e compunham uma ária. No dia 1º de abril, mudando de guarnição e puxadas por uma banda de música, as tropas deixaram a cidade. Ao passarem diante da casa dos Senger, o Espírito batedor executou, no leito, à sua maneira, o mesmo trecho que era tocado na rua. Algum tempo antes, haviam escutado no quarto como que os passos de alguém, e como se tivessem jogado areia no assoalho.

Preocupado com os fatos que acabamos de relatar, o governo do Palatinado propôs ao Sr. Senger internar a filha numa casa de saúde, em Frankenthal, proposta aceita. Sabemos que em sua nova residência a presença de Philippine deu origem aos mesmos prodígios de Bergzabern, e que os médicos daquela cidade, tanto quanto os nossos, não lhes puderam determinar a causa. Além disso, estamos informados de que somente os médicos têm acesso à mocinha. Por que tomaram essa medida? Nós o ignoramos, e não nos permitimos censurá-la; porém, se o que lhe deu causa não foi o resultado de alguma circunstância particular, pensamos que deveriam deixar entrar, perto da interessante criança, se não todo o mundo, pelo menos as pessoas recomendáveis."

OBSERVAÇÃO – Só tomamos conhecimento dos diferentes fatos aqui expostos pelo relatório que deles o Sr. Blanck publicou; entretanto, uma circunstância acaba de nos pôr em contato com uma das pessoas que mais se distinguiram nesse caso e que, a respeito, houve por bem fornecer-nos documentos circunstanciados do mais alto interesse. Por meio de evocação, obtivemos igualmente explicações bastante curiosas e muito instrutivas desse Espírito batedor, dadas por ele mesmo. Como esses documentos nos chegaram muito tarde, adiaremos sua publicação para o próximo número.

Conversas familiares de Além-túmulo

O TAMBOR DE BERESINA

Tendo-se reunido em nossa casa algumas pessoas com vistas a constatar certas manifestações, produziram-se os fatos que se seguem, no curso de várias sessões, originando a conversa que vamos relatar e que apresenta grande interesse do ponto de vista do estudo.

Manifestou-se o Espírito por pancadas, que não eram dadas com o pé da mesa, mas na própria intimidade da madeira. A troca de ideias que então ocorreu, entre os presentes e o ser invisível, não permitia duvidar da intervenção de uma inteligência oculta. Além das respostas a várias perguntas, seja por *sim*, seja por *não*, seja ainda por meio da tiptologia alfabética, os golpes batiam à vontade uma marcha qualquer, o ritmo de uma ária, imitavam a fuzilaria e o canhoneio de uma batalha, o barulho do tanoeiro e do sapateiro; faziam eco com admirável precisão etc. Depois ocorreu o movimento de uma mesa e sua translação *sem qualquer contato das mãos*, uma vez que os assistentes se mantinham afastados; colocada sobre a mesa, em vez de girar, uma saladeira pôs-se a deslizar em linha reta, igualmente sem contato com as mãos. Os golpes eram ouvidos do mesmo modo, nos diversos móveis do quarto, algumas vezes simultaneamente; outras, como se estivessem respondendo.

O Espírito parecia ter uma marcante predileção pelo toque de tambor, pois que os repetia a cada instante sem que se lhe pedisse. Muitas vezes, em lugar de responder a certas perguntas, fazia ressoar o toque de reunir. Interrogado sobre várias particularidades de sua vida, disse chamar-se Célima, ter nascido em Paris, falecido aos 45 anos e sido tocador de tambor.

Entre os assistentes, além do médium especial de efeitos físicos que produzia as manifestações, havia um excelente médium psicógrafo que serviu de intérprete ao Espírito, o que nos permitiu obter respostas mais explícitas. Tendo confirmado, pela escrita, o que havia dito pela tiptologia a propósito de seu nome, lugar de nascimento e época da morte, foi-lhe dirigida a série de perguntas que se segue, cujas respostas oferecem vários traços característicos que corroboram certas partes essenciais da teoria.

1. Escreve qualquer coisa, o que quiseres.
Resp. – Ran plan plan, ran, plan, plan.

2. Por que escreveste isso?
Resp. – Eu era tocador de tambor.

3. Havias recebido alguma instrução?
Resp. – Sim.

4. Onde fizeste teus estudos?
Resp. – Nos *Ignorantins*.[50]

5. Pareces jovial.
Resp. – Eu o sou bastante.

---
[50] N.T.: Grifo nosso.

6. Uma vez nos disseste que, em vida, gostavas muito de beber; é verdade?

Resp. – Eu gostava de tudo o que era bom.

7. Eras militar?

Resp. – Claro que sim, pois que era tocador de tambor.

8. Sob que governo serviste?

Resp. – Sob Napoleão, o Grande.

9. Podes citar-nos uma das batalhas em que tomaste parte?

Resp. – A de Beresina.

10. Foi lá que morreste?

Resp. – Não.

11. Estavas em Moscou?

Resp. – Não.

12. Onde morreste?

Resp. – Na neve.

13. Em que corpo servias?

Resp. – Nos fuzileiros da guarda.

14. Gostavas muito de Napoleão, o Grande?

Resp. – Como todos nós o amávamos, e sem saber o porquê!

15. Sabes em que se tornou Napoleão depois de sua morte?

Resp. – Depois de minha morte só me ocupei de mim mesmo.

16. Estás reencarnado?

Resp. – Não, pois que venho conversar convosco.

17. Por que te manifestas por pancadas, sem que tenhas sido chamado?

Resp. – É preciso fazer barulho para aqueles cujo coração nada crê. Se não tendes o bastante, dar-vos-ei ainda mais.

18. É de tua própria vontade que vieste bater, ou outro Espírito obrigou-te a fazê-lo?

Resp. – Venho por minha vontade; há outro, a quem chamais *Verdade*, que pode forçar-me a isto também. Mas há muito tempo que eu queria vir.

19. Com que objetivo querias vir?

Resp. – Para conversar convosco; era o que queria; havia, porém, alguma coisa que mo impedia. Fui forçado por um Espírito familiar da casa, que me exortou a tornar-me útil às pessoas que me fizessem perguntas. – Esse Espírito, então, tem muito poder, visto comandar outros Espíritos? *Resp.* – Mais do que imaginais, e não o emprega senão para o bem.

Observação – O Espírito familiar da casa deu-se a conhecer sob o nome alegórico de *Verdade*, circunstância ignorada do médium.

20. O que te impedia de vir?

Resp. – Não sei; alguma coisa que não compreendo.

21. Lamentas a vida?

Resp. – Não; nada lamento.

22. Qual a existência que preferes: a atual ou a terrestre?

Resp. – Prefiro a existência do Espírito à do corpo.

23. Por quê?

Resp. – Porque estamos bem melhor do que na Terra. A Terra é um purgatório; durante todo o tempo em que nela vivi, sempre desejei a morte.

24. Sofres em tua nova situação?

Resp. – Não; mas ainda não sou feliz.

25. Ficarias satisfeito se tivesses uma nova existência corporal?

Resp. – Sim, porque sei que devo elevar-me.

26. Quem te disse isso?

Resp. – Eu o sei bem.

27. Reencarnarás logo?

Resp. – Não sei.

28. Vês outros Espíritos à tua volta?

Resp. – Sim; muitos.

29. Como sabes que são Espíritos?

Resp. – Entre nós, vemo-nos tais quais somos.

30. Sob qual aparência os vês?

Resp. – Como se podem ver os Espíritos; mas não pelos olhos.

31. E tu, sob que forma estás aqui?

Resp. – Sob a que tinha quando vivo, isto é, como tocador de tambor.

32. E os outros Espíritos? Tu os vê sob a forma que possuíam quando estavam encarnados?

Resp. – Não; só tomamos uma aparência quando somos evocados, de outro modo nos vemos sem forma.

33. Tu nos vês tão claramente como se estivesses vivo?

Resp. – Sim, perfeitamente.

34. É por meio dos olhos que nos vês?

Resp. – Não; temos uma forma, mas não temos sentidos; nossa forma é apenas aparente.

Observação – Seguramente os Espíritos têm sensações, já que percebem; se assim não fora, seriam inertes; contudo, suas sensações não são localizadas como quando têm um corpo, mas inerentes a todo o ser.

35. Dize-nos positivamente em que lugar estás aqui.

Resp. – Perto da mesa, entre vós e o médium.

36. Quando bates, estás sob a mesa, em cima dela ou na intimidade da madeira?

Resp. – Estou ao lado; não me meto na madeira: basta-me tocar a mesa.

37. Como produzes os ruídos que fazes ouvir?

Resp. – Creio que é por intermédio de uma espécie de concentração de nossa força.

38. Poderias explicar-nos a maneira pela qual são produzidos os diferentes ruídos que imitas, as arranhaduras, por exemplo?

Resp. – Eu não saberia precisar muito a natureza dos ruídos; é difícil de explicar. Sei que arranho, mas não posso explicar como produzo esse ruído que chamais de arranhadura.

39. Poderias produzir os mesmos ruídos com qualquer outro médium?

Resp. – Não; há especialidade em todos os médiuns; nem todos podem agir da mesma forma.

40. Vês entre nós, além do jovem S... (o médium de efeitos físicos pelo qual o Espírito se manifesta), alguém que poderia te ajudar a produzir os mesmos efeitos?

Resp. – No momento não vejo ninguém; com ele eu estaria muito disposto a fazê-lo.

41. Por que com ele e não com outro?

Resp. – Porque o conheço mais; depois, porque está mais apto do que qualquer outro a esse gênero de manifestações.

42. Tu o conhecias há muito tempo? Antes de sua atual existência?

Resp. – Não; só o conheço há bem pouco tempo; de alguma sorte a ele fui atraído para que se tornasse meu instrumento.

43. Quando uma mesa se eleva no ar, sem ponto de apoio, quem a sustenta?

Resp. – Nossa vontade, que lhe ordenou obedecer e, também, o fluido que lhe transmitimos.

OBSERVAÇÃO – Essa resposta vem apoiar a teoria que nos foi dada sobre a causa das manifestações físicas e que relatamos nos números 5 e 6 desta Revista.

44. Poderias fazê-lo?

Resp. – Creio que sim; tentarei quando o médium vier (nesse momento ele estava ausente).

45. De que depende isso?

Resp. – Depende de mim, pois me sirvo do médium como de um instrumento.

46. Mas a qualidade do instrumento não conta para alguma coisa?

Resp. – Sim, auxilia-me muito; tanto é assim que eu disse não poder fazê-lo hoje com outros médiuns.

Observação – No curso da sessão tentou-se levantar a mesa, mas não se obteve êxito, talvez porque não tivesse havido bastante perseverança; houve esforços evidentes e movimentos de translação sem contato nem imposição das mãos. Entre as experiências feitas destacou-se a da abertura da mesa, que era elástica; porque oferecesse muita resistência, em face de um defeito de construção, foi posta de lado, enquanto o Espírito tomava uma outra e conseguia abri-la.

47. Por que, outro dia, os movimentos da mesa se detinham a cada vez que um de nós tomava de uma luz para olhar embaixo dela?

Resp. – Porque eu queria punir a vossa curiosidade.

48. De que te ocupas em tua existência de Espírito, considerando que não deves passar o tempo todo somente a bater?

Resp. – Muitas vezes tenho missões a cumprir; devemos obedecer a ordens superiores e, sobretudo, fazer o bem aos seres humanos que estão sob nossa influência.

49. Por certo tua vida terrestre não foi isenta de faltas; reconhece-as agora?

Resp. – Sim; e por isso as expio, permanecendo estacionário entre os Espíritos inferiores; só poderei purificar-me bastante quando tomar outro corpo.

50. Quando aplicavas os golpes na mesa e, ao mesmo tempo, em outro móvel, eras tu quem os produzia ou era outro Espírito?

Resp. – Era eu mesmo.

51. Estavas só, portanto?

Resp. – Não, mas realizava sozinho o trabalho de bater.

52. Os demais Espíritos que lá se encontravam não te auxiliavam em alguma coisa?

Resp. – Não para bater, mas para falar.

53. Então não eram Espíritos batedores?

Resp. – Não; a Verdade somente a mim havia permitido bater.

54. Algumas vezes os Espíritos batedores não se reuniam em maior número, com o fim de haver mais força na produção de certos fenômenos?

Resp. – Sim, mas para aqueles que eu podia fazer, a mim só bastava.

55. Estás sempre na Terra, em tua existência espiritual?

Resp. – Mais frequentemente no Espaço.

56. Vais algumas vezes a outros mundos, isto é, a outros globos?

Resp. – Não aos mais perfeitos, mas aos mundos inferiores.

57. Por vezes te divertes em ver e ouvir o que fazem os homens?

Resp. – Não; entretanto, algumas vezes tenho piedade deles.

58. De preferência, quais aqueles que procuras?

Resp. – Os que querem crer de boa-fé.

59. Poderias ler os nossos pensamentos?

Resp. – Não; não leio nas almas; não sou bastante perfeito para isso.

60. Todavia, deves conhecer nossos pensamentos, já que vens entre nós; de outra forma, como poderias saber se cremos de boa-fé?

Resp. – Não leio, mas compreendo.

Observação – A pergunta 58 tinha por objetivo saber a quem, espontaneamente, dirigia sua preferência na vida de Espírito, sem ser evocado; por meio da evocação, como Espírito de uma ordem pouco elevada, poderia ser constrangido a vir a um meio que lhe desagradasse. Por outro lado, sem ler propriamente os nossos pensamentos, por certo poderia ver que as pessoas ali reunidas não o faziam senão com um objetivo sério e, pela natureza das perguntas e da conversa que *ouvisse*, seria capaz de julgar se a assembleia era composta de pessoas sinceramente desejosas de se esclarecerem.

61. Encontraste alguns dos teus antigos companheiros do Exército no mundo dos Espíritos?

Resp. – Sim, mas suas posições eram tão diferentes que não os reconheci a todos.

62. Em que consistia essa diferença?

Resp. – Na situação feliz ou infeliz de cada um.

63. Como entendias essa subida para Deus?

Resp. – Cada degrau transposto é um degrau a mais até Ele.

64. Disseste que morreste na neve; foi em consequência do frio?

Resp. – De frio e de necessidade.

65. Tiveste consciência imediata de tua nova existência?

Resp. – Não, mas já não sentia mais frio.

66. Alguma vez retornaste ao local onde deixaste teu corpo?

Resp. – Não, ele me fez sofrer bastante.

67. Nós te agradecemos as explicações que tiveste a bondade de dar-nos. Elas nos forneceram material de observação muito útil para o nosso aperfeiçoamento na ciência espírita.

Resp. – Estou inteiramente às vossas ordens.

Observação – Pouco avançado na hierarquia espírita, como se vê, o próprio Espírito reconhecia a sua inferioridade. Seus conhecimentos são limitados, mas tem bom senso, sentimentos louváveis e benevolência. Como Espírito, sua missão carecia de significado, visto que desempenhava o papel de Espírito batedor *para chamar os incrédulos à fé*; contudo, mesmo no teatro, a humilde indumentária de comparsa não pode envolver um coração honesto? Suas respostas têm a simplicidade da ignorância; entretanto, pelo fato de não possuírem a elevação da linguagem filosófica dos Espíritos superiores, nem por isso deixam de ser menos instrutivas, sobretudo para o estudo dos costumes espíritas, se assim nos podemos exprimir. É somente estudando todas as classes desse mundo que nos aguarda que podemos chegar a conhecê-lo e nele marcar, de algum modo, por antecipação, o lugar que a cada um de nós será dado ocupar. Vendo a situação que, por seus vícios e virtudes, criaram os homens, nossos iguais aqui na Terra, sentimo-nos encorajados para nos elevar o mais rapidamente possível desde esta vida: é o exemplo ao lado da teoria. Para conhecermos bem alguma coisa, e dela fazermos uma ideia isenta de ilusões, é preciso dissecá-la em todos os seus aspectos, assim como o botânico não pode conhecer o reino vegetal a não ser observando desde o mais humilde criptógamo, que o musgo oculta, até o carvalho altaneiro, que se eleva nos ares.

Espíritos impostores

O falso padre Ambrósio

Um dos escolhos que apresentam as comunicações espíritas é o dos Espíritos impostores, que podem induzir em erro a respeito de sua identidade e que, escudados em um nome respeitável, tentam passar os mais grosseiros absurdos. Em diversas ocasiões já nos pronunciamos sobre este perigo, que deixa de existir para quem quer que investigue, simultânea e rigorosamente, a forma e o fundo da linguagem dos seres invisíveis com os quais nos comunicamos. Não vamos repetir aqui o que a respeito já dissemos; lede o assunto com atenção, nesta Revista, em *O livro dos espíritos* e em nossa *Instrução prática*,[51] e vereis que nada é mais fácil do que se premunir contra semelhantes fraudes, por menor que seja nossa boa vontade. Reproduziremos somente a comparação que se segue, que citamos em outra parte: "Suponde que, num quarto vizinho ao em que estais, há várias pessoas que não conheceis, nem podeis ver, mas que ouvis perfeitamente; por sua conversação não seria fácil reconhecer se são ignorantes ou sábios, gente honesta ou malfeitores, homens sérios ou estouvados, enfim, pessoas educadas ou grosseiras?".

Tomemos outra comparação, sem sair de nossa humanidade material: suponhamos que um homem se vos apresente sob o nome de um distinto literato; diante de tal nome o recebeis, de início, com toda a consideração devida ao seu suposto mérito; mas, se ele se exprimir como um mariola, reconhecereis logo o engano e o expulsareis, como se faz a um impostor.

O mesmo acontece com os Espíritos: são reconhecidos por sua linguagem; a dos Espíritos superiores é sempre digna e em harmonia com a sublimidade de seus pensamentos; jamais uma trivialidade lhes macula a pureza. A grosseria e a baixeza das expressões não pertencem senão aos Espíritos inferiores. Todas as qualidades e todas as imperfeições dos Espíritos revelam-se por sua linguagem e se pode, com razão, aplicar-lhes o adágio de um célebre escritor: *O estilo é o homem*.

Essas reflexões nos são sugeridas por um artigo que encontramos no *Spiritualiste de la Nouvelle-Orléans*, do mês de dezembro de 1857. É uma conversa que se estabeleceu entre dois Espíritos, por intermédio da mediunidade, em que um dizia-se o padre Ambrósio e o outro se fazia passar por Clemente XIV. O padre

---

[51] N.E.: Ver *Instrução prática sobre as manifestações espíritas*, edição FEB.

Ambrósio era um respeitável sacerdote, morto na Luisiana no século passado; era um homem de bem e altamente inteligente, havendo deixado uma memória venerada.

Nesse diálogo, em que o ridículo disputa com o ignóbil, é impossível que nos equivoquemos na qualidade dos interlocutores, e é preciso convir que aqueles Espíritos tomaram bem poucas precauções para se disfarçarem. Que homem de bom senso, ainda que por um instante, poderia supor que o padre Ambrósio e Clemente XIV tivessem podido descer a tamanhas trivialidades, que mais parece uma exibição circense? Comediantes da mais baixa categoria, que parodiassem essas duas personagens, não se teriam exprimido de modo diferente.

Estamos persuadidos de que o círculo de Nova Orléans, onde se deu o fato, compreendeu como nós; duvidar disso seria cometer injúria. Lamentamos somente que, ao publicá-lo, não o tenham feito seguir de algumas observações corretivas, que teriam impedido as pessoas superficiais de o tomarem por amostra do estilo sério de Além-túmulo. Apressamo-nos, no entanto, a dizer que o círculo não tem somente comunicações desse gênero: outras há, de caráter muito diverso, nas quais se encontra toda a sublimidade do pensamento e da expressão dos Espíritos superiores.

Pensamos que a evocação do verdadeiro e do falso padre Ambrósio poderia oferecer material útil de observação sobre os Espíritos impostores; foi o que fizemos, como se pode julgar pela entrevista seguinte:

1. Rogo a Deus Todo-Poderoso permitir ao Espírito do verdadeiro padre Ambrósio, falecido na Luisiana, no século passado, e que deixou uma memória venerada, que se comunique conosco.

Resp. – Aqui estou.

2. Poderíeis dizer-nos se realmente fostes vós que tivestes, com Clemente XIV, a conversa referida no *Spiritualiste de la Nouvelle-Orléans*, cuja leitura fizemos em nossa sessão passada?

Resp. – Lamento os homens que foram enganados pelos Espíritos, tanto quanto lamento estes.

3. Qual foi o Espírito que tomou vosso nome?

Resp. – Um charlatão.

4. E o interlocutor era realmente Clemente XIV?

Resp. – Era um Espírito simpático àquele, que havia tomado meu nome.

5. Como pudestes permitir semelhante coisa em vosso nome, e por que não desmascarastes os impostores?

Resp. – Porque nem sempre posso impedir os homens e os Espíritos de se divertirem.

6. Concebemos isso quanto aos Espíritos; entretanto, eram sérias as pessoas que recolheram aquelas palavras, e de modo algum buscavam divertir-se.

Resp. – Uma razão de sobra: por isso mesmo deviam pensar que tais palavras mais não seriam que a linguagem de Espíritos zombeteiros.

7. Por que não ensinam os Espíritos, em Nova Orléans, princípios idênticos aos que são ensinados aqui?

Resp. – A Doutrina que vos é ditada logo lhes servirá; não haverá senão uma.

8. Considerando-se que essa Doutrina deve ser ali ensinada mais tarde, parece-nos que, se o fosse imediatamente, aceleraria o progresso e evitaria que a incerteza prejudicial tomasse conta de algumas pessoas.

Resp. – Os desígnios de Deus são frequentemente impenetráveis; porventura não haverá outras coisas que vos parecem incompreensíveis nos meios que Ele emprega para alcançar seus fins?

É preciso que o homem se habitue a distinguir o verdadeiro do falso, embora nem todos possam subitamente receber a luz sem se ofuscarem.

9. Poderíeis, eu vos peço, dar-nos a vossa opinião pessoal sobre a reencarnação?

Resp. – Os Espíritos são criados ignorantes e imperfeitos; uma só encarnação não lhes bastaria para tudo aprenderem; é necessário que reencarnem, a fim de aproveitarem a felicidade que Deus lhes reserva.

10. A reencarnação pode ocorrer na Terra ou somente em outros globos?

Resp. – A reencarnação se dá conforme o progresso do Espírito, em mundos mais ou menos perfeitos.

11. Isso não esclarece se a reencarnação pode ocorrer na Terra.

Resp. – Sim, pode ocorrer; e se o Espírito a solicitasse como missão, isso seria mais meritório para ele e o faria avançar mais do que se pedisse para renascer em mundos mais perfeitos.

12. Rogamos a Deus Todo-Poderoso permitir ao Espírito que tomou o nome do padre Ambrósio que se comunique conosco.

Resp. – Eis-me aqui; mas não queirais me confundir.

13. És verdadeiramente o padre Ambrósio? Em nome de Deus, intimo-te a dizer a verdade.

Resp. – Não.

14. Que pensas do que disseste em seu nome?

Resp. – Penso como pensavam os que me ouviam.

15. Por que te serviste de um nome respeitável para dizer semelhantes tolices?

Resp. – Aos nossos olhos, os nomes nada valem: as obras são tudo; *como podiam ver o que eu era pelo que dizia*, não liguei maior importância ao empréstimo desse nome.

16. Por que não sustentas a tua impostura em nossa presença?

Resp. – Porque minha linguagem é uma pedra de toque com a qual não vos podeis enganar.

OBSERVAÇÃO – Disseram-nos muitas vezes que a impostura de certos Espíritos é uma prova à nossa capacidade de julgar; é uma espécie de *tentação* permitida por Deus a fim de que, como disse o padre Ambrósio, o homem possa habituar-se a distinguir o verdadeiro do falso.

17. Que pensas de teu camarada Clemente XIV?

Resp. – Não vale mais do que eu; ambos necessitamos de indulgência.

18. Em nome de Deus Todo-Poderoso, rogo-te que venhas.

Resp. – Estou aqui desde que o falso padre Ambrósio chegou entre vós.

19. Por que abusaste da credulidade de pessoas respeitáveis, para dar uma falsa ideia da Doutrina Espírita?

Resp. – Por que nos inclinamos ao erro? É porque não somos perfeitos.

20. Não pensastes, ambos, que um dia vosso embuste seria descoberto, e que os verdadeiros padre Ambrósio e Clemente XIV não se exprimiriam como o fizestes?

Resp. – Os embustes já eram conhecidos e castigados por Aquele que nos criou.

21. Pertenceis à mesma classe dos Espíritos a que chamamos batedores?

Resp. – Não, porque ainda é preciso raciocínio para fazer o que fizemos em Nova Orléans.

22. (Ao verdadeiro padre Ambrósio). Esses Espíritos impostores vos estão vendo aqui?

Resp. – Sim, e sofrem com o meu olhar.

23. São errantes ou reencarnados esses Espíritos?

Resp. – Errantes; não seriam suficientemente perfeitos para se desprenderem, caso estivessem encarnados.

24. E vós, padre Ambrósio, em que situação vos encontrais?

Resp. – Encarnado num mundo feliz e desconhecido de vós.

25. Nós vos agradecemos pelos esclarecimentos que tivestes a bondade de dar-nos; seríeis por demais benévolo para virdes outra vez entre nós, dizer-nos palavras de bondade e ditar-nos uma mensagem capaz de mostrar a diferença entre o vosso e o estilo daquele que vos usurpou o nome?

Resp. – Estou com aqueles que querem o bem na verdade.

Uma lição de caligrafia por um Espírito

Em geral os Espíritos não são mestres em caligrafia, pois ordinariamente a escrita do médium não se notabiliza pela elegância. O Sr. D..., um de nossos médiuns, apresentou a respeito um fenômeno excepcional, isto é, escreveu muito melhor sob a influência dos Espíritos do que sob a sua própria inspiração. Sua escrita normal é péssima (da qual não se envaidece, dizendo que é a dos grandes homens); toma um caráter especial, muito distinto, conforme o Espírito que se comunica, e é sempre a mesma com o mesmo Espírito, porém mais nítida, mais legível e mais correta; com alguns, é uma espécie de escrita inglesa, traçada com certa ousadia. Um dos membros da Sociedade, o Dr. V..., teve a ideia de evocar um distinto calígrafo, tendo como motivo de observação o estudo da caligrafia. Conhecia um, chamado Bertrand, falecido há cerca de dois anos, com o qual tivemos, numa outra sessão, a conversa que se segue:

1. À formula de evocação, respondeu: Eis-me aqui.

2. Onde estáveis quando vos evocamos?

Resp. – Já me encontrava perto de vós.

3. Sabeis qual o principal objetivo que nos levou a solicitar que viésseis?

Resp. – Não; mas desejo sabê-lo.

OBSERVAÇÃO – O Espírito do Sr. Bertrand ainda se acha sob a influência da matéria, como era de supor, tendo em vista a sua vida terrena; sabe-se que tais Espíritos são menos aptos a ler o pensamento do que aqueles que estão mais desmaterializados.

4. Gostaríamos que fizésseis reproduzir pelo médium uma escrita caligráfica que possuísse as características da que tínheis em vida. Vós o podeis?

Resp. – Eu o posso.

OBSERVAÇÃO – A partir desse momento, o médium, que não procede de acordo com as regras ensinadas pelos professores de caligrafia, tomou, sem que percebesse, uma postura correta, tanto em relação ao corpo quanto à mão. Todo o resto da conversa foi escrito como o fragmento cujo fac-símile reproduzimos. Como termo de comparação, damos acima a escrita normal do médium.[52]

---

[52] N.T.: *Vide* reprodução fotográfica na p. 305. Nas reimpressões posteriores da *Revista Espírita* de 1858, este fac-símile deixou de ser publicado.

5. Lembrai-vos das circunstâncias de vossa vida terrestre?
Resp. – De algumas.

6. Poderíeis dizer-nos em que ano morrestes?
Resp. – Em 1856.

7. Com que idade?
Resp. – Aos 56 anos.

8. Em que cidade habitáveis?
Resp. – Saint-Germain.

9. Qual era vosso gênero de vida?
Resp. – Esforçava-me para contentar meu corpo.

10. Vós vos ocupáveis um pouco das coisas do outro mundo?
Resp. – Não muito.

11. Lamentais não pertencer a este mundo?
Resp. – Lamento não haver empregado bem a minha existência.

12. Sois mais feliz do que na Terra?
Resp. – Não; sofro pelo bem que não fiz.

13. Que pensais do futuro que vos está reservado?
Resp. – Penso que tenho necessidade de toda a misericórdia de Deus.

14. Quais são as vossas relações no mundo em que estais?
Resp. – Relações lamentáveis e infelizes.

15. Quando retornais à Terra, há lugares que frequentais de preferência?

Resp. – Procuro as almas que se compadecem de minhas penas, ou que oram por mim.

16. Vedes as coisas da Terra tão claramente como quando vivíeis entre nós?

Resp. – Procuro não as ver; se as buscasse, seria mais uma causa de desgostos.

17. Diz-se que, quando vivo, éreis muito pouco tolerante. É verdade?

Resp. – Eu era muito violento.

18. Que pensais do objetivo de nossas reuniões?

Resp. – Gostaria muito de havê-las conhecido quando encarnado; ter-me-iam tornado melhor.

19. Vedes aí outros Espíritos além de vós?

Resp. – Sim, mas me sinto bastante confuso diante deles.

20. Rogamos a Deus que vos guarde em sua santa misericórdia. Os sentimentos que acabais de exprimir farão com que encontreis graças diante dele, e não duvidamos que vos auxiliem o progresso.

Resp. – Eu vos agradeço; Deus vos proteja! Bendito seja por isso! Minha vez chegará também, assim o espero.

OBSERVAÇÃO — Os ensinamentos fornecidos pelo Espírito do Sr. Bertrand são absolutamente exatos e de acordo com o gênero de vida e o caráter que lhe conheciam; apenas, ao confessar a sua inferioridade e os seus erros, a linguagem é mais séria e mais elevada do que dele se poderia esperar. Ele nos prova, uma vez mais, a penosa situação daqueles que na Terra se ligaram excessivamente à matéria. É assim que os próprios Espíritos inferiores, por meio do exemplo, nos dão muitas vezes preciosas lições de moral.

FACSIMILE D'ÉCRITURES

Écriture normale du médium.

Que cette Doctrine de salut ait été ou non révélée, peu importe ! Chacun pourra croire à cet égard ce qu'il voudra.

ÉCRITURE DE L'ESPRIT DE M. BERTRAND
par le même médium.
N° Les N°s correspondent aux questions proposées (Voyez page 296.)

4 Je le puis

5 Quelques unes

6 Je suis mort en 1856

7 56 ans

8 St Germain

9 Je tâcherai de contenter mon corps

Imp. Vilain, r. de Sèvres, 45, Paris.

Correspondência

(Bruxelas, 15 de junho de 1858)

Meu caro senhor Kardec:

Recebo e leio com avidez vossa *Revista Espírita* e recomendo aos meus amigos não a sua simples leitura, mas o estudo aprofundado do vosso *O livro dos espíritos*. Lamento bastante que minhas preocupações físicas não me deixem tempo para os estudos metafísicos, embora os tenha levado bastante longe para pressentir quanto estais perto da verdade absoluta, sobretudo quando vejo a coincidência perfeita que existe entre as respostas que me foram dadas e as vossas. Mesmo aqueles que vos atribuem pessoalmente a autoria de vossos escritos estão estupefatos pela profundidade e pela lógica que encerram. Repentinamente e de um salto, vós vos elevastes até ao nível de Sócrates e Platão, pela moral e pela filosofia estética; quanto a mim, conhecedor do fenômeno e da vossa lealdade, não duvido da exatidão das explicações que vos são dadas e abjuro todas as ideias que a esse respeito publiquei, enquanto nelas não pensei ver, juntamente com o Sr. Babinet, mais que fenômenos físicos ou charlatanice indigna da atenção dos sábios.

Como eu, não desanimeis diante da indiferença de vossos contemporâneos; o que está escrito está escrito; o que está semeado germinará. A ideia de que a vida é uma *afinação* das almas, uma prova e uma expiação é grande, consoladora, progressiva e natural. Os que a ela aderem são felizes em todas as posições; em vez de se queixarem dos sofrimentos físicos e morais que os oprimem, devem regozijar-se ou, pelo menos, suportá-los com resignação cristã.

Por ser feliz, foge ao prazer:
É do filósofo a divisa;
O esforço feito para o obter
Custa bem mais do que ajuíza
Mas ele vem cedo ou mais tarde,

De forma súbita e imprecisa;
Do acaso é jogo sem alarde
Que dez mil vezes valer visa.

Espero passar brevemente em Paris, onde tenho muitos amigos a ver e bastantes coisas a fazer; deixarei tudo de lado, porém, na expectativa de vos poder levar um aperto de mão.

JOBARD
Diretor do Museu Real da Indústria

Uma adesão tão clara e tão franca da parte de um homem do valor do Sr. Jobard é, sem dúvida alguma, uma preciosa conquista, que deve ser aplaudida por todos os partidários da Doutrina Espírita. Em nossa opinião, porém, apenas aderir é pouco; mais relevante é admitir abertamente que se haja cometido um equívoco, abjurar ideias anteriores, já publicadas, e isso sem qualquer pressão ou interesse, unicamente porque a verdade se tornou patente. Eis aí o que se pode chamar de verdadeira coragem de opinião, sobretudo quando se tem um nome conhecido. Agir assim é peculiar às pessoas de caráter, que sabem colocar-se acima dos preconceitos. Por certo, todos os homens são passíveis de cometer enganos; entretanto, há grandeza em reconhecer os próprios erros, ao passo que há mesquinhez em sustentar uma opinião que se sabe falsa, unicamente para exibir um prestígio de infalibilidade para as pessoas comuns. Tal prestígio não poderia enganar a posteridade, que arranca impiedosamente todos os ouropéis do orgulho; somente ela constrói as reputações; apenas ela tem o direito de inscrever em seu templo: Este era verdadeiramente grande, pelo Espírito e pelo coração. Quantas vezes não terá escrito, também: Este grande homem foi bem mesquinho!

Os elogios contidos na carta do Sr. Jobard nos teriam impedido de publicá-la se tivessem sido dirigidos a nós, pessoalmente; entretanto, desde que em nosso trabalho reconhece a obra dos

Espíritos, dos quais não temos sido senão meros intérpretes, todo o mérito lhes pertencendo, nossa modéstia em nada sofreria com uma comparação que só prova uma coisa: que esse livro foi ditado por Espíritos de uma ordem superior.

Respondendo ao Sr. Jobard, nós lhe havíamos indagado se permitiria que publicássemos sua carta; ao mesmo tempo, por delegação da Sociedade Parisiense de Estudos Espíritas, tínhamos recebido o encargo de oferecer-lhe o título de membro honorário e correspondente da referida Sociedade. Eis a resposta que teve a gentileza de endereçar-nos, da qual nos sentimos muito felizes em poder reproduzir:

(Bruxelas, 22 de junho de 1858)

Meu caro colega,

Com perífrases espirituosas, perguntais se eu ousaria confessar publicamente minha crença nos Espíritos e no perispírito, em vos autorizar a publicação de minhas cartas e em aceitar o título de correspondente da Academia de Espiritismo que fundastes, o que significaria, como se costuma dizer, ter coragem de sustentar a própria opinião.

Confesso que me sinto um pouco humilhado ao ver que empregais as mesmas fórmulas e o mesmo discurso comumente dirigidos às pessoas simplórias, quando devíeis saber que toda a minha vida foi consagrada à sustentação da verdade e ao testemunho em seu favor, sempre que a encontrava, tanto na Física, quanto na Metafísica. Sei perfeitamente que o papel do adepto das ideias novas nem sempre está livre de inconvenientes, até mesmo neste século de luzes, e que podemos ser ridicularizados se dissermos que a luz se fará em pleno dia; no mínimo, seremos tachados de loucos; porém, como a Terra gira e o Sol haverá de brilhar para todos, faz-se necessário que os incrédulos se dobrem à evidência. É natural também que a existência dos Espíritos seja negada por aqueles que só acreditam no que veem, do mesmo modo que a luz não existe para quantos se achem privados de seus raios. Podemos entrar em comunicação com eles? Eis aí toda a questão. Vede e observai.

> O tolo nega sempre o que ele não entende;
> Mesmo o maravilhoso é-lhe pobre vergel;
> Ele não sabe nada, e nada quer ou aprende;
> — Do incrédulo esse é, pois, um retrato fiel.

Disse a mim mesmo: Evidentemente o homem é duplo, visto que a morte o desdobra; quando uma metade permanece aqui, a outra vai para algum lugar, conservando a sua individualidade; o Espiritismo, portanto, está perfeitamente de acordo com as Escrituras, com o dogma, com a própria religião, que crê na existência dos Espíritos; e tanto isso é verdade que ela exorciza os maus e evoca os bons: o *Vade retro* e o *Veni Creator* dão prova disso. A evocação, portanto, é uma coisa séria, e não uma obra diabólica, ou uma charlatanice, como pensam alguns.

Sou curioso, não nego, mas quero ver. Jamais me ouviram falar: Trazei-me o fenômeno. Em vez de o esperar tranquilamente em minha poltrona, o que não faria o menor sentido, saí correndo à sua procura. A propósito do magnetismo, desenvolvi o seguinte raciocínio, e isso há mais de quarenta anos: É impossível que homens tão apreciáveis deem-se ao trabalho de escrever milhares de volumes para me fazerem crer na existência de uma coisa que não existe. Tentei em vão, durante muito tempo, obter aquilo que procurava; como perseverasse, acabei por ser muito bem recompensado, visto ter conseguido reproduzir todos os fenômenos de que ouvira falar; detive-me, depois, durante quinze anos. Com o aparecimento das mesas falantes, quis saber exatamente como as coisas se passavam; hoje surge o *Espiritismo* e a minha atitude é a mesma. Quando aparecer alguma coisa nova, correrei atrás dela com o mesmo ardor com que me coloco à frente das descobertas modernas de todos os gêneros. É a curiosidade que me arrasta, e lamento que os selvagens não sejam curiosos: por isso mesmo continuam selvagens. A curiosidade é a mãe da instrução. Sei perfeitamente que essa ânsia de aprender tem me prejudicado bastante e que, se me tivesse mantido nessa respeitável mediocridade, que conduz às honras e à fortuna, teria aproveitado a melhor parte. Mas há muito tempo confessei a mim mesmo que me achava apenas de passagem nesta sórdida pousada, onde não vale a pena desfazer as malas. O que me faz suportar sem dor as injúrias, as injustiças, os roubos de que fui vítima privilegiada, foi a ideia de que aqui não existe nem felicidade, nem infelicidade com que possamos nos alegrar ou nos afligir. Trabalhei, trabalhei, trabalhei, o que me deu forças para fustigar os adversários mais encarniçados e impor respeito aos demais, de sorte que agora sou mais feliz e mais tranquilo do que as pessoas que me escamotearam uma herança de 20 milhões. Eu os lastimo, pois não lhes invejo a posição no mundo dos Espíritos. Se lamento essa fortuna, não o é por mim — afinal de contas, não tenho apetite para digerir 20 milhões —, mas pelo bem que deixei de fazer. Que alavanca poderosa, nas mãos de um homem que soubesse empregá-la utilmente! Quanto impulso poderia proporcionar à Ciência e ao progresso! Aqueles que têm fortuna ignoram, frequentemente, as verdadeiras alegrias que se poderiam permitir. Sabeis o que falta à ciência espírita para propagar-se com rapidez? Um homem rico, que a ela consagrasse sua fortuna por puro devotamento, sem mescla de orgulho nem de egoísmo, que fizesse as coisas em grande estilo, sem parcimônia nem mesquinhez: tal homem faria a ciência avançar meio século. Por que me foram subtraídos os meios de o fazer? Esse homem será encontrado; algo mo diz; honra a ele, pois!

Vi uma pessoa viva ser evocada; teve uma síncope até que seu Espírito retornasse. Poderíeis evocar o meu para ver o que vos direi? Evocai também o Dr. Mure, morto no Cairo no dia 4 de junho; era um grande espiritista e médico homeopata. Perguntai-lhe se ainda acredita em gnomos. Certamente está em Júpiter, pois era um grande Espírito, mesmo aqui na Terra, um verdadeiro profeta a ensinar e meu melhor amigo. Estará contente com o artigo necrológico que lhe dediquei?

Isso está indo muito longe, direis, mas nem tudo são rosas em terdes a mim como correspondente. Vou ler vosso último livro, que acabo de receber; à primeira vista, não duvido que ele faça muito bem ao destruir uma porção de preconceitos, pois soubestes mostrar o lado sério da coisa. O caso Badet é muito interessante; falaremos dele depois.

Todo vosso,

JOBARD

Seria supérfluo qualquer comentário sobre esta carta; cada um apreciará sua importância e saberá encontrar, sem dificuldade, essa profundeza e essa sagacidade que, aliadas aos mais nobres pensamentos, conquistaram, para o autor, tão honrosa posição entre os seus contemporâneos. Podemos nos gabar de ser *loucos*, à maneira por que entendem os adversários, quando temos tais companheiros de infortúnio.

A esta observação do Sr. Jobard: "Podemos entrar em comunicação com os Espíritos? Eis aí toda a questão. Vede e observai", acrescentaremos: As comunicações com os seres do mundo invisível não são uma descoberta nem uma invenção moderna; têm sido praticadas desde a mais remota Antiguidade, por homens que foram mestres na Filosofia, e cujos nomes invocamos diariamente, em respeito à sua autoridade. Por que razão aquilo que então se passava não mais poderia repetir-se hoje?

A carta seguinte foi-nos endereçada por um de nossos assinantes; visto conter uma parte instrutiva, que pode interessar à maioria dos leitores, e sendo uma prova a mais da influência moral da Doutrina Espírita, acreditamos dever publicá-la na íntegra, respondendo, para todos, às diversas perguntas que encerra.

(Bordeaux, 24 de junho de 1858)

Senhor e caro confrade em Espiritismo,

Certamente permitireis a um de vossos assinantes, e a um de vossos leitores mais atentos, que vos dê esse título, porquanto essa doutrina admirável há de enlaçar, fraternalmente, todos os que a compreendem e praticam.

Em um dos vossos números anteriores, falastes de desenhos extraordinários, feitos pelo Sr. Victorien Sardou, representando habitações no planeta Júpiter. A descrição que nos fizestes, como certamente a muitos outros, dá-nos vontade de os conhecer. Poderíeis dizer-nos se esse senhor tem intenção de os publicar? Não duvido que alcançarão grande sucesso, tendo em vista a extensão que a cada dia tomam as crenças espíritas. Seria o complemento necessário da descrição tão sedutora que os Espíritos deram desse mundo feliz.

Dir-vos-ei, meu caro senhor, a respeito, que há cerca de 18 meses evocamos, em nosso pequeno círculo íntimo, um antigo magistrado, parente nosso, morto em 1756, que em vida foi um modelo de todas as virtudes e um Espírito muito superior, embora não tenha alcançado lugar na História. Disse-nos que estava encarnado em Júpiter e deu-nos um ensinamento moral de admirável sabedoria, em tudo conforme ao que encerra o vosso tão precioso *O livro dos espíritos*. Tivemos, naturalmente, a curiosidade de pedir-lhe algumas informações sobre o estado do mundo que habita, o que fez com extrema complacência. Ora, julgai nossa surpresa e alegria quando lemos em vossa *Revista* uma descrição absolutamente idêntica daquele planeta, pelo menos em suas linhas gerais, uma vez que, como vós, não havíamos levado tão longe essas questões; tudo ali é conforme ao físico e à moral, até mesmo a condição dos animais. Mencionou, inclusive, as habitações aéreas, das quais não falais.

Como houvesse certos assuntos que tínhamos dificuldade de compreender, nosso parente aditou estas palavras notáveis: "Não é de admirar que não compreendais as coisas para as quais vossos sentidos não foram feitos; porém, à medida que avançardes em ciência, compreendê-las-eis melhor pelo pensamento, e elas deixarão de vos parecer extraordinárias. Não vem longe o tempo em que recebereis esclarecimentos mais completos sobre este ponto. Os Espíritos estão encarregados de vos instruir a respeito, a fim de vos dar um objetivo e vos estimular ao bem." Lendo vossa descrição e o anúncio dos desenhos de que falais, pensamos, naturalmente, que esse tempo havia chegado.

Certamente, os incrédulos censurarão esse paraíso dos Espíritos, como tudo criticam, inclusive a imortalidade e, até mesmo, as coisas mais santas. Sei muito bem que nada prova materialmente a veracidade dessa descrição; entretanto, para todos os que creem na existência e nas revelações dos Espíritos, essa coincidência não é um convite à reflexão? Fazemos uma ideia dos países que nunca vimos pela descrição dos viajantes, desde que haja coincidência entre eles. Por que não se daria o mesmo em relação aos Espíritos? No estado sob o qual nos descrevem o planeta Júpiter, haverá qualquer coisa que repugne à razão? Não; tudo está conforme à ideia que nos dão das existências mais perfeitas; direi mais: conforme às Escrituras, que faço questão de um dia demonstrar. A mim, isso parece tão lógico e tão consolador que seria penoso renunciar à esperança de habitar esse mundo afortunado, onde não há maus, nem invejosos, nem inimigos, nem egoístas, nem hipócritas. Eis por que me esforço para um dia merecer viver nesse lugar.

Em nosso pequeno círculo, quando algum de nós parece ter pensamentos muito materiais, nós lhe dizemos: "Cuidado, senão não ireis para Júpiter"; e somos felizes em pensar que esse futuro nos está reservado, quando não na próxima etapa, pelo menos em uma das seguintes. Obrigado, pois, a vós, meu caro irmão, por nos terdes aberto esse novo caminho da esperança.

Considerando-se que obtivestes revelações tão preciosas sobre aquele mundo, deveis tê-las igualmente logrado de outros que compõem nosso sistema planetário. É vossa intenção publicá-las? Isso daria um conjunto dos mais interessantes. Olhando os astros, deleitar-nos-íamos em pensar nos seres tão variados que os povoam; o Espaço nos pareceria menos vazio. Como pode o homem, crente no poder e na sabedoria de Deus, imaginar que essa infinidade de globos seja formada de corpos inertes e sem vida? Que estejamos sozinhos neste pequeno grão de areia chamado de Terra? Direi que é a impiedade que o faz assim. Semelhante ideia me entristece; se assim fosse, pensaria estar num deserto.

Inteiramente vosso, de coração.

Marius M.
Funcionário aposentado

O título que o nosso honrado assinante quis outorgar-nos é muito lisonjeiro para que não lhe sejamos reconhecido de no-lo haver julgado merecedor. De fato, o Espiritismo é o laço fraternal que deve conduzir à prática da verdadeira caridade cristã *todos os que o compreendem em sua essência*, porquanto tende a fazer desaparecer os sentimentos de ódio, de inveja e de ciúme que dividem os homens; mas não é essa a fraternidade de uma seita; para que se conforme aos divinos preceitos do Cristo, deve abraçar a humanidade inteira, porquanto são filhos de Deus todos os homens; se alguns estão extraviados, ela ordena que os lamentemos; proíbe que os odiemos. Amai-vos uns aos outros, disse Jesus; nunca falou: Não ameis senão os que pensam como vós; eis por que, quando nossos adversários nos atiram pedras, não lhes devemos jamais devolver as maldições: esses princípios tornarão pacíficos os homens, que jamais buscarão a satisfação de suas paixões na desordem e no sofrimento do próximo.

Os sentimentos de nosso honrado correspondente estão registrados com muita elevação para que nos persuadamos de que entende a fraternidade tal como deve ser, na sua mais ampla acepção.

Somos felizes pela comunicação que ele se prontificou a fazer a respeito de Júpiter. A coincidência que nos assinala não é a única, como se pôde depreender pelo artigo concernente ao assunto. Ora, seja qual for a opinião que se tenha a respeito, nem por isso deixa de ser matéria de observação. O mundo espírita está cheio de mistérios que devem ser estudados com muito cuidado. As consequências morais deduzidas pelo nosso correspondente estão marcadas de um cunho lógico que a ninguém escapa.

A propósito da publicação dos desenhos, vários de nossos assinantes externaram o mesmo desejo, mas tal é a sua complicação que a reprodução em gravura determinaria despesas excessivas e de difícil solução; os próprios Espíritos haviam dito que o momento de publicá-los ainda não tinha chegado, provavelmente por esse motivo. Felizmente, a dificuldade está hoje superada. De médium desenhista — sem saber desenhar — o Sr. Victorien Sardou tornou-se *médium gravador*, embora jamais houvesse pegado num buril em toda a sua vida; agora faz desenhos diretamente sobre o cobre, o que permitirá sua reprodução sem o concurso de qualquer artista estrangeiro. Simplificada a questão financeira, poderemos, assim, dar uma amostra notável em nosso próximo número, acompanhada de uma descrição técnica, que ele teve a gentileza de redigir, conforme os documentos que lhe forneceram os Espíritos. Esses desenhos são muito numerosos, formando seu conjunto, mais tarde, um verdadeiro Atlas. Conhecemos outro médium desenhista, a quem os Espíritos fazem traçar desenhos não menos curiosos sobre outro planeta. Quanto ao estado dos diferentes globos conhecidos, sobre muitos temos recebido ensinamentos gerais, enquanto sobre outros apenas alguns detalhes, mas ainda não nos decidimos sobre a época mais conveniente para a sua publicação.

ALLAN KARDEC

Revista Espírita
Jornal de estudos psicológicos
Ano I   Agosto de 1858   Nº 8

Contradições na linguagem dos Espíritos[53]

As contradições encontradas muito frequentemente na linguagem dos Espíritos, mesmo sobre questões essenciais, foram, até hoje, para certas pessoas, uma causa de incerteza sobre o valor real de suas comunicações, circunstância da qual não deixaram os adversários de tirar partido. Com efeito, à primeira vista essas contradições parecem ser uma das principais pedras de tropeço da ciência espírita. Vejamos se elas têm a importância que lhes atribuem.

Perguntaremos, em primeiro lugar, qual a ciência que não apresentou, em seus primórdios, semelhantes anomalias? Em suas investigações, que sábio não foi muitas vezes confundido por fatos que pareciam lançar por terra as regras estabelecidas? Se a Botânica, a Zoologia, a Fisiologia, a Medicina e nossa própria língua não nos oferecem milhares de exemplos e se suas bases não desafiam toda contradição? É comparando os fatos, observando as analogias e as dessemelhanças que se chega, pouco a pouco, a estabelecer as regras, as classificações, os princípios: numa palavra, a constituir a Ciência.

---

[53] N.E.: Ver *Nota Explicativa*, p. 517.

Ora, o Espiritismo apenas começa a despontar; não é, pois, de admirar que se submeta à lei comum, até que seu estudo esteja completo. Só então se reconhecerá que aqui, como em todas as coisas, a exceção quase sempre vem confirmar a regra.

Não obstante, em todas as épocas os Espíritos nos têm dito para não nos inquietarmos com essas pequenas divergências e que, dentro de pouco tempo, todos seriam levados à unidade de crença. Essa predição por certo se realiza a cada dia, à medida que se penetra mais adiante nas causas desses fenômenos misteriosos e os fatos são mais bem observados. Já as dissidências que se manifestaram na origem tendem evidentemente a enfraquecer-se; pode-se mesmo dizer que resultam, agora, apenas de opiniões pessoais isoladas.

Se bem esteja o Espiritismo em a natureza e tenha sido conhecido e praticado desde a mais remota Antiguidade, é fato notório que em nenhuma outra época foi tão universalmente espalhado quanto hoje. É que outrora faziam dele um estudo misterioso, ao qual o vulgo não era iniciado; conservou-se por uma tradição, que as vicissitudes da humanidade e a ausência dos meios de transmissão enfraqueceram insensivelmente. Os fenômenos espontâneos, que vez por outra jamais deixaram de produzir-se, passaram despercebidos ou foram interpretados segundo os preconceitos ou a ignorância da época ou, ainda, explorados em proveito dessa ou daquela crença. Estava reservado ao nosso século, em que o progresso recebe um impulso incessante, tornar clara uma ciência que, por assim dizer, somente existia em estado latente. Não foi senão há poucos anos que os fenômenos foram observados seriamente. Na realidade o Espiritismo é uma ciência nova que se implanta pouco a pouco no espírito das massas, esperando ocupar uma posição oficial. De início essa ciência pareceu bem simples; para as pessoas superficiais, consistia na arte de fazer girar as mesas; contudo, por suas ramificações e consequências, uma observação mais atenta revelou que era, ao contrário, muito mais complexa do que se havia suspeitado. As mesas girantes são como a maçã de Newton que, na sua queda, encerra o sistema do mundo.

Agosto de 1858

Aconteceu com o Espiritismo o que de início acontece com todas as coisas: os primeiros não puderam ver tudo; cada um viu por seu lado e se apressou a transmitir suas impressões de acordo com seu ponto de vista e segundo suas ideias ou prevenções. Ora, não é sabido que, de acordo com o meio, o mesmo objeto a uns pode parecer quente, ao passo que outros o acharão frio?

Tomemos ainda outra comparação das coisas vulgares, mesmo que pareça trivial, a fim de nos fazer melhor compreender.

Ultimamente lia-se em diversos jornais: "O cogumelo é um produto dos mais bizarros; delicioso ou mortal, microscópico ou de dimensão fenomenal, confunde, sem cessar, a observação do botânico. No túnel de Doncaster existe um cogumelo que há 12 meses se desenvolve, parecendo não haver ainda atingido sua última fase de crescimento. Atualmente mede 15 pés de diâmetro. Veio num pedaço de madeira; é considerado o mais belo espécime de cogumelo que já existiu. Sua classificação é difícil, porque as opiniões estão divididas." Assim, eis a ciência em grande dificuldade por causa de um cogumelo que se apresenta sob um novo aspecto. Esse fato provocou em nós a seguinte reflexão: Suponhamos vários naturalistas, cada um a observar por seu lado uma variedade desse vegetal: um dirá que o cogumelo é um criptógamo comestível, apreciado pelas pessoas de fino paladar; o segundo, que é venenoso; o terceiro, que é invisível a olho nu; e o quarto, que pode alcançar até 45 pés de circunferência etc. À primeira vista, todas as asserções são contraditórias e pouco apropriadas à fixação das ideias sobre a verdadeira natureza dos cogumelos. Depois virá um quinto observador que reconhecerá a identidade dos caracteres gerais e mostrará que essas propriedades tão diversas constituem, em verdade, subdivisões ou variedades de uma mesma classe. De seu ponto de vista, cada um tinha razão; todos, porém, laboravam em erro, ao concluírem do particular para o geral e ao tomarem a parte pelo todo.

Ocorre o mesmo em relação aos Espíritos. Têm sido julgados conforme a natureza das relações que se teve com eles: uns foram feitos demônios; outros anjos. Depois, por se terem precipitado para explicar os fenômenos antes que vissem tudo, cada um o fez à sua maneira, buscando-lhes as causas, evidentemente, naquilo em que consistia o objeto de suas preocupações; o magnetista relacionava tudo à ação magnética, o físico à ação elétrica etc. A divergência de opinião em matéria de Espiritismo origina-se, pois, dos diferentes aspectos sob os quais é considerado. De que lado está a verdade? É o que compete ao futuro demonstrar, mas a tendência geral não poderia oferecer dúvida. Evidentemente, um princípio domina e reúne, pouco a pouco, os sistemas prematuros; uma observação menos exclusiva os unirá todos a uma fonte comum, vendo-se logo que a divergência, definitivamente, é mais de forma do que de fundo.

Compreende-se perfeitamente que os homens elaborem teorias contrárias sobre muitas coisas; entretanto, o que pode parecer mais singular é o fato de os próprios Espíritos poderem entrar em contradição; foi principalmente isso que, no princípio, lançou uma espécie de confusão nas ideias. As diferentes teorias espíritas têm, pois, duas origens: umas desabrocharam do cérebro humano, enquanto as demais foram reveladas pelos Espíritos. As primeiras emanam dos homens que, confiando demasiadamente em suas próprias luzes, creem ter em mãos a chave daquilo que procuram, quando, na maioria das vezes, não encontram senão uma maneira para se promoverem. Nada há nisso de surpreendente; entre os Espíritos, porém, seria inadmissível que uns dissessem uma coisa e os demais falassem outra, o que agora é perfeitamente explicável. A princípio, fez-se uma ideia completamente falsa da natureza dos Espíritos. Foram representados como seres à parte, de natureza excepcional, nada possuindo em comum com a matéria e devendo tudo saber. Segundo opinião pessoal, eram seres benfazejos ou malfazejos, uns com todas as virtudes, os outros com todos os vícios, e todos, em geral, com um saber infinito, superior ao da humanidade.

À notícia das recentes manifestações, o primeiro pensamento que brotou na mente da maior parte das criaturas foi o de buscarem um meio de penetrar em todas as coisas ocultas, uma nova maneira de adivinhação menos sujeita à dúvida que os processos vulgares. Quem poderia dizer o número dos que sonharam fortuna fácil, pela revelação de tesouros ocultos ou pelas descobertas industriais e científicas, que não teriam custado a seus inventores senão o trabalho de lhes descrever os procedimentos, sob o ditado dos sábios do outro mundo! Só Deus sabe quantas desilusões e quantos desapontamentos! Que de pretensas receitas, cada uma mais ridícula que a outra, foram dadas pelos farsistas do mundo invisível? Conhecemos alguém que havia solicitado uma receita infalível para tingir os cabelos; foi-lhe dada uma fórmula de composição, espécie de unguento que fez da cabeleira uma espécie de massa compacta, da qual o paciente teve as maiores dificuldades do mundo para se desembaraçar. Todas essas esperanças quiméricas tiveram que se dissipar à medida que se conhecia melhor a natureza desse mundo e a real finalidade das visitas que nos fizeram seus habitantes. Mas, então, para algumas pessoas que nada faziam, qual era o valor desses Espíritos, que nem sequer tinham o poder de conseguir-lhes alguns milhões? Não poderiam ser Espíritos. A essa febre passageira sucedeu a indiferença e, depois, a incredulidade. Oh! que de prosélitos teriam feito os Espíritos, se tivessem podido fazer o bem enquanto os outros dormiam! Teriam adorado o diabo, mesmo que tivesse brandido a sua bolsa de moedas.

Ao lado desses sonhadores, havia pessoas sérias que somente viam vulgaridade nesses fenômenos; observaram atentamente, sondaram o recôndito desse mundo misterioso, reconhecendo facilmente, nesses fatos estranhos, se não novos, pelo menos um fim providencial de ordem mais elevada. Tudo mudou de face quando se soube que esses mesmos Espíritos nada mais são que as criaturas que viveram na Terra, cujo número iremos aumentar quando morrermos; que deixaram aqui o seu envoltório grosseiro, como a lagarta deixa a crisálida para transformar-se em borboleta. Não pudemos duvidar quando vimos nossos parentes, amigos e contemporâneos virem conversar conosco e dar-nos provas irrecusáveis de sua presença e identidade. Considerando as inúmeras variedades que a humanidade apresenta, do duplo ponto de vista intelectual e moral, e a multidão que diariamente emigra da Terra para o mundo invisível, repugna à razão acreditar que um estúpido samoieda, um feroz canibal, um vil criminoso, sofram com a morte uma transformação que os coloquem no mesmo nível do sábio e do homem de bem. Compreendeu-se, assim, que podia e devia haver Espíritos mais ou menos avançados e, desde então, explicaram-se naturalmente todas essas comunicações tão diferentes, das quais umas se elevam até o sublime, enquanto outras se arrastam na imundície. E foram ainda melhor compreendidas quando se descobriu que o nosso pequeno grão de areia perdido no espaço não era o único habitado, entre tantos milhões de globos semelhantes, ocupando, no universo, apenas uma posição intermediária, nas proximidades da escala mais inferior; que havia, em consequência, seres mais avançados do que os mais avançados entre nós, e outros ainda mais atrasados que os nossos selvagens. Desde então o horizonte intelectual e moral ampliou-se, como sucedeu com nosso horizonte terrestre quando foi descoberta a quarta parte do mundo; aos nossos olhos, o poder e a majestade de Deus cresceram do finito ao infinito. Dessa forma, ficaram explicadas as contradições da linguagem dos Espíritos, porquanto se compreendeu que seres inferiores, sob todos os pontos de vista, não poderiam pensar nem se exprimir como se superiores fossem; consequentemente, não podiam saber tudo nem tudo compreender, devendo Deus revelar aos eleitos somente o conhecimento dos mistérios, que a ignorância jamais alcançaria.

Traçada pelos próprios Espíritos e pela observação dos fatos, a escala espírita dá-nos a chave de todas as aparentes anomalias da linguagem dos Espíritos. É preciso chegar, pela força do hábito, a conhecê-los, a bem dizer, à primeira vista, e poder assinalar-lhes a classe de acordo com a natureza de suas manifestações. É preciso dizer, por necessidade, a um que é mentiroso, a outro que é hipócrita, a esse que é mau, àquele que é faccioso etc., sem se deixar levar nem pela sua arrogância, nem pelas suas bravatas, nem pelas suas ameaças, nem pelos seus sofismas, nem mesmo pelas suas *lisonjas*. É o meio de afastar essa turba que, incessantemente, pulula à nossa volta e que se afasta quando sabemos atrair somente os Espíritos verdadeiramente bons e sérios, de maneira idêntica à que procedemos em relação aos vivos. Serão seres ínfimos, votados à ignorância e ao mal para todo o sempre? Não, porque tal parcialidade não se conformaria nem com a justiça, nem com a bondade do Criador, que provê a existência e o bem-estar do menor inseto. É por uma sucessão de existências que eles se elevam e dele se aproximam à medida que se tornam melhores. Esses Espíritos inferiores não conhecem de Deus senão o nome; não o veem, nem o compreendem, da mesma forma que o último dos camponeses, isolado nos rincões mais distantes, não vê nem compreende o soberano que governa seu país.

Se estudarmos cuidadosamente o caráter próprio de cada classe de Espíritos, conceberemos facilmente que alguns deles são incapazes de fornecer ensinamentos exatos sobre o estado de seu mundo; se, além disso, considerarmos que, por sua natureza, alguns Espíritos são levianos, mentirosos, zombeteiros e malévolos, enquanto outros ainda se acham imbuídos das ideias e dos preconceitos terrestres, compreenderemos que, em suas relações conosco, podem divertir-se à nossa custa, induzir-nos propositadamente ao erro por malícia, afirmar o que não sabem, dar-nos conselhos pérfidos ou mesmo enganar-se de boa-fé, julgando as coisas conforme seu ponto de vista. Citemos uma comparação.

Suponhamos que uma colônia de habitantes da Terra um belo dia encontre meios de estabelecer-se na Lua; imaginemos essa colônia composta de diversos elementos da população de nosso globo, desde o europeu mais civilizado até o selvagem australiano. Sem dúvida os habitantes da Lua ficarão emocionados e maravilhados de poderem obter, junto a seus novos hóspedes, informações precisas sobre nosso planeta, que alguns supunham habitado, embora não tivessem certeza, considerando-se que também entre eles alguns se julgam os únicos seres do universo. Caem sobre os recém-chegados, fazem-lhes perguntas e os sábios se apressam para publicar a história física e moral da Terra. Como não seria autêntica essa história, desde que foi obtida de testemunhas oculares? Um deles recolhe em sua casa um zelandês, que lhe ensina que neste mundo é um banquete comer homens e que Deus o permite, desde que se sacrificam vítimas em seu nome. Na casa de outro, é um filósofo moralista que lhe fala de Sócrates e Platão, assegurando que a antropofagia é uma abominação condenável por todas as leis divinas e humanas. Aqui é um muçulmano que não se alimenta de carne humana, mas diz que a salvação é obtida matando o maior número possível de cristãos; ali é um cristão que fala que Maomé é um impostor; mais longe um chinês considera como bárbaros todos os demais, afirmando que Deus permite que os filhos sejam lançados ao rio, contanto que existam em grande quantidade; um boêmio traça o quadro das delícias da vida dissoluta das capitais; um anacoreta prega a abstinência e as mortificações; um faquir indiano dilacera o corpo e durante anos se impõe sofrimento para descerrar as portas do Céu, de tal sorte que as privações de nossos mais piedosos cenobitas não passam de sensualidade. Em seguida vem um bacharel, afirmando que é a Terra que gira, e não o Sol; um camponês, dizendo que o bacharel é mentiroso, pois vê muito bem o Sol levantar-se e deitar-se todos os dias; um africano diz que faz muito calor; um esquimó, que o mar é uma planície de gelo e que só se viaja de trenó.

A política não fica atrás; uns elogiam o regime absoluto, outros a liberdade; alguém garante que a escravidão é contrária à natureza, sendo irmãos todos os homens, já que são filhos de Deus; outro ainda afirma que determinadas raças foram feitas para a escravidão e são muito mais felizes que no estado de liberdade etc. Imagino os escritores selenitas bastante embaraçados para escreverem a história física, política, moral e religiosa do mundo terrestre com semelhantes documentos. "Talvez — pensarão alguns — encontraremos maior unidade entre os sábios; interroguemos esse grupo de doutores."

Ora, um dos dois, médico da Faculdade de Paris, centro das luzes, garante que todas as moléstias têm por princípio o sangue viciado, fazendo-se necessário, pois, renová-lo por meio de sangrias, seja qual for a sua causa. "Laborais em erro, meu caro confrade — replica um segundo —, o homem jamais dispõe de tanto sangue; se o tirais, tirai-lhe a vida. Convenhamos que o sangue esteja viciado; o que fazemos quando um vaso está sujo? Não o quebramos, limpamos; então purgai, purgai, purgai até a extinção." Tomando a palavra, diz um terceiro: "Senhores, com vossas sangrias matais os doentes; com vossos purgantes os envenenais; a natureza é mais sábia que todos nós; deixemo-la agir e aguardemos. — Se é isso, replicam os dois primeiros, se matamos nossos doentes, vós os deixais morrer."

A disputa começava a se inflamar quando um quarto, tomando à parte um selenita, e o conservando a sua esquerda, disse-lhe: "Não os escuteis; são todos ignorantes; nem mesmo sei por que fazem parte da Academia. Segui bem o meu raciocínio: todo doente é fraco; portanto, sofre de fraqueza nos órgãos; isso é lógica pura, ou não me conheço mais; sendo assim, é preciso que se lhe dê fortificantes; para isso não tenho senão um remédio: água fria, água fria, e não passo disso. — Curais todos os doentes? — Sempre, quando a doença não é mortal. — Com um processo assim tão infalível, pertenceis à Academia? — Já postulei três vezes minha candidatura. Pois bem! Sabeis que fui repelido por esses pretensos sábios, porque estavam certos de que eu os pulverizaria com minha água fria? — Senhor selenita — diz um novo interlocutor, puxando-o para a direita —, vivemos em uma atmosfera de eletricidade; a eletricidade é o verdadeiro princípio da vida: acrescentá-la, quando não existe bastante; retirá-la, quando existe em excesso. Neutralizar uns pelos outros os fluidos contrários — eis o segredo. Faço maravilhas com meus aparelhos: lede meus anúncios e vereis!"[54] Não chegaríamos ao fim, se quiséssemos relacionar todas as teorias

---

[54] Nota de Allan Kardec: O leitor compreenderá que nossa crítica não visa senão aos exageros em todas as coisas. Em tudo existe um lado bom; o erro consiste no exclusivismo, que o sábio judicioso sempre sabe evitar. Não temos intenção de confundir os verdadeiros sábios, dos quais a humanidade se honra merecidamente, com os que exploram suas ideias sem discernimento; é desses que queremos falar. Nosso objetivo é unicamente demonstrar que a própria Ciência não está isenta de contradições.

contrárias que foram sucessivamente preconizadas em todos os ramos do conhecimento humano, sem excetuar as ciências exatas; entretanto, foi sobretudo nas ciências metafísicas que o campo se abriu às doutrinas mais contraditórias.

Se, todavia, um homem ajuizado e de espírito — por que não os haveria na Lua? — comparar todos esses relatos incoerentes, chegará à seguinte conclusão, muito lógica: que na Terra existem regiões quentes e frias; que em certos países os homens se devoram entre si; que em outros eles matam os que não pensam do mesmo modo, tudo para a maior glória de sua divindade; finalmente, que cada um se pronuncia de acordo com os seus conhecimentos e exalta as coisas do ponto de vista de suas paixões e de seus interesses. Em suma, em quem acreditará de preferência?

Pela linguagem reconhecerá, sem dificuldade, o verdadeiro sábio do ignorante; o homem sério do leviano; o que tem juízo daquele que raciocina em falso; não confundirá os bons e os maus sentimentos, a elevação com a baixeza, o bem com o mal. E dirá a si mesmo: "Devo ouvir tudo, escutar tudo, porque mesmo na conversa do homem mais embrutecido posso aprender alguma coisa; minha estima e minha confiança, porém, não serão conquistadas senão por aqueles que delas se mostrarem dignos." Se essa colônia terrena deseja implantar seus costumes e usos em sua nova pátria, os sábios repelirão os conselhos que lhes parecerem perniciosos e se confiarão àqueles que julgarem mais esclarecidos, neles não vendo nem falsidade, nem mentiras, mas, ao contrário, reconhecendo seu sincero amor do bem. Agiríamos de modo diferente, se uma colônia de selenitas viesse cair na Terra? Pois bem! O que é dado aqui como suposição torna-se realidade no que concerne aos Espíritos; se não vêm entre nós em carne e osso, nem por isso estão menos presentes de maneira oculta, transmitindo-nos os pensamentos por meio de seus intérpretes, isto é, dos médiuns. Quando aprendermos a conhecê-los, julgá-los-emos por sua linguagem, por seus princípios, e suas contradições nada mais terão que nos deva surpreender, porquanto vemos saberem uns aquilo que os outros ignoram; que alguns estão colocados muito embaixo, ou são ainda muito materiais para compreender e apreciar as coisas de ordem mais elevada; tal é o homem que, no sopé da montanha, não vê senão alguns passos em volta dele, enquanto o que está no alto descortina um horizonte sem limites.

A primeira fonte das contradições decorre, pois, do grau de desenvolvimento intelectual e moral dos Espíritos; porém há outras, sobre as quais é útil chamar a atenção. Dirão que passamos sobre a questão dos Espíritos inferiores, desde que assim o é; compreende-se que possam enganar-se por ignorância; todavia, como se justifica que Espíritos superiores estejam em dissidência? Que utilizem em certo país uma linguagem diferente da que empregam em outro? Finalmente, que o mesmo Espírito nem sempre seja coerente consigo mesmo?

A resposta a essa questão repousa sobre o conhecimento completo da ciência espírita, e essa ciência não pode ser ensinada em poucas palavras, porque é tão vasta quanto todas as ciências filosóficas. Como todos os ramos do conhecimento humano, só é adquirida pelo estudo e pela observação. Não podemos repetir aqui tudo quanto já publicamos sobre o assunto; a ele, pois, remetemos nossos leitores, limitando-nos a um simples resumo. Todas essas dificuldades desaparecem para quem quer que lance sobre esse terreno um olhar investigador e sem prevenção.

Provam os fatos que os Espíritos enganadores se paramentam de nomes respeitáveis, sem o menor escrúpulo, a fim de que suas torpezas sejam aceitas com mais facilidade, o que por vezes também ocorre entre nós. Pelo fato de um Espírito apresentar-se sob um nome qualquer, não significa que seja realmente aquele que pretende ser; todavia, na linguagem dos Espíritos sérios há um cunho de dignidade com o qual não se poderia equivocar: só respira bondade e benevolência, e jamais se desmente. A dos Espíritos impostores, ao contrário, seja qual for o verniz com que se apresentem, deixa sempre a *cauda exposta*,⁵⁵ como se diz vulgarmente. Nada há, pois, de espantoso em que os Espíritos inferiores, sob nomes usurpados, ensinem verdadeiros disparates. Compete ao observador procurar conhecer a verdade, e o pode fazer sem dificuldade, desde que queira compenetrar-se do que a esse respeito dissemos em nossa *Instrução prática*.⁵⁶

Esses mesmos Espíritos geralmente lisonjeiam os gostos e as inclinações das pessoas, cujo caráter sabem bastante fraco e bastante crédulo para os ouvir. Fazem-se eco de seus preconceitos e, até mesmo, de suas ideias supersticiosas, por uma razão muito simples: os Espíritos são atraídos por suas simpatias pelo Espírito das pessoas que os chamam ou que os escutam com prazer.

Quanto aos Espíritos sérios, podem igualmente manter uma linguagem diferente, segundo as pessoas, mas com outro objetivo. Quando julgam útil e para melhor convencer, evitam chocar muito bruscamente as crenças enraizadas e se exprimem segundo os tempos, os lugares e as pessoas. "Eis por que — dizem eles — não falamos a um chinês ou a um maometano como a um cristão ou a um homem civilizado: jamais seríamos ouvidos. Algumas vezes, pois, parecemos entrar na maneira de ver das pessoas, a fim de conduzi-las pouco a pouco àquilo que queremos, desde que isso possa ser realizado sem alterar as verdades essenciais." Não é evidente que se um Espírito quiser levar um muçulmano fanático a praticar a sublime máxima do Evangelho: "Não façais aos outros o que não gostaríeis que os outros vos fizessem", seria repelido se dissesse que foi Jesus que a ensinou? Ora, o que vale mais, deixar ao muçulmano seu fanatismo ou torná-lo bom, fazendo com que momentaneamente acredite que fora Alá que havia falado? Eis um problema cuja solução transferimos ao leitor. Quanto a nós, parece-nos que, tornando-o mais doce e mais humano, seria ele menos fanático e mais acessível à ideia de uma nova crença do que se lha quiséssemos impor pela força. Há verdades que, para serem aceitas, não podem ser lançadas

---

⁵⁵ N.T.: Grifos nossos.
⁵⁶ Ver *Instrução prática sobre as manifestações espíritas*, tradução Evandro Noleto Bezerra, edição FEB.

no rosto sem uma certa precaução. Quantos males teriam os homens evitado se sempre houvessem agido assim!

Como se vê, os Espíritos também tomam precauções quando falam; nesse caso, porém, a divergência está no acessório, e não no principal. Induzir os homens ao bem, destruir o egoísmo, o ódio, a inveja, o ciúme, ensinar-lhes a praticar a verdadeira caridade cristã, eis para eles o essencial; o resto virá em seu devido tempo; e tanto pregam pela palavra quanto pelo exemplo, quando se trata de Espíritos verdadeiramente bons e superiores; tudo neles respira doçura e benevolência. A irritação, a violência, a aspereza e a dureza de linguagem, mesmo que seja para dizer boas coisas, jamais denotam um sinal de verdadeira superioridade. Os Espíritos realmente bons não se irritam nem jamais se encolerizam: se não são ouvidos, vão-se embora; eis tudo.

Existem ainda duas causas de aparentes contradições que não devemos deixar passar em silêncio. Como já dissemos em muitas ocasiões, os Espíritos inferiores dizem tudo o que se quer, sem se preocuparem com a verdade; os Espíritos superiores se calam ou se recusam a responder quando lhes fazem uma pergunta indiscreta ou sobre a qual não lhes é permitido dar explicações. Dizem eles: "Neste caso, não insistais jamais, porque serão Espíritos levianos que responderão e vos enganarão; acreditais que somos nós e podeis pensar que entramos em contradição. Os Espíritos sérios não se contradizem jamais; sua linguagem é sempre a mesma com as mesmas pessoas. Se um deles diz coisas contrárias sob o mesmo nome, ficai certos de que não é o mesmo Espírito que fala ou, pelo menos, que não se trata de um Espírito bom. Reconhecereis o bom pelos princípios que ensina, pois todo Espírito que não prega o bem não é um Espírito bom, e devereis repeli-lo."

Querendo dizer a mesma coisa em dois lugares diferentes, o mesmo Espírito não se servirá literalmente das mesmas palavras: para ele o pensamento é tudo; mas o homem, infelizmente, é levado mais a se prender à forma do que ao fundo, e é essa forma que muitas vezes interpreta ao sabor de suas ideias e paixões. Dessa interpretação podem originar-se contradições aparentes, que igualmente têm sua fonte na insuficiência da linguagem humana para exprimir as coisas extra-humanas. Estudemos o fundo, perscrutemos o pensamento íntimo e veremos analogia muitas vezes onde um exame superficial nos teria mostrado um disparate.

As causas das contradições na linguagem dos Espíritos podem, pois, ser assim resumidas:

1º) O grau de ignorância ou de saber dos Espíritos aos quais nos dirigimos;

2º) O embuste dos Espíritos inferiores que, tomando nomes sob empréstimo, podem dizer, por malícia, ignorância e maldade, o contrário do que disse alhures o Espírito cujo nome usurparam;

3º) Os defeitos pessoais do médium, que podem influir sobre a pureza das comunicações e alterar ou modificar o pensamento do Espírito;

4º) A insistência para obter uma resposta que um Espírito recusa dar, e que é transmitida por um Espírito inferior;

5º) A própria vontade do Espírito, que fala segundo os tempos, os lugares e as pessoas, e que pode julgar conveniente não dizer tudo a toda gente;

6º) A insuficiência da linguagem humana para exprimir as coisas do mundo incorpóreo;

7º) A interpretação que cada um pode dar a uma palavra ou explicação, conforme suas ideias e preconceitos, ou o ponto de vista sob o qual encaram as coisas.

As dificuldades são tantas que não se triunfa a não ser por um estudo longo e assíduo; aliás, jamais dissemos que a ciência espírita era uma ciência fácil. O observador sério, que se aprofunda em todas as coisas com maturidade, paciência e perseverança, capta uma porção de matizes delicados que escapam ao observador superficial. É por meio desses detalhes íntimos que ele se inicia nos segredos dessa ciência. A experiência ensina a conhecer os Espíritos, como ensina a conhecer os homens.

Acabamos de considerar as contradições sob o ponto de vista geral. Em outros artigos trataremos dos pontos especiais mais importantes.

A caridade

Pelo Espírito São Vicente de Paulo[57]

(Sociedade de Estudos Espíritas, sessão de 8 de junho de 1858)

Sede bons e caridosos, pois essa a chave dos Céus, chave que tendes em vossas mãos. Toda a eterna felicidade se acha contida neste preceito: "Amai-vos uns aos outros." A alma não pode elevar-se às altas regiões espirituais, senão pelo devotamento ao próximo e só encontra consolação e ventura nos arroubos da caridade. Sede bons, amparai os vossos irmãos, deixai de lado a horrenda chaga do egoísmo. Cumprido esse dever, o caminho da vida eterna se vos abrirá. Além disso, qual dentre vós ainda não sentiu o coração pulsar de júbilo, de íntima alegria, à narrativa de um ato de bela dedicação, de uma obra verdadeiramente caridosa? Se buscásseis somente a volúpia que uma ação boa proporciona, permaneceríeis sempre no caminho do progresso espiritual. Não vos faltam os exemplos; rara é apenas a boa vontade. Vede a multidão de homens de bem, cuja lembrança é guardada pela vossa História. Eu vos citaria aos milhares aqueles cuja moral não tinha por objetivo senão melhorar o vosso globo.

---

[57] N.T.: Essa instrução de São Vicente de Paulo, com algumas modificações que a reduziram, foi inserida por Allan Kardec em *O evangelho segundo o espiritismo*. Corresponde, na edição definitiva de 1866, ao cap. XIII, item 12.

O Cristo não vos disse tudo o que tem relação com as virtudes da caridade e do amor? Por que deixar de lado os seus divinos ensinamentos? Por que fechar os ouvidos às suas divinas palavras, o coração a todas as suas suaves sentenças? Gostaria que dispensassem mais interesse, mais fé às leituras evangélicas. Desprezam, porém, esse livro, consideram-no repositório de palavras ocas, uma carta fechada; deixam no esquecimento esse código admirável. Vossos males provêm apenas do abandono voluntário a que relegais esse resumo das Leis divinas. Lede-lhe as páginas cintilantes do devotamento de Jesus e meditai-as. Eu mesmo me sinto envergonhado de ousar vos prometer um trabalho sobre a caridade, quando penso que se encontram nesse livro todos os ensinamentos que vos devem levar às regiões celestes.

Homens fortes, armai-vos; homens fracos, fazei da vossa brandura, da vossa fé, as vossas armas. Sede mais persuasivos, tendes mais constancia na propagação da vossa nova doutrina. Apenas encorajamento é o que vos vimos dar; apenas para estimular o vosso zelo e as vossas virtudes é que Deus permite que nos manifestemos a vós. Mas, se cada um o quisesse, bastaria a sua própria vontade e a ajuda de Deus; as manifestações espíritas só se produzem para os que têm os olhos fechados e os corações indóceis. Há, entre vós, homens que têm a cumprir missões de amor e de caridade: escutai-os, exaltai a sua voz, fazei se resplandeçam seus méritos e sereis, vós próprios, exaltados pelo desinteresse e pela fé viva de que vos penetrarão.

As advertências detalhadas que vos deveriam ser dadas sobre a necessidade de ampliar o círculo da caridade e nele incluir todos os infelizes, cujas misérias são ignoradas; todas as dores que, em nome dessa doutrina — caridade —, se devem buscar em seus redutos para os consolar seriam muito extensas. Vejo com satisfação que homens eminentes e poderosos auxiliam esse progresso, que deve unir todas as classes humanas: os felizes e os infelizes. Os infelizes — coisa estranha! — dão-se todos as mãos e se ajudam mutuamente em sua miséria. Por que são os felizes mais morosos em ouvir a voz do infeliz? Por que necessitamos da mão dos poderosos da Terra para impulsionar as missões de caridade? Por que não respondemos com mais ardor a esses apelos? Por que deixamos a miséria, assim como o prazer, macular o quadro da humanidade?

A caridade é a virtude fundamental que há de sustentar todo o edifício das virtudes terrestres. Sem ela não existem as outras. Sem a caridade não há esperança de melhor sorte, não há interesse moral que nos guie; sem a caridade não há fé, pois a fé não passa de um raio muito puro que torna brilhante uma alma caridosa; é a sua consequência decisiva.

Quando deixardes que vosso coração se abra à súplica do primeiro infeliz que vos estender a mão; quando lhe derdes algo, sem questionar se sua miséria não é fingida ou se seu mal provém de um vício de que deu causa; quando abandonardes toda a justiça nas mãos divinas; quando deixardes o castigo das falsas misérias ao Criador; quando, por fim, praticardes a caridade unicamente pela felicidade que ela proporciona e sem inquirir de sua utilidade, então sereis os filhos amados de Deus e Ele vos atrairá a si.

A caridade é, em todos os mundos, a eterna âncora da salvação; é a mais pura emanação do próprio Criador; é a sua própria virtude, dada por Ele à criatura. Como desprezar essa suprema bondade? Qual o coração, disso compenetrado, bastante perverso para recalcar e expulsar esse sentimento todo divino? Qual o filho bastante mau para se rebelar contra essa doce carícia: a caridade?

Não ouso falar do que fiz, porque os Espíritos também têm o pudor de suas obras; considero, porém, a que iniciei como uma das que mais devem contribuir para o alívio dos vossos semelhantes. Vejo com frequência os Espíritos a pedirem lhes seja dado, por missão, continuar a minha tarefa. Vejo-os, minhas bondosas e caras irmãs, no seu piedoso e divino ministério; vejo-os praticando a virtude que vos recomendo, com todo a alegria que provêm de uma existência de dedicação e sacrifícios. Para mim é uma grande felicidade observar quanto lhes honra o caráter, quão estimada e protegida é a missão que desempenham. Homens de bem, de boa e firme vontade, uni-vos para continuar amplamente a obra de propagação da caridade; encontrareis a vossa recompensa no exercício próprio dessa virtude; não há alegria espiritual que ela não proporcione já na vida presente. Sede unidos; amai-vos uns aos outros, segundo os preceitos do Cristo. Assim seja.

Agradecemos a São Vicente de Paulo a bela e boa comunicação que se dignou de nos dar. — Gostaria que fosse proveitosa a todos.

Permitiríeis que formulássemos algumas perguntas complementares a respeito do que acabastes de dizer?

Resp. – Eu o desejo muito; meu objetivo é vos esclarecer; perguntai o que quiserdes.

1. Pode-se entender a caridade de duas maneiras: a esmola propriamente dita e o amor aos semelhantes. Quando dissestes que era necessário que o coração se abrisse à súplica do infeliz que nos estendesse a mão, sem questionarmos se não seria fingida a sua miséria, não quisestes falar da caridade do ponto de vista da esmola?

Resp. – Sim; somente nesse parágrafo.

2. Dissestes que era preciso deixar à justiça de Deus a apreciação da falsa miséria. Parece-nos, entretanto, que dar sem discernimento às pessoas que não têm necessidade, ou que poderiam ganhar a vida num trabalho honesto, será estimular o vício e a preguiça. Se os preguiçosos encontrassem aberta com muita facilidade a bolsa dos outros, multiplicar-se-iam ao infinito, em prejuízo dos verdadeiros infelizes.

Resp. – Podeis discernir os que podem trabalhar e, então, a caridade vos obriga a fazer tudo para lhes proporcionar trabalho; entretanto, também existem falsos pobres, capazes de simular com habilidade misérias que não possuem; é para os tais que se deve deixar a Deus toda a justiça.

3. Aquele que não pode dar senão um centavo, e que deve escolher entre dois infelizes que lhe pedem, não tem razão de inquirir quem, de fato, tem mais necessidade, ou deve dar sem exame ao primeiro que aparecer?

Resp. – Deve dar ao que pareça sofrer mais.

4. Não se deve considerar também como fazendo parte da caridade o modo por que é feita?

Resp. – É sobretudo na maneira de fazer a caridade que está o seu maior mérito; a bondade é sempre o indício de uma bela alma.

5. Que tipo de mérito concedeis àqueles a quem chamamos de benfeitores de ocasião?

Resp. – Só fazem o bem pela metade. Seus benefícios não lhes aproveitam.

6. Disse Jesus: "Que vossa mão direita não saiba o que faz vossa mão esquerda." Têm algum mérito aqueles que dão por ostentação?

Resp. – Apenas o mérito do orgulho, pelo que serão punidos.

7. Em sua acepção mais abrangente, a caridade cristã não compreende igualmente a doçura, a benevolência e a indulgência para com as fraquezas dos outros?

Resp. – Imitai Jesus; Ele vos disse tudo isso. Escutai-o mais que nunca.[58]

8. A caridade é bem compreendida quando praticada exclusivamente entre pessoas que professam a mesma opinião ou pertencem a um mesmo partido?

Resp. – Não. É sobretudo o espírito de seita e de partido que se deve abolir, porquanto todos os homens são irmãos. É sobre essa questão que concentramos os nossos esforços.

---

[58] N.T.: *Vide* q. 886, de *O livro dos espíritos*.

9. Suponhamos que alguém vê dois homens em perigo, mas não pode salvar senão um. Qual dos dois deverá salvar, considerando-se que um deles é seu amigo e o outro é seu inimigo?

Resp. – Deve salvar o amigo, pois este amigo poderia acusá-lo de não gostar dele; quanto ao outro, Deus se encarregará.

O Espírito batedor de Dibbelsdorf

(Baixa Saxônia)
Do Dr. Kerner. Traduzido do alemão pelo Sr. Alfred Pireaux

Pondo-se de lado o seu aspecto cômico, a história do Espírito batedor de Dibbelsdorf também encerra uma parte instrutiva, como ressalta das passagens de velhos documentos, publicados em 1811 pelo pregador Capelle.

No dia 2 de dezembro de 1761, às seis horas da tarde, uma espécie de martelamento que parecia vir do chão fez-se ouvir no quarto habitado por Antoine Kettelhut. Atribuindo o episódio ao seu criado, que queria divertir-se à custa da empregada, então no quarto das fiandeiras, saiu para jogar um balde de água na cabeça do gozador, não encontrando, porém, ninguém do lado de fora. Uma hora depois, o mesmo barulho recomeçou e ele imaginou que fosse causado por um rato. Assim, no dia seguinte examinou as paredes, o teto e o assoalho, não encontrando o mais leve vestígio desse animal.

À noite, o mesmo barulho; considerou-se, então, a casa perigosa para servir de habitação, e as próprias criadas não mais quiseram permanecer no quarto durante o serão. Logo após o ruído cessou, para reproduzir-se cem passos adiante, na casa do Sr. Louis Kettelhut, irmão de Antoine, e com uma força inusitada. Era num canto do quarto que se manifestava a *coisa batedora*.

Por fim, o fenômeno se tornou suspeito aos camponeses, vindo o burgomestre a dar parte à justiça que, de início, não quis ocupar-se de um caso que considerava ridículo. Contudo, em face das insistentes pressões dos habitantes, alguém da justiça se dirigiu a Dibbelsdorf, no dia 6 de janeiro de 1762, para examinar o fato com maior atenção. Demolidos as paredes e os tetos, nenhum resultado se obteve; a família Kettelhut jurou não ter absolutamente nada a ver com aquela coisa estranha.

Até então, não se havia conversado ainda com o batedor. Armando-se de coragem, um indivíduo de Naggam pergunta: "Espírito batedor, estás aqui?" E um golpe se fez ouvir. "Podes dizer como me chamo?" Entre diversos nomes designados, o Espírito bateu o nome do interlocutor. "Há quantos botões em minha roupa?" Trinta e seis golpes foram dados. Os botões foram contados, havendo justamente 36.

A partir desse momento, a história do Espírito batedor espalhou-se nas redondezas, fazendo com que centenas de moradores de Brunswick se dirigissem à noite a Dibbelsdorf, assim como ingleses e uma porção de curiosos estrangeiros. A multidão tornou-se tão numerosa que a milícia local não a podia controlar. Os camponeses tiveram que reforçar a guarda da noite, não se permitindo entrar os visitantes senão uns após os outros.

Essa afluência de pessoas pareceu excitar o Espírito a manifestações mais extraordinárias ainda, evoluindo para determinadas formas de comunicação que atestavam a sua inteligência. Jamais se atrapalhou nas respostas: desejava-se saber o nome e a cor dos cavalos estacionados defronte da casa? Ele o indicava com precisão; abria-se um livro de canto, colocava-se o dedo ao acaso sobre uma página e perguntava-se o número do trecho de música, desconhecido até mesmo do próprio interlocutor: logo, uma série de golpes indicava perfeitamente o número designado. O Espírito não fazia esperar sua resposta, que se seguia imediatamente após a pergunta. Também dizia quantas pessoas havia no quarto, quantas estavam do lado de fora, designando a cor dos cavalos, das roupas, a posição e a profissão das pessoas.

Entre os curiosos encontrava-se um dia um homem de Hettin, completamente desconhecido em Dibbelsdorf e morando há pouco tempo em Brunswick. Pediu ao Espírito o local de seu nascimento e, a fim de o induzir em erro, citou grande número de cidades; quando chegou ao nome de Hettin, um golpe se fez ouvir. Um burguês astuto, imaginando pegar o Espírito em falta, perguntou-lhe quanto em moedas possuía em seu bolso, tendo sido respondido 681, seu número exato. A um confeiteiro, disse quantos biscoitos tinha feito pela manhã; a um comerciante, quantas medidas de fita havia vendido na véspera; a outro, o total de dinheiro recebido na antevéspera pelo Correio. Era de humor bastante alegre, batendo à medida que se desejasse e, algumas vezes, tão forte que o ruído era ensurdecedor. Durante o jantar, à noite, e após as orações, ele bateu *Amém*. Esse sinal de devoção não impediu que um sacristão, revestido de grande hábito de exorcista, tentasse desalojar o Espírito de seu canto; a conjuração, porém, fracassou.

O Espírito nada temia, mostrando-se tão sincero nas respostas ao duque reinante Charles e a seu irmão Ferdinand quanto a qualquer outra pessoa de menor condição. A história tomou, então, um rumo mais sério. O duque encarregou um médico e alguns doutores em direito para examinarem o fato. Os sábios explicaram as *batidas* pela presença de uma fonte subterrânea. Mandaram cavar um poço de oito pés de profundidade e naturalmente encontraram água, considerando-se que Dibbelsdorf está situada em região baixa; a água que jorrou inundou o quarto, mas o Espírito continuou a bater em seu canto habitual. Os homens de ciência imaginaram, então, que estavam sendo vítimas de uma mistificação, concedendo ao doméstico a honra de tomar o lugar daquele Espírito tão bem instruído. Sua intenção era enfeitiçar a criada. Todos os habitantes do vilarejo foram convidados a ficar em casa, num dia determinado; o doméstico foi mantido à vista, porque, segundo a opinião dos sábios, devia ser o culpado; mas o Espírito respondeu novamente a todas as perguntas. Reconhecido inocente, o serviçal foi posto em liberdade. A justiça, porém, queria um autor para o delito, acusando o casal Kettelhut pelo barulho de que se queixavam, embora fossem pessoas benevolentes, honestas e irrepreensíveis em todas as coisas e tivessem procurado as autoridades desde o início das manifestações. Por meio de promessas e ameaças, uma jovem foi forçada a testemunhar contra seus patrões. Em consequência, foram eles presos, malgrado as retratações posteriores da mocinha e a confissão formal de que suas primeiras declarações eram falsas e lhe foram arrancadas pelos juízes. O Espírito continuou a bater; mesmo assim, o casal Kettelhut foi mantido na prisão durante três meses, sendo libertados sem indenização após o término desse prazo, muito embora os membros da comissão assim tivessem concluído o seu relatório: "Todos os meios possíveis para descobrir a causa do barulho foram infrutíferos; talvez o futuro nos esclareça algo a respeito." — O futuro ainda nada ensinou.

O Espírito batedor manifestou-se desde o início de dezembro até março, época em que deixou de se fazer ouvir. Voltaram a pensar que o criado já incriminado devia ser o autor de todas essas peças de mau gosto; contudo, como poderia ter-se livrado das armadilhas estendidas pelos duques, juízes e tantas outras pessoas que o interrogaram?

OBSERVAÇÃO – Se quisermos nos referir à data em que se passaram as coisas que acabamos de narrar, e compará-las às que ocorrem em nossos dias, encontraremos uma identidade perfeita na maneira das comunicações e, até mesmo, na natureza das perguntas e respostas. Nem a América, nem nossa época descobriram os Espíritos batedores, da mesma forma que não descobriram os outros Espíritos, como o demonstraremos por inúmeros fatos autênticos, mais ou menos antigos. Há, todavia, entre os fenômenos atuais e os de outrora uma diferença capital: estes últimos eram quase todos espontâneos, ao passo que os nossos se produzem quase à vontade de certos médiuns especiais. Essa circunstância permitiu melhor estudá-los e aprofundar-lhes a causa. A essa conclusão dos juízes: "Talvez o futuro nos esclareça algo a respeito", hoje o autor não responderia: — O futuro ainda nada ensinou. Vivesse esse autor e saberia que o futuro, ao contrário, ensinou tudo e, mais esclarecida do que há um século, a justiça de nossos dias, a propósito das manifestações espíritas, não cometeria os equívocos que recordam os cometidos na Idade Média. Nossos próprios sábios já penetraram bastante os mistérios da natureza para não se deixarem levar pelas coisas desconhecidas; têm sagacidade suficiente para não se exporem, como fizeram seus antecessores, aos desmentidos da posteridade, em detrimento de sua reputação. Se algo desponta no horizonte, não se apressam em dizer: "Não é nada", por temer que esse nada seja um navio. Se não o veem, calam-se e esperam: eis aí a verdadeira sabedoria.

Observações a propósito dos desenhos de Júpiter

Estamos inserindo neste número da *Revista*, conforme havíamos anunciado, o desenho[59] de uma habitação de Júpiter, executado e gravado pelo Sr. Victorien Sardou como médium, ao qual acrescentamos o artigo descritivo que teve a gentileza de escrever a respeito. Seja qual for, sobre a autenticidade dessas descrições, a opinião dos que nos poderiam acusar de nos ocuparmos do que acontece nos mundos desconhecidos, quando há tanto o que fazer na Terra, rogamos aos nossos leitores não perderem de vista que o nosso objetivo, como o indica o subtítulo da *Revista* é, antes de tudo, o estudo dos fenômenos, nada devendo, portanto, ser negligenciado. Ora, como fato de manifestação, esses desenhos são, incontestavelmente, os mais notáveis, se considerarmos que o autor não sabe desenhar nem gravar, e que o desenho que oferecemos foi por ele gravado em água-forte, sem modelo nem ensaio prévio, em *nove* horas. Supondo que esse desenho seja uma fantasia do Espírito que o traçou, o simples fato de sua execução não seria um fenômeno menos digno de atenção e, a esse título, cabe à nossa coletânea torná-lo conhecido, bem como a descrição que dele nos deram os Espíritos, não para satisfazer à vã curiosidade das pessoas fúteis,

---

[59] N.T.: *Vide* reprodução fotográfica do desenho referido na página seguinte, em tamanho reduzido. (Este fac-símile deixou de ser publicado nas reimpressões posteriores da *Revista Espírita* de 1858.)

mas como objeto de estudo para quantos desejarem aprofundar-se em todos os mistérios da ciência espírita. Incorreria em erro quem acreditasse que fazemos da revelação de mundos desconhecidos o objeto capital da Doutrina; para nós isso não constituiria senão um acessório, que julgamos útil como complemento de estudo. Para nós, o essencial será sempre o ensinamento moral, de sorte que procuramos, nas comunicações do Além-túmulo, sobretudo aquilo que possa esclarecer a humanidade e conduzi-la ao bem, único meio de lhe assegurar a felicidade neste e no outro mundo. Não se poderia dizer o mesmo dos astrônomos, que igualmente sondam os espaços, e perguntar qual seria a utilidade, para o bem da humanidade, saberem calcular com precisão rigorosa a parábola de um astro invisível? Nem todas as ciências têm um interesse eminentemente prático; entretanto, a ninguém ocorre tratá-las com desdém, porque tudo que amplia o círculo das ideias contribui para o progresso. Dá-se o mesmo com as comunicações espíritas, ainda que escapem ao círculo acanhado da nossa personalidade.

Habitações do planeta Júpiter

Se há um fato que gera perplexidade entre certas pessoas convencidas da existência dos Espíritos — não nos ocuparemos aqui das outras — é seguramente a existência de habitações em suas cidades, tal como ocorre entre nós. Não me pouparam de críticas: "Casas de Espíritos em Júpiter!... Que gozação!..." — Que seja, nada tenho a ver com isso. Se o leitor aqui não encontra, na verossimilhança das explicações, uma prova suficiente de sua veracidade; se, como nós, não se surpreende com a perfeita concordância das revelações espíritas com os dados mais positivos da ciência astronômica; numa palavra, se não vê senão uma hábil mistificação nos detalhes que se seguem e no desenho que os acompanha, eu o convido a pedir explicação aos Espíritos, de quem sou apenas o instrumento e o eco fiel. Que ele evoque Palissy ou Mozart, ou outro habitante desse mundo bem-aventurado; que sejam interrogados, que minhas afirmações sejam controladas pelas suas; que, enfim, discutam com eles. Quanto a mim, apenas apresento o que me foi dado, repetindo somente o que me foi dito. E, por esse papel absolutamente passivo, creio-me ao abrigo tanto da censura quanto do elogio.

Feita essa ressalva, e uma vez admitida a confiança nos Espíritos, se se aceitar como verdadeira a única doutrina realmente bela e sábia que a evocação dos Espíritos nos revelou até aqui, isto é, a migração das almas de planeta em planeta, suas encarnações sucessivas e seu progresso incessante pelo trabalho, as habitações de Júpiter não nos deverão mais causar admiração. Desde que o Espírito se encarna num mundo submetido, como o nosso, a uma dupla revolução, isto é, à alternativa de dias e noites e ao retorno periódico das estações; desde que tenha um corpo, por mais frágil seja esse envoltório material, não reclama apenas alimentação e vestuário, mas também um abrigo ou, pelo menos, um local de repouso, consequentemente uma casa. Com efeito, foi exatamente isso que nos disseram. Como nós, e melhor que nós, os habitantes de Júpiter têm seus lares comuns e suas famílias, grupos harmoniosos de Espíritos simpáticos, unidos no triunfo depois de o haverem sido na luta. Daí as moradas tão espaçosas, que podemos chamar, merecidamente, de *palácios*. Como nós, ainda, esses Espíritos têm suas festas, suas cerimônias, suas reuniões públicas, o que explica a existência de edifícios especialmente destinados a essas finalidades. Finalmente, devemos encontrar nessas regiões superiores toda uma humanidade, ativa e laboriosa como a nossa, como nós submetida a leis, necessidades e deveres, com a só diferença de que o progresso, rebelde aos nossos esforços, torna-se conquista fácil para os Espíritos que já se despojaram de nossos vícios terrestres.

Não deveria ocupar-me aqui senão da arquitetura de suas habitações; contudo, para a exata compreensão dos detalhes que se seguem, uma palavra de explicação não será inútil. Se Júpiter só é acessível aos Espíritos bons, daí não se segue que sejam excelentes no mesmo grau todos os seus habitantes: entre a bondade do simples e o homem de gênio, é permitido contar vários matizes. Ora, toda a organização social desse mundo superior repousa precisamente sobre as variedades de inteligência e de aptidões, cabendo aos Espíritos superiores, aos mais depurados, por efeito de leis harmoniosas cuja explicação seria muito longa apresentar aqui, a alta direção de seu planeta. Essa supremacia não se detém aí, estendendo-se até os mundos inferiores, onde esses Espíritos, por sua influência, favorecem e ativam incessantemente o progresso religioso, gerador dos demais. É preciso acrescentar que para esses Espíritos depurados não haveria senão trabalhos intelectuais, pois suas atividades só se exercem no domínio do pensamento e eles já conquistaram bastante império sobre a matéria para não serem senão debilmente entravados por ela no livre exercício de sua vontade. O corpo desses Espíritos, como aliás o de todos os que habitam Júpiter, é de uma densidade tão leve que só encontra termo de comparação nos fluidos imponderáveis: um pouco maior do que o nosso, do qual reproduz exatamente a forma, embora mais pura e mais bela, ele se nos apresentaria sob a aparência de um vapor, termo que emprego a contragosto, por designar uma substância ainda muito grosseira; de um vapor, dizia eu, impalpável e luminoso... luminoso sobretudo nos contornos do rosto e da cabeça, porquanto ali a inteligência e a vida irradiam-se como um foco muito ardente. E é justamente esse brilho magnético, entrevisto pelos visionários cristãos, que nossos pintores traduziram pelo nimbo ou auréola dos santos.

Compreende-se que tal corpo em nada dificulte as comunicações extramundanas desses Espíritos, permitindo-lhes, em seu planeta, um deslocamento pronto e fácil. Ele se subtrai tão facilmente à atração planetária, e sua densidade difere tão pouco daquela da atmosfera, que nela pode agitar-se, ir e vir, descer ou subir ao capricho do Espírito e sem outro esforço senão a vontade. Assim, algumas personagens que Palissy teve a gentileza de me fazer desenhar estão representadas tocando o solo levemente ou a superfície das águas, ou ainda bastante elevadas no ar, com inteira liberdade de ação e de movimentos que atribuímos aos anjos. Quanto mais depurado o Espírito, tanto mais fácil é essa locomoção, o que se concebe sem dificuldade; nada também é mais fácil aos habitantes do planeta do que avaliar, logo à primeira vista, o valor de um Espírito que passa; dois sinais falarão por ele: a altura de seu voo e a luz mais ou menos brilhante de sua auréola.

Em Júpiter, como em toda parte, os que alçam voos mais altos são os mais raros; abaixo deles, é preciso contar várias camadas de Espíritos inferiores, tanto em virtude quanto em poder, mas naturalmente livres para os igualarem um dia, quando se aperfeiçoarem. Escalonados e classificados conforme os seus méritos, estes se dedicam mais particularmente aos trabalhos que interessam ao próprio planeta, não exercendo, sobre os mundos inferiores, a autoridade toda poderosa dos primeiros. É verdade que respondem a uma evocação, por meio de revelações sábias e boas, mas, pela presteza que demonstram em nos deixar e pelo laconismo de suas palavras, é fácil compreender que têm muito o que fazer em outra parte e que não se encontram ainda suficientemente desprendidos para se fazerem irradiar simultaneamente em dois pontos tão distantes um do outro. Enfim, seguindo os menos perfeitos desses Espíritos, mas deles separados por um abismo, vêm os animais, que, como únicos serviçais e únicos trabalhadores do planeta, merecem uma menção toda especial.

Se designamos pelo nome de *animais* os seres bizarros que ocupam a base da escala, é porque os próprios Espíritos o utilizaram e também em razão de nossa língua não dispor de melhor termo para nos oferecer. Essa designação os avilta bastante; chamá-los, porém, de homens seria conceder-lhes muita honra; de fato, são Espíritos votados à animalidade, talvez por muito tempo ou, quem sabe, para sempre. Contudo, nem todos os Espíritos são concordes com esse ponto, e a solução do problema parece pertencer a mundos mais elevados que Júpiter; seja qual for o seu futuro, entretanto, não há equívocos sobre o seu passado. Antes de ir para lá, esses Espíritos emigraram sucessivamente em nossos mundos inferiores, do corpo de um ao de outro animal, por uma escala de aperfeiçoamento perfeitamente graduada. O estudo atento de nossos animais terrestres, seus costumes, suas características individuais, sua ferocidade longe do homem e sua domesticação lenta, mas sempre possível, tudo indica suficientemente a realidade dessa ascensão animal.

Desse modo, para qualquer lado que nos voltemos, a harmonia do universo se resume sempre em uma única lei: o *progresso*, por toda parte e para todos, para o animal como para a planta, para planta como para o mineral; progresso puramente material, a princípio, nas moléculas insensíveis do metal ou do calhau, para tornar-se cada vez mais inteligente à medida que ascendemos à escala dos seres e que a individualidade tende a desembaraçar-se da massa, a afirmar-se, a conhecer-se. Pensamento elevado e consolador, jamais imaginado antes, porquanto nos prova que nada é sacrificado, que a recompensa é sempre proporcional ao progresso realizado; o devotamento do cão, por exemplo, que morre pelo dono, não é estéril para o seu Espírito, cujo salário justo haverá de receber além deste mundo.

É o caso dos Espíritos animais que povoam Júpiter; eles se aperfeiçoaram ao mesmo tempo que nós, conosco e com o nosso auxílio. A lei é mais admirável ainda: ela faz tão bem de seu devotamento ao homem a primeira condição de sua ascensão planetária que a vontade de um Espírito de Júpiter pode chamar a si todo animal que, numa de suas vidas anteriores, lhe haja dado provas de afeição. Essas simpatias, que lá no Alto formam famílias de Espíritos, também agrupam em torno das famílias todo um cortejo de animais devotados. Em consequência, nosso apego neste mundo por um animal, o cuidado que tomamos de domesticá-lo e de humanizá-lo, tudo isso tem sua razão de ser, tudo será pago: é um bom ajudante que preparamos antecipadamente para um mundo melhor.

Será assim um operário, porquanto aos seus semelhantes está reservado todo trabalho material, toda tarefa corporal: carga ou obras pesadas, semeadura ou colheita. E para tudo isso a Suprema Inteligência preparou um corpo que participa ao mesmo tempo das vantagens do animal e do homem. Podemos fazer uma avaliação pelo esboço de Palissy, representando alguns desses animais muito aplicados em jogar bola. Eu não os poderia melhor comparar senão aos faunos e aos sátiros da Fábula; o corpo, levemente peludo, é, entretanto, aprumado como o nosso; entre alguns as patas desapareceram, dando lugar a certas pernas que ainda lembram a forma primitiva, os dois braços robustos, singularmente implantados e terminados por verdadeiras mãos, se levarmos em conta a oposição dos polegares. Coisa bizarra: a cabeça não é tão aperfeiçoada quanto o resto! Dessa forma, a fisionomia reflete bem alguma coisa de humano, mas o crânio, o maxilar e, sobretudo, a orelha não apresentam diferenças sensíveis em relação aos animais terrestres. É, pois, fácil distingui-los entre si: este é um cão, aquele é um leão. Convenientemente vestidos com blusas e vestes muito semelhantes às nossas, eles só faltam falar para lembrar de bem perto certos homens daqui; eis precisamente o que lhes falta e que não poderiam fazer. Hábeis para se entenderem entre si, por meio de uma linguagem que nada tem da nossa, não mais se enganam sobre as intenções dos Espíritos que os comandam: basta um olhar, um gesto. A certos abalos magnéticos, dos quais nossos domadores de bestas já conhecem o segredo, o animal adivinha e obedece sem murmurar e, melhor ainda, com *boa vontade*, porque está fascinado. É desse modo que lhe é imposta toda a tarefa pesada e que, com seu auxílio, tudo funciona regularmente de um extremo ao outro da escala social: o Espírito elevado pensa e delibera, o Espírito inferior age com sua própria iniciativa e o animal executa. Assim, a concepção, a execução e o fato se unem numa mesma harmonia, levando todas as coisas a uma solução mais rápida, pelos meios mais simples e mais seguros.

Pedimos desculpas por essa digressão: ela era indispensável ao assunto que agora podemos abordar.

Enquanto aguardamos as cartas prometidas, que facilitarão singularmente o estudo de todo o planeta, podemos, pelas descrições feitas pelos Espíritos, fazer uma ideia de sua grande cidade, da cidade por excelência, desse foco de luz e de atividade que eles concordam estranhamente em designar pelo nome latino de *Julnius*.

"No maior de nossos continentes — diz Palissy — em um vale de setecentas a oitocentas léguas de largura, para contar como vós, um rio magnífico desce das montanhas do norte e, engrossado por uma porção de torrentes e de ribeirões, forma em seu percurso sete ou oito lagos, dos quais o menor mereceria entre vós o nome de *mar*. Foi sobre as margens do maior desses lagos, por nós batizado com o nome de *Pérola*, que nossos antepassados lançaram os primeiros fundamentos de Julnius. Essa cidade primitiva ainda existe, venerada e guardada como preciosa relíquia. Sua arquitetura difere muito da vossa. Explicar-vos-ei tudo isso em seu devido tempo; por ora ficai sabendo que a cidade moderna está apenas a algumas centenas de metros abaixo da antiga. Limitado entre altas montanhas, o lago se derrama no vale por oito enormes cataratas, que formam outras tantas correntes isoladas e dispersas em todos os sentidos. Com o auxílio dessas correntes, cavamos na planície uma porção de riachos, canais e pequenos lagos, reservando a terra firme apenas para nossas casas e jardins. Disso resultou uma espécie de cidade anfíbia, como vossa Veneza, e da qual, à primeira vista, não se poderia dizer se está construída na terra ou sobre a água. Nada vos direi hoje de quatro edifícios sagrados, construídos sobre a própria vertente das cataratas, de sorte que a água jorra aos borbotões de seus pórticos: são obras que vos pareceriam incríveis em grandeza e em ousadia.

É a cidade *terrestre* que descrevo aqui, de certo modo material, a cidade das ocupações planetárias, a que chamamos, enfim, de *Cidade baixa*. Tem suas ruas ou, melhor dizendo, seus caminhos traçados para o serviço interno; tem suas praças públicas, seus pórticos e suas pontes lançadas sobre canais para a passagem dos serviçais. Mas a cidade inteligente, a cidade espiritual, a verdadeira Julnius, finalmente, não se encontra na Terra: é preciso que se a procure no ar.

O corpo material dos animais incapazes de voar[60] necessita de terra firme, mas o que o nosso corpo fluídico e luminoso exige é uma habitação aérea como ele, quase impalpável e móvel, a nosso bel-prazer. Nossa habilidade resolveu esse problema, auxiliada pelo tempo e pelas condições privilegiadas que o grande Arquiteto nos havia concedido. Compreende bem que essa conquista dos ares era indispensável a Espíritos como os nossos. Nosso dia tem a duração de cinco horas, e nossa noite dura o mesmo tempo, mas tudo é relativo e, para seres aptos a pensar e a agir como o fazemos, para Espíritos que se compreendem pela linguagem dos olhos e que sabem comunicar-se magneticamente a distância, nosso dia de cinco horas já se igualaria a uma de vossas semanas. Em nossa opinião era ainda muito pouco; e a imobilidade da morada, o ponto fixo do lar era um entrave para todas as nossas grandes obras. Hoje, pelo deslocamento rápido dessas moradas de pássaros, pela possibilidade de nos transportarmos, bem como os nossos, a tal ou qual endereço do planeta e à hora do dia que nos apraz, nossa existência pelo menos dobrou e, com ela, tudo quanto se possa conceber de útil e de grandioso.

Em determinadas épocas do ano — aduz o Espírito —, em certas festas, por exemplo, verás aqui o céu obscurecido pela nuvem de habitações que nos vêm de todos os pontos do horizonte. É um curioso agregado de moradias esbeltas, graciosas, leves, de

---

[60] Nota de Allan Kardec: Entretanto, faz-se necessário excetuar certos animais providos de asas, reservados para os serviços aéreos e para as tarefas que, entre nós, exigiriam a utilização de vigamentos para construção. É uma transformação da ave, como os animais descritos acima resultam de uma transformação dos quadrúpedes.

todas as formas, de todas as cores, equilibradas em diferentes alturas e continuamente em marcha, da *cidade baixa* para a *cidade celeste*: alguns dias depois, faz-se o vácuo pouco a pouco e todos esses pássaros desaparecem.

Nada falta nessas moradas flutuantes, nem mesmo o encanto da verdura e das flores. Refiro-me a uma vegetação que não encontra paralelo entre vós, de plantas e até de arbustos que, pela natureza de seus órgãos, respiram, alimentam-se, vivem e se reproduzem no ar.

Temos — diz ainda o mesmo Espírito — esses tufos de flores enormes, cujas formas e matizes nem podeis imaginar, e de uma leveza de tecido tão delicada que os torna quase transparentes. Balançando no ar, sustentados por grandes folhas e munidos de gavinhas semelhantes às da videira, reúnem-se em nuvens de mil tonalidades ou se dispersam ao sabor do vento, oferecendo um espetáculo encantador aos viandantes da *cidade baixa*... Imagina a graça dessas jangadas de verdura, desses jardins flutuantes que nossa vontade pode fazer e desfazer e que, algumas vezes, duram toda uma estação! Longas fieiras de lianas e de ramos floridos destacam-se dessas alturas e se dependuram até o solo; cachos enormes se agitam, despetalando-se e liberando perfume... Os Espíritos que se deslocam no ar param à sua passagem: é um lugar de repouso e de encontro, ou, se quisermos, um meio de transporte para terminar a viagem sem fadiga e em boa companhia."

Outro Espírito estava sentado sobre uma dessas flores no momento em que o evoquei. Disse-me ele: "Neste instante é noite em Julnius, e me encontro sentado a distância sobre uma dessas flores aéreas que aqui desabrocham somente à claridade de nossas luas. Sob meus pés, toda a *cidade baixa* está entregue ao sono; sobre minha cabeça e ao meu redor, contudo, e a perder de vista, não há senão movimento e alegria no espaço. Dormimos pouco: nossa alma encontra-se muito desprendida para que as necessidades do corpo a tiranizem, e a noite é feita mais para os nossos servos do que para nós. É a hora das visitas e das longas conversas, dos passeios solitários, dos devaneios, da música... Só vejo moradas aéreas, resplandecentes de luz, ou guirlandas de folhas e flores carregadas de bandos alegres... A primeira de nossas lua ilumina toda a *cidade baixa*: é uma luz suave, comparável à dos vossos luares; mas, ao lado do lago, a segunda se eleva, emitindo reflexos esverdeados que dão a todo o rio o aspecto de um vasto prado..."

É sobre a margem direita desse rio, diz o Espírito, "cuja água te ofereceria a consistência de um leve vapor",[61] que está construída a casa de Mozart, que por meu intermédio Palissy houve por bem reproduzir sobre o cobre. Só apresento aqui a fachada sul. A grande entrada fica à esquerda, dando para a planície; à direita fica o rio; os jardins estão localizados ao norte e ao sul. Perguntei a Mozart quais eram seus vizinhos. "Mais acima" — disse ele — "e mais embaixo, dois Espíritos que não conheces; mais à esquerda, apenas uma grande campina me separa do jardim de Cervantes."

Como as nossas, portanto, a casa tem quatro faces, laborando em erro se disso fizéssemos uma regra geral. É construída com certa pedra que os animais extraem das pedreiras do norte e cuja cor o Espírito compara a esses tons esverdeados que muitas vezes toma o azul do céu no momento em que o Sol se põe. Quanto à sua rigidez, podemos fazer uma ideia por essa observação de Palissy: "que ela se fundiria sob a pressão de nossos dedos humanos tão depressa quanto um floco de neve; mesmo assim, ainda é uma das matérias mais resistentes do planeta!" Nessas paredes os Espíritos esculpiram ou incrustaram estranhos arabescos, que o desenho procura reproduzir. São ornamentos gravados na pedra e coloridos em seguida, ou incrustações que restabelecem a solidez da pedra verde, por meio de um processo que no momento desfruta de grande popularidade e que nos vegetais conserva toda a graça de seus contornos, toda a delicadeza de seus tecidos, toda a riqueza de seu colorido. E o Espírito

---

[61] Nota de Allan Kardec: Sendo de 0,23 a densidade de Júpiter, isto é, pouco menos de um quarto da densidade da Terra, o Espírito nada diz que não seja verossímil. Concebe-se que tudo é relativo e que nesse globo etéreo, como ele próprio, tudo seja etéreo.

acrescenta: "Uma descoberta que fareis qualquer dia e que entre vós mudará muita coisa."

A grande janela da direita apresenta um exemplo desse gênero de ornamentação: um de seus bordos nada mais é que uma enorme cana, cujas folhas foram conservadas. O mesmo ocorre no coroamento da janela principal, que afeta a forma da clave de sol: são plantas sarmentosas, enlaçadas e incrustadas. É por esse processo que eles obtêm a maior parte do coroamento dos edifícios, portões, balaústres etc. Muitas vezes a planta é colocada na parede com as raízes e em condições de crescer livremente. Cresce e se desenvolve; suas flores desabrocham ao acaso, e o artista não as incrustou no lugar senão quando adquiriram todo o desenvolvimento requerido para a ornamentação do edifício: a casa de Palissy é decorada quase inteiramente dessa maneira.

Destinados inicialmente apenas aos móveis, depois às molduras de portas e janelas, esse gênero de ornamentos aperfeiçoou-se pouco a pouco e acabou por invadir toda a arquitetura. Hoje, não se incrusta somente as flores e os arbustos, mas a própria árvore, da raiz até a copa; e os palácios, como os edifícios, praticamente não têm outras colunas.

Uma incrustação da mesma natureza serve também para decorar as janelas. Flores ou folhas muito grandes são habilmente despojadas de sua parte carnuda, restando apenas um feixe de fibras tão finas quanto a mais fina musselina. Cristalizam-nas; e dessas folhas reunidas com arte constrói-se uma janela inteira, que apenas filtra para o interior uma luz muito suave, ou, ainda, são revestidas de uma espécie de vidro liquefeito e colorido de todos os matizes que se cristaliza no ar, transformando a folha numa espécie de vidraça. Da disposição dessas folhas nas janelas resultam encantadores buquês, transparentes e luminosos!

Quanto às dimensões dessas aberturas e a mil outros detalhes que podem surpreender à primeira vista, vejo-me forçado a adiar a explicação: a história da arquitetura em Júpiter demandaria um volume inteiro. Renuncio também a falar sobre o mobiliário para aqui me ater tão somente à disposição geral da casa.

O leitor deve ter compreendido, de tudo que precede, que a casa do continente não deve ser para o Espírito mais que uma espécie de pousada provisória. A *cidade baixa* quase que só é frequentada por Espíritos de segunda ordem, encarregados dos interesses planetários — da agricultura, por exemplo, ou das trocas, e da boa ordem que deve ser mantida entre os serviçais. Dessa forma, todas as casas situadas no solo só dispõem do térreo e do andar superior: um destinado aos Espíritos que atuam sob a direção do senhor, e acessível aos animais; o outro, reservado tão somente ao Espírito, que aí reside apenas ocasionalmente. É isso que explica o fato de vermos, nas diversas habitações de Júpiter, nesta, por exemplo, e na de Zoroastro, uma escadaria e, até mesmo, uma rampa. Aquele que rasa a água, como a andorinha, e que pode correr sobre as hastes do trigo sem as curvar passa muito bem sem a escadaria e sem a rampa para penetrar em sua casa, mas os Espíritos inferiores não têm o voo tão fácil; não se elevam senão aos solavancos e nem sempre a rampa lhes é inútil. Enfim, a escadaria é de absoluta necessidade para os animais-serviçais, que apenas caminham como nós. Estes últimos têm seus pavilhões, aliás muito elegantes, e que fazem parte de todas as grandes habitações, mas suas funções os chamam, constantemente, à casa do senhor: é necessário facilitar-lhes a entrada e o percurso interior. Daí essas construções bizarras, cuja base lembra muito nossos edifícios terrestres, mas deles diferindo por completo na parte superior.

Esta se distingue, sobretudo, por uma originalidade que seríamos absolutamente incapazes de imitar. É uma espécie de flecha aérea que se balança no alto do edifício, acima da grande janela e de seu singular coroamento. Esse frágil mastaréu, fácil de ser deslocado, destina-se, no pensamento do artista, a não deixar o lugar que lhe está assinalado porque, sem se apoiar em coisa alguma na parte superior, complementa-lhe a decoração; lamento que a dimensão da prancha não lhe tenha permitido encontrar um lugar aí. Quanto à morada aérea de Mozart, apenas constato a sua existência: os limites deste artigo não permitem que me estenda sobre este assunto.

Não terminarei, entretanto, sem dar explicações a propósito do gênero de ornamentos que o grande artista escolheu para sua morada. Nele é fácil reconhecer a lembrança de nossa música terrestre: a clave de *sol* é ali frequentemente reproduzida e, coisa bizarra, jamais a clave de *fá*! Na decoração do térreo, encontramos um arco, uma espécie de tiorba ou bandolim, uma lira e uma pauta completa de música. Mais alto, é uma grande janela que lembra vagamente a forma de um órgão; as outras têm a aparência de grandes notas, enquanto notas menores são abundantes por toda a fachada.

Seria erro concluir que a música de Júpiter seja comparável à nossa e que se represente pelos mesmos sinais: Mozart explicou-se sobre isso, de maneira a não deixar qualquer dúvida, mas na decoração de suas casas os Espíritos lembram, com prazer, a missão terrestre que lhes fez merecer a encarnação em Júpiter e que melhor resume o caráter de sua inteligência. Assim, na residência de Zoroastro, os astros e a chama constituem os únicos detalhes da decoração.

Há mais; parece que esse simbolismo tem suas regras e seus segredos. Nem todos esses ornamentos estão dispostos ao acaso: têm sua ordem lógica e sua significação precisa, mas é uma arte que os Espíritos de Júpiter renunciam a nos fazer entender, pelo menos até hoje, e sobre a qual não se explicam de bom grado. Nossos velhos arquitetos também empregaram o simbolismo na decoração de suas catedrais; a torre de Saint-Jacques não passa de um poema hermético, a acreditarmos na tradição. Nada há, pois, para nos admirarmos da originalidade da decoração arquitetônica em Júpiter: se contradiz nossas ideias sobre a arte humana é que, com efeito, existe um completo abismo entre uma arquitetura que vive e fala e o primitivismo da nossa, que nada exprime. Nisso, como em qualquer outra coisa, a prudência nos proíbe esse erro do relativo, que quer tudo reduzir às proporções e aos hábitos do homem terreno. Se os habitantes de Júpiter morassem como nós, comessem, vivessem, dormissem e andassem como nós, não haveria grande vantagem em ascender até lá. É justamente porque seu planeta difere bastante do nosso que desejamos conhecê-lo e com ele sonhar como nossa futura morada!

De minha parte, não terei perdido tempo e serei muito feliz por me haverem os Espíritos escolhido como intérprete, se seus desenhos e inscrições inspirarem a um só crente o desejo de subir mais rápido para Julnius, e a coragem de tudo fazer para o conseguir.

VICTORIEN SARDOU

O autor dessa interessante descrição é um desses adeptos fervorosos e *esclarecidos*, que não temem confessar altivamente suas crenças e se colocam acima da crítica das pessoas que não acreditam em nada que escape do seu círculo de ideias. Ligar o nome a uma doutrina nova, afrontando os sarcasmos, é uma coragem que não é dada a todo mundo; por isso, felicitamos o Sr. V. Sardou. Seu trabalho revela o distinto escritor que, embora ainda jovem, já conquistou um honroso lugar na literatura, aliando ao talento de escrever os conhecimentos profundos de um sábio, prova evidente de que o Espiritismo não recruta seus prosélitos entre os tolos e os ignorantes. Fazemos votos para que o Sr. Sardou complete o mais breve possível o seu trabalho, em tão boa hora iniciado. Se os astrônomos nos desvelam, por suas sábias pesquisas, o mecanismo do universo, por suas revelações os Espíritos nos dão a conhecer o seu estado moral, e isso, como dizem, objetivando estimular-nos ao bem, a fim de merecermos uma existência melhor.

ALLAN KARDEC

Revista Espírita
Jornal de estudos psicológicos
Ano I   Setembro de 1858   Nº 9

Propagação do Espiritismo

Passa-se um fenômeno notável com a propagação do Espiritismo. Ressuscitado das crenças antigas há apenas alguns anos, não fez sua aparição entre nós à sombra dos mistérios, como outrora, mas em plena luz e à vista de todo o mundo. Para uns foi objeto de curiosidade passageira, um divertimento que se descartava como um brinquedo, a fim de se tomar outro; para muitos não encontrou senão a indiferença; para o maior número a incredulidade, malgrado a opinião de filósofos cujos nomes a cada instante invocamos como autoridade. Isso nada tem de surpreendente: o próprio Jesus convenceu, por seus milagres, todo o povo judeu? Sua bondade e a sublimidade de sua doutrina fizeram com que conquistasse graça perante os juízes? Não foi tratado, ao contrário, de velhaco e impostor? E se lhe não aplicaram o epíteto de charlatão, foi porque, então, não se conhecia esse termo de nossa civilização moderna. Entretanto, os homens sérios perceberam, nos fenômenos que ocorrem em nossos dias, algo mais que um simples objeto de frivolidade; estudaram, aprofundaram-no com olhos de observador consciencioso, nele encontrando a chave de uma multidão de mistérios até então incompreendidos. Para eles isso foi um facho de luz, daí surgindo toda uma doutrina, toda uma filosofia e, podemos até mesmo dizer, toda uma ciência, inicialmente divergente, conforme o ponto de vista ou a opinião pessoal do observador, mas tendendo pouco a pouco à unidade de princípio. Apesar da oposição interesseira de alguns, sistemática entre os que imaginam que a luz não pode emanar senão de suas cabeças, encontra essa doutrina numerosos aderentes, porque esclarece o homem sobre seus verdadeiros interesses, presentes e futuros, respondendo à sua aspiração com vistas ao futuro, tornado, de alguma sorte, palpável. Enfim, porque satisfaz simultaneamente à razão e às suas esperanças, dissipando dúvidas que degeneravam em absoluta incredulidade. Ora, com o Espiritismo todas as filosofias materialistas ou panteístas caem por si mesmas; não é mais possível a dúvida no tocante à Divindade, à existência da alma, sua individualidade, sua imortalidade. Seu futuro se nos apresenta como a luz do dia, e sabemos que esse futuro, que sempre deixa uma porta aberta à esperança, depende da nossa vontade e dos esforços que fizermos na direção do bem.

Enquanto não viram no Espiritismo senão fenômenos materiais, só se interessaram por ele como espetáculo, porque se dirigia aos olhos; porém, desde o momento em que se elevou à categoria de ciência moral, foi levado a sério, porque falava ao coração e à inteligência, e todos encontraram nele a solução do que procuravam vagamente em si mesmos; uma confiança fundada na evidência substituiu a incerteza pungente; do ponto de vista tão elevado em que nos coloca, as coisas terrenas parecem tão pequenas e tão mesquinhas que as vicissitudes deste mundo não são mais que incidentes passageiros, que se suporta com paciência e resignação; a vida corporal não passa de uma breve parada na *vida da alma*; para nos servirmos de uma expressão de nosso sábio e espirituoso confrade Sr. Jobard, não é mais que um albergue ordinário, onde não vale a pena desfazer as malas.

Com a Doutrina Espírita tudo está definido, tudo está claro, tudo fala à razão; numa palavra, tudo se explica, e os que se aprofundaram em sua essência encontram nela uma satisfação interior, à qual não mais desejam renunciar. Eis por que, em tão pouco tempo, encontrou tantas simpatias, de modo algum recrutadas no círculo limitado de uma localidade, mas no mundo inteiro. Se os fatos não estivessem aí para o provar, nós os julgaríamos pela nossa *Revista*, que tem apenas alguns meses de existência, e cujos assinantes, não se contem embora aos milhares, estão disseminados por todos os pontos do globo. Além dos de Paris e dos Departamentos, nós os possuímos na Inglaterra, Escócia, Holanda, Bélgica e Prússia; em São Petersburgo, Moscou, Nápoles, Florença, Milão, Gênova, Turim, Genebra, Madri e Shangai; na China e na Batávia; em Caiena; no México e no Canadá; nos Estados Unidos etc. Não o afirmamos como bravata, mas como um fato característico. Para que um jornal recém-fundado e tão especializado desde agora seja solicitado por países tão diversos e tão afastados, é preciso que o assunto nele tratado encontre partidários no mundo inteiro, pois, do contrário, não o fariam vir de tão longe por simples curiosidade, fosse ainda da lavra do melhor escritor. É, pois, o assunto que interessa, e não o seu obscuro redator. Aos olhos dos leitores, portanto, o seu objetivo é sério. Torna-se, assim, evidente que o Espiritismo tem raízes em todas as partes do mundo e, sob esse ponto de vista, vinte assinantes espalhados em vinte países diferentes provariam mais do que cem concentrados numa única localidade, porque não se poderia supô-lo senão como obra de uma confraria.

    A maneira por que se vem propagando o Espiritismo até agora não merece uma atenção menos cuidadosa. Se a imprensa houvesse feito retumbar a voz em seu favor; se o pudesse enaltecer; se, em suma, o mundo lhe tivesse dado atenção, poder-se-ia dizer que se havia propagado como todas as coisas que dão margem a uma reputação factícia, da qual se deseja experimentar, mesmo que seja por curiosidade. Mas nada disso ocorreu: em geral, a imprensa não lhe prestou nenhum apoio voluntário; pelo contrário: quando não o desdenhou, em raros intervalos a ele se referiu somente para o levar ao ridículo e para despachar seus adeptos aos manicômios, coisa pouco estimulante para os que tivessem a veleidade de iniciar-se na Doutrina. Apenas o próprio Sr. Home mereceu as honras de algumas referências algo mais sérias, ao passo que os acontecimentos mais vulgares nela encontram grande espaço. Aliás, pela linguagem dos adversários, vê-se facilmente que falam do Espiritismo como os cegos falariam das cores, isto é, sem conhecimento de causa, sem exame sério e aprofundado, e unicamente baseados numa primeira impressão; dessa forma, seus argumentos se limitam à negação pura e simples, já que não podemos promover à categoria de argumentos as expressões chistosas que empregam. Por mais espirituosos que sejam, os gracejos não representam razões. Entretanto, não se deve acusar de indiferença ou de má vontade todo o pessoal da imprensa. Em termos individuais, nela o Espiritismo encontra partidários sinceros, e conhecemos diversos entre os mais destacados homens de letras. Por que, então, mantêm-se silenciosos? É que, ao lado da questão da crença, há também a da personalidade, muito poderosa neste século. Neles, como em muitos outros, a crença é concentrada, e não expansiva; além disso, obrigam-se a responder pelos erros de seus jornais, receando perder os assinantes caso levantem, com destemor, uma bandeira cuja coloração possa desagradar a alguns deles. Perdurará esse estado de coisas? Não; logo o Espiritismo será como o magnetismo, do qual só se falava outrora em voz baixa, e que hoje não se teme mais confessar. Por mais bela e justa que seja, nenhuma ideia nova se implanta instantaneamente no espírito das massas, e aquela que não encontrasse oposição seria um fenômeno absolutamente insólito. Por que faria o Espiritismo exceção à regra comum? Às ideias, como aos frutos, é preciso tempo para amadurecer, mas a leviandade humana faz com que sejam julgadas antes da maturidade, ou sem que tenhamos o trabalho de sondar-lhes as qualidades íntimas. Isso nos faz lembrar a espirituosa fábula *La Jeune guenon, le singe et la noix* (*A macaquinha, o macaco e a noz*).[62] Como se sabe, essa pequena macaca colhe uma noz com a casca ainda verde; morde-a, faz caretas, joga fora e se admira de gostarem de uma coisa tão amarga; mas um velho macaco, menos superficial e, com certeza, profundo pensador da sua espécie, apanha a noz do chão, quebra-lhe a casca, come-a e a considera deliciosa, decorrendo daí uma bela moral, dirigida aos que julgam as coisas novas tão somente pelo seu aspecto exterior.

---

[62] N.E.: Fábula escrita por Jean-Pierre Claris de Florian (1755–1794), escritor e dramaturgo francês.

Setembro de 1858

O Espiritismo teve, pois, de caminhar sem o concurso de qualquer apoio estranho; e eis que, em cinco ou seis anos, tem se vulgarizado com tamanha rapidez que toca as raias do prodígio. Onde terá adquirido essa força, senão em si mesmo? Em seu princípio é preciso, pois, tenha ele algo de muito poderoso, para ser assim propagado sem os meios superexcitantes da publicidade. É que, como havíamos dito acima, quem quer que se dê ao trabalho de aprofundá-lo encontrará nele o que procurava, aquilo que sua razão lhe fazia entrever, uma verdade consoladora, haurindo, finalmente, a esperança de uma verdadeira satisfação. Dessa forma, as convicções adquiridas são sérias e duráveis; não se trata dessas opiniões levianas que um sopro faz nascer e que outro as destrói. Ultimamente alguém nos dizia: "Encontro no Espiritismo uma esperança tão suave, nele haurindo tão gratas e doces consolações, que qualquer pensamento contrário tornar-me-ia bastante infeliz, sentindo que meu melhor amigo se tornaria odioso, caso tentasse demover-me dessa crença." Quando uma ideia não tem raízes, pode lançar um brilho passageiro, semelhante a essas flores que fazemos desenvolver à força, mas que em breve, por falta de sustento, morrem e delas não mais se fala. Ao contrário, as que têm uma base séria crescem e persistem, terminando por identificar-se de tal modo com os nossos hábitos que mais tarde nos admiramos de um dia havermos passado sem elas.

Se o Espiritismo não foi secundado pela imprensa europeia, dirão que o mesmo não ocorreu na América. Até certo ponto isso é verdade. Na América, como aliás em todos os lugares, existe uma imprensa geral e uma imprensa especial. A primeira, por certo, ocupou-se muito mais do Espiritismo do que entre nós, embora menos do que se pensa; ela também tem os seus órgãos hostis. Somente nos Estados Unidos, conta a imprensa especial com 18 jornais espíritas, dos quais dez hebdomadários e vários de grande formato. A esse respeito, vê-se que estamos ainda bastante atrasados; mas lá, como aqui, os jornais especiais se destinam a pessoas especiais. É evidente que uma gazeta médica, por exemplo, não deverá ser pesquisada pelos arquitetos nem pelos homens da lei; da mesma forma um jornal espírita, com poucas exceções, não será lido senão pelos partidários do Espiritismo. O grande número de jornais americanos que trata dessa matéria prova a expressiva quantidade de leitores que têm a alimentar. Muito fizeram, sem dúvida, mas em geral sua influência é puramente local; são, na maioria, desconhecidos do público europeu, e os nossos jornais muito raramente transcrevem alguns artigos seus. Dizendo que o Espiritismo propagou-se sem o apoio da imprensa, queríamos nos referir à imprensa geral, que se dirige a todos, àquela cuja voz impressiona diariamente milhões de ouvidos, que penetra nos mais obscuros recantos; àquela que permite ao anacoreta, na solidão do deserto, estar tão perfeitamente a par do que se passa no mundo quanto os habitantes das cidades; enfim, da que semeia ideias a mancheias. Que jornal espírita pode vangloriar-se de fazer ressoar os ecos do mundo? Fala às pessoas que têm convicção; não atrai a atenção dos indiferentes. Falamos, pois, a verdade quando dizemos que o Espiritismo foi entregue às próprias forças; se, por si mesmo, já deu tão grandes passos, que será quando dispuser da poderosa alavanca da grande publicidade! Enquanto aguarda esse momento, vai plantando balizas por toda parte; seus ramos acharão pontos de apoio em todos os lugares e, finalmente, em toda parte encontrará vozes cuja autoridade imporá silêncio aos detratores.

A qualidade dos adeptos do Espiritismo merece uma atenção particular. São recrutados nas camadas inferiores da sociedade, entre pessoas iletradas? Não; estes, pouco ou nada se preocupam; talvez apenas tenham ouvido falar do Espiritismo. As próprias mesas girantes neles encontraram poucos adeptos. Até o momento, os seus prosélitos pertencem às primeiras fileiras da sociedade, entre pessoas esclarecidas, homens de saber e de raciocínio; e, coisa notável, os médicos, que durante muito tempo promoveram uma guerra encarniçada ao magnetismo, aderem sem dificuldade a essa Doutrina; entre nossos assinantes, contamos com grande número deles, tanto na França quanto no estrangeiro, como os há também em grande maioria entre homens superiores sob todos os aspectos, notabilidades científicas e literárias, altos dignitários, funcionários públicos, oficiais generais, negociantes, eclesiásticos, magistrados e outros, todos gente bastante séria para tomar como passatempo um jornal que, como o nosso, não prima por ser divertido e, principalmente, se acreditarem nele não encontrar senão fantasias. A *Sociedade Parisiense de Estudos Espíritas* não é uma prova menos evidente dessa verdade, pela escolha das pessoas que reúne; suas sessões são acompanhadas com interesse constante, uma atenção religiosa e, podemos dizer, até mesmo com avidez; entretanto, só se ocupa de estudos graves, sérios, frequentemente abstratos, e não de experiências destinadas a excitar a curiosidade. Falamos do que se passa sob os nossos olhos, não podendo, sob esse ponto de vista, dizer o mesmo de todos os centros que se ocupam do Espiritismo, porquanto, quase por toda parte, como haviam anunciado os Espíritos, *o período de curiosidade alcança o seu declínio*. Esses fenômenos nos fazem penetrar numa ordem de coisas tão grande, tão sublime que, ao lado dessas graves questões, um móvel que gira ou que dá pancadas é um brinquedo de criança: é o *á-bê-cê* da Ciência.

Sabemos, aliás, a que nos atermos agora, no que concerne à qualidade dos Espíritos batedores e, em geral, dos que produzem efeitos materiais. Foram muito apropriadamente nomeados de saltimbancos do mundo espírita; eis por que nos ligamos menos a eles do que aos que nos podem esclarecer.

Podemos distinguir, na propagação do Espiritismo, quatro fases ou períodos distintos:

1º) O da *curiosidade*, no qual os Espíritos batedores hão desempenhado o papel principal para chamar a atenção e preparar os caminhos.

2º) O da *observação*, no qual entramos, e que podemos chamar também de período filosófico. O Espiritismo é aprofundado e se depura, tendendo à unidade de doutrina e constituindo-se em Ciência.

Virão em seguida:

3º) O período de *admissão*, no qual o Espiritismo ocupará uma posição oficial entre as crenças oficialmente reconhecidas.

4º) O período da *influência sobre a ordem social*. A humanidade, então sob a influência dessas ideias, entrará num novo caminho moral. Desde hoje essa influência é individual; mais tarde agirá sobre as massas, para a felicidade geral.

Assim, de um lado, eis uma crença que, por si mesma, espalha-se pelo mundo inteiro, pouco a pouco e sem os meios usuais de propaganda forçada; por outro lado, essa mesma crença finca raízes não nos estratos inferiores da sociedade, mas na sua parte mais esclarecida. Não haveria, nesse duplo fato, algo de muito característico e que devia fazer refletir todos quantos ainda consideram o Espiritismo um sonho vazio? Ao contrário de muitas outras ideias que vêm de baixo, informes ou desnaturadas, não penetrando senão com dificuldade nas camadas superiores, onde se depuram, o Espiritismo parte de cima e só chegará às massas desembaraçado das ideias falsas, inseparáveis das coisas novas.

É preciso convir, entretanto, que, entre muitos adeptos, existe somente uma crença latente. O temor do ridículo entre uns, e noutros o receio de melindrar certas suscetibilidades os impedem de proclamar alto e bom som as suas opiniões; isso é sem dúvida pueril; entretanto, nós os compreendemos perfeitamente. Não se pode pedir a certos homens aquilo que a natureza não lhes deu: a coragem de desafiar o "que dirão disso?". Porém, quando o Espiritismo estiver em todas as bocas — e esse tempo não está longe —, tal coragem virá aos mais tímidos. Sob esse aspecto uma mudança notável já vem se operando desde algum tempo; fala-se dele mais abertamente; já se arriscam, e isso faz abrir os olhos dos próprios antagonistas, que se interrogam se é prudente, no interesse de sua própria reputação, combater uma crença que, por bem ou por mal, infiltra-se por toda parte e encontra apoio no ápice da sociedade. Assim, o epíteto de *loucos*, tão largamente prodigalizado aos adeptos, começa a tornar-se ridículo; é um lugar-comum que se torna trivial, pois em breve os loucos serão mais numerosos que as pessoas sensatas, havendo mais de um crítico que já se colocou do seu lado. Finalmente, é o cumprimento do que anunciaram os Espíritos, ao dizerem: os maiores adversários do Espiritismo tornar-se-ão seus mais ardorosos partidários e propagandistas.

Setembro de 1858

Platão: Doutrina da escolha das provas

Por intermédio dos curiosos documentos célticos que publicamos em nosso número de abril, vimos que a doutrina da reencarnação era professada pelos druidas, segundo o princípio da marcha ascendente da alma humana, percorrendo os diversos graus de nossa escala espírita. Todos sabem que a ideia da reencarnação remonta à mais alta Antiguidade e que o próprio Pitágoras a havia haurido entre os indianos e os egípcios. Não é, pois, de admirar que Platão, Sócrates e outros mais partilhassem uma opinião admitida pelos ilustres filósofos daquele tempo; mas o que talvez seja ainda mais notável é encontrar, desde aquela época, o princípio da doutrina da escolha das provas, hoje ensinada pelos Espíritos, doutrina que pressupõe a reencarnação, sem a qual não haveria nenhuma razão de ser. Não discutiremos hoje essa teoria, que estava tão longe de nosso pensamento quando os Espíritos no-la revelaram, que nos surpreendeu estranhamente, porque — confessamos humildemente — o que Platão escrevera sobre esse assunto especial nos era então completamente desconhecido, nova evidência, entre tantas outras, de que as comunicações que nos foram dadas não refletem absolutamente a nossa opinião pessoal. Quanto à de Platão, apenas constatamos a ideia principal, cabendo facilmente a cada um a forma sob a qual é apresentada e julgar os pontos de contato que, em certos detalhes, possa ter com a nossa teoria atual. Em sua alegoria do *Fuso da Necessidade*,[63] ele imagina um diálogo entre Sócrates e Glauco, atribuindo ao primeiro o discurso seguinte, sobre as revelações do armênio *Er*,[64] personagem fictício, segundo toda probabilidade, embora alguns o tomem por Zoroastro.

---

[63] N.E.: Na mitologia grega, a deusa Necessidade (Ananque) também era representada por uma figura portando uma tocha, ou fuso, como a representação da Moira (destino). Entre os poetas, constituía a encarnação da determinação suprema do Destino, à qual todos deveriam subjugar-se, mesmo os deuses.

[64] N.E.: Mito de Er, história contada por Platão em *A república* sobre guerreiro que fora morto em batalha. Dias depois o seu corpo estava ainda incorrupto, ressuscitando no 12º dia em sua pira funerária, para contar o que vira depois da morte.

Compreende-se facilmente que esse relato nada mais é do que um quadro imaginado para desenvolver a ideia principal: a imortalidade da alma, a sucessão das existências, a escolha de tais existências por efeito do livre-arbítrio, enfim, as consequências felizes ou infelizes dessa escolha, muitas vezes imprudente, proposições encontradas todas em *O livro dos espíritos* e que vêm confirmar os numerosos fatos citados nesta *Revista*.

"O relato que vos quero trazer à memória — diz Sócrates a Glauco — é o de um homem de coração: Er, o armênio, originário da Panfília. Ele tinha sido morto numa batalha. Dez dias mais tarde, como levassem os cadáveres já desfigurados dos que com ele haviam tombado, o seu foi encontrado são e intacto. Transportaram-no para sua casa a fim de fazer os funerais e, no segundo dia, quando foi posto sobre a fogueira, reviveu e contou o que tinha visto na outra vida.

Tão logo sua alma havia saído do corpo, viu-se a caminho com uma porção de outras almas, chegando a um lugar maravilhoso, de onde se viam, na Terra, duas aberturas vizinhas uma da outra, e duas outras no céu, correspondentes àquelas. Entre essas duas regiões estavam assentados os juízes. Assim que pronunciavam uma sentença, ordenavam aos justos tomarem lugar à direita, por uma das aberturas do céu, após lhes haver fixado no peito um letreiro contendo o julgamento pronunciado em seu favor, e ordenando aos maus que tomassem o caminho da esquerda, localizado nos abismos, levando às costas um letreiro semelhante, no qual estavam relacionadas todas as suas ações. Quando chegou sua vez de apresentar-se, os juízes declararam que deveria levar aos homens a notícia do que se passava nesse outro mundo, ordenando-lhe que ouvisse e observasse tudo quanto a ele se referisse.

A princípio viu desaparecerem as almas que haviam sido julgadas, umas subindo para o Céu, outras descendo à Terra, através de duas aberturas que se correspondiam: enquanto pela segunda abertura da Terra via saírem almas cobertas de poeira e imundície, ao mesmo tempo desciam almas puras e sem mácula pela outra porta do Céu. Todas pareciam vir de uma longa viagem e se demoravam prazerosamente numa campina, qual se fora um local de reunião. As que se conheciam saudavam-se mutuamente e pediam notícias do que se passava nos lugares de onde vinham: o Céu e a Terra. Aqui, entre gemidos e lágrimas, era lembrado tudo quanto haviam sofrido ou visto sofrer quando estagiavam na Terra; ali, contavam as alegrias do Céu e a felicidade de contemplar as maravilhas divinas.

Seria demasiado longo seguir todo o discurso do armênio, mas eis, em suma, o que dizia. Cada uma das almas suportava dez vezes a pena das injustiças que havia cometido na Terra. A duração de cada punição era de cem anos, duração natural da vida humana, a fim de que o castigo fosse sempre decuplicado para cada crime. Assim, os que fizeram perecer os seus semelhantes em grande quantidade; atraiçoaram cidades ou exércitos; reduziram seus concidadãos à escravidão ou cometeram outras malvadezas eram atormentados ao décuplo para cada um desses crimes. Os que, ao contrário, só espalharam o bem em torno de si e foram justos e virtuosos recebiam na mesma proporção a recompensa de suas boas ações. O que dizia das crianças, que a morte leva pouco depois do nascimento, merece menores comentários, mas assegurava que ao ímpio, ao filho desnaturado e ao homicida estavam reservados os mais cruéis sofrimentos, enquanto ao homem religioso e ao bom filho, as felicidades mais abundantes.

Estava presente quando uma alma perguntara a outra onde estava o grande Ardieu. Esse Ardieu havia sido tirano numa cidade da Panfília, mil anos antes; tinha matado seu velho pai, o irmão mais velho e cometido, ao que se dizia, vários outros crimes hediondos. 'Ele não vem nem virá jamais aqui', respondeu a alma. A esse respeito todos fomos testemunhas de um espetáculo horroroso. Quando estávamos prestes a sair do abismo, após haver cumprido nossas penas, vimos Ardieu e vários outros, cuja maioria era formada de tiranos como ele, ou de seres que, em situação particular, tinham cometido grandes crimes: em vão eles se esforçavam por subir; e todas as vezes que esses culpados, cujos crimes não tinham remédio ou não haviam sido suficientemente expiados, tentavam sair, o abismo os repelia, bramindo.

Então, personagens detestáveis, de corpos inflamados, que lá se encontravam, acorriam a esses bramidos. Primeiramente levaram à força alguns desses criminosos; quanto a Ardieu e os outros, ataram-lhes os pés, as mãos, a cabeça e, lançando-os por terra e os maltratando violentamente à custa de pancadas, os arrastaram para fora da estrada, por meio de sarças sangrentas, repetindo às sombras à medida que passavam algumas delas: 'Eis os tiranos e os homicidas; nós os arrastamos para lançá-los no Tártaro.' Essa alma acrescentava que, entre tantos casos terríveis, nada lhe causava mais pavor que o bramido do abismo, sendo para elas uma suprema alegria poderem sair em silêncio.

Tais eram, aproximadamente, os julgamentos das almas, seus castigos e suas recompensas.

Após sete dias de repouso nessa campina, as almas tiveram que partir no oitavo, pondo-se a caminho. Ao cabo de quatro dias de viagem, perceberam do alto, em toda a superfície do Céu e da Terra, uma luz imensa, aprumada como uma coluna e semelhante ao quartzo irisado, porém mais brilhante e mais pura. Um só dia foi suficiente para alcançá-la e então viram, mais ou menos no meio dessa muralha, a extremidade das cadeias que se ligam aos céus. É isso que os sustenta, é o envoltório da nau do mundo, é o vasto cinturão que o circunda. No topo estava suspenso o Fuso da Necessidade, em torno do qual se formavam todas as circunferências.[65]

Em torno do fuso, e a distâncias iguais, sentavam-se em tronos as três Parcas, filhas da Necessidade: Láquesis, Cloto e Átropos,[66] vestidas de branco e coroadas com uma pequena faixa. Cantavam, associando-se ao concerto das Sereias: Láquesis, o passado; Cloto, o presente, e Átropos, o futuro. Com a mão direita

---

[65] Nota de Allan Kardec: São as diversas esferas dos planetas ou os diversos andares do céu, girando em torno da Terra, fixado ao eixo daquele mesmo fuso (V. COUSIN).
[66] N.E.: Essas três Parcas, na mitologia, controlavam o fio da vida humana. Cloto fiava a lã, Láquesis embrulhava o fio e Átropos cortava-o, determinando, dessa forma, o nascimento, a vida e a morte de cada indivíduo.

Cloto tocava vez por outra o exterior do fuso, cabendo a Átropos, com a mão esquerda, imprimir movimentos aos círculos interiores, enquanto alternadamente, ora com uma das mãos, ora com a outra, Láquesis tocava no fuso e numa espécie de balança interior.

Tão logo chegavam, as almas tinham que se apresentar a Láquesis. Em primeiro lugar, um hierofante[67] as colocava ordenadamente em fila; depois, tomando do colo de Láquesis as sortes ou números em que cada alma devia ser chamada, bem como as diversas condições humanas *oferecidas à sua escolha*, subia a um estrado e falava assim: 'Eis o que disse a virgem Láquesis, filha da Necessidade: *Almas passageiras, ireis iniciar uma nova carreira e renascer na condição mortal. Não se vos assinalará o gênio; vós mesmas o escolhereis.* Escolherá aquela que a sorte chamar em primeiro lugar, e essa escolha será irrevogável. A virtude não pertence a ninguém: alia-se àquele que a dignifica e abandona quem a despreza. Cada um é responsável pela escolha que faz, Deus é inocente.' A estas palavras ele espalhava os números e cada alma apanhava o que lhe caía à frente, exceto o armênio, a quem isso não era permitido. Em seguida o hierofante desvendou-lhes todos os gêneros de vida, em maior número do que as almas ali reunidas. A variedade era infinita; encontravam-se ao mesmo tempo todas as condições humanas, assim como a dos animais. Havia tiranias: umas duravam até a morte, enquanto outras, interrompidas bruscamente, acabavam na pobreza, no exílio e no abandono. A ilustração mostrava-se sob diversas faces: podia-se escolher a beleza, a arte de agradar, os combates, a vitória ou a nobreza de raça. Estados completamente obscuros em todos os sentidos, ou intermediários, misturas de riqueza e de pobreza, de saúde e de doença, eram oferecidos à escolha: havia também condições de mulher que apresentavam a mesma variedade.

Está evidentemente aí, meu caro Glauco, a prova que é temida pela humanidade. Que cada um de nós possa refletir, deixando todos os estudos vãos para se entregar à Ciência, que faz a fortuna do

---

[67] N.E.: Sacerdote que, nas religiões de mistérios da Grécia antiga, instruía os futuros iniciados, mostrando-lhes solenemente os objetos sagrados.

homem. Procuremos um mestre que nos ensine a discernir entre o bom e o mau destino, e a escolher todo o bem que o Céu nos proporciona. Examinemos com ele que situações humanas, separadas ou reunidas, conduzem às boas ações: se a beleza, por exemplo, unida à pobreza ou à riqueza, ou a tal disposição da alma deve produzir a virtude ou o vício; qual a vantagem de um nascimento brilhante ou comum, a vida privada ou pública, a força ou a fraqueza, a instrução ou a ignorância, enfim, tudo o que o homem recebe da natureza e tudo quanto contém em si mesmo. Esclarecidos pela consciência, decidamos qual destino nossa alma deve preferir. Sim, o pior dos destinos seria o que a tornasse injusta, e o melhor aquele que incessantemente a conduzirá à virtude: tudo o mais nada significa para nós. Iríamos esquecer que não há escolha mais salutar após a morte do que durante a vida! Ah! que esse dogma sagrado se identifique para sempre com nossa alma, a fim de não se deixar fascinar na Terra pelas riquezas, nem por outros males dessa natureza, e que, lançando-se com avidez sobre a condição do tirano ou qualquer outro semelhante, não se exponha a cometer grande número de males sem remédio e a sofrer outros ainda maiores.

Segundo o relato de nosso mensageiro, o hierofante havia dito: 'Àquele que escolher por último, contanto que o faça com discernimento e que seja coerente em sua conduta, será prometida uma vida feliz. O que escolher em primeiro lugar guarde-se de ser muito confiado, e que o último não se desespere.' Então, aquele que a sorte distinguiu em primeiro lugar avançou apressadamente e escolheu a mais importante tirania; levado por sua imprudência e por sua avidez, e sem olhar bastante para o que estava fazendo, não percebeu a fatalidade ligada ao objeto da escolha, que faria com que um dia comesse a carne de seus próprios filhos, além de muitos outros crimes terríveis. Mas quando considerou a sorte que havia escolhido, gemeu, lamentou-se e, esquecendo as lições do hierofante, acabou acusando como responsáveis por seus males a fortuna, os gênios, tudo o mais, exceto si mesmo.[68] Esta alma era do número daquelas que vinham do Céu:

---

[68] Nota de Allan Kardec: Os Antigos não atribuíam à palavra *tirano* o mesmo sentido que lhe damos hoje. Esse nome era dado a todos aqueles que se apoderavam do poder soberano, fossem quais fossem suas qualidades, boas ou más; a História cita tiranos que

tinha vivido precedentemente num Estado bem governado e havia feito o bem mais pela força do hábito do que por filosofia. Eis por que, dentre as que caíam em semelhantes desenganos, as almas provenientes do Céu não eram as menos numerosas, em virtude de não haverem sido provadas pelo sofrimento. Ao contrário, aquelas que, tendo passado pela morada subterrânea, haviam sofrido e visto sofrer, não escolhiam assim tão depressa. Daí, independentemente do acaso das posições a serem chamadas a escolher, resultava uma espécie de troca de bens e males para a maior parte das almas. Assim, um homem que, a cada renovação de sua vida na Terra, se aplicasse constantemente à sã filosofia e tivesse a felicidade de não ser contemplado com as últimas sortes, segundo esse relato teria grande probabilidade não somente de ser feliz neste planeta, mas, ainda, em sua viagem deste para o outro mundo e em seu retorno, de marchar pelo caminho unido do Céu, e não mais pelos atalhos penosos do abismo subterrâneo.

Acrescentou o armênio ser um espetáculo curioso ver de que maneira cada alma fazia sua escolha. Nada mais estranho e, ao mesmo tempo, mais digno de compaixão e zombaria. Na maioria das vezes a escolha era feita conforme os hábitos da vida anterior. Er tinha visto uma alma, que outrora pertencera a Orfeu, escolher a alma de um cisne, por ódio às mulheres, que lhe haviam provocado a morte, não querendo dever seu nascimento a nenhuma delas; a alma de Thomyris[69] havia escolhido a condição de um rouxinol; e, reciprocamente, um cisne que, assim como ele, havia adotado a

---

fizeram o bem; como, entretanto, o contrário acontecia com mais frequência e, além disso, para satisfazer a ambição ou perpetuar-se no poder, nenhum crime lhes era defeso, e esse vocábulo tornou-se, mais tarde, sinônimo de cruel e se aplica a todo homem que abusa de sua autoridade.
Ao escolher a *tirania mais importante*, a alma de que fala Er não tinha procurado a crueldade, mas simplesmente o mais vasto poder, como condição de sua nova existência; quando sua escolha tornou-se irrevogável, percebeu que esse mesmo poder arrastá-la-ia ao crime, lamentando havê-la feito e a todos acusando por seus males, exceto a si mesma. É a história da maioria dos homens que, mesmo não admitindo confessar, são os artífices de sua própria desgraça.
[69] N.E.: Tahm-Rayish (séc. VI a.C.), rainha dos massagetas. Segundo a lenda, teria vingado a morte do filho, prisioneiro de Ciro, o Grande (559–530 a.C.), mergulhando em sangue a cabeça deste.

natureza do homem. Uma outra alma, a vigésima a ser chamada para escolher, tinha assumido a natureza de um leão: era a de Ajax,[70] filho de Telamon. Detestava a humanidade, ao relembrar o julgamento que lhe havia arrebatado as armas de Aquiles. Depois dessa, veio a alma de Agamenon,[71] cujas desgraças o tornavam também inimigo dos homens: assumiu a posição de águia. A alma de Atalanta,[72] chamada a escolher na metade da cerimônia, havendo considerado as grandes homenagens prestadas aos atletas, não pôde resistir ao desejo de tornar-se atleta. Epeu, que construiu o cavalo de Troia, tornou-se uma mulher laboriosa. A alma do bobo Tersites,[73] uma das últimas a se apresentar, revestiu as formas de um macaco. A alma de Ulisses,[74] a quem o acaso havia chamado por último, apresentou-se também para escolher: como a recordação de seus longos revezes lhe houvesse tirado toda a ambição, por muito tempo procurou e penosamente descobriu, num recanto, a vida tranquila de um homem privado que todas as outras almas haviam descartado. Ao percebê-lo, disse que não teria feito outra escolha, mesmo que tivesse sido a primeira alma a ser chamada. Os animais, sejam quais forem, passam igualmente uns pelos outros ou por corpos humanos: os que foram maus tornam-se bestas ferozes, e os bons, animais domesticados.

Depois que todas as almas fizeram a escolha de uma condição, aproximaram-se de Láquesis segundo a ordem que haviam

---

[70] N.E.: Herói e rei mítico de Salamina, foi considerado, depois de Aquiles, o mais valente dos gregos que participaram da Guerra de Troia. Num acesso de loucura, por não herdar as armas de Aquiles, e cego por Atena, degolou o rebanho, julgando estar matando gregos. Ao reconhecer o erro, suicidou-se.

[71] N.E.: Rei mítico de Argos e Micenas. Líder da expedição grega contra Troia.

[72] N.E.: Heroína mítica grega, rainha de Arcádia. Abandonada pelo pai, que desejava um filho homem, foi criada por uma ursa no bosque. Adulta, decidiu que se casaria com aquele que a vencesse em uma corrida.

[73] N.E.: Era um exemplo do anti-herói, o oposto do herói clássico cultuado pelos gregos: forte e bonito. Tersites era o mais feio dos guerreiros na Guerra de Troia, coxo e estúpido. Além disso, Tersites contava fatos verdadeiros, mas alguns ele inventava. Apesar de saber contar grandes histórias, Tersites não dominava muito bem as palavras.

[74] N.E.: Rei de Ítaca e Anticleia. A história de Ulisses está ligada à investida pan-helênica contra Troia.

escolhido. A Parca deu a cada uma o gênio que fora preferido, a fim de lhes servir de guardião durante a vida e auxiliá-las no cumprimento de seu destino. Primeiro, esse gênio as conduzia a Cloto, que, com a mão e com um giro do fuso, confirmava o destino escolhido. Depois de haver tocado no fuso, o gênio a conduzia a Átropos, que enrolava o fio para tornar irrevogável aquilo que havia sido fiado por Cloto. Em seguida, avançavam até o trono da Necessidade, ao lado do qual a alma e seu gênio passavam juntos. Tão logo haviam todas passado, dirigiam-se para uma planície do Letes — o Esquecimento —[75] onde experimentavam um calor insuportável, visto aí não haver nem árvores nem plantas. Morrendo o dia, passaram a noite junto ao rio Ameles — ausência de pensamentos sérios — cujas águas todos eram obrigados a beber, embora nenhum vaso as pudesse conter; mas os imprudentes bebiam demais. Os que o faziam sem cessar perdiam completamente a memória. Em seguida adormeciam, mas, em torno de meia-noite, ouviu-se o ribombar de um trovão, acompanhado de tremor de terra; logo as almas se dispersaram aqui e ali, pelos diversos pontos de seu nascimento terrestre, semelhante a estrelas que, de repente, cintilassem no céu. Quanto a Er, havia sido impedido de beber da água do rio; não sabia, entretanto, nem onde nem como sua alma se havia reunido novamente ao corpo; contudo, pela manhã, abrindo os olhos de repente, percebeu que se deitara sobre a fogueira.

Tal é o mito, caro Glauco, que a tradição conserva até hoje. Ele pode preservar-nos de nossa perda: se dermos crédito a ele, *passaremos felizmente o Letes e manteremos nossa alma purificada de toda mácula*."

Um aviso de Além-túmulo

O seguinte fato foi relatado pela *Patrie*, de 15 de agosto de 1858:

Terça-feira passada, cometi a imprudência de vos contar uma história *emocionante*. Deveria ter pensado que não existem histórias

---

[75] Nota de Allan Kardec: Alusão ao esquecimento que se segue à passagem de uma existência a outra.

emocionantes; há somente histórias bem contadas, de maneira que o mesmo fato, narrado por duas pessoas diferentes, pode fazer dormir um auditório ou provocar arrepios de terror. Como me entretive com meu companheiro de viagem, de Cherbourg a Paris, o Sr. B..., de quem ouvi uma anedota maravilhosa! Se a tivesse *estenografado*, certamente teria a possibilidade de vos causar arrepios.

Mas cometi a imprudência de confiar em minha memória detestável, o que lamento profundamente. Enfim, seja como for, eis a aventura, provando seu desenlace que hoje, 15 de agosto, incontestavelmente é um fato.

O Sr. de S... — nome histórico ainda hoje levado em consideração — era oficial durante o Diretório. Fosse por prazer, ou por necessidade de serviço, dirigia-se à Itália.

Em um de nossos departamentos centrais foi surpreendido pela noite e sentiu-se feliz por encontrar abrigo numa espécie de barraca de aspecto suspeito, onde lhe ofereceram uma ceia de má qualidade e um catre no celeiro.

Habituado à vida de aventuras e ao rude ofício da guerra, o Sr. de S... comeu com apetite, deitou-se sem murmurar e dormiu profundamente.

Seu sono foi perturbado por terrível aparição. Viu um espectro levantar-se na sombra, marchar pesadamente em direção ao seu grabato e deter-se à altura da cabeceira. Era um homem de cerca de 50 anos, cujos cabelos, grisalhos e embaraçados, estavam vermelhos de sangue; apresentava o peito nu, e a garganta, enrugada, estava cortada e as feridas abertas. Permaneceu em silêncio por alguns instantes, fixando os olhos negros e profundos sobre o viajante adormecido; depois, sua pálida figura se animou e suas pupilas brilharam como dois carvões ardentes. Parecendo esforçar-se com muita dificuldade, e com uma voz surda e estremecida pronunciou estas estranhas palavras:

"Conheço-te; és soldado como eu e, também como eu, homem de coração, incapaz de faltar com a palavra. Venho pedir-te um serviço, que outros já me prometeram, mas não cumpriram. Estou morto há três semanas: o dono desta casa, auxiliado pela mulher, surpreendeu-me durante o sono e cortou-me a garganta. Meu cadáver está escondido sob um monte de esterco, à direita, no fundo do pátio secundário. Vai, amanhã, procurar a autoridade do lugar, trazendo contigo dois gendarmes e fazendo com que eu seja enterrado. O dono da casa e sua mulher se trairão e tu os entregarás à justiça. Adeus, conto com tua piedade; não esqueças a rogativa de um antigo companheiro de armas."

Despertando, o Sr. de S... recordou-se do sonho. Apoiou a cabeça no cotovelo e pôs-se a meditar; sua emoção era viva, dissipando-se diante das primeiras claridades do dia. Como Athalie, disse: *Um sonho! Deverei me inquietar com um sonho?* Ignorando o que se passava em seu coração, e escutando apenas a voz da razão, afivelou a mala e continuou a viagem.

No final do dia, chegando à sua nova etapa, parou para passar a noite num albergue. Mal, porém, havia fechado os olhos, o espectro apareceu-lhe uma segunda vez, triste e quase ameaçador.

"Surpreendo-me e me aflijo", disse o fantasma, "de ver um homem como tu perjurar e faltar a seu dever. Esperava mais de tua lealdade. Meu corpo está sem sepultura, vivem em paz meus assassinos. Amigo, minha vingança encontra-se em tuas mãos; em nome da honra eu te intimo a que voltes atrás."

O Sr. de S... passou o resto da noite em grande agitação; rompido o dia, envergonhou-se de seu pavor e continuou a viagem.

Ao cair da tarde, terceira parada e terceira aparição. Desta vez, o fantasma estava mais lívido e mais terrível; um sorriso amargo percorria seus brancos lábios. Falou com voz rude:

"Creio que te julguei mal; teu coração, como o dos outros, parece insensível às súplicas dos infortunados. Venho invocar o teu auxílio pela última vez e fazer um apelo à tua generosidade. Retorna a X..., vinga-me, ou sê para sempre maldito!"

Dessa vez o Sr. de S... decidiu retomar o caminho de volta até o albergue suspeito, onde havia passado a primeira de suas lúgubres noites. Dirigiu-se à residência do magistrado e pediu dois gendarmes. À sua e à vista dos dois policiais, os assassinos empalideceram e confessaram o crime, como se força superior lhes houvesse arrancado essa confissão fatal.

O processo foi instruído rapidamente, tendo eles sido condenados à morte. Quanto ao pobre oficial, cujo cadáver foi encontrado sob um monte de esterco, à direita, no fundo do pátio secundário, foi sepultado em terra santa e os sacerdotes oraram pelo repouso de sua alma.

Havendo cumprido sua missão, o Sr. de S... apressou-se em deixar a região e correu para os Alpes, sem olhar para trás.

A primeira vez que repousou numa cama, o fantasma ergueu-se novamente ante seus olhos, não mais o fazendo com ferocidade e irritação, porém mais suave e benevolente, dizendo-lhe:

"Obrigado, obrigado, irmão. Quero agradecer o serviço que prestaste: mostrar-me-ei a ti uma vez ainda, uma só: duas horas antes da tua morte virei avisar-te. Adeus."

O Sr. de S... tinha, então, cerca de 30 anos; durante igual período nenhuma visão veio perturbar a quietude de sua vida. Mas no dia 14 de agosto de 182..., véspera da festa de Napoleão, o Sr. de S..., que permanecia fiel ao partido bonapartista, tinha reunido em grande jantar uma vintena de antigos soldados do Império. A festa fora muito alegre e o anfitrião, embora velho, estava bem conservado e com boa saúde. Encontravam-se no salão e tomavam café.

O Sr. de S... teve vontade de cheirar rapé e lembrou-se de que havia deixado a tabaqueira no quarto. Como tinha por hábito servir-se ele mesmo, deixou seus convivas por alguns instantes e subiu ao primeiro andar da casa, onde ficava o quarto. Não havia levado luz.

Quando penetrou no longo corredor que dava acesso ao quarto, deteve-se subitamente e se viu forçado a apoiar-se na parede: diante dele, na extremidade da galeria, deparou-se com o fantasma do homem assassinado que, não pronunciando qualquer palavra, nem fazendo gesto algum, desapareceu logo depois. Era o aviso prometido.

Por ter bom ânimo, após um instante de desfalecimento o Sr. de S... recobrou a coragem e o sangue-frio, marchou para o quarto, apanhou a tabaqueira e desceu para o salão. Ao penetrar ali, não deixava transparecer qualquer sinal de emoção, misturando-se à conversação durante uma hora e revelando todo o seu espírito e a mesma jovialidade habitual.

À meia-noite os convidados se retiraram. Sentou-se, então, passando três quartos de hora em recolhimento; depois, havendo posto ordem em seus negócios, embora não sentisse nenhum mal-estar, ganhou seu quarto de dormir. Quando abriu a porta, um tiro o estendeu morto, exatamente duas horas após a aparição do fantasma.

A bala que lhe despedaçou o crânio destinava-se ao seu criado.

HENRI D'AUDIGIER

Fazendo questão de cumprir a promessa que havia feito ao jornal, de narrar alguma coisa que emocionasse os leitores, teria o autor deste artigo haurido a história em sua fecunda imaginação ou seria ela verdadeira? É o que não poderíamos garantir. Aliás, esse ponto não é o mais importante; real ou fictício, o essencial é saber se o fato é possível. Pois bem! Não hesitamos em dizer: sim, os avisos de Além-túmulo são possíveis, e numerosos exemplos, cuja autenticidade não poderia ser posta em dúvida, aí estão para os atestar. Se, pois, a anedota do Sr. Henry d'Audigier é apócrifa, muitas outras do mesmo gênero não o são; diremos, mesmo, que esta nada oferece de extraordinário. A aparição ocorreu em sonho, circunstância muito comum, quando é notório que podem produzir-se à vista, durante o estado de vigília. O aviso no instante da morte nada tem de insólito, mas os fatos desse gênero são muito mais raros porque a Providência, em sua sabedoria, nos oculta o momento fatal. Não é senão excepcionalmente que ele nos pode ser revelado e por motivos que nos são desconhecidos. Eis outro exemplo mais recente, menos dramático, é verdade, mas cuja exatidão podemos garantir.

O Sr. Watbled, negociante e presidente do Tribunal de Comércio de Boulogne, faleceu no dia 12 de julho passado, nas seguintes circunstâncias: sua esposa, que havia perdido há 12 anos, e cuja morte lhe causava constantes pesares, apareceu-lhe durante duas noites consecutivas nos primeiros dias de junho, dizendo-lhe: "Deus apiedou-se de nossos sofrimentos e deseja que em breve estejamos reunidos." Acrescentou, ainda, que o 12 de julho seguinte era o dia marcado para essa reunião e que, em consequência, devia preparar-se para ela. Realmente, desde esse momento operou-se nele uma mudança notável: definhava-se dia a dia, logo tomando o leito e, sem qualquer esforço e sem sofrimento algum, no dia marcado exalou o derradeiro suspiro, nos braços de seus amigos.

Em si mesmo, o fato é incontestável. Os céticos poderão apenas discutir a causa, que não deixarão de atribuir à imaginação. Sabe-se que semelhantes predições, feitas por ledores de buena-dicha, foram seguidas de um desenlace fatal. Nesses casos, concebe-se que a imaginação, superexcitada pela ideia, possa fazer com que os órgãos experimentem uma alteração radical: por mais de uma vez o medo de morrer provocou a morte. Aqui, entretanto, as circunstâncias não são as mesmas. Os que se aprofundaram nos fenômenos do Espiritismo podem perfeitamente dar-se conta do fato; quanto aos céticos, só têm um argumento: "Não creio; logo, isso não é possível." Interrogados a respeito, os Espíritos responderam: "Deus escolheu esse homem, que era de todos conhecido, a fim de que o acontecimento se espalhasse e provocasse reflexão." Os incrédulos incessantemente pedem provas; Deus lhas oferece a cada momento, por intermédio dos fenômenos que surgem por toda parte; a eles, porém, aplicam-se estas palavras: "Têm olhos, mas não veem; têm ouvidos, mas não escutam."

Os gritos da noite de São Bartolomeu[76]

De Saint-Foy, em sua *Histoire de l'ordre du Saint-Esprit*, edição de 1778, cita a seguinte passagem, retirada de uma coletânea escrita pelo marquês Christophe Juvénal des Ursins, tenente-general do governo de Paris, lá pelos fins do ano de 1572, e impressa em 1601.

> No dia 31 de agosto de 1572, oito dias após o massacre de São Bartolomeu, eu havia ceado no Louvre, nas dependências da senhora Fiesque. O calor tinha sido grande durante todo o dia. Assentamo-nos sob uma pequena latada, às margens do rio Sena, para aspirar o ar fresco; de repente, ouvimos no ar um barulho horrível, de vozes tumultuosas e de gemidos misturados a gritos de raiva e de furor; ficamos imóveis, tomados de pavor, olhando-nos de instante em instante, mas sem coragem de falar. Creio que esse barulho tenha durado cerca de meia hora. Por certo o rei Carlos IX também o ouviu, ficou apavorado, não dormiu mais durante o resto da noite e, embora não comentasse o fato no dia seguinte, perceberam-lhe o ar sombrio, pensativo, alucinado.

> Se algum prodígio não deve encontrar incrédulos, seguramente este é um deles, atestado por Henrique IV. Conforme d'Aubigné, no livro I, capítulo 6, página 561, esse príncipe várias vezes nos contou, entre seus familiares e cortesãos mais chegados — e tenho várias testemunhas vivas que jamais relataram o fato, sem se sentirem ainda tomadas de pavor — que oito dias após o massacre de

---

[76] N.E.: Matança de huguenotes, seguidores do protestantismo, realizada na noite de 24 de agosto de 1572 (São Bartolomeu) em Paris e em outras cidades francesas por ordem de Carlos IX, influenciado por sua mãe Catarina de Médicis.

São Bartolomeu viu grande quantidade de corvos empoleirar-se e crocitar sobre o pavilhão do Louvre; que nessa mesma noite, duas horas após haver deitado, Carlos IX saltou de sua cama, fez se levantarem os que estavam em seu quarto e ordenou verificassem o que por ali se passava, pois ouvia no ar um grande barulho de vozes a gemer, em tudo semelhante ao que percebera na noite do massacre; que todos esses gritos eram tão impressionantes, tão marcantes e de tal forma articulados que Carlos IX, julgando que os inimigos dos Montmorency e de seus partidários os haviam surpreendido e os atacavam, enviou um destacamento de seus guardas para impedir esse novo massacre; que os guardas informaram que Paris estava tranquila e que o barulho que se ouvia permanecia no ar.

OBSERVAÇÃO – O fato narrado por Saint-Foy e Juvénal des Ursins tem muita analogia com a história do fantasma da senhorita Clairon, relatado em nosso número do mês de janeiro, com a diferença de que, nessa ocasião, um único Espírito se manifestou durante dois anos e meio, ao passo que, depois da noite de São Bartolomeu, uma quantidade inumerável de Espíritos teria feito o ar retinir apenas por alguns instantes. Aliás, esses dois fenômenos têm, evidentemente, o mesmo princípio que o dos demais fatos contemporâneos e da mesma natureza que já relatamos, deles não diferindo senão pelo detalhe da forma. Interrogados sobre a causa dessa manifestação, vários Espíritos responderam que *era uma punição de Deus*, o que é fácil de compreender.

Conversas familiares de Além-túmulo

SENHORA SCHWABENHAUS. LETARGIA EXTÁTICA

Segundo o *Courrier des États-Unis*, vários jornais relataram o fato que a seguir apresentamos, e que nos pareceu fornecer matéria para um estudo interessante:

"Diz o *Courrier des États-Unis* que uma família alemã de Baltimore acaba de emocionar-se vivamente com um caso singular de morte aparente. A Sra. Schwabenhaus, há longo tempo enferma, parecia ter exalado o derradeiro suspiro na noite de segunda para terça-feira. As pessoas que dela cuidavam puderam observar todos os sintomas da morte: o corpo estava gelado e seus membros tornaram-se rígidos. Após ter prestado ao cadáver os últimos deveres, e quando tudo na câmara mortuária estava pronto para o enterro, os assistentes foram repousar. Esgotado de fadiga, o Sr. Schwabenhaus em breve os acompanhou. Estava mergulhado num sono agitado quando, cerca de seis horas da manhã, a voz da esposa feriu-lhe o ouvido. A princípio julgou-se vítima de um sonho, mas o seu nome, repetido várias vezes, não mais lhe deixou qualquer dúvida, precipitando-se de imediato para o quarto da esposa. Aquela que era tida por morta estava sentada na cama, parecendo fruir de todas as faculdades e mais forte do que nunca, desde o início da doença.

A Sra. Schwabenhaus pediu água e depois desejou tomar chá e vinho. Rogou ao marido que fizesse adormecer a criança que chorava num quarto vizinho. Ele, porém, estava muito emocionado para isso e correu a despertar as demais pessoas de casa. Sorridente, a doente acolheu os amigos e domésticos que, trêmulos, aproximaram-se de seu leito. Não parecia surpreendida com o aparato funerário que lhe feria o olhar. 'Sei que me acreditáveis morta', disse; 'entretanto, estava apenas adormecida. Durante esse tempo minha alma transportou-se para as regiões celestes; um anjo veio buscar-me e em poucos instantes transpusemos o Espaço. O anjo que me conduzia era a filhinha que perdemos o ano passado... Oh! em breve irei reunir-me a ela... Agora que experimentei as alegrias do Céu, não mais queria viver na Terra. Pedi ao anjo para, uma vez mais, vir abraçar meu marido e meus filhos, mas logo retornará para buscar-me.'

Às oito horas, após se haver despedido com ternura do marido, dos filhos e de uma multidão que a rodeava, dessa vez a Sra. Schwabenhaus expirou realmente, conforme foi constatado pelos médicos, de forma a não deixar subsistir nenhuma dúvida a esse respeito.

Esta cena impressionou profundamente os habitantes de Baltimore."

Havendo sido evocado no dia 27 de abril passado, numa sessão da Sociedade Parisiense de Estudos Espíritas, o Espírito da Sra. Schwabenhaus manteve a seguinte conversa:

1. Com vistas à nossa instrução, desejaríamos fazer algumas perguntas relacionadas com a vossa morte; consentiríeis em responder-lhas?

Resp. – Como não, logo agora que começo a vislumbrar as verdades eternas, e sabedora da necessidade que igualmente sentis de também as conhecer?

2. Lembrais da circunstância particular que precedeu vossa morte?

Resp. – Sim; foi o momento mais feliz da minha existência na Terra.

3. Durante vossa morte aparente, ouvíeis o que se passava à volta e percebíeis os preparativos do funeral?

Resp. – Minha alma estava muita preocupada com a felicidade que se avizinhava.

OBSERVAÇÃO – Sabe-se, em geral, que os letárgicos veem e ouvem o que se passa à volta deles, conservando a lembrança ao despertar. O fato a que nos referimos oferece a particularidade de ser o sono letárgico acompanhado de êxtase, circunstância que explica por que foi desviada a atenção da paciente.

4. Tínheis a consciência de não estar morta?

Resp. – Sim, mas isso me era ainda mais penoso.

5. Poderíeis dizer a diferença que fazeis entre o sono natural e o letárgico?

Resp. – O sono natural é o repouso do corpo; o letárgico, a exaltação da alma.

6. Sofríeis durante a letargia?

Resp. – Não.

7. Como se operou vosso retorno à vida?

Resp. – Deus permitiu-me voltar para consolar os corações aflitos que me rodeavam.

8. Desejaríamos uma explicação mais material.

Resp. – O que chamais de perispírito ainda animava o meu invólucro terrestre.

9. Como foi possível não vos terdes surpreendido à vista dos preparativos que faziam para o enterro?

Resp. – Eu sabia que devia morrer; tudo aquilo pouco me importava, desde que havia entrevisto a felicidade dos eleitos.

10. Recobrando a consciência, ficastes satisfeita de retornar à vida?

Resp. – Sim, para consolar.

11. Onde estivestes durante o sono letárgico?

Resp. – Não posso descrever toda a felicidade que experimentava: a linguagem humana é incapaz de exprimir essas coisas.

12. Ainda vos sentíeis na Terra ou no Espaço?

Resp. – Nos Espaços.

13. Dissestes, quando voltastes a vós, que a filhinha que havíeis perdido no ano anterior vos tinha vindo buscar. É verdade?

Resp. – Sim; é um Espírito puro.

Observação – Nas respostas dessa mãe, tudo anuncia tratar-se de um Espírito elevado; nada há, pois, de espantoso que um Espírito mais elevado ainda se tivesse unido ao seu por simpatia. Entretanto, não devemos tomar ao pé da letra a qualificação de *Espírito puro*, que por vezes os Espíritos se dão entre si. Por essa expressão devemos entender os Espíritos de uma ordem mais elevada que, achando-se completamente desmaterializados e purificados, não mais estão sujeitos à reencarnação: são os anjos que desfrutam a vida eterna. Ora, aqueles que não atingiram um grau suficiente não compreendem ainda esse estado supremo; podem, pois, empregar o termo *Espírito puro* para designar uma superioridade relativa, mas não absoluta. Disso temos numerosos exemplos, querendo parecer-nos que a Sra. Schwabenhaus encontra-se neste caso. Algumas vezes os Espíritos zombeteiros também se atribuem a qualidade de Espíritos puros, a fim de inspirarem mais confiança àqueles a quem desejam enganar, e que não têm suficiente perspicácia para os julgarem por sua linguagem, pela qual sempre se traem em razão de sua inferioridade.

14. Que idade tinha essa criança quando morreu?

Resp. – Sete anos.

15. Como a reconhecestes?

Resp. – Os Espíritos superiores se reconhecem mais depressa.

16. Vós a reconhecestes sob uma forma qualquer?

Resp. – Somente a vi como Espírito.

17. O que ela vos dizia?

Resp. – "Vem; segue-me em direção ao Eterno."

18. Vistes outros Espíritos além do de vossa filha?

Resp. – Vi uma porção de outros Espíritos, mas a voz de minha filha e a felicidade que pressentia eram minhas únicas preocupações.

19. Por ocasião de vosso retorno à vida, dissestes que em breve iríeis reencontrar a filha; tínheis, pois, consciência de vossa morte próxima?

Resp. – Para mim era uma esperança feliz.

20. Como o sabíeis?

Resp. – Quem não sabe que é preciso morrer? Minha doença mo dizia bem.

21. Qual era a causa de vossa enfermidade?

Resp. – Os desgostos.

22. Que idade tínheis?

Resp. – Quarenta e oito anos.

23. Deixando a vida definitivamente, tivestes de imediato consciência clara e lúcida da nova situação?

Resp. – Tive-a no momento da letargia.

24. Experimentastes a perturbação que acompanha ordinariamente o retorno à vida espírita?

Resp. – Não; estava deslumbrada, mas não perturbada.

OBSERVAÇÃO – Sabe-se que a perturbação que se segue à morte é tanto menor e menos duradoura quanto mais se depurou o Espírito durante a vida. O êxtase que precedeu a morte dessa mulher era, aliás, um primeiro desprendimento da alma de seus laços terrenos.

25. Desde que estais morta já revistes vossa filha?

Resp. – Frequentemente estou com ela.

26. A ela estais reunida por toda a eternidade?

Resp. – Não. Sei, porém, que depois de *minhas últimas encarnações* estarei no paraíso, onde habitam os Espíritos puros.

27. Então vossas provas não terminaram?

Resp. – Não, mas, doravante, serão mais felizes. Não me deixam senão esperar, e a esperança já é quase a felicidade.

28. Vossa filha tinha vivido em outros corpos antes daquele pelo qual foi vossa filha?

Resp. – Sim, em muitos outros.

29. Sob que forma vos encontrais entre nós?

Resp. – Sob minha derradeira forma de mulher.

30. Percebei-nos tão distintamente como o faríeis quando viva?

Resp. – Sim.

31. Desde que estais aqui sob a forma que tínheis na Terra, é pelos olhos que nos vedes?

Resp. – Claro que não, o Espírito não tem olhos. Encontro-me sob minha última forma tão somente para satisfazer às leis que regem os Espíritos, quando evocados e obrigados a retomar aquilo a que chamais *perispírito*.

32. Podeis ler os nossos pensamentos?

Resp. – Sim, posso; lerei caso eles sejam bons.

Agradecemos as explicações que houvestes por bem nos dar; pela sabedoria das vossas respostas reconhecemos que sois um Espírito elevado e esperamos que possais fruir a felicidade que mereceis.

Resp. – Sinto-me feliz em contribuir para vossa obra; morrer é uma alegria, quando podemos auxiliar o progresso, como o faço agora.

Os talismãs

Medalha cabalística

O Sr. M... havia comprado em segunda mão uma medalha que lhe pareceu notável por sua singularidade. Era do tamanho de um escudo de seis libras; tinha o aspecto da prata, embora um pouco acinzentada. Sobre ambas as faces estão gravadas, em baixo-relevo, uma porção de sinais, entre os quais se nota planetas, círculos entrelaçados, um triângulo, palavras ininteligíveis e iniciais em caracteres vulgares; depois, outros em caracteres bizarros, lembrando o árabe, tudo disposto de modo cabalístico, conforme o gênero utilizado pelos mágicos.

Tendo o Sr. M... interrogado a senhorita J..., médium sonâmbula, a respeito dessa medalha, foi-lhe respondido que era composta de sete metais, havia pertencido a Cazotte[77] e tinha o poder especial de atrair os Espíritos e facilitar as evocações. O Sr. De Caudemberg, autor de uma série de comunicações que, como médium, dizia ter recebido da Virgem Maria, disse-lhe que era uma coisa maléfica, destinada a atrair os demônios. A senhorita Guldenstubbè, médium, irmã do barão de Guldenstubbè, autor de uma obra sobre pneumatografia, ou escrita direta, garantiu que a medalha possuía uma virtude magnética e poderia provocar o sonambulismo.

Pouco satisfeito com essas respostas contraditórias, o Sr. M... apresentou-nos a medalha, pedindo nossa opinião pessoal a respeito e, ao mesmo tempo, solicitando interrogássemos um Espírito superior a propósito de seu real valor, do ponto de vista da influência que pudesse ter. Eis a nossa resposta:

Os Espíritos são atraídos ou repelidos pelo pensamento, e não pelos objetos materiais, que nenhum poder exercem sobre

---

[77] N.E.: Jacques Cazotte (1719–1792), escritor francês. Por sua estreita relação com as artes ocultas, foi considerado um dos pioneiros da literatura fantástica na França. Adversário da Revolução Francesa, foi condenado à morte pelo tribunal revolucionário.

eles. Em todos os tempos os Espíritos superiores têm condenado o emprego de sinais e de formas cabalísticas, de modo que todo Espírito que lhes atribuir uma virtude qualquer, ou que pretender oferecer talismãs como objeto de magia, por isso mesmo revelará a sua inferioridade, quer quando age de boa-fé e por ignorância, em consequência de antigos preconceitos terrestres de que ainda se acha imbuído, quer quando, como Espírito zombeteiro, se diverte conscientemente com a credulidade alheia. Quando não traduzem pura fantasia, os sinais cabalísticos são símbolos que lembram crenças supersticiosas na virtude de certas coisas, como os números, os planetas e sua concordância com os metais, crenças que foram geradas nos tempos da ignorância e que repousam sobre erros manifestos, aos quais a Ciência fez justiça, ao revelar o que existe sobre os pretensos sete planetas, os sete metais etc. A forma mística e ininteligível desses emblemas tinha por objetivo a sua imposição ao vulgo, sempre inclinado a considerar maravilhoso tudo aquilo que é incapaz de compreender. Quem quer que tenha estudado racionalmente a natureza dos Espíritos não poderá admitir que, sobre eles, se exerça a influência de formas convencionais, nem de substâncias misturadas em certas proporções; seria renovar as práticas do caldeirão das feiticeiras, dos gatos negros, das galinhas pretas e de outros sortilégios. Não podemos dizer a mesma coisa de um objeto magnetizado que, como se sabe, tem o poder de provocar o sonambulismo ou certos fenômenos nervosos sobre o organismo. Nesse caso, porém, a virtude do objeto reside unicamente no fluido de que se acha *momentaneamente* impregnado e que assim se transmite, por via mediata, e não em sua forma, em sua cor e nem, sobretudo, nos sinais de que possa estar sobrecarregado.

Um Espírito pode dizer: "Traçai tal sinal e, à vista dele, reconhecerei que me chamais, e virei"; nesse caso, todavia, o sinal traçado é apenas a expressão do pensamento; é uma evocação traduzida de modo material. Ora, os Espíritos, seja qual for a sua natureza, não necessitam de semelhantes artifícios para se comunicar; os Espíritos superiores jamais os empregam; os inferiores podem fazê-lo visando fascinar a imaginação das pessoas crédulas que querem manter sob dependência. Regra geral: para os Espíritos superiores a forma nada é; o pensamento é tudo. Todo Espírito que liga mais importância à forma do que ao fundo é inferior e não merece nenhuma confiança, mesmo quando, vez por outra, diga algumas coisas boas, porquanto essas boas coisas frequentemente são um meio de sedução.

Tal era, de maneira geral, nosso pensamento a respeito dos talismãs, como meio de entrar em relação com os Espíritos. Evidentemente que se aplica também àqueles que a superstição emprega como preservativos de moléstias ou acidentes.

Entretanto, para edificação do proprietário da medalha, e para um melhor aprofundamento da questão, na sessão de 17 de julho de 1858 pedimos a São Luís, que conosco se comunica de bom grado sempre que se trata de nossa instrução, que nos desse sua opinião a respeito. Interrogado sobre o valor da medalha, eis qual foi sua resposta:

"Fazeis bem em não admitir que objetos materiais possam exercer qualquer influência sobre as manifestações, quer para as provocar, quer para as impedir. Temos dito com bastante frequência que as manifestações são espontâneas e que, além disso, jamais nos recusamos a atender ao vosso apelo. Por que pensais que sejamos obrigados a obedecer a uma coisa fabricada pelos seres humanos?

P. – Com que finalidade foi feita essa medalha?

Resp. – Foi fabricada com o objetivo de chamar a atenção das pessoas que nela gostariam de crer; porém, apenas por magnetizadores poderá ter sido feita, com a intenção de magnetizar e adormecer um sensitivo. Os signos nada mais são que fantasia.

P. – Dizem que pertenceu a Cazotte; poderíamos evocá-lo a fim de obtermos alguns ensinamentos a esse respeito?

Resp. – Não é necessário; ocupai-vos preferentemente de coisas mais sérias."

Problemas morais

SUICÍDIO POR AMOR[78]

Havia sete ou oito meses que Louis G..., oficial sapateiro, namorava a jovem Victorine R..., pespontadeira de botinas, com a qual deveria casar-se em breve, já tendo mesmo corrido os proclamas do casamento. Estando as coisas neste pé, consideravam-se quase definitivamente ligados e, como medida de economia, o sapateiro vinha, diariamente à casa da noiva para almoçar e jantar.

Quarta-feira passada, ao jantar, sobreveio uma controvérsia a propósito de uma futilidade qualquer, e, obstinando-se os dois nas opiniões, foram as coisas a ponto de Louis abandonar a mesa, jurando não mais voltar.

Não obstante, no dia seguinte, muito embaraçado, veio pedir perdão. Como se sabe, a noite é boa conselheira, mas a moça, prejulgando talvez pela cena da véspera o que poderia acontecer quando não mais tivesse tempo de remediar o mal, recusou-se à reconciliação, de modo que nem protestos, nem lágrimas, nem desesperos puderam demovê-la. Muitos dias ainda se passaram, esperando Louis que a sua amada fosse mais razoável, até que resolveu fazer uma última tentativa: Chegando à casa da moça, bateu de forma a ser reconhecido, mas a porta permaneceu fechada; recusaram abrir-lha. Novas súplicas do repelido, novos protestos, nada foi capaz de tocar o coração da sua pretendida. "Adeus, pois, cruel!" — exclamou o pobre moço — "adeus para sempre. Trata de procurar um marido que te ame tanto quanto eu." Ao mesmo tempo a moça ouvia um gemido abafado e logo após o baque como que de um corpo escorregando pela porta. Pelo silêncio que se seguiu, a moça julgou que Louis se assentara à soleira da porta e prometeu a si mesma não sair enquanto ele ali se conservasse.

---

[78] N.T.: *Vide* em *O céu e o inferno,* de Allan Kardec, Segunda parte, cap. V, o subtítulo: Louis e a pespontadeira de botinas.

Decorrido um quarto de hora um locatário, passando pela calçada e levando luz, soltou um grito de espanto e pediu socorro. Depressa acorre a vizinhança, e Victorine, abrindo então a porta, deu um grito de horror, ao reconhecer o noivo, pálido e inanimado, estendido sobre as lajes da calçada. Cada qual se apressou em socorrê-lo; cogitaram chamar um médico, mas logo se percebeu que tudo seria inútil, já que ele deixara de existir. O desgraçado moço enterrara uma faca na região do coração, e a lâmina ficara-lhe cravada na ferida.

Esse fato, que encontramos no *Siècle*, de 7 de abril último, despertou-nos a ideia de dirigir a um Espírito superior algumas perguntas sobre as suas consequências morais. Aqui estão, assim como as respostas que nos foram dadas pelo Espírito São Luís, na sessão da Sociedade, no dia 10 de agosto de 1858.

1. A moça, causadora involuntária da morte do amante, tem alguma responsabilidade por isso?

Resp. – Sim, porque não o amava.

2. Então, para prevenir a desgraça, deveria desposá-lo a despeito da repugnância que lhe causava?

Resp. – Ela procurava uma ocasião para livrar-se dele, e assim fez no começo da união o que viria a fazer mais tarde.

3. Neste caso, a sua responsabilidade decorre de haver alimentado sentimentos dos quais não participava e que resultaram no suicídio do rapaz?

Resp. – Sim, exatamente.

4. Mas então essa responsabilidade deve ser proporcional à falta, e não tão grande como se houvesse provocado o suicídio consciente e voluntariamente.

Resp. – É evidente.

5. O suicídio de Louis encontra desculpa no desvario que lhe acarretou a obstinação de Victorine?

Resp. – Sim, pois o suicídio oriundo do amor, é menos criminoso aos olhos de Deus do que o suicídio de quem procura libertar-se da vida por motivos de covardia.

Observação — Dizendo que este suicídio é *menos* criminoso aos olhos de Deus, isso significa, evidentemente, que há criminalidade, embora em menor grau. A falta consiste na fraqueza que ele não soube vencer. Era, sem dúvida, uma prova a que sucumbiu. Ora, os Espíritos nos ensinam que o mérito consiste em lutar vitoriosamente contra as provas de todos os gêneros, que são a própria essência da vida terrena.

Ao Espírito Louis G..., evocado mais tarde, foram feitas as seguintes perguntas:

1. Que pensais da ação que praticastes?

Resp. – Victorine era uma ingrata, e eu fiz mal em suicidar-me por sua causa, pois ela não o merecia.

2. Então ela não vos amava?

Resp. – Não. A princípio iludia-se, mas a desavença que tivemos abriu-lhe os olhos, e ela até se deu por feliz achando um pretexto para se desembaraçar de mim.

3. E o vosso amor por ela era sincero?

Resp. – Paixão somente, creia. Se o amor fosse puro eu me teria poupado de lhe causar um desgosto.

4. E se acaso ela adivinhasse a vossa intenção, persistiria na sua recusa?

Resp. – Não sei, creio que não, porque ela não é má. Contudo, ainda assim, não seria feliz, e foi melhor para ela que as coisas se passassem de tal forma.

5. Chegando-lhe à porta, já tínheis a intenção de vos matar, caso ela vos recusasse?

Resp. – Não; eu não pensava nisso; não contava com a sua obstinação. Foi somente diante dela que perdi a razão.

6. Parece que não deplorais o suicídio senão pelo fato de Victorine não o merecer... É realmente o vosso único pesar?

Resp. – Neste momento, sim; estou ainda perturbado, parece que ainda estou à porta e experimento uma sensação que não posso definir.

7. Chegareis a compreendê-la mais tarde?

Resp. – Sim, quando estiver livre desta perturbação. Fiz mal; deveria deixá-la em paz... Fui fraco e sofro as consequências da minha fraqueza. A paixão cega o homem a ponto de praticar loucuras; infelizmente, ele só o compreende tarde demais.

8. Dizeis que tendes um desgosto... Qual é?

Resp. – Fiz mal em abreviar a vida. Não deveria fazê-lo. Era preferível suportar tudo aquilo a morrer antes do tempo. Sou, portanto, infeliz; sofro; e é sempre ela que me faz sofrer. Parece-me estar sempre à sua porta; ingrata!... mas... não falemos nem pensemos mais nisso, que me incomoda bastante. Adeus.

Observações sobre o desenho da casa de Mozart

Um de nossos assinantes escreveu-nos o que se segue, a propósito do desenho que publicamos em nosso derradeiro número:

Diz o autor do artigo: "*A clave de sol é aí frequentemente repetida e, coisa bizarra, jamais a clave de fá.*" Quer me parecer que os olhos do médium não teriam percebido todos os detalhes do rico desenho que sua mão executou, pois um músico nos assegura que é fácil reconhecer, direta e invertida, a clave de fá na ornamentação da base do edifício, no meio da qual mergulha a parte inferior do arco do violino, assim como no prolongamento dessa ornamentação, à esquerda da ponta da tiorba. Além disso, o mesmo músico pretende que a forma antiga da clave de *dó* também apareça nas lajes que se avizinham da escadaria da direita.

OBSERVAÇÃO – Inserimos esta observação com tanto maior satisfação quanto prova até que ponto o pensamento do médium permaneceu alheio à confecção do desenho. Examinando os detalhes das partes assinaladas, reconhece-se, com efeito, as claves de *fá* e de *dó*, com que o autor, ainda que não o suspeitasse, ornamentou o seu desenho. Quando o vemos trabalhando, percebemos facilmente a ausência de qualquer concepção premeditada e de qualquer vontade própria; arrastada por uma força estranha, sua mão imprime ao lápis ou ao buril o mais irregular movimento, contrário aos preceitos da arte mais elementar, deslizando sem cessar com incrível rapidez, de uma extremidade a outra da prancha, sem interrupção, para retornar cem vezes ao mesmo ponto. Todas as partes são assim começadas e ao mesmo tempo continuadas, sem que qualquer delas se complete até que se inicie a outra, resultando, à primeira vista, um conjunto incoerente, cujo objetivo só é compreendido quando tudo está terminado. Essa marcha singular não é peculiar ao Sr. Sardou; vimos todos os médiuns desenhistas procedendo do mesmo modo. Conhecemos uma senhora, pintora de mérito e professora de desenho, que gozava dessa faculdade. Quando desenha como médium opera, de mau grado, contra todas as regras, por um processo que lhe seria impossível seguir quando trabalha sob sua própria inspiração e em seu estado normal. Seus alunos, dizia, ririam bastante se lhes ensinasse a desenhar à maneira dos Espíritos.

ALLAN KARDEC

Revista Espírita
Jornal de estudos psicológicos
Ano I   Outubro de 1858   Nº 10

Obsediados e subjugados

Muito se tem falado dos perigos do Espiritismo. Entretanto, é de notar-se que aqueles que mais gritaram são precisamente os que só o conhecem de nome. Já refutamos os principais argumentos que lhe opuseram, de tal forma que a eles não mais retornaremos; acrescentaremos somente que, se quiséssemos proscrever da sociedade tudo quanto possa oferecer perigo e dar margem a abuso, não saberíamos ao certo o que haveria de restar, mesmo em relação às coisas de primeira necessidade, a começar pelo fogo, causa de tantas desgraças; as estradas de ferro, em seguida etc. Se admitirmos que as vantagens compensam os inconvenientes, o mesmo raciocínio se aplica a tudo o mais: assim o indica a experiência, à medida que tomamos certas precauções para nos subtrairmos aos perigos que não podemos evitar.

Realmente, o Espiritismo representa um perigo real; de modo algum, porém, aquele que se supõe: é preciso que se seja iniciado nos princípios da ciência para bem compreendê-lo. Não nos dirigimos absolutamente àqueles que lhe são estranhos, mas aos próprios adeptos, aos que o praticam, visto ser para eles que o perigo existe. Importa que o conheçam, a fim de se porem em guarda:

perigo previsto, já se sabe, é perigo pela metade. Diremos mais: para quem quer que esteja instruído na ciência, não há perigo; só existe para os que julgam saber e nada sabem, isto é, para os que não possuem a necessária experiência, como sói acontecer em todas as coisas.

Um desejo muito natural em todos aqueles que começam a se ocupar do Espiritismo é ser médium, principalmente médium de psicografia. Sem dúvida é o gênero que oferece mais atração, em virtude da facilidade das comunicações, e por ser o que melhor se desenvolve pelo exercício. Compreende-se a satisfação que deve experimentar aquele que, pela primeira vez, vê a própria mão formar letras, depois palavras, depois frases que respondem aos seus pensamentos. Essas respostas, que traça maquinalmente, sem saber o que faz e que, no mais das vezes, estão fora de toda ideia pessoal, não lhe podem deixar nenhuma dúvida quanto à intervenção de uma inteligência oculta. Assim, grande é a sua alegria de poder se entreter com os seres de Além-túmulo, com esses seres misteriosos e invisíveis que povoam os Espaços; seus parentes e amigos já não se acham ausentes; se não os vê com os olhos, nem por isso deixam de ali estar; conversam com ele, e ele os vê pelo pensamento; pode saber se são felizes, o que fazem, o que desejam e com eles trocar boas palavras; compreende que entre eles a separação não é eterna e acelera, com seus votos, o instante em que poderão reunir-se num mundo melhor. Isso não é tudo: quanto não vai saber por meio dos Espíritos que se comunicam com ele! Não irão levantar o véu de todas as coisas? Desde então, nada mais de mistérios; não tem senão que interrogar, para tudo ficar sabendo. À sua frente, já vê a Antiguidade sacudir a poeira dos tempos, revolver as ruínas, interpretar as escrituras simbólicas e fazer reviver aos seus olhos os séculos que se foram. Outro, mais prosaico, e menos preocupado em sondar o infinito onde seu pensamento se perde, simplesmente sonha em explorar os Espíritos para fazer fortuna. Os Espíritos, que devem ver tudo e tudo saber, não podem recusar fazer-lhe descobrir algum tesouro oculto ou algo secreto e maravilhoso. Quem quer que se dê ao trabalho de estudar a ciência espírita não se deixará jamais seduzir por esses belos sonhos; sabe a que se ater sobre o poder dos Espíritos, sua natureza e o objetivo das relações que com eles pode o homem estabelecer. Recordemos, primeiro, em poucas palavras, os pontos principais, que jamais devem ser perdidos de vista, porque são como que a pedra angular do edifício.

1º Os Espíritos não são iguais nem em poder, nem em conhecimento, nem em sabedoria. Nada mais sendo que as almas dos homens, desembaraçadas de seu invólucro corporal, apresentam variedade ainda maior do que as encontradas entre os homens na Terra, visto procederem de todos os mundos, e porque entre os mundos o nosso planeta não é o mais atrasado, nem o mais avançado. Há, pois, Espíritos muito superiores, e outros bastante inferiores; muito bons e muito maus; muito sábios e muito ignorantes; há os levianos, malévolos, mentirosos, astuciosos, hipócritas, engraçados, espirituosos, zombeteiros etc.

2º Estamos incessantemente cercados por uma multidão de Espíritos que, por serem invisíveis aos nossos olhos materiais, nem por isso deixam de estar no espaço, ao redor de nós, ao nosso lado, espiando nossas ações, lendo os nossos pensamentos, uns para nos fazerem o bem, outros para nos induzirem ao mal, conforme sejam bons ou maus.

3º Pela inferioridade física e moral de nosso globo na hierarquia dos mundos, os Espíritos inferiores são aqui mais numerosos que os superiores.

4º Entre os Espíritos que nos rodeiam, há os que se vinculam a nós, que agem mais particularmente sobre o nosso pensamento, aconselham-nos, e cujo impulso seguimos sem o saber. Felizes se escutarmos somente a voz dos bons.

5º Os Espíritos inferiores não se ligam senão aos que os ouvem, junto aos quais têm acesso e aos quais se prendem. Caso consigam estabelecer domínio sobre alguém, identificam-se com o seu próprio Espírito, fascinam-no, obsidiam-no, subjugam-no e o conduzem como se fosse uma verdadeira criança.

6º A obsessão jamais se dá senão pelos Espíritos inferiores. Os Espíritos bons não causam nenhum constrangimento; aconselham, combatem a influência dos maus e, se não são ouvidos, afastam-se.

7º O grau de constrangimento e a natureza dos efeitos que produz marcam a diferença entre a obsessão, a subjugação e a fascinação.

A obsessão é a ação quase permanente de um Espírito estranho, que faz com que a vítima seja induzida, por uma necessidade incessante, a agir nesse ou naquele sentido, a fazer tal ou qual coisa.

A subjugação é uma opressão moral que paralisa a vontade daquele que a sofre, impelindo-o às mais despropositadas ações e, frequentemente, àquelas que mais contrariam os seus interesses.

A fascinação é uma espécie de ilusão, ora produzida pela ação direta de um Espírito estranho, ora por seus raciocínios capciosos, ilusão que altera o senso moral, falseia o julgamento e faz tomar o mal pelo bem.

8º Por sua vontade, pode o homem livrar-se sempre do jugo dos Espíritos imperfeitos, porque, em virtude de seu livre-arbítrio, tem a escolha entre o bem e o mal. Se o constrangimento chegou a ponto de paralisar a vontade, e se a fascinação é bastante grande para obliterar a razão, a vontade de outra pessoa pode substituí-la.

Outrora se dava o nome de *possessão* ao império exercido pelos Espíritos maus, quando sua influência ia até à aberração das faculdades. Mas a ignorância e os preconceitos muitas vezes fizeram tomar por possessão o que não resultava senão de um estado patológico. Para nós, a possessão seria um sinônimo de subjugação. Se não adotamos esse termo, foi por dois motivos: primeiro, porque implica a crença em seres criados e votados perpetuamente ao mal, mas apenas existem seres mais ou menos imperfeitos e todos podem melhorar; segundo, porque pressupõe igualmente a ideia de tomada de posse do corpo por um Espírito estranho, uma espécie de coabitação, quando só há constrangimento. A palavra *subjugação* traduz perfeitamente esse pensamento. Dessa forma, para nós, não existem *possessos* no sentido vulgar do termo, mas tão somente *obsediados*, *subjugados* e *fascinados*.[79]

Foi por motivo semelhante que não adotamos a palavra *demônio* para designar os Espíritos imperfeitos, embora muitas vezes esses Espíritos não valham mais que aqueles que chamamos demônios; foi unicamente por causa da ideia de especialidade e de perpetuidade que se liga a esse vocábulo. Assim, quando dizemos que não há demônios, não pretendemos afirmar que só haja Espíritos bons; longe disso; sabemos perfeitamente que os há maus e muito maus, que nos impelem ao mal, que nos estendem armadilhas, nada havendo nisso de espantoso, visto que foram homens. Queremos dizer que eles não formam uma classe à parte na ordem da Criação, e que Deus deixa a todas as criaturas o poder de se melhorarem.

Bem entendido isto, voltemos aos médiuns. Em alguns o progresso é lento, bastante lento mesmo, muitas vezes submetendo a paciência a uma rude prova. Noutros esse progresso é rápido e, em pouco tempo, chega o médium a escrever com tanta facilidade e, algumas vezes, com mais presteza do que o faria em seu estado habitual. É então que pode tomar-se de entusiasmo e é exatamente nisso que está o perigo, porquanto o entusiasmo enfraquece e com os Espíritos é preciso ser forte. Parece um paradoxo dizer que o entusiasmo enfraquece, nada havendo, porém, de mais verdadeiro. Dir-se-á que o entusiasta marcha com uma convicção e uma confiança que lhe permitem superar todos os obstáculos; portanto, tem mais força. Sem dúvida; contudo, tanto nos entusiasmamos pelo falso quanto pelo verdadeiro; apegai-vos às mais absurdas ideias do entusiasta e delas fareis tudo o que quiserdes; o objeto de seu entusiasmo é, pois, seu lado fraco e por aí podereis sempre dominá-lo. O homem frio e

---

[79] N.T.: Em *A gênese* (1868) Kardec admite a possessão. *Vide* cap. XIV, it. 47 e 48.

impassível, ao contrário, vê as coisas sem se deixar enganar: combina, pesa, amadurece e não é seduzido por nenhum subterfúgio; é isso que lhe dá força. Os Espíritos malévolos, que sabem disso tão bem ou mais do que nós, também sabem empregá-lo em seu proveito para subjugar aqueles que desejam manter sob sua dependência; e a faculdade de escrever como médium lhes serve maravilhosamente, visto ser um meio poderoso de captar a confiança, da qual se aproveitam se não mantemos a necessária vigilância. Felizmente, como veremos mais tarde, o próprio mal traz em si o remédio.

Seja por entusiasmo, por fascinação dos Espíritos ou por amor-próprio, em geral o médium psicógrafo é levado a crer que são superiores os Espíritos que com ele se comunicam, sobretudo quando tais Espíritos, aproveitando-se dessa presunção, adornam-se de títulos pomposos, tomando nomes de santos, de sábios, de anjos e da própria Virgem Maria, conforme a necessidade e segundo as circunstâncias. E, para desempenhar seu papel de comediantes, chegam até mesmo a portar a indumentária extravagante das personagens que representam. Tirai suas máscaras e vereis que se transformam no que sempre foram: ilustres desconhecidos; é o que necessariamente devemos fazer, tanto com os Espíritos quanto com os homens.

Da crença cega e irrefletida na superioridade dos Espíritos que se comunicam à confiança em suas palavras não há senão um passo; é o que também acontece entre os homens. Se conseguirem inspirar essa confiança, haverão de sustentá-la por meio de sofismas e dos mais capciosos raciocínios, perante os quais frequentemente inclinamos a cabeça. Os Espíritos grosseiros são menos perigosos: reconhecemo-los imediatamente e só inspiram repugnância. Os mais temíveis, em seu mundo, como no nosso, são os Espíritos hipócritas: falam sempre com doçura, lisonjeando as mentes predispostas; são meigos, aduladores, pródigos em expressões de ternura e em protestos de devotamento. É preciso ser realmente forte para resistir a semelhantes seduções. Mas, direis, onde estaria o perigo, desde que os Espíritos são impalpáveis? O perigo está nos conselhos perniciosos que dão, aparentemente benévolos, e nos passos ridículos, intempestivos ou funestos a que somos induzidos. Já vimos alguns Espíritos fazerem com que certas pessoas corressem de país em país à procura das coisas mais fantásticas, sob o risco de comprometerem a saúde, a fortuna e a própria vida. Vimo-los ditar, com toda aparência de gravidade, as coisas mais burlescas, as máximas mais estranhas. Como convém dar o exemplo ao lado da teoria, vamos relatar a história de uma pessoa do nosso conhecimento que se encontrou sob o império de uma fascinação semelhante.

O Sr. F..., rapaz instruído, de esmerada educação, de caráter suave e benevolente, mas um pouco fraco e indeciso, tornou-se hábil médium psicógrafo com bastante rapidez. Obsidiado pelo Espírito que dele se apoderou e não lhe dava sossego, escrevia sem parar. Desde que uma pena ou um lápis lhe caíam à mão, ele os tomava num movimento convulsivo e se punha a preencher páginas inteiras em poucos minutos. Na falta de instrumento, simulava escrever com o dedo, onde quer que se encontrasse: na rua, nas paredes, nas portas etc. Entre outras coisas que lhe ditaram havia estas: "O homem é composto de três coisas: o homem, o Espírito bom e o Espírito mau. Todos vós tendes vosso Espírito mau, que está ligado ao corpo por laços materiais. Para expulsar o Espírito mau é necessário romper esses laços e, para isso, é preciso enfraquecer o corpo. Quando este se encontra suficientemente enfraquecido, o laço se parte e o Espírito mau o abandona, permanecendo apenas o bom." Em consequência dessa bela teoria, fizeram-no jejuar durante cinco dias consecutivos e velar à noite. Quando ficou extenuado, disseram-lhe: "Agora a coisa está feita e o laço rompido; teu Espírito mau partiu e ficamos apenas nós, em quem deves crer sem reserva." E ele, persuadido de que seu Espírito mau havia fugido, acreditava cegamente em todas as suas palavras. A subjugação havia chegado a tal ponto que, se lhe tivessem dito para lançar-se na água ou para dar cambalhotas, ele o teria feito. Quando queriam levá-lo a fazer qualquer coisa que lhe repugnava, sentia-se arrastado por uma força invisível. Damos uma amostra de sua moral; por ela se julgará o resto.

"Para obter melhores comunicações, é necessário orar e jejuar durante vários dias, uns mais, outros menos; o jejum enfraquece os laços que existem entre o *eu* e um demônio particular ligado a cada ser humano. Esse demônio está ligado a cada pessoa pelo envoltório que une o corpo e a alma. Enfraquecido pela ausência de nutrição, o envoltório permite que os Espíritos *arranquem* aquele demônio. Então Jesus desce ao coração da pessoa possessa, em lugar do Espírito mau. Esse estado de possuir Jesus em si é o único meio de alcançar toda a verdade e muitas outras coisas.

Quando a pessoa conseguiu substituir o demônio por Jesus, ainda não possui a verdade. Para tê-la, é preciso crer; Deus jamais dá a verdade aos que duvidam: seria fazer algo inútil, e Deus nada faz em vão. Como a maior parte dos médiuns novatos duvida do que diz ou escreve, os Espíritos bons são forçados, lamentavelmente e por ordem formal de Deus, a *mentir, e não podem senão mentir enquanto o médium não está convencido*; mas, vindo a crer firmemente numa dessas mentiras, os Espíritos elevados se apressam em desvelar-lhe os segredos do Céu: a verdade completa dissipa num instante essa nuvem de erros com que tinham sido forçados a envolver seu protegido.

Chegado a esse ponto, nada mais tem o médium a temer; os Espíritos bons jamais o deixarão. Todavia, que não creia ter sempre a verdade, e nada mais que a verdade. Seja para o experimentar, seja para o punir de suas faltas passadas, seja ainda para o castigar por perguntas egoístas ou curiosas, infligindo-lhe *correções físicas e morais*, os Espíritos bons vêm atormentá-lo por ordem de Deus. Muitas vezes esses Espíritos elevados se queixam da triste missão que desempenham: um pai persegue o filho durante semanas inteiras, um amigo ao seu amigo, tudo para maior felicidade do médium. Então os *nobres* Espíritos dizem loucuras, blasfêmias e até torpezas. É necessário que o médium se obstine e diga: Vós me tentais; sei que me encontro entre mãos caridosas de Espíritos ternos e afetuosos; que os maus já não podem aproximar-se de mim. Boas almas que me atormentais, não me impedireis de crer no que me dissestes e no que ainda havereis de dizer-me.

Os católicos expulsam mais facilmente o demônio [esse jovem médium era protestante] porque por um instante ele se afastou no dia do batismo. Os católicos são julgados pelo Cristo, e os outros por Deus; é preferível ser julgado pelo Cristo. Erram os protestantes em não admitir isso: assim, é necessário que te tornes católico o mais cedo possível; enquanto esperas, vai tomar água benta: será o teu batismo."

O jovem em questão, tendo sido curado mais tarde da obsessão de que era vítima, por meios que relataremos, havíamos pedido a ele que nos escrevesse essa história e nos fornecesse o próprio texto dos preceitos que lhe haviam sido ditados. Transcrevendo-os, acrescentou na cópia que nos remeteu: *Questiono-me se não ofendo a Deus e aos Espíritos bons, transcrevendo semelhantes tolices.* A isto lhe respondemos: Não; não ofendeis a Deus; longe disso, porque agora reconheceis a armadilha na qual havíeis tombado. Se vos pedi a cópia dessas máximas perversas, foi para difamá-las como bem o merecem, desmascarar os Espíritos hipócritas e alertar quem quer que receba coisa semelhante.

Um dia farão com que escreva: *Morrerás esta noite*, ao que ele responderá: Sinto-me bastante aborrecido neste mundo; morramos, se preciso for, não peço nada melhor; que eu não sofra mais: é tudo quanto desejo. — À noite adormece, acreditando piamente não mais despertar na Terra. No dia seguinte ficará muito surpreendido e até mesmo desapontado de se achar em seu leito habitual. Durante o dia escreve: "Agora que passaste pela prova da morte, que acreditaste firmemente que ias morrer, estás como morto para nós; poderemos dizer-te toda a verdade; saberás tudo; nada haverá de oculto para nós; nada haverá de oculto para ti. És Shakespeare reencarnado. Shakespeare não é tua Bíblia?" [O Sr. F... conhece perfeitamente o inglês e se compraz na leitura das obras-primas dessa língua.]

No dia seguinte escreve: "Tu és Satã. — Isso começa a ficar muito forte — responde o Sr. F... — Não fizeste... não devoraste o *paraíso perdido*? Aprendeste a *La Fille du diable*, de Béranger;[80]

---

[80] N.E.: Pierre Jean de Béranger (1780–1857), cançonetista francês. Populares, as suas cançonetas, entre elas *A filha do diabo (La Fille du diable)* idealizavam a epopeia napoleônica e festejavam a gente do povo.

sabias que Satã se converteria: não o acreditaste sempre, não afirmavas sempre, não escrevias sempre? Para converter-se ele se reencarna. — Bem que eu gostaria de ter sido um anjo rebelde qualquer, mas o rei dos anjos...! — Sim, eras o anjo da altivez; não és mau, tens um coração orgulhoso e é esse orgulho que é preciso abater; és o anjo do orgulho, que os homens chamam Satã, não importa o nome! Foste o gênio mau da Terra. Eis-te humilhado... Os homens progredirão... Verás maravilhas. Enganaste os homens; enganaste a mulher na personificação de Eva, a mulher pecadora. Está dito que Maria, a personificação da mulher sem mácula, esmagar-te-á a cabeça. Maria vai chegar." — Um instante depois ele escreveu lentamente e com doçura: "Maria vem ver-te; Maria, que foi buscar-te no fundo de teu reino de trevas, não te abandonará. Levanta-te, Satã; Deus está pronto para te estender os braços. Lê *O Filho Pródigo*. Adeus."

Em outra ocasião ele escreveu: "Disse a serpente a Eva: 'Vossos olhos abrir-se-ão e sereis como os deuses.' O demônio disse a Jesus: 'Dar-te-ei todo o poder.' A ti eu digo, pois acreditas em nossas palavras: nós te amamos; tu serás tudo... Serás o rei da Polônia.

Persevera nas boas disposições em que te colocamos. *Esta lição fará a ciência espírita dar um grande passo.* Ver-se-á que os Espíritos bons podem dizer futilidades e mentiras para se divertirem com os sábios. Disse Allan Kardec que um meio inadequado de reconhecer os Espíritos era fazê-los confessar Jesus em carne. Eu digo que somente os Espíritos bons confessam Jesus em carne e eu o confesso. Dize isso a Kardec."

Entretanto, o Espírito teve o pudor de não aconselhar o Sr. F... a imprimir essas belas máximas. Se o tivesse feito, por certo ele obedeceria, o que teria sido uma péssima ação, porquanto o Sr. F... as teria considerado como coisa séria.

Encheríamos um volume com todas as tolices que lhe foram ditadas e com todas as circunstâncias que se seguiram. Entre outras coisas, fizeram-no desenhar um edifício, cujas dimensões eram de tal monta que as folhas de papel, coladas umas às outras, ocupariam a altura de dois pavimentos.

Notar-se-á que em tudo isso nada há de grosseiro, nem de trivial; é uma série de raciocínios sofísticos que se encadeiam com uma aparência de lógica. Nos meios empregados para o seduzir, há uma arte verdadeiramente infernal e, se nos tivesse sido possível relatar todas essas comunicações, ver-se-ia até que ponto era levada a astúcia, e com que habilidade para isso eram empregadas palavras melífluas.

O Espírito que representava o principal papel nesse caso dava o nome de François Dillois, quando não se cobria com a máscara de um nome respeitável. Mais tarde soubemos o que em vida houvera sido esse tal Dillois e, desde então, nada mais nos surpreendeu em sua linguagem. Todavia, no meio de todas essas extravagâncias, era fácil reconhecer um Espírito bom que lutava, fazendo de quando em quando ouvir algumas palavras boas para desmentir os absurdos do outro; havia, evidentemente, um combate, mas a luta era desigual; o moço estava de tal forma subjugado que sobre ele era impotente a voz da razão. O Espírito de seu pai fez-lhe escrever especialmente isso: "Sim, meu filho, coragem! Sofres uma rude prova que será para o teu bem, no futuro; infelizmente, neste momento, nada posso fazer para te libertar e isto me custa bastante. Vai ver Allan Kardec; escuta-o; ele te salvará."

Realmente, o Sr. F... veio procurar-me e contou-me sua história. Fiz com que escrevesse diante de mim e, desde logo reconheci a influência perniciosa sob a qual se achava submetido, seja pelas palavras, seja por certos sinais materiais que a experiência dá a conhecer e que não nos podem enganar. Voltou diversas vezes; empreguei toda a minha força de vontade para chamar os Espíritos bons por seu intermédio, toda a minha retórica para provar-lhe que era vítima de Espíritos detestáveis; que aquilo que escrevia não tinha o menor sentido e, além disso, era profundamente imoral. Para essa obra de caridade associei-me a um de meus companheiros mais devotados, o Sr. T..., e aos poucos conseguimos fazer com que escrevesse coisas sensatas. Tomou seu mau gênio em aversão, repelindo-o voluntariamente toda vez que tentava manifestar-se e, pouco a pouco, apenas os Espíritos bons prevaleceram. Para renunciar às suas ideias, e seguindo conselhos dos Espíritos, entregou-se completamente a um rude trabalho, que não lhe deixava tempo para ouvir as sugestões más. O próprio Dillois acabou por confessar-se vencido, exprimindo o desejo de melhorar-se numa nova existência; confessou o mal que tinha tentado fazer e deu demonstrações de arrependimento. A luta foi longa, penosa, e ofereceu particularidades realmente curiosas para o observador. Hoje, o Sr. F... sente-se libertado e é feliz; parece que se livrou de um fardo. Recuperou a alegria e nos agradece pelo serviço que lhe prestamos.

Algumas pessoas deploram que haja Espíritos maus. De fato, não é sem um certo desencanto que encontramos a perversidade neste mundo, onde só gostaríamos de encontrar seres perfeitos. Desde que as coisas são assim, nada podemos fazer: é preciso aceitá-las como são. É a nossa própria inferioridade que faz com que os Espíritos imperfeitos pululem à nossa volta; as coisas mudarão quando nos tornarmos melhores, como já ocorreu nos mundos mais adiantados. Enquanto esperamos, e considerando que nos achamos ainda nas regiões mais inferiores do universo moral, somos advertidos: cabe-nos, então, pôr-nos em guarda e não aceitar, sem controle, tudo quanto nos dizem os Espíritos. Ao esclarecer-nos, a experiência nos torna circunspectos. Ver e compreender o mal é uma maneira de nos preservarmos contra ele. Não haveria perigo muito maior em nos deixarmos iludir sobre a natureza dos Espíritos que nos rodeiam? O mesmo acontece aqui, onde estamos expostos diariamente à malevolência e às sugestões pérfidas; são outras tantas provas, às quais a nossa razão, a nossa consciência e o nosso julgamento nos fornecerão os meios de resistir. Quanto mais difícil for a luta, maior será o mérito do sucesso: "Quem vence sem perigo triunfa sem glória."

Essa história, que infelizmente não é a única do nosso conhecimento, levanta uma questão muito grave. Não terá sido, para esse rapaz, um aborrecimento muito grande o haver sido médium? Não foi essa faculdade a causa da obsessão de que foi vítima?

Numa palavra, não será uma prova do perigo das comunicações espíritas? Nossa resposta é fácil, e pedimos que nela meditem cuidadosamente.

Não foram os médiuns que criaram os Espíritos, já que estes sempre existiram e em todas as épocas têm exercido sua influência, salutar ou perniciosa, sobre os homens. Para isso, pois, não é necessário ser médium. Para eles a faculdade mediúnica nada mais é do que um meio de se manifestarem; na ausência de tal faculdade, eles o fazem de mil outras maneiras. Se esse moço não fosse médium, nem por isso deixaria de sofrer a influência desse Espírito mau que, sem dúvida, fá-lo-ia cometer extravagâncias que teriam atribuído a outras causas. Felizmente, para ele, a sua faculdade de médium permitiu ao Espírito que se comunicasse por palavras, e foi por estas que o Espírito se traiu; elas permitiram conhecer as raízes de um mal que poderia ter tido consequências funestas e que, como se viu, nós o destruímos por meios bem simples, bem racionais e sem exorcismos. A faculdade mediúnica permitiu ver o inimigo face a face, se assim nos podemos exprimir, e de o combater com suas próprias armas. Pode-se, pois, dizer com inteira certeza que foi ela que o salvou; quanto a nós, fomos apenas o médico que, tendo julgado a causa do mal, aplicou o remédio. Seria grave erro acreditar que os Espíritos somente exercem sua influência por meio de comunicações escritas ou verbais; essa influência se dá em todos os momentos e a ela, tanto quanto os outros, estão expostos aqueles que não creem nos Espíritos: estes, talvez, mais expostos ainda, pelo próprio fato de a ignorarem. A quantos atos, infelizmente, não somos impelidos, e que teriam sido evitados se tivéssemos tido um meio de nos esclarecermos! Os mais incrédulos não se dão conta de que dizem uma verdade quando afirmam, a propósito de um homem que se desencaminha com obstinação: É o seu mau gênio que o empurra para a perdição.

REGRA GERAL – Quem quer que obtenha más comunicações espíritas, escritas ou verbais, está submetido a uma má influência; tal influência se exerce sobre aquele que escreve ou não, isto é, seja ou não médium. A escrita proporciona um meio de nos assegurarmos da natureza dos Espíritos que agem sobre ele e de os combater, o que se faz ainda com maior sucesso quando conseguimos saber o motivo que os levam a agir. Se for bastante cego para não o compreender, outros poderão abrir-lhe os olhos. Aliás, precisa-se ser médium para escrever coisas absurdas? E quem garante que entre todas essas elucubrações ridículas ou perigosas não haverá algumas cujos autores são impelidos por Espíritos malévolos? Três quartas partes de nossas ações más e de nossos maus pensamentos representam o fruto dessa sugestão oculta.

Perguntarão se teríamos feito cessar a obsessão, caso o Sr. F... não fosse médium! Certamente; apenas os meios teriam diferido, conforme as circunstâncias; mas, então, os Espíritos não o teriam enviado a nós, como o fizeram, e é provável que a causa tivesse sido levada em consideração, desde que não havia manifestação espírita ostensiva. Todo homem de boa vontade, e que é simpático aos Espíritos bons, com o auxílio destes poderá sempre neutralizar a influência dos maus. Dizemos que deve ser simpático aos Espíritos bons, porque se ele próprio atrai os inferiores, é evidente que não se caça lobo com lobo.

Em resumo, o perigo não está propriamente no Espiritismo, visto que ele pode, ao contrário, servir de controle, preservando-nos daquilo a que somos arrastados, mau grado nosso; o perigo está na propensão de certos médiuns que, muito levianamente, se julgam instrumentos exclusivos dos Espíritos superiores, e na espécie de fascinação que não os deixa compreender as tolices de que são intérpretes. Mesmo aqueles que não são médiuns podem ser levados a isso. Encerraremos este capítulo com as seguintes considerações:

1º) Todo médium deve desconfiar da compulsão irresistível que o leva a escrever sem cessar e nos momentos mais inoportunos; deve ser senhor de si mesmo e escrever somente quando o desejar;

2º) Não dominamos os Espíritos superiores, nem mesmo os que, sem ser superiores, são bons e benévolos, mas podemos dominar e domar os Espíritos inferiores. Todo aquele que não é mestre de si não o poderá ser dos Espíritos;

3º) O único critério para discernirmos o valor dos Espíritos é o bom senso. Qualquer fórmula, dada a esse fim pelos próprios Espíritos, é absurda e não pode emanar de Espíritos superiores;

4º) Como os homens, os Espíritos são julgados pela sua linguagem. Toda expressão, todo pensamento, toda máxima, toda teoria moral ou científica que choque o bom senso ou não corresponda à ideia que fazemos de um Espírito puro e elevado procede de um Espírito mais ou menos inferior;

5º) Os Espíritos superiores têm sempre a mesma linguagem com a mesma pessoa e jamais se contradizem;

6º) Os Espíritos superiores são sempre bons e benevolentes; em seu palavreado jamais encontramos acrimônia, arrogância, aspereza, orgulho, fanfarronice ou a estólida presunção. Falam com simplicidade, aconselham e se retiram quando não são ouvidos.

7º) Não devemos julgar os Espíritos pela forma material, nem pela correção da linguagem, mas sondar-lhes o íntimo, perscrutar suas palavras, pesá-las friamente, maduramente e sem prevenção. Qualquer distanciamento do bom senso, da razão e da sabedoria não pode deixar dúvidas sobre sua origem, seja qual for o nome sob o qual se disfarce o Espírito;

8º) Os Espíritos inferiores temem os que lhes analisam as palavras, os que lhes desmascaram as torpezas e não se deixam envolver em seus sofismas; às vezes ensaiam levantar a cabeça, mas terminam sempre abandonando a presa quando se sentem mais fracos;

9º) Todo aquele que em tudo age visando ao bem eleva-se acima das vaidades humanas, expulsa do coração o egoísmo, o orgulho, a inveja, o ciúme e o ódio, perdoa os inimigos e põe em prática esta máxima do Cristo: "Fazei aos outros o que gostaríeis que fizessem a vós mesmos"; simpatiza com os Espíritos bons, ao passo que os maus o temem e dele se afastam.

Seguindo esses preceitos, estaremos garantidos contra as más comunicações, o domínio dos Espíritos impuros e, aproveitando tudo quanto nos ensinam os Espíritos verdadeiramente superiores, contribuiremos, cada um por sua parte, para o progresso moral da humanidade.

Emprego oficial do magnetismo animal

De Estocolmo escrevem ao *Journal des Débats*, a 10 de setembro de 1858:

> Infelizmente, não tenho nada de consolador a vos comunicar relativamente à enfermidade da qual padece o nosso soberano, há cerca de dois anos. Todos os tratamentos e remédios que os profissionais da área têm prescrito durante esse tempo não trouxeram nenhum alívio aos sofrimentos que arruínam a saúde do rei Oscar.[81] *Segundo o conselho de seus médicos*, o Sr. Klugenstiern, que desfruta de alguma reputação como magnetizador, foi chamado recentemente ao castelo de Drottningholm, onde continua a residir a família real, a fim de submeter o augusto doente a um tratamento regular de magnetismo. Aqui se acredita que, por uma coincidência bastante singular, a sede da doença do rei Oscar se acha estabelecida precisamente no mesmo local da cabeça em que se situa o cerebelo, como, infelizmente, parece também ser o caso do rei Frederico Guilherme IV, da Prússia.

Perguntamos se há 25 anos teriam os médicos ousado prescrever publicamente semelhante recurso, mesmo a um simples particular, quanto mais, e com mais forte razão, a uma cabeça coroada. Nessa época, todas as faculdades científicas e todos os jornais não

---

[81] N.E.: Oscar I (1799–1859), rei da Suécia e Noruega. Reinou de 8 de março de 1844 a 8 de julho de 1859.

dispunham de sarcasmos suficientes para denegrir o magnetismo e seus partidários. As coisas mudaram bastante neste curto espaço de tempo! Não somente já não se ri do magnetismo, mas ei-lo oficialmente reconhecido como agente terapêutico. Que lição para os que sorriem das ideias novas! Ela os fará compreender, finalmente, quão imprudente é se inscreverem em falso contra as coisas que não compreendem. Temos uma porção de livros escritos contra o magnetismo por homens em evidência. Não teriam feito melhor em calar-se e esperar? Então, como hoje para o Espiritismo, lhe opunham a opinião dos homens mais eminentes, mais esclarecidos e mais conscienciosos: nada lhes abalava o ceticismo. A seus olhos o magnetismo era apenas charlatanismo, indigno das pessoas sérias. Que ação poderia ter um agente oculto, movido pelo pensamento e pela vontade, cuja análise química não pode ser feita? Apressamo-nos a dizer que os médicos suecos não são os únicos a reconsiderar essa ideia estreita, e, por toda parte, na França como no estrangeiro, a opinião mudou completamente a esse respeito; e isso é tão verdadeiro que, quando se passa um fenômeno inexplicado, diz-se: é um efeito magnético. Encontra-se, pois, no magnetismo a razão de ser de uma porção de coisas antes atribuídas à imaginação, bastante cômoda para os que não sabem o que dizer.

O magnetismo haverá de curar o rei Oscar? Esta é outra questão. Sem dúvida já operou curas prodigiosas e inesperadas, mas tem seus limites, como tudo que existe na natureza. Aliás, é preciso levar em consideração o fato de que em geral não se recorre ao magnetismo senão *in extremis* e em desespero de causa, quando muitas vezes o mal já fez progressos irremediáveis ou foi agravado por uma medicação contraindicada. Quando triunfa de tais obstáculos, é necessário que seja muito poderoso!

Se a ação do fluido magnético é hoje um ponto geralmente admitido, o mesmo não se dá em relação às faculdades sonambúlicas, que ainda encontram muitos incrédulos no mundo oficial, sobretudo no que concerne às questões médicas. Todavia, deve-se convir que, sobre esse ponto, os preconceitos se enfraqueceram singularmente, mesmo entre os homens de ciência: temos a prova disso no grande número de médicos que fazem parte de todas as sociedades magnéticas, quer na França, quer no estrangeiro. De tal modo os fatos se vulgarizaram que foi preciso ceder à evidência e seguir a corrente, querendo ou não. Em breve acontecerá a mesma coisa com a lucidez intuitiva.

O Espiritismo liga-se ao magnetismo por laços íntimos, considerando-se que essas duas ciências são solidárias entre si. Quem, entretanto, acreditaria que fosse encontrar os seus mais obstinados inimigos entre certos magnetizadores, embora não contem esses com a oposição dos espíritas? Os Espíritos sempre preconizaram o magnetismo, seja como meio curativo, seja como causa primeira de uma porção de coisas; defendem sua causa e vêm prestar-lhe apoio contra os seus inimigos. Os fenômenos espíritas têm aberto os olhos de muitas pessoas que, ao mesmo tempo, aderem ao magnetismo. Não é bizarro constatar que os magnetizadores esquecem tão depressa o que sofreram dos preconceitos, negando a existência de seus defensores e contra eles atirando as mesmas flechas que outrora eram lançadas sobre si próprios? Isto não é nobre nem digno de homens para quem a natureza retira, mais que os outros, o direito de pronunciar o famoso *nec plus ultra*,[82] ao desvendar um de seus mais sublimes mistérios. Tudo prova, no rápido desenvolvimento do Espiritismo, que logo ele terá direito de cidadania. Enquanto espera, aplaude com todas as suas forças a posição que acaba de conquistar o magnetismo, como um sinal incontestável do progresso das ideias.

O magnetismo e o sonambulismo ensinados pela Igreja

Acabamos de ver o magnetismo reconhecido pela Medicina, mas eis uma outra adesão que, sob outro ponto de vista, é de importância não menos capital, visto ser uma prova do enfraquecimento dos preconceitos que as ideias mais sãs fazem

---

[82] N.E.: Expressão latina que significa "nada mais além", termo ou ponto que não se deve ultrapassar. Significa também "o que há de melhor".

desaparecer cada dia: a adesão da Igreja. Temos à vista um pequeno livro intitulado *Abrégé en forme de catéchisme*, do Curso Elementar de Instrução Cristã; para uso dos catecismos e das escolas cristãs, *pelo abade Marotte, vigário-geral do arcebispado de Verdun*; 1853. Esta obra, redigida sob a forma de perguntas e respostas, contém todos os princípios da doutrina cristã sobre o dogma, a História Sagrada, os mandamentos de Deus, os sacramentos etc. Num de seus capítulos sobre o primeiro mandamento, no qual são tratados os pecados que se opõem à religião, e após referir-se à superstição, à magia e aos sortilégios, lemos o seguinte:

P. Que é o magnetismo?

Resp. – É uma influência recíproca que às vezes se opera entre indivíduos, segundo uma harmonia de relações, seja pela vontade ou pela imaginação, seja pela sensibilidade física, e cujos principais fenômenos são a sonolência, o sonambulismo e um estado convulsivo.

P. Quais são os efeitos do magnetismo?

Resp. – Diz-se que o magnetismo produz ordinariamente dois efeitos principais: 1º – um estado de sonambulismo no qual o magnetizado, privado inteiramente do uso dos sentidos, vê, ouve, fala e responde a todas as perguntas que lhe são dirigidas; 2º – *uma inteligência e um saber que só existem na crise; conhece seu estado, os remédios convenientes às suas doenças, bem assim o que fazem certas pessoas mesmo afastadas.*

P. Em consciência, é permitido magnetizar ou se deixar magnetizar?

Resp. – 1º – Se, para a operação magnética, empregam-se meios, ou se por ela obtêm-se efeitos que supõem uma intervenção diabólica, trata-se de obra supersticiosa e jamais deve ser permitida; 2º – Dá-se o mesmo quando as comunicações magnéticas ofendem a modéstia; 3º – Supondo que se tenha o cuidado de afastar da prática do magnetismo todo abuso, todo perigo para a fé ou para os costumes, todo pacto com o demônio, é *duvidoso* que a ele seja *permitido* recorrer, como o fazemos com um remédio natural e útil.

Lamentamos que o autor tenha posto esse corretivo final, em contradição com o que o precede. Realmente, por que não seria permitido o uso de uma coisa reconhecidamente salutar, quando se afastam todos os inconvenientes assinalados em seu ponto de vista? É verdade que ele não exprime uma proibição formal, mas uma simples *dúvida* sobre a permissão. Seja como for, isto não se encontra num livro erudito, dogmático, somente para uso dos teólogos, mas num livro elementar, *para uso dos catecismos*; consequentemente, destinado à instrução religiosa das massas; não se trata absolutamente de uma opinião pessoal, mas de uma verdade consagrada e reconhecida que o magnetismo existe, que produz o sonambulismo, que o sonâmbulo goza de faculdades especiais, que no número dessas faculdades está a de ver sem o concurso dos olhos, mesmo a distância, de ouvir sem o auxílio dos ouvidos, de revelar conhecimentos que não possui em estado normal, de indicar remédios salutares. A qualidade do autor é aqui de grande peso. Não é um homem obscuro que fala, um simples padre a emitir sua opinião: trata-se de um vigário-geral que ensina. Nova derrota e nova advertência para os que julgam com muita precipitação.

O mal do medo

Problema fisiológico dirigido ao Espírito São Luís na Sociedade Parisiense de Estudos Espíritas, na sessão do dia 14 de setembro de 1858

Lemos no *Moniteur* do dia 26 de novembro de 1857:

Comunicam-nos o fato seguinte, que vem confirmar as observações que já fizeram sobre a influência do medo.

Ontem o Dr. F... voltava para casa, após ter visitado alguns clientes. Numa dessas excursões haviam-lhe entregue, como amostra, uma garrafa de excelente rum, vindo diretamente da Jamaica. O médico esqueceu no carro a preciosa garrafa. Lembrando-se algumas horas mais tarde, saiu para reavê-la; declarou ao chefe da estação que havia deixado em uma de suas carruagens uma garrafa de veneno muito violento e o exortou a prevenir os cocheiros para ficarem atentos e não fazerem uso daquele líquido mortal.

Mal o Dr. ... entrara em seu apartamento, vieram preveni-lo a toda pressa de que três cocheiros da estação vizinha padeciam dores horríveis nas entranhas. Teve grande dificuldade para tranquilizá-los e persuadi-los de que haviam bebido excelente rum e que sua indelicadeza não poderia ter consequências mais graves do que uma severa suspensão, infligida de imediato aos culpados.

1. São Luís poderia dar-nos uma explicação fisiológica dessa transformação das propriedades de uma substância inofensiva? Sabemos, pela ação magnética, que essa transformação pode ocorrer; no fato relatado acima, porém, não houve emissão de fluido magnético: somente a imaginação agiu, e não a vontade.

Resp. – Vosso raciocínio é bastante justo no que diz respeito à imaginação. Mas os Espíritos malévolos que induziram aqueles homens a cometerem esse ato inconveniente fizeram passar no sangue, na matéria, um arrepio de medo, que bem poderíeis chamar de arrepio magnético, o qual distende os nervos e produz uma sensação de frieza em certas regiões do corpo. Como sabeis, qualquer frio na região abdominal pode provocar cólicas. É, pois, um meio de punição que diverte os Espíritos que fizeram cometer o furto e, ao mesmo tempo, os leva a rir à custa daqueles a quem fizeram pecar. Em todos os casos, porém, a morte não aconteceria: há somente uma lição para os culpados e divertimento para os Espíritos leviano. Repetem a mesma coisa toda vez que a ocasião se lhes apresenta, chegando mesmo a procurá-la para sua satisfação. Podemos evitar isso — falo para vós — elevando-nos a Deus por meio de pensamentos menos materiais do que os que ocupavam o

Espírito daqueles homens. Os Espíritos malévolos adoram rir; acautelai-vos; aquele que julga dizer uma coisa agradável às pessoas que o cercam e diverte uma sociedade com suas brincadeiras ou atitudes, por vezes, se engana, o que frequentemente acontece, quando pensa que tudo isso vem de si próprio. Os Espíritos leviános que o rodeiam com ele se identificam e pouco a pouco o enganam a respeito de seus próprios pensamentos, o mesmo sucedendo com aqueles que o ouvem. Neste caso, pensais estar tratando com um homem de espírito, quando não passa de um ignorante. Descei em vós mesmos e julgai minhas palavras. Nem por isso os Espíritos são inimigos da alegria: às vezes também gostam de rir para vos ser agradáveis; mas cada coisa tem seu tempo.

OBSERVAÇÃO – Dizendo que não havia, no fato relatado, emissão de fluido magnético, talvez não nos tivéssemos expressado com exatidão. Aqui arriscamos uma mera suposição. Como dissemos, sabe-se que espécie de transformação das propriedades da matéria pode ser operada pela ação do fluido magnético dirigido pelo pensamento. Ora, pelo pensamento do médico, que queria fazer acreditar na existência de um tóxico, provocando nos ladrões as angústias do envenenamento, não poderíamos admitir tivesse ocorrido, embora a distância, uma espécie de magnetização do líquido, o qual teria adquirido propriedades novas, cuja ação se encontraria corroborada pelo estado moral dos indivíduos, tornados mais impressionáveis pelo medo? Essa teoria não destruiria a de São Luís sobre a intervenção dos Espíritos leviános em semelhante circunstância; sabemos que os Espíritos agem fisicamente por meios físicos; podem, pois, com vistas a realizar certos desígnios, servir-se daqueles que eles mesmos provocam ou que nós próprios lhes fornecemos, sem disso nos darmos conta.

Teoria do móvel de nossas ações

O Sr. R..., correspondente do Instituto de França e um dos membros mais eminentes da Sociedade Parisiense de Estudos Espíritas, desenvolveu as seguintes considerações na sessão do dia

14 de setembro, como corolário da teoria que acabava de ser dada a propósito do mal do medo, e que relatamos mais acima.

"Resulta de todas as comunicações que nos são dadas pelos Espíritos, que eles exercem uma influência direta sobre nossas ações, uns nos induzindo ao bem, outros ao mal. São Luís acaba de dizer-nos: 'Os Espíritos malévolos adoram rir; acautelai-vos; quem julga dizer uma coisa agradável àqueles que o cercam, divertindo uma sociedade com suas brincadeiras ou atitudes, por vezes, se engana, o que frequentemente acontece, quando pensa que tudo isso vem de si próprio. Os Espíritos levianos que o rodeiam com ele se identificam e pouco a pouco o enganam a respeito de seus próprios pensamentos, dando-se o mesmo com aqueles que o ouvem.' Disso se segue que aquilo que dizemos nem sempre vem de nós; que muitas vezes não somos, como os médiuns falantes, mais que intérpretes do pensamento de um Espírito estranho, que com o nosso se identificou. Os fatos vêm apoiar essa teoria, provando, também, que muito frequentemente nossos atos são a consequência desse pensamento que nos é sugerido. O homem que pratica o mal cede, pois, a uma sugestão quando é bastante fraco para não resistir e quando cerra os ouvidos à voz da consciência, que pode ser a sua própria voz ou a de um Espírito bom que, por seus avisos, combate a influência de um Espírito mau.

Segundo a doutrina vulgar, o homem tiraria de si mesmo todos os seus instintos. Proviriam esses instintos tanto de sua organização física, da qual não poderia ser responsável, quanto de sua própria natureza, na qual pode encontrar uma desculpa a seus próprios olhos, dizendo que não é culpa sua ter sido assim criado. A Doutrina Espírita, evidentemente, é mais moral; admite no homem o livre-arbítrio em toda a sua plenitude. Dizendo que se fizer o mal estará cedendo a uma má sugestão, deixa-lhe toda a responsabilidade, desde que lhe reconhece o poder de resistir, coisa evidentemente mais fácil do que se tivesse de lutar contra sua própria natureza. Assim, segundo a Doutrina Espírita, não há arrastamento irresistível: o homem pode sempre fechar os ouvidos à voz oculta que, em seu foro íntimo, o convida ao mal, da mesma forma que os pode fechar à voz material daquele que lhe fala; e o pode por sua vontade, pedindo a Deus a força necessária e reclamando, para isso, a assistência dos Espíritos bons. É o que Jesus nos ensina em sua sublime oração do *Pater*, quando nos faz dizer: *'Não nos deixeis cair em tentação, mas livrai-nos do mal."*

Quando tomamos para texto de uma de nossas perguntas a pequena anedota que acabamos de relatar, não imaginávamos os desdobramentos que iria ter. Estamos duplamente felizes pelas belas palavras que ela mereceu de São Luís e de nosso honrado colega. Se, desde muito tempo, não tivéssemos consciência da elevada capacidade deste último e de seus profundos conhecimentos em matéria de Espiritismo, seríamos tentados a crer que se deve a ele a aplicação daquela teoria, e que dele se serviu São Luís para completar o seu ensinamento. Vamos acrescentar nossas próprias reflexões:

Essa teoria da causa excitadora de nossos atos evidentemente ressalta de todo o ensino dado pelos Espíritos; não apenas é de sublime moralidade, mas ainda reabilita o homem aos seus próprios olhos; mostra-o livre para sacudir o jugo do obsessor, da mesma forma que também é livre para fechar sua casa aos importunos: já não se assemelha a uma máquina, agindo por um impulso independente da vontade; é um ser que raciocina, ouve, julga e escolhe livremente entre dois conselhos. Acrescentemos que, a despeito disto, o homem não está privado de sua iniciativa, não deixando de utilizá-la por movimento próprio, desde que, em última análise, nada mais é que um Espírito encarnado, conservando, sob o envoltório corporal, as qualidades e os defeitos que possuía como Espírito. As faltas que cometemos têm, pois, sua fonte primeira na imperfeição de nosso Espírito, que ainda não alcançou a superioridade moral que terá um dia, mas que, nem por isso, deixa de ter o seu livre-arbítrio; a vida corporal é-lhe concedida para se purgar das imperfeições por meio das provas que nela sofre, e são precisamente essas imperfeições que o tornam mais frágil e mais acessível às sugestões de outros Espíritos imperfeitos, que se aproveitam para tentar fazê-lo sucumbir na luta que empreende. Se sair vencedor, elevar-se-á; se fracassar, continuará o que era, nem pior, nem melhor: é uma prova a recomeçar, podendo durar, assim, muito tempo. Quanto mais se depurar, mais diminuirão seus lados fracos e menos se entregará àqueles que o instigam ao mal; sua força moral crescerá em razão de sua elevação, e os Espíritos maus se afastarão.

Quais são, pois, esses Espíritos maus? Serão aqueles que chamamos demônios? Não são demônios na acepção vulgar do termo, desde que por isso se entende uma classe de seres criados para o mal, e perpetuamente votados ao mal. Ora, dizem os Espíritos que todos melhoram num tempo mais ou menos longo, conforme sua vontade; porém, enquanto são imperfeitos, podem fazer o mal, assim como a água que, não purificada, pode espalhar miasmas pútridos e mórbidos. Na condição de Espíritos encarnados eles se depuram, desde que, para isso, façam aquilo que for necessário; como desencarnados, sofrem as consequências do que fizeram ou deixaram de fazer para se melhorarem, consequências que também experimentam quando estão na Terra, porquanto as vicissitudes da vida constituem, ao mesmo tempo, expiações e provas. Quando encarnados, todos os Espíritos, mais ou menos bons, constituem a espécie humana. Como nossa Terra é um dos mundos menos adiantados, aqui se encontram mais Espíritos maus do que bons; daí por que nela vemos tanta perversidade. Empreguemos, pois, todos os nossos esforços para não regressarmos a ela depois desta estação, e para merecermos habitar um mundo melhor, num desses orbes privilegiados onde o bem reina absoluto e onde não nos lembraremos de nossa passagem na Terra senão como um sonho mau.

Assassinato de cinco crianças por outra de doze anos

Problema moral

Lemos na *Gazette de Silésie*:

No dia 20 de outubro de 1857 escreveram-nos de Bolkenham que um crime apavorante acabara de ser cometido por um menino de

12 anos. Domingo passado, 25 do mês, três filhos do Sr. Hubner, fabricante de pregos, e dois do Sr. Fritche, sapateiro, brincavam juntos no jardim deste último. O jovem H..., conhecido por seu mau caráter, associou-se aos seus folguedos e os persuadiu a entrarem num baú, guardado numa casinha do jardim, e que servia ao sapateiro para levar suas mercadorias até a feira. As cinco crianças mal cabiam ali dentro, mas se comprimiram e se acomodaram, aos risos, umas sobre as outras. Tão logo haviam entrado, o monstro fechou o baú, sentou-se em cima e ficou três quartos de hora a ouvir, primeiro os seus gritos, depois os seus gemidos.

Finalmente, quando cessaram os estertores e ele os supôs mortos, abriu o baú; as crianças ainda respiravam. Tornou a fechá-lo, aferrolhou-o e foi brincar com papagaio de papel. Foi visto por uma menina quando saía do jardim. Compreende-se a ansiedade dos pais quando se deram conta do desaparecimento dos filhos e seu desespero ao encontrá-los no baú, após demoradas buscas. Uma das crianças ainda vivia, porém não tardou a expirar. Denunciado pela garota que o vira sair do jardim, o jovem H... confessou o crime com o maior sangue-frio e sem manifestar qualquer arrependimento. As cinco vítimas, um menino e quatro meninas de 4 a 9 anos, foram hoje sepultadas no mesmo local.

Observação – O Espírito interrogado é o da irmã do médium, morta aos 12 anos, mas que, como Espírito, sempre mostrou superioridade.

1. Ouvistes o relato que acabamos de ler, do assassinato de cinco crianças, cometido na Silésia por um menino de 12 anos?

Resp. – Sim; minha pena ainda exige que eu ouça as abominações da Terra.

2. Que motivo teria levado uma criança dessa idade a cometer uma ação tão atroz e com tanto sangue-frio?

Resp. – A maldade não tem idade; é ingênua na criança e raciocinada no homem adulto.

3. Quando a maldade existe numa criança que não raciocina, não denotará a encarnação de um Espírito muito inferior?

Resp. – Nesse caso, procede diretamente da perversidade do coração; é seu próprio Espírito que o domina e o impele à perversidade.

4. Qual poderia ter sido a existência anterior de semelhante Espírito?

Resp. – Horrível.

5. Em sua existência anterior ele pertencia à Terra ou a um mundo ainda mais atrasado?

Resp. – Não o vejo bem; contudo, devia pertencer a um orbe bem mais inferior do que a Terra: teve a *ousadia* de vir à Terra; por isso será duplamente punido.

6. Nessa idade tinha perfeita consciência do crime que cometia? Como Espírito, será responsabilizado por ele?

Resp. – Tinha a idade da consciência, e isso basta.

7. Visto que esse Espírito teve a *ousadia* de vir à Terra, que é muito elevada para ele, poderia ter sido constrangido a regressar a um mundo condizente com a sua natureza?

Resp. – Sua punição é justamente retrogradar; é o próprio inferno. É a punição de Lúcifer, do homem espiritual rebaixado até a matéria, isto é, o véu que, doravante, lhe ocultará os dons de Deus e sua divina proteção. Esforçai-vos, pois, para reconquistar esses bens perdidos; tereis reconquistado o paraíso que o Cristo nos veio abrir. É a presunção, é o orgulho do homem que queria conquistar o que somente Deus podia ter.

OBSERVAÇÃO – Uma observação é feita a propósito da palavra *ousadia*, de que se serviu o Espírito, bem como dos exemplos citados, que dizem respeito à situação dos Espíritos que se acharam em mundos muito elevados para eles e que foram obrigados a regressar a outro mais compatível com a sua natureza. A tal respeito, uma pessoa observou ter sido dito que os Espíritos não podem regredir. Com efeito, os Espíritos realmente não podem retrogradar, no sentido de que não é possível perder o que adquiriram em ciência e em moralidade, mas podem decair em posição. Um homem que usurpa uma posição superior à que lhe conferem suas capacidades ou sua fortuna pode ser constrangido a abandoná-la e a voltar à sua posição natural; ora, não é isso que se pode chamar decair, pois que ele apenas retorna à sua esfera, de onde havia saído por ambição e orgulho. Ocorre a mesma coisa em relação aos Espíritos que querem se elevar muito depressa em mundos onde se acham deslocados.

Os Espíritos superiores também podem encarnar em mundos inferiores, para cumprir uma missão de progresso, e a isso não se pode chamar de regressão, porque é devotamento.

8. Em que a Terra é superior ao mundo ao qual pertencia o Espírito de quem acabamos de falar?

Resp. – Nele há uma fraca ideia de justiça: é um começo de progresso.

9. Disso resulta não haver, em mundos inferiores à Terra, nenhuma ideia de justiça?

Resp. – Não; os homens ali vivem apenas para si e não têm por móvel senão a satisfação das paixões e dos instintos.

10. Qual será a posição desse Espírito numa nova existência?

Resp. – Se o arrependimento vier apagar, se não inteiramente, mas pelo menos em parte, a enormidade de suas faltas, então ficará na Terra; se, ao contrário, persistir no que chamais de impenitência final, irá para um lugar onde o homem se nivela com os animais.

11. Dessa forma, pode encontrar na Terra os meios de expiar suas faltas sem ser obrigado a regressar a um mundo inferior?

Resp. – O arrependimento é sagrado aos olhos de Deus, porquanto é o homem que a si mesmo se julga, o que é raro no vosso planeta.

Questões de Espiritismo legal

Tomamos o fato seguinte do *Courrier du Palais*, que o Sr. Frédéric Thomas, advogado na Corte Imperial, publicou na *Presse* do dia 2 de agosto de 1858. Citamos textualmente para não descolorir a narração do espirituoso escritor. Nossos leitores facilmente se darão conta da forma leve que, tão agradavelmente, ele sabe dar às coisas mais sérias. Após relatar várias delas, acrescenta:

> Temos um processo bem mais estranho que aquele para vos oferecer em uma próxima perspectiva: já o vemos despontar no horizonte, no horizonte do sul; mas onde pretende chegar? Escrevem-nos que os ferros já estão no fogo, mas essa garantia não é suficiente. Eis do que se trata:

> Um parisiense leu num jornal que um velho castelo estava à venda nos Pireneus: comprou-o e desde os primeiros dias da primavera lá se foi instalar com seus amigos. Jantaram alegremente, depois foram deitar-se, mais alegres ainda. Restava passar a noite: noite num velho castelo perdido na montanha. No dia seguinte todos os convidados se levantaram de olhos desvairados e fisionomias sobressaltadas; foram encontrar seu hospedeiro e todos lhe fizeram a mesma pergunta, com ar misterioso e lúgubre: Nada vistes esta noite?

> O proprietário não respondeu, tão apavorado também se achava, limitando-se a fazer um sinal afirmativo com a cabeça.

> Então confiaram uns aos outros as impressões da noite: um ouvira vozes lamentosas; outro, ruído de correntes; este viu mover-se a tapeçaria; aquele, uma arca que o saudava; vários sentiram

morcegos gigantescos a lhes pousarem no peito: era um castelo da Dama Branca. Os domésticos declararam que, como ao arrendatário Dickson, os fantasmas lhes haviam puxado os pés. O que mais ainda? As camas passeavam, as campainhas tocavam sozinhas e palavras fulgurantes sulcavam velhas lareiras.

Decididamente esse castelo não era habitável: os mais amedrontados fugiram imediatamente, enquanto os mais corajosos desafiaram a prova de uma segunda noite.

Até meia-noite tudo correu bem; porém, quando o relógio da torre norte lançou no espaço os seus 12 soluços, as aparições e os ruídos logo recomeçaram; de todos os cantos surgiam fantasmas, monstros de olhos de fogo, dentes de crocodilo e asas felpudas: tudo isso gritava, saltava, rangia e fazia uma algazarra do inferno.

Impossível resistir a essa segunda experiência. Dessa vez todo mundo deixou o castelo e hoje o proprietário quer mover uma ação por perdas e danos.

Que estranho processo, esse! E que triunfo para o Sr. Home, grande evocador de Espíritos! Será nomeado perito nesses assuntos? Seja como for, já que nada há de novo sob o sol da justiça, esse processo, que talvez julgarão uma novidade, não passará de uma velharia: há outro pendente que, nem por ter 263 anos, deixa de ser menos curioso.

Assim, no ano da graça de 1595, perante o senescal de Guienne, um locatário chamado Jean Latapy demandou contra seu proprietário, Robert de Vigne. Alegava o primeiro que a velha casa que de Vigne lhe havia alugado, situada numa antiga rua de Bordeaux, não era habitável, tendo sido obrigado a deixá-la e acionando em seguida a justiça para que se pronunciasse acerca da rescisão do contrato.

Por quais motivos? Latapy os declina muito ingenuamente em suas conclusões.

Porque havia encontrado a casa infestada de Espíritos, que ora se apresentavam sob forma de crianças, ora sob outras formas terríveis e apavorantes, e que oprimiam e inquietavam as pessoas, remexiam os móveis, provocavam ruídos e algazarras por todos os lados e, com força e violência, derrubavam das camas aqueles que nelas repousavam.

De Vigne opôs-se energicamente à rescisão do contrato. "Depreciais injustamente minha casa", dizia ele a Latapy; "provavelmente não tendes senão o que mereceis e, longe de me censurar, deveríeis, ao contrário, agradecer-me, porquanto vos faço ganhar o paraíso".

Eis como o advogado do proprietário estabelecia essa singular proposição: "Se os Espíritos vêm atormentar Latapy e afligi-lo com a permissão de Deus, deve ele suportar a justa pena e, como São Jerônimo, dizer: *Quidquid patimur nostris peccatis meremur*,[83] e não voltar-se contra o proprietário, que é de todo inocente; pelo contrário: deveria ser grato àquele que assim lhe forneceu os elementos para se salvar neste mundo das punições que, por seu demérito, o aguardavam no outro."

Para ser coerente, o advogado deveria ter pedido a Latapy que pagasse uma certa indenização a De Vigne pelo serviço prestado. Um lugar no paraíso não vale o seu peso em ouro? Mas, generoso, o proprietário se contentava com a improcedência da ação, uma vez que, antes de intentá-la, Latapy deveria ter começado a combater e expulsar os Espíritos pelos meios que *Deus e a natureza nos concederam*.

Por que não utilizara o loureiro?, exclamou o advogado do proprietário; por que não se servira da arruda ou do sal crepitante nas chamas e carvões ardentes, das penas de poupa e da composição da erva chamada *aerolus vetulus*, que contém ruibarbo, vinho branco, sal suspenso à porta de entrada, couro de testa de hiena e fel de cachorro, que

---

[83] N.E.: Tudo aquilo a que estamos expostos merecemos por nossos pecados.

dizem ser de uma virtude maravilhosa para expulsar os demônios? Por que não usara a erva *môly*,[84] que Mercúrio dera a Ulisses, que dela se serviu como antídoto contra os encantos de Circe?...

É evidente que o locatário Latapy havia faltado a todos os seus deveres, ao não lançar *sal crepitante* nas chamas e ao não fazer uso de fel de cachorro e de algumas penas de poupa. Mas, como fora obrigado a obter também *couro de testa de hiena*, o senescal de Bordeaux achou que esse ingrediente não era tão comum para que Latapy não fosse desculpado por haver deixado em paz as hienas, ordenando, em consequência, a rescisão do contrato de arrendamento.

Em tudo isso, vedes que nem o proprietário, nem o locatário e nem os juízes puseram em dúvida a existência e as *algazarras* dos Espíritos. Pareceria, pois, que desde mais de dois séculos os homens já eram quase tão crédulos quanto hoje; nós, porém, os ultrapassamos em credulidade: está na ordem do dia. É preciso absolutamente que a civilização e o progresso se mostrem em algum lugar.

Do ponto de vista legal, e abstração feita dos acessórios com que a enfeitou o narrador, essa questão não deixa de ter o seu lado embaraçoso, pois a lei não previu o caso em que os Espíritos barulhentos tornariam uma casa inabitável. É um vício redibitório? Em nossa opinião há prós e contras: vai depender das circunstâncias. Primeiro trata-se de examinar se o barulho era sério ou se não foi simulado por um interesse qualquer, questão prévia e de boa-fé que prejulga todas as outras. Admitindo os fatos como reais, é preciso saber se foram de natureza a perturbar o repouso. Se se passassem, por exemplo, coisas como as que se deram em Bergzabern,[85] é evidente que a posição não seria sustentável. O pai Senger suportou tudo isso porque os fatos ocorreram em sua própria casa e não podia

---

[84] N.E.: É uma erva considerada mágica, mítica, de raiz negra e flores brancas. Segundo a etimologia popular, seu nome estaria relacionado ao verbo *mólyein*, "embotar", "relaxar", "enfraquecer", "amolecer", "esgotar", ou seja, *môly* é o antídoto que torna ineficazes todos os venenos.

[85] Nota de Allan Kardec: Ver os números de maio, junho e julho da *Revista Espírita*.

agir de outro modo, mas de forma alguma um estranho se conformaria em viver numa casa onde constantemente se ouviam ruídos ensurdecedores, os móveis eram revirados e derrubados, as portas e janelas abriam-se e se fechavam sem qualquer motivo, os objetos eram lançados às cabeças das pessoas por mãos invisíveis etc. Parece incontestável que, em semelhante circunstância, haveria motivo para reclamação e que, em bom direito, tal contrato não teria validade se os fatos houvessem sido dissimulados. Assim, em tese geral, o processo de 1595 parece ter sido bem julgado; há, porém, uma importante questão subsidiária a esclarecer e somente a ciência espírita poderia levantá-la e resolvê-la.

Sabemos que as manifestações espontâneas dos Espíritos podem ocorrer sem um fim determinado e sem ser dirigidas contra tal ou qual indivíduo; que há, efetivamente, lugares assombrados por Espíritos batedores que, parece, os teriam escolhido para fixar domicílio, e contra os quais todas as conjurações empregadas fracassaram. Digamos, entre parênteses, que há meios eficazes de nos desembaraçarmos deles; entretanto, esses meios não consistem na intervenção de pessoas conhecidas para produzir à vontade semelhantes fenômenos, porque os Espíritos que estão às suas ordens são exatamente da mesma natureza dos que queremos expulsar. Longe de os afastar, sua presença não poderia senão atrair outros. Sabemos também que em uma porção de casos essas manifestações são dirigidas contra certas pessoas, como em Bergzabern, por exemplo. Os fatos provaram que a família, principalmente a jovem Philippine, era seu objetivo direto, de tal sorte que estamos convencidos de que se essa família abandonasse a sua residência, os novos moradores nada teriam a temer; com ela a família levaria suas tribulações para o novo domicílio. O ponto a examinar numa questão legal seria, pois, este: as manifestações ocorriam antes ou somente depois da entrada do novo proprietário? Neste último caso, torna-se evidente que este é que teria levado os Espíritos perturbadores, cabendo-lhe inteira responsabilidade; se, ao contrário, as perturbações já ocorriam anteriormente e de maneira persistente, é que elas se prendiam ao próprio local e, assim, a responsabilidade seria do vendedor. O advogado do proprietário raciocinava com a primeira hipótese, não deixando de ser lógica a sua argumentação. Resta saber se o locatário tinha levado consigo esses hóspedes importunos, mas isso o processo não esclarece.

Quanto ao processo atualmente pendente, acreditamos que o melhor meio de fazer boa justiça seria proceder às constatações que acabamos de falar. Se elas conduzirem à prova da anterioridade das manifestações, e se esse fato foi dissimulado pelo vendedor, trata-se de mais um caso em que o comprador foi enganado a respeito da qualidade da coisa vendida. Ora, manter o contrato em semelhante condição talvez seja prejudicar o adquirente pela depreciação do imóvel; é, pelo menos, causar-lhe um prejuízo notável, constrangendo-o a guardar uma coisa de que não poderá mais fazer uso. É como se houvesse adquirido um cavalo cego que fizeram passar por sadio. Seja como for, o julgamento em questão deve ter consequências graves; quer seja o contrato rescindido, quer seja mantido por falta de provas suficientes, é igualmente reconhecer a existência do fato das manifestações. Repelir a proposta do adquirente, sob argumento de que se baseia numa ideia ridícula, é expor-se a receber, cedo ou tarde, um desmentido da experiência, como já ocorreu com os homens mais esclarecidos, por se haverem apressado a negar as coisas que não compreendiam. Se podemos censurar nossos ancestrais por excessiva credulidade, sem dúvida nossos descendentes nos reprovarão por havermos pecado pelo excesso contrário.

Enquanto aguardamos, eis o que acaba de se passar sob nossos olhos, cuja realidade chegamos mesmo a constatar. Vejamos a crônica da *Patrie*, de 4 de setembro de 1858:

> A rua du Bac está em grande confusão. Ocorrem ainda por ali algumas diabruras!
>
> A casa, que leva o número 65, compõe-se de dois prédios; o que dá para a rua tem duas escadas que se defrontam.
>
> Há uma semana, a qualquer hora do dia ou da noite, nos dois pavimentos dessa casa, as campainhas agitam-se e tilintam com violência; quando vão abrir a porta, não há ninguém à entrada.

Primeiramente acreditou-se numa brincadeira de mau gosto, e cada um se pôs a observar para descobrir o autor. Um dos locatários teve o cuidado de despolir um vidro de sua cozinha para espiar. Enquanto vigiava com mais atenção, sua campainha foi sacudida; pôs o olho no postigo: ninguém! Correu à escadaria: ninguém!

Voltou para casa e tirou o cordão da campainha. Uma hora depois, quando pensava haver triunfado, a campainha pôs-se a repicar de forma mais bela ainda. Mirou-a, permanecendo mudo e consternado.

Em outras portas, os cordões das campainhas estavam torcidos e amarrados como serpentes feridas. Procuraram uma explicação e chamaram a polícia. Que mistério era esse? Ainda o ignoram.

Fenômenos de aparição

O *Constitutionnel* e a *Patrie* narraram há algum tempo o fato seguinte, de acordo com jornais dos Estados Unidos:

A pequena cidade de Liechtfield, no Kentucky, conta com numerosos adeptos da doutrina do espiritualismo magnético. Um fato incrível, que ali acaba de se passar, por certo não contribuirá pouco para aumentar o número de partidários dessa nova religião.

A família Park, composta dos pais e de três filhos que já se encontram na idade da razão, era fortemente imbuída das crenças espiritualistas. Ao contrário, a Srta. Harris, irmã da Sra. Park, não punha nenhuma fé nos prodígios sobrenaturais com os quais os parentes se entretinham incessantemente. Para a família inteira, isso era um verdadeiro motivo de desgosto e, por mais de uma vez, a boa harmonia entre as duas irmãs foi perturbada.

Há alguns dias, a Sra. Park foi acometida repentinamente de um mal súbito que, desde logo, os médicos declararam não poder debelar. A paciente era vítima de alucinações, e uma febre terrível constantemente a atormentava. A Srta. Harris passava as noites em claro. No quarto dia de sua doença, a Sra. Park levantou-se subitamente da cama, pediu água e começou a conversar com a irmã. Circunstância singular, a febre a havia deixado de repente, o pulso estava regular, exprimia-se com grande facilidade e a Srta. Harris, toda feliz, julgou que a irmã estava fora de perigo.

Depois de haver falado de seu marido e dos filhos, a Sra. Park se aproximou ainda mais da irmã, dizendo-lhe:

"Pobre irmã, vou deixar-te; sinto que a morte se aproxima. Mas, pelo menos, minha partida deste mundo servirá para te convencer. Morrerei dentro de uma hora e serei enterrada amanhã. Evita com muito cuidado não seguir meu corpo ao cemitério, porquanto meu Espírito, ainda revestido de seus despojos mortais, aparecer-te-á uma vez mais, antes que meu caixão seja recoberto de terra. Acreditarás, finalmente, no espiritualismo".

Após ter acabado de dizer essas palavras, a doente deitou-se tranquilamente. Uma hora mais tarde, porém, como o havia anunciado, a Srta. Harris percebeu dolorosamente que o coração da enferma cessara de bater.

Vivamente emocionada pela surpreendente coincidência existente entre esse acontecimento e as proféticas palavras da defunta, decidiu seguir a ordem que lhe havia sido dada e, no dia seguinte, ficou sozinha em casa, enquanto todo mundo tomou o caminho do cemitério.

Depois de haver fechado as persianas da câmara mortuária, sentou-se numa poltrona, perto do leito de onde acabara de sair o corpo da irmã.

"Apenas decorridos cinco minutos" — contou mais tarde a Srta. Harris — "vi como que uma nuvem branca a se destacar no fundo do apartamento. Pouco a pouco essa forma se desenhou melhor: era a de uma mulher semivelada; aproximou-se de mim lentamente; discerni o ruído de passos leves no assoalho; por fim meus olhos, espantados, se acharam em presença de minha irmã...

"Seu rosto, longe de possuir essa palidez mate que nos mortos impressiona tão desagradavelmente, era radioso; suas mãos, cuja pressão logo senti sobre as minhas, tinham conservado todo o calor da vida. Fui como que transportada a uma nova esfera por essa maravilhosa aparição. Acreditando já fazer parte do mundo dos Espíritos, apalpei meu peito e a cabeça para assegurar-me de minha existência, mas nada havia de penoso nesse êxtase.

"Depois de ter ficado assim em minha frente, sorrindo, mas calada, durante cerca de alguns minutos, minha irmã, parecendo fazer um esforço inaudito, disse-me com voz suave:

"— Devo partir: meu anjo condutor espera-me. Adeus! Cumpri minha promessa. Crê e espera!"

O jornal — acrescenta a *Patrie* —, do qual extraímos esse maravilhoso relato, não disse se a Srta. Harris se converteu à doutrina espiritualista. Entretanto, supomos que sim, desde que muitas pessoas se teriam deixado convencer por muito menos.

Por nossa conta acrescentamos que esse relato nada contém que deva espantar os que estudaram os efeitos e as causas dos fenômenos espíritas. Os fatos autênticos desse gênero são bastante numerosos e encontram sua explicação naquilo que dissemos a respeito, em várias circunstâncias; teremos ocasião de os citar, e vindos de bem menos longe que este.

ALLAN KARDEC

Revista Espírita
Jornal de estudos psicológicos
Ano I   Novembro de 1858   Nº 11

Polêmica espírita

Várias vezes já nos perguntaram por que não respondemos, em nosso jornal, aos ataques de certas folhas, dirigidos contra o Espiritismo em geral, contra seus partidários e, por vezes, contra nós. Acreditamos que o silêncio, em certos casos, é a melhor resposta. Aliás, há um gênero de polêmica do qual tomamos por norma nos abstermos: é aquela que pode degenerar em personalismo; não somente ela nos repugna, como nos tomaria um tempo que podemos empregar mais utilmente, o que seria muito pouco interessante para os nossos leitores, que assinam a revista para se instruírem, e não para ouvirem diatribes mais ou menos espirituosas. Ora, uma vez engajado nesse caminho, difícil seria dele sair, razão por que preferimos nele não entrar, com o que o Espiritismo só tem a ganhar em dignidade. Até agora só temos que aplaudir a nossa moderação, da qual não nos desviaremos, e jamais daremos satisfação aos amantes do escândalo.

Entretanto, há polêmica e polêmica; uma há, diante da qual jamais recuaremos: é a discussão séria dos princípios que professamos. Todavia, mesmo aqui há uma importante distinção a fazer; se se trata apenas de ataques gerais, dirigidos contra a Doutrina, sem um fim determinado, além do de criticar, e se partem de pessoas que rejeitam de antemão tudo quanto não compreendem, não merecem maior atenção; o terreno ganho diariamente pelo Espiritismo é uma resposta suficientemente peremptória e que lhes deve provar que seus sarcasmos não têm produzido grande efeito; também notamos que os gracejos intermináveis de que até pouco tempo eram vítimas os partidários da Doutrina pouco a pouco se extinguem. Perguntamos se há motivos para rir quando vemos as ideias novas adotadas por tantas pessoas eminentes; alguns não riem senão com desprezo e pela força do hábito, enquanto muitos outros absolutamente não riem mais e esperam.

Notemos ainda que, entre os críticos, há muitas pessoas que falam sem conhecimento de causa, sem se darem ao trabalho de a aprofundar. Para lhes responder seria necessário recomeçar incessantemente as mais elementares explicações e repetir aquilo que já escrevemos, providência que julgamos inútil. Já o mesmo não acontece com os que estudaram, mas nem tudo compreenderam, com os que querem seriamente esclarecer-se e com os que levantam objeções de boa-fé e com conhecimento de causa; nesse terreno aceitamos a controvérsia, sem nos gabarmos de resolver todas as dificuldades, o que seria muita presunção de nossa parte. A ciência espírita dá os seus primeiros passos e ainda não nos revelou todos os seus segredos, por maiores sejam as maravilhas que nos tenha desvendado. Qual a ciência que não tem ainda fatos misteriosos e inexplicados? Confessamos, pois, sem nos envergonharmos, nossa insuficiência sobre todos os pontos que ainda não nos é possível explicar. Assim, longe de repelir as objeções e os questionamentos, nós os solicitamos, contanto que não sejam ociosos, nem nos façam perder o tempo com futilidade, pois que representam um meio de nos esclarecermos.

É a isso que chamamos polêmica útil, e o será sempre quando ocorrer entre pessoas sérias que se respeitam bastante para não se afastarem das conveniências. Podemos pensar de modo diverso sem, por isso, deixar de nos estimarmos. Afinal de contas, o que buscamos todos nessa tão palpitante e fecunda questão do Espiritismo? O nosso esclarecimento. Antes de mais, buscamos a luz, venha de onde vier; e, se externamos a nossa maneira de ver, trata-se apenas da nossa maneira de ver, e não de uma opinião pessoal que pretendamos impor aos outros; entregamo-la à discussão, estando prontos para a ela renunciar se demonstrarem que laboramos em erro. Essa polêmica nós a sustentamos todos os dias em nossa *Revista*, por meio das respostas ou das refutações coletivas que tivemos ocasião de apresentar, a propósito desse ou daquele artigo, e aqueles que nos honram com as suas cartas encontrarão sempre a resposta ao que nos perguntam, quando não a podemos dar individualmente por escrito, uma vez que nosso tempo material nem sempre o permite. Suas perguntas e objeções igualmente são objeto de estudos, de que nos servimos pessoalmente, sentindo-nos felizes por fazer com que nossos leitores os aproveitem, tratando-os à medida que as circunstâncias apresentam os fatos que possam ter relação com eles. Também sentimos prazer em dar explicações verbais às pessoas que nos honram com a sua visita e nas conferências assinaladas por recíproca benevolência, nas quais nos esclarecemos mutuamente.

Pluralidade das existências corpóreas[86]

(Primeiro artigo)

Das diversas doutrinas professadas pelo Espiritismo, a mais controvertida, sem dúvida, é a da pluralidade das existências corporais, também chamada de reencarnação. Embora essa opinião seja agora partilhada por grande número de pessoas, e que por nós já tenha sido tratada em diversas ocasiões, acreditamos ser um dever nosso, em razão de sua extrema gravidade, examiná-la aqui de maneira mais aprofundada, a fim de responder às inúmeras objeções que ela tem suscitado. Antes de entrar a fundo na questão, algumas observações preliminares se nos parecem indispensáveis.

Não é novo, dizem alguns, o dogma da reencarnação; ressuscitaram-no da doutrina de Pitágoras. Nunca dissemos ser de

---

[86] N.T.: *Vide O livro dos espíritos*, Livro segundo, q. 222.

invenção moderna a Doutrina Espírita. Constituindo uma Lei da natureza, o Espiritismo há de ter existido desde a origem dos tempos e sempre nos esforçamos por demonstrar que dele se descobrem sinais na antiguidade mais remota. Pitágoras, como se sabe, não foi o autor do sistema da metempsicose; ele o colheu dos filósofos indianos e dos egípcios, que o tinham desde tempos imemoriais. A ideia da transmigração das almas formava, pois, uma crença vulgar, aceita pelos homens mais eminentes. De que modo a adquiriram? Por uma revelação ou por intuição? Ignoramo-lo. Seja como for, o que não padece dúvida é que uma ideia não atravessa séculos e séculos, nem consegue impor-se a inteligências de escol, se não contiver algo de sério. Assim, a ancianidade dessa doutrina, em vez de ser uma objeção, seria prova a seu favor. Contudo, entre a metempsicose dos Antigos e a moderna doutrina da reencarnação, há, como também se sabe, profunda diferença, assinalada pelo fato de os Espíritos rejeitarem, de maneira absoluta, a transmigração da alma do homem para os animais e reciprocamente.

Sem dúvida, dizem alguns contraditores, estáveis imbuídos dessas ideias, razão por que os Espíritos se apegaram à vossa maneira de ver. Eis aí um erro que prova, uma vez mais, o perigo dos julgamentos precipitados e sem exame. Se, antes de julgar, tivessem tais pessoas se dado ao trabalho de ler o que escrevemos sobre o Espiritismo, ter-se-iam poupado de levantarem objeções com tanta leviandade. Repetiremos, pois, o que a esse respeito já dissemos.

Quando a doutrina da reencarnação nos foi ensinada pelos Espíritos, estava tão distante do nosso pensamento que, sobre os antecedentes da alma, havíamos construído um sistema completamente diferente, partilhado, aliás, por muitas pessoas. Sob esse aspecto, portanto, a Doutrina dos Espíritos nos surpreendeu profundamente; diremos mais: contrariou-nos, porquanto derrubou as nossas próprias ideias. Como se pode ver, estava longe de refleti-las. Mas isso não é tudo: nós não cedemos ao primeiro choque; combatemos, defendemos nossa opinião, levantamos objeções e só nos rendemos à evidência quando percebemos a insuficiência de nosso sistema para resolver todas as dificuldades levantadas por essa questão.

Novembro de 1858

Aos olhos de algumas pessoas o vocábulo *evidência* parecerá, sem dúvida, singular em semelhante matéria; não será, entretanto, impróprio aos que estão habituados a perscrutar os fenômenos espíritas. Para o observador atento há fatos que, embora não sejam de natureza absolutamente material, nem por isso deixam de constituir verdadeira evidência, pelo menos do ponto de vista moral. Não é aqui o lugar de explicar esses fatos; somente um estudo seguido e perseverante pode dá-los a compreender; nosso fim era somente refutar a ideia de que essa doutrina é a tradução do nosso pensamento. Temos, ainda, outra refutação a opor: é que não somente a nós ela foi ensinada; foi também ensinada em muitos outros lugares, na França e no estrangeiro: na Alemanha, na Holanda, na Rússia etc., e isso antes mesmo da publicação de *O livro dos espíritos*. Acrescentamos, ainda, que, desde que nos entregamos ao estudo do Espiritismo, obtivemos comunicações por meio de mais de cinquenta médiuns escreventes, falantes, videntes etc., mais ou menos esclarecidos, de inteligência normal mais ou menos limitada, alguns até mesmo completamente analfabetos e, em consequência, absolutamente estranhos às matérias filosóficas; não obstante, em nenhum caso os Espíritos se desmentiram sobre essa questão. Dá-se o mesmo em todos os círculos que conhecemos, onde tal princípio é confessado. Bem sabemos que esse argumento não é irretorquível, razão por que não insistiremos mais a não ser pelo raciocínio.

Examinemos de outro ponto de vista a matéria e, fazendo abstração de qualquer intervenção dos Espíritos, deixemo-los de lado por enquanto. Suponhamos que esta teoria nada tenha a ver com eles; suponhamos mesmo que jamais se haja cogitado de Espíritos. Coloquemo-nos, momentaneamente, num terreno neutro, admitindo o mesmo grau de probabilidade para ambas as hipóteses, isto é, a da pluralidade e a da unicidade das existências corpóreas, e vejamos para que lado a razão e o nosso próprio interesse nos farão pender.

Muitos repelem a ideia da reencarnação pelo só motivo de ela não lhes convir. Dizem que uma existência já lhes chega de sobra e que, portanto, não desejariam recomeçar outra semelhante. De alguns sabemos que saltam em fúria só com o pensarem que tenham de voltar à Terra. Perguntar-lhes-emos apenas se imaginam que Deus lhes pediu o parecer ou consultou seus gostos para regular o universo. Uma de duas: ou a reencarnação existe ou não existe; se existe, nada importa que os contrarie; terão de sofrê-la, sem que para isso lhes peça Deus permissão. Assemelham-se, os que assim falam, a um doente que diz: "Sofri hoje bastante, não quero sofrer mais amanhã." Qualquer que seja o seu mau humor, nem por isso terá de sofrer menos no dia seguinte, nem nos que se sucederem, até que se ache curado. Conseguintemente, se os que de tal maneira se externam tiverem que viver de novo, corporalmente, tornarão a viver, reencarnarão. De nada lhes adiantará que se rebelem, quais crianças que não querem ir para o colégio, ou condenados, para a prisão. Passarão pelo que têm de passar. São demasiado pueris semelhantes objeções para merecerem mais seriamente examinadas. Diremos, todavia, aos que as formulam que se tranquilizem, que a Doutrina Espírita, no tocante à reencarnação, não é tão terrível como a julgam; que, se a tivessem estudado a fundo, não se mostrariam tão horrorizados; saberiam que deles dependem as condições da nova existência, que será feliz ou desgraçada, conforme ao que tiverem feito neste mundo; *que desde agora poderão elevar-se tão alto que nova queda no lodaçal não lhes seja mais de temer.*

Supomos dirigir-nos a pessoas que acreditam num futuro depois da morte e não aos que criam para si a perspectiva do nada, ou pretendem que suas almas se vão afogar num todo universal, onde perdem a individualidade, como os pingos da chuva no oceano, o que vem a dar quase no mesmo. Ora pois: se credes num futuro qualquer, por certo não admitis que ele seja idêntico para todos, porquanto, de outro lado, qual a utilidade do bem? Por que haveria o homem de constranger-se? Por que deixaria de satisfazer a todas as suas paixões, a todos os seus desejos, embora à custa de outrem, uma vez que por isso não ficaria sendo melhor nem pior? Credes, ao contrário, que esse futuro será mais ou menos ditoso ou inditoso, conforme ao que houverdes feito durante a vida e então desejais que seja tão afortunado quanto possível, visto que há de durar pela eternidade, não? Mas, porventura, teríeis a pretensão de ser dos homens mais perfeitos que hajam existido na Terra e, pois, com direito a alcançardes, de um salto, a suprema felicidade dos eleitos? Não. Admitis então que há homens de valor maior do que o vosso e com direito a um lugar melhor, sem daí resultar que vos conteis entre os réprobos. Pois bem! Colocai-vos mentalmente, por um instante, nessa situação intermédia, que será a vossa, como acabastes de reconhecer, e imaginai que alguém vos venha dizer: "Sofreis; não sois tão feliz quanto poderíeis ser, ao passo que diante de vós existem seres que gozam de completa ventura. Quereis mudar na deles a vossa posição?" — "Certamente" — respondereis —, "que devemos fazer?" — "Quase nada: recomeçar o trabalho mal executado e executá-lo melhor." Hesitaríeis em aceitar, ainda que a poder de muitas existências de provações? Façamos outra comparação mais prosaica. Imaginemos um homem que, embora sem ter chegado à miséria extrema, sofre privações por escassez de recursos; se viessem dizer-lhe: "Aqui está uma riqueza imensa de que podes gozar; para isto só é necessário que trabalhes arduamente durante um minuto", o que teria respondido? Fosse ele o mais preguiçoso da Terra, não vacilaria em dizer: "Trabalhemos um minuto, dois minutos, uma hora, um dia, se for preciso. Que importa isso, desde que me leve a acabar os meus dias na fartura?" Ora, que é a duração da vida corpórea em confronto com a eternidade? Menos que um minuto, menos que um segundo.

Temos visto algumas pessoas raciocinarem deste modo: não é possível que Deus, soberanamente bom como é, imponha ao homem a obrigação de recomeçar uma série de misérias e tribulações. Acharão, porventura, essas pessoas que há mais bondade em condenar Deus o homem a sofrer perpetuamente, por motivo de alguns momentos de erro, do que em lhe facultar meios de reparar suas faltas? "Dois industriais contrataram dois operários, cada um dos quais podia aspirar a se tornar sócio do respectivo patrão. Aconteceu que esses dois operários certa vez empregaram muito mal o seu dia, ambos merecendo ser despedidos. Um dos industriais, não obstante as súplicas do seu, o mandou embora e o pobre operário, não tendo achado mais trabalho, acabou por morrer na miséria. O outro disse ao seu: 'Perdeste um dia; deves-me por isso uma compensação. Executaste mal o teu trabalho. Ficaste a dever-me uma reparação. Consinto que o recomeces. Trata de executá-lo bem, que te conservarei ao meu serviço e poderás continuar aspirando à posição superior que te prometi.'" Será preciso perguntemos qual dos industriais foi mais humano? Dar-se-á que Deus, que é a clemência mesma, seja mais inexorável do que um homem?

Há algo de pungente na ideia de que a nossa sorte fique para sempre decidida, por efeito de alguns anos de provações, mesmo que de nós não tenha dependido alcançarmos a perfeição, ao passo que eminentemente consoladora é a ideia oposta, que nos permite a esperança. Assim, sem nos pronunciarmos pró ou contra a pluralidade das existências, sem preferirmos uma hipótese a outra, declaramos que, se aos homens fosse dado escolher, ninguém quereria o julgamento sem apelação. Disse um filósofo que, se Deus não existisse, fora mister inventá-lo, para felicidade do gênero humano. Outro tanto se poderia dizer da pluralidade das existências. Mas, conforme atrás ponderamos, Deus não nos pede permissão, nem consulta os nossos gostos. Ou isto é ou não é. Vejamos de que lado estão as probabilidades e encaremos de outro ponto de vista o assunto, unicamente como estudo filosófico, sempre nos abstraindo do ensino dos Espíritos.

Se não há reencarnação, só há, evidentemente, uma existência corporal. Se a nossa atual existência corpórea é a única, a alma de cada homem foi criada por ocasião do seu nascimento, a menos que se admita a anterioridade da alma, caso em que caberia perguntar o que era ela antes do nascimento e se o estado em que se achava não constituía uma existência sob forma qualquer. Não há meio termo: ou a alma existia ou não existia antes do corpo. Se existia, qual a sua situação? Tinha ou não consciência de si mesma? Se não tinha, é quase como se não existisse. Caso tivesse individualidade, era progressiva ou estacionária? Num e noutro caso, a que grau chegara ao tomar o corpo? Admitindo, de acordo com a crença vulgar, que a alma nasce com o corpo ou, o que vem a ser o mesmo, que, antes de encarnar, só dispõe de faculdades negativas, perguntamos:

1. Por que mostra a alma aptidões tão diversas e independentes das ideias que a educação lhe fez adquirir?

2. Donde vem a aptidão extranormal que muitas crianças revelam em tenra idade, para esta ou aquela arte, para esta ou aquela ciência, enquanto outras se conservam inferiores ou medíocres durante a vida toda?

3. Donde, em uns, as ideias inatas ou intuitivas, que noutros não existem?

4. Donde, em certas crianças, o instinto precoce que revelam para os vícios ou para as virtudes, os sentimentos inatos de dignidade ou de baixeza, contrastando com o meio em que nasceram?

5. Por que, abstraindo-se da educação, uns homens são mais adiantados do que outros?

6. Por que há selvagens e homens civilizados? Se tomardes de um menino hotentote recém-nascido e o educardes nos nossos melhores liceus, fareis dele algum dia um Laplace ou um Newton?

Qual a filosofia ou a teosofia capaz de resolver estes problemas? É fora de dúvida que ou as almas são iguais ao nascerem ou são desiguais. Se iguais, por que, entre elas, tão grande diversidade de aptidão? Dir-se-á que isso depende do organismo. Mas, então, achamo-nos em presença da mais monstruosa e imoral das doutrinas. O homem seria simples máquina, joguete da matéria; deixaria de ter a responsabilidade de seus atos, pois que poderia atribuir tudo às suas imperfeições físicas. Se as almas são desiguais, é que Deus as criou assim. Nesse caso, porém, por que a inata superioridade concedida a algumas? Corresponderá essa parcialidade à justiça de Deus e ao amor que Ele consagra igualmente a todas as suas criaturas?

Admitamos, ao contrário, uma série de progressivas existências anteriores para cada alma e tudo se explica. Ao nascerem, trazem os homens a intuição do que aprenderam antes; são mais ou menos adiantados, conforme o número de existências que contem, conforme já estejam mais ou menos afastados do ponto de partida. Dá-se aí exatamente o que se observa numa reunião de indivíduos de todas as idades, em que cada um terá desenvolvimento proporcionado ao número de anos que tenha vivido. As existências sucessivas serão, para a vida da alma, o que os anos são para a do corpo. Reuni, em certo dia, um milheiro de indivíduos de 1 a 80 anos; suponde que um véu encubra todos os dias precedentes ao em que os reunistes e que, em consequência, acrediteis que todos nasceram na mesma ocasião. Perguntareis naturalmente como é que uns são grandes e outros pequenos, uns velhos e jovens outros, instruídos uns, outros ainda ignorantes. Se, porém, dissipando-se a nuvem que lhes oculta o passado, vierdes a saber que todos hão vivido mais ou menos tempo, tudo se vos tornará explicado. Deus, em sua justiça, não pode ter criado almas desigualmente perfeitas. Com a pluralidade das existências, a desigualdade que notamos nada mais apresenta em oposição à mais rigorosa equidade: é que apenas vemos o presente e não o passado. A este raciocínio serve de base algum sistema, alguma suposição gratuita? Não. Partimos de um fato patente, incontestável: a desigualdade das aptidões e do desenvolvimento intelectual e moral, e verificamos que nenhuma das teorias correntes o explica, ao passo que uma outra teoria lhe dá explicação simples, natural e lógica. Será racional preferir-se as que não explicam àquela que explica?

À vista da sexta interrogação acima, dirão naturalmente que o hotentote é de raça inferior. Perguntaremos, então, se o hotentote é ou não um homem. Se é, por que a ele e à sua raça privou Deus dos privilégios concedidos à raça caucásica? Se não é, por que tentar fazê-lo cristão? A Doutrina Espírita tem mais amplitude do que tudo isto. Segundo ela, não há muitas espécies de homens, há tão somente homens cujos Espíritos estão mais ou menos atrasados, porém todos suscetíveis de progredir. Não é este princípio mais conforme à justiça de Deus?

Acabamos de apreciar a alma com relação ao seu passado e ao seu presente. Se a considerarmos tendo em vista o futuro, esbarraremos nas mesmas dificuldades.

1. Se a nossa existência atual é que, só ela, decidirá da nossa sorte vindoura, quais, na vida futura, as posições respectivas do selvagem e do homem civilizado? Estarão no mesmo nível ou se acharão distanciados um do outro, no tocante à soma de felicidade eterna que lhes caiba?

2. O homem que trabalhou toda a sua vida por melhorar-se virá a ocupar a mesma categoria de outro que se conservou em grau inferior de adiantamento, não por culpa sua, mas porque não teve tempo nem possibilidade de se tornar melhor?

3. O que praticou o mal, por não ter podido instruir-se, será culpado de um estado de coisas cuja existência em nada dependeu dele?

4. Trabalha-se continuamente por esclarecer, moralizar, civilizar os homens. Mas, em contraposição a um que fica esclarecido, milhões de outros morrem todos os dias antes que a luz lhes tenha chegado. Qual a sorte destes últimos? Serão tratados como réprobos? No caso contrário, que fizeram para ocupar categoria idêntica à dos outros?

5. Que sorte aguarda os que morrem na infância, quando ainda não puderam fazer nem o bem nem o mal? Se vão para o meio dos eleitos, por que esse favor, sem que coisa alguma hajam feito para merecê-lo? Em virtude de que privilégio eles se veem isentos das tribulações da vida?

Haverá alguma doutrina capaz de resolver esses problemas? Admitam-se as existências consecutivas e tudo se explicará conforme à justiça de Deus. O que se não pôde fazer numa existência faz-se em outra. Assim é que ninguém escapa à lei do progresso, que cada um será recompensado segundo o seu merecimento *real* e que ninguém fica excluído da felicidade suprema, a que todos podem aspirar, quaisquer que sejam os obstáculos com que topem no caminho.

Essas questões facilmente se multiplicariam ao infinito, porque inúmeros são os problemas psicológicos e morais que só na pluralidade das existências encontram solução. Limitamo-nos a formular as de ordem mais geral. Seja como for, alegar-se-á que a Igreja não admite a doutrina da reencarnação; que ela subverteria a religião. Nossa intenção não é tratar deste assunto agora. Basta-nos haver demonstrado que aquela doutrina é eminentemente moral e racional. Mostraremos, mais tarde, que a religião se acha dela menos afastada do que se pensa e com isso não sofreria mais do que sofreu com a descoberta do movimento da Terra e dos períodos geológicos que, à primeira vista, pareciam desmentir os textos sagrados. O ensino dos Espíritos é eminentemente cristão; apoia-se sobre a imortalidade da alma, as penas e recompensas futuras, o livre-arbítrio do homem e a moral do Cristo. Não é, portanto, antirreligioso.

Temos raciocinado, abstraindo-nos, como dissemos, de qualquer ensinamento espírita que, para certas pessoas, carece de autoridade. Não é somente porque veio dos Espíritos que nós e tantos outros nos fizemos adeptos da pluralidade das existências. É porque essa doutrina nos pareceu a mais lógica e porque só ela resolve questões até então insolúveis.

Ainda quando fosse da autoria de um simples mortal, tê-la-íamos adotado igualmente e não houvéramos hesitado um segundo mais em renunciar às ideias que esposávamos. Sendo demonstrado o erro, muito mais que perder do que ganhar tem o amor-próprio, com o se obstinar na sustentação de uma ideia falsa. Assim, também, a teríamos repelido, mesmo que provindo dos Espíritos, se nos parecera contrária à razão, como repelimos muitas outras, pois sabemos, por experiência, que não se deve aceitar cegamente tudo o que venha deles, da mesma forma que se não deve adotar às cegas tudo o que proceda dos homens. Resta-nos, pois, examinar a questão da pluralidade das existências do ponto de vista do ensino dos Espíritos, de que maneira devemos entendê-la e, por fim, responder às mais sérias objeções que se lhe possam opor. É o que faremos num próximo artigo.

Problemas morais sobre o suicídio[87]

Perguntas dirigidas a São Luís por intermédio do Sr. C..., médium falante e vidente, na Sociedade Parisiense de Estudos Espíritas, na sessão do dia 12 de outubro de 1858

1. Por que o homem que tem a firme intenção de se destruir revoltar-se-ia à ideia de ser morto por outro e se defenderia contra os ataques, no mesmo instante em que vai cumprir seu desígnio?

Resp. – Porque o homem tem sempre medo da morte; quando se suicida, está superexcitado, tem a cabeça transtornada e realiza esse ato sem coragem nem temor e, por assim dizer, sem ter a consciência do que faz, visto que, se pudesse escolher, não veríeis tantos suicidas. O instinto do homem o leva a defender a própria vida e, durante o tempo que medeia entre o instante em que seu semelhante se aproxima para o matar e aquele em que o ato é cometido, há sempre um movimento de repulsão instintiva da morte que o leva a repelir esse fantasma, que não é apavorante senão para o Espírito culpado. O homem que se suicida não experimenta esse sentimento, porque está cercado de Espíritos que o impelem, que o auxiliam em seus desejos e lhe fazem perder completamente a lembrança do que não seja ele mesmo, isto é, dos pais e daqueles que o amam, bem como de outra existência. Nesse momento o homem é todo egoísmo.

---

[87] N.E.: Ver *Nota Explicativa*, p. 517.

2. Aquele que, desgostoso da vida, embora não queira suicidar-se, deseja que sua morte sirva para alguma coisa é culpável de a buscar no campo de batalha ao defender seu país?

Resp. – Sempre. O homem deve seguir o impulso que lhe é dado; qualquer que seja a carreira que abrace, seja qual for a vida que leve, é sempre assistido por Espíritos que o conduzem e dirigem, mau grado seu. Ora, intentar contra seus conselhos é um crime, visto estarem ali para nos dirigir e, quando queremos atuar de moto próprio, para nos auxiliar. Entretanto, se o homem, arrastado por seu próprio Espírito, quer deixar esta vida, logo é abandonado, reconhecendo mais tarde sua falta, ao ver-se obrigado a recomeçar outra existência. Para elevar-se, deve o homem ser provado; conter suas atitudes, pôr um entrave em seu livre-arbítrio seria ir contra Deus, e as provas, nesse caso, tornar-se-iam inúteis, porque os Espíritos não cometeriam faltas. O Espírito foi criado simples e ignorante. Para chegar às esferas felizes é preciso, pois, que progrida, eleve-se em ciência e em sabedoria, não sendo senão na adversidade que adquire um coração elevado e melhor compreende a grandeza de Deus.

3. Um dos assistentes observou que parece ter havido uma contradição entre essas derradeiras palavras de São Luís e as precedentes, quando ele disse que o homem pode ser impelido ao suicídio por certos Espíritos que a isto o excitam. Neste caso, cederia a um impulso que lhe seria estranho.

Resp. – Não há contradição alguma. Quando disse que o homem impelido ao suicídio estava cercado de Espíritos que a isto o solicitavam, não me referia aos Espíritos bons, que fazem todos os esforços para o demover dessa ideia; isto deveria estar subentendido. Todos sabemos que possuímos um anjo guardião, ou, se quiserdes, um guia familiar. Ora, tem o homem o seu livre-arbítrio; se, apesar dos conselhos que lhe são dados, persevera nesta ideia criminosa, ele a realiza e, para isso, é auxiliado pelos Espíritos leviano e impuros que o cercam e que se sentem felizes por ver que ao homem, ou Espírito encarnado, falta coragem para seguir os conselhos de seu bom guia e, muitas vezes, dos Espíritos de parentes mortos que o envolvem, sobretudo, em semelhantes circunstâncias.

Conversas familiares de Além-túmulo

(Segunda conversa)

MEHEMET-ALI

1. Em nome de Deus Todo-Poderoso, rogo ao Espírito Mehmet-Ali que consinta em comunicar-se conosco.

Resp. – Sim; sei o motivo.

2. Prometestes vir até nós, a fim de instruir-nos; teríeis a bondade de nos ouvir e de nos responder?

Resp. – Não prometo, desde que não me comprometi.

3. Seja; em lugar de *prometestes*, coloquemos que nos fizestes esperar.

Resp. – Isto é, para satisfazer a vossa curiosidade; não importa! Prestar-me-ei um pouco a isso.

4. Pois que vivestes ao tempo dos faraós, poderíeis dizer-nos com que finalidade foram as pirâmides construídas?

Resp. – São sepulcros; sepulcros e templos: ali ocorriam grandes manifestações.

5. Tinham também um fim científico?

Resp. – Não; o interesse religioso absorvia tudo.

6. Seria preciso que os egípcios fossem, desde aquela época, muito adiantados nas artes mecânicas para realizarem trabalhos que exigiam forças tão consideráveis. Poderíeis dar-nos uma ideia dos meios que empregaram?

Resp. – Massas humanas gemeram sob o peso de pedras que atravessaram os séculos: o homem era a máquina.

7. Que classe de homens se ocupava desses grandes trabalhos?

Resp. – A que chamais de povo.

8. Estava o povo em estado de escravidão ou recebia um salário?

Resp. – À força.

9. Donde veio aos egípcios o gosto das coisas colossais, em vez do das coisas graciosas que distinguia os gregos, embora tivessem a mesma origem?

Resp. – O egípcio era tocado pela grandeza de Deus; a Ele procurava igualar-se, superando as próprias forças. Sempre o homem!

10. Considerando-se que éreis sacerdote àquela época, poderíeis dizer-nos alguma coisa acerca da religião dos antigos egípcios? Qual era a crença do povo em relação à Divindade?

Resp. – Corrompidos, acreditavam em seus sacerdotes; eram deuses para eles, a quem se curvavam.

11. Que pensavam da alma após a morte?

Resp. – Acreditavam no que lhes diziam os sacerdotes.

12. Sob o duplo ponto de vista de Deus e da alma, tinham os sacerdotes ideias mais sadias que o povo?

Resp. – Sim, tinham a luz nas mãos; ocultando-as dos outros, ainda assim a percebiam.

13. Os grandes do Estado partilhavam da crença do povo ou da dos sacerdotes?

Resp. – Estavam entre as duas.

14. Qual a origem do culto prestado aos animais?

Resp. – Queriam desviar de Deus o homem e mantê-lo sob seu domínio, dando-lhe como deuses seres inferiores.

15. Até certo ponto concebe-se o culto dos animais domésticos, mas não se compreende o dos animais imundos e prejudiciais, tais como as serpentes, crocodilos etc.!

Resp. – O homem adora aquilo que teme. Era um jugo para o povo. Podiam os sacerdotes acreditar em deuses saídos de suas mãos?

16. Não seria um paradoxo adorarem o crocodilo e os répteis e, ao mesmo tempo, o icnêumone[88] e o íbis, que os destruíam?

Resp. – Aberração do Espírito; o homem procura deuses por toda parte para se ocultar do que é.

17. Por que Osíris era representado com uma cabeça de gavião e Anúbis com a de um cão?

Resp. – O egípcio gostava de personificar sob a forma de emblemas claros: Anúbis era bom; o gavião que estraçalha representava o cruel Osíris.

18. Como conciliar o respeito dos egípcios pelos mortos com o desprezo e o horror por aqueles que os enterravam e mumificavam?

Resp. – O cadáver era um instrumento de manifestações: segundo eles o Espírito retornava ao corpo que havia animado. Como um dos instrumentos de culto, o cadáver era sagrado e o desprezo perseguia aquele que ousava violar a santidade da morte.

---

[88] N.E.: Mangusto da Europa, Ásia e África, estimado pelos antigos egípcios por ser considerado um grande devorador de ovos de crocodilos; rato-de-faraó.

19. A conservação dos corpos dava lugar a manifestações mais numerosas?

Resp. – Mais longas, isto é, o Espírito voltava por mais tempo, desde que o instrumento fosse dócil.

20. A conservação dos corpos visava também à salubridade, em razão das inundações do Nilo?

Resp. – Sim, para os do povo.

21. A iniciação nos mistérios fazia-se no Egito com práticas tão rigorosas quanto na Grécia?

Resp. – Mais rigorosas.

22. Com que fim eram impostas aos iniciados condições tão difíceis de preencher?

Resp. – Para não haver senão almas superiores; estas sabiam compreender e calar.

23. O ensino dado nos mistérios tinha por finalidade única a revelação das coisas extra-humanas ou ali eram ensinados também os preceitos da moral e do amor ao próximo?

Resp. – Tudo isso era bem corrompido. O objetivo dos sacerdotes era dominar, e não instruir.

O doutor Muhr

Morto no Cairo, a 4 de junho de 1857. Evocado a pedido do Sr. Jobard. Em vida, disse este, era um Espírito muito elevado; médico homeopata; verdadeiro apóstolo espírita; deve estar, no mínimo, em Júpiter

1. *Evocação*.

Resp. – Estou aqui.

2. Teríeis a bondade de dizer-nos onde estais?

Resp. – Estou errante.

3. Foi a 4 de junho deste ano que morrestes?

Resp. – Do ano passado.

4. Lembrai-vos de vosso amigo, o Sr. Jobard?

Resp. – Sim; muitas vezes estou perto dele.

5. Quando eu lhe transmitir essa resposta ele terá prazer, porquanto sempre teve grande afeição por vós.

Resp. – Eu o sei; é um dos Espíritos que me são mais simpáticos.

6. Quando vivo, o que entendíeis por gnomos?

Resp. – Considerava-os como seres que podiam materializar-se e tomar formas fantásticas.

7. Acreditais nisso ainda?

Resp. – Mais que nunca; agora tenho certeza, mas gnomo é uma palavra que parece ter muito de magia, prefiro dizer agora *Espírito* em vez de gnomo.

Observação – Quando vivo, ele acreditava nos Espíritos e em suas manifestações; apenas os designava sob o nome de *gnomos*, ao passo que agora se serve da expressão mais genérica de *Espírito*.

8. Acreditais ainda que esses Espíritos, que em vida chamáveis de *gnomos*, podem assumir formas materiais fantásticas?

Resp. – Sim, mas sei que isso não acontece com frequência; há pessoas que poderiam tornar-se loucas se vissem as aparências que tais Espíritos podem tomar.

9. Que aparências seriam essas?

Resp. – Animais e diabos.

10. Trata-se de aparência material, tangível, ou é semelhante à que percebemos nos sonhos e nas visões?

Resp. – Um pouco mais material que nos sonhos; as aparições que nos poderiam amedrontar não podem ser tangíveis; Deus não o permitiria.

11. A aparição do Espírito de Bergzabern, sob a forma de homem ou de animal, era dessa natureza?

Resp. – Sim, é desse gênero.

Observação – Não sabíamos se ele, quando vivo, acreditava que os Espíritos pudessem tomar uma forma tangível, mas é evidente que agora se refere à forma vaporosa e impalpável das aparições.

12. Acreditais que ireis para Júpiter quando reencarnardes?

Resp. – Irei a um mundo que se não iguala ainda a Júpiter.

13. É por vossa própria vontade que ireis para um mundo inferior a Júpiter, ou em razão de ainda não merecerdes habitar esse planeta?

Resp. – Prefiro acreditar que não o mereço e cumprir uma missão num mundo menos avançado. Sei que chegarei à perfeição, e é isso que me leva a ser modesto.

Observação – Essa resposta é uma prova da superioridade desse Espírito. Concorda com o que nos disse o padre Ambrósio: que é mais meritório pedir uma missão num mundo inferior do que querer avançar muito rapidamente num planeta superior.

14. Roga-nos o Sr. Jobard que vos indaguemos se estais satisfeito com o artigo necrológico que sobre vós ele escreveu.

Resp. – Escrevendo aquilo, deu-me Jobard uma nova prova de simpatia; agradeço bastante e desejo que o quadro, um tanto exagerado, que fez de minhas virtudes e talentos possa servir de exemplo àqueles dentre vós que percorrem as sendas do progresso.

15. Considerando-se que em vida éreis homeopata, que pensais agora da Homeopatia?

Resp. – A Homeopatia é o começo das descobertas dos fluidos latentes. Far-se-ão muitas outras, igualmente preciosas, formando um todo harmonioso que conduzirá vosso globo à perfeição.

16. Que mérito atribuis ao vosso livro *Le Médecin du peuple*?

Resp. – É a pedra do operário que levei à obra.

Observação – A resposta desse Espírito sobre a Homeopatia vem corroborar a ideia dos *fluidos latentes*, já fornecida pelo Espírito do Sr. Badel, a propósito de sua imagem fotografada. Disso resultaria que há fluidos cujas propriedades nos são desconhecidas ou nos passam despercebidas, porque sua ação não é ostensiva; contudo, nem por isso deixa de ser menos real. A humanidade se enriquece de conhecimentos novos à medida que as circunstâncias lhe fazem conhecer suas *propriedades*.

Madame de Staël

Na sessão da Sociedade Parisiense de Estudos Espíritas, do dia 28 de setembro de 1858, o Espírito Madame de Staël comunicou-se espontaneamente e sem ser chamado, pela mão da senhorita E..., médium psicógrafa, ditando a página que se segue:

> Viver é sofrer; sim, mas a esperança não acompanha o sofrimento? Não pôs Deus na mão dos infelizes maior dose de esperança? Criança, o pesar e a decepção acompanham o nascimento, mas à sua frente marcha a esperança, que diz: Avançai; o objetivo é a felicidade; Deus é clemente.
>
> Por que — perguntam os Espíritos fortes —, vir ensinar-nos uma nova religião, quando o Cristo estabeleceu as bases de uma caridade tão grandiosa, de uma felicidade tão verdadeira? Não é nossa intenção modificar o que ensinou o grande reformador. Não; vimos

apenas reafirmar nossa consciência, aumentar nossas esperanças. Quanto mais o homem se civiliza, mais deveria ter confiança e mais necessidade temos ainda de o sustentar. Não pretendemos mudar a face do universo, viemos ajudar a torná-lo melhor; e se neste século não viéssemos em auxílio do homem, seria ele muito infeliz, pela falta de confiança e de esperança. Sim, homem sábio, que ledes nos outros, que procurais conhecer o que pouco vos importa e afastais aquilo que vos interessa, abri os olhos e não desespereis; não digais que o nada pode ser possível quando, em vosso coração, deveríeis sentir o contrário. Vinde tomar assento nesta mesa e esperai, porquanto nela sereis instruído quanto ao vosso futuro e sereis feliz. Aqui há pão para todos: desenvolvereis vosso Espírito, alimentareis vosso corpo, acalmareis vossos sofrimentos e florireis a vida, embelezando-a de esperança, a fim de a tornardes mais suportável.

Staël

Observação – O Espírito fazia alusão à mesa onde estavam os médiuns.

Questionai, e responderei às vossas perguntas.

1. Porque não prevíamos a vossa visita, não preparamos um assunto.

Resp. – Sei perfeitamente que as perguntas particulares não podem ser respondidas por mim; porém, quantas coisas de caráter geral se podem perguntar, mesmo a uma mulher que teve um pouco de espírito e agora tem muito coração!

Nesse momento, uma senhora que assistia à sessão pareceu desfalecer, mas não passou de uma espécie de êxtase que, longe de ser penoso, foi-lhe muito agradável. Ofereceram-se para magnetizá-la; então, o Espírito Madame de Staël disse espontaneamente: "Não; deixai-a em paz; é necessário que a influência exerça sua ação." Depois, dirigindo-se àquela senhora: "Tende confiança, um coração vela junto de vós; deseja falar convosco; chegará o dia... não precipitemos as emoções."

O Espírito que se comunicava por aquela senhora, e que era o de sua irmã, escreveu então espontaneamente: "Eu voltarei."

Dirigindo-se novamente àquela senhora, Madame de Staël escreveu:

> Uma palavra de consolação a um coração que sofre. Por que essas lágrimas de mulher para uma irmã? Essas incursões ao passado, quando todos os vossos pensamentos deveriam voltar-se para o futuro? Vosso coração sofre, vossa alma tem necessidade de expandir-se. Pois bem! Que essas lágrimas sejam de alívio, e não originadas pelos remorsos! Aquela que vos ama e por quem chorais é feliz e venturosa! Esperai reunir-vos a ela um dia. Não a vedes; entretanto, para ela não existe separação, desde que está constantemente perto de vós.

2. Poderíeis dizer-nos o que pensais atualmente de vossos escritos?

Resp. – Uma só palavra vos esclarecerá. Se voltasse e pudesse recomeçar, modificaria dois terços e conservaria apenas um.

3. Consentiríeis em revelar as coisas que desaprovais?

Resp. – Não é muita exigência, pois aquilo que não for justo outros escritores mudarão: fui masculina demais para uma mulher.

4. Qual era a causa primeira do caráter viril que demonstrastes quando vivias?

Resp. – Isso depende da fase de nossa existência.

Na sessão seguinte, do dia 12 de outubro, dirigiram-lhe as seguintes perguntas por intermédio do Sr. D..., médium psicógrafo.

5. Outro dia viestes a nós espontaneamente, por meio da senhorita E... Que motivo vos levou a favorecer-nos com a vossa presença, sem que a tivéssemos evocado?

Resp. – A simpatia que tenho por todos vós; é, ao mesmo tempo, o cumprimento de um dever que me é imposto em minha atual existência, ou melhor, em minha existência passageira, pois que sou chamada a reviver; aliás, é o destino de todos os Espíritos.

6. Preferis comparecer espontaneamente ou ser evocada?

Resp. – Prefiro ser evocada, pois é uma prova de que pensam em mim; mas sabeis, também, que é agradável a um Espírito liberto poder conversar com o Espírito do homem; eis por que não vos deveis admirar de me terdes visto chegar tão repentinamente até vós.

7. Haverá vantagem em evocar os Espíritos em vez de esperar que venham quando quiserem?

Resp. – Ao evocá-los, tendes em mira um objetivo; deixando que venham espontaneamente, correis o risco de obter comunicações imperfeitas sob muitos aspectos, porque os maus vêm tão bem quanto os bons.

8. Já vos comunicastes em outros círculos?

Resp. – Sim, mas têm-me feito comparecer mais do que eu gostaria; quer dizer, frequentemente tomam meu nome.

9. Teríeis a bondade de retornar algumas vezes e ditar-nos alguns de vossos belos pensamentos? Teríamos prazer em reproduzi-los, com vistas à instrução geral.

Resp. – De boa vontade; venho com prazer junto àqueles que trabalham com seriedade para se instruírem. Minha vinda outro dia é uma prova disto.

Médium pintor

(Extraído do *Spiritualiste* de Nova Orleans)

Como nem todos os indivíduos podem ser convencidos pelo mesmo gênero de manifestações espíritas, houve necessidade de se desenvolver médiuns de vários tipos. Nos Estados Unidos existem os que fazem retratos de pessoas há muito falecidas, a quem jamais conheceram. Porque a semelhança é logo constatada, as pessoas sensatas que o testemunham não deixam de se convencer. O mais notável desses médiuns é, talvez, o Sr. Rogers, por nós já citado no vol. I, à p. 239,[89] e que então residia em Columbus, onde exercia a profissão de alfaiate; poderíamos acrescentar que não recebeu outra educação além da habitual à sua condição.

Sobretudo aos homens instruídos, que têm dito e repetido, a propósito da teoria espiritualista, que "o recurso aos Espíritos é apenas uma hipótese, e que um exame atento pode provar não ser ela nem mais racional nem mais verossímil", oferecemos a seguinte tradução, que resumimos de um artigo do Sr. Lafayette R. Gridley, de Attica, Indiana, escrito no dia 27 de julho passado para os editores do *Spiritual Age* e por estes publicado integralmente em sua folha de 14 de agosto.

Em maio último, o Sr. E. Rogers, de Cardington, Ohio, que, como sabeis, é médium pintor e faz retratos das pessoas que não mais se encontram neste mundo, acaba de passar alguns dias em minha casa. Durante sua curta estada sofreu a *influência*[90] de um artista invisível, que se fazia passar por Benjamin West, pintando alguns belos quadros em tamanho natural, assim como alguns outros de qualidade menos satisfatória.

Eis algumas particularidades relativas a dois desses retratos. Foram pintados pelo dito Sr. E. Rogers, num quarto escuro, em minha casa, no curto intervalo de uma hora e trinta minutos, tempo esse do qual cerca de meia hora decorreu sem que o médium tivesse sido influenciado e que aproveitei para examinar seu trabalho, ainda não terminado. Rogers caiu novamente em transe e concluiu esses retratos. Então, e sem que qualquer indicação houvesse sido dada quanto às pessoas representadas, um dos retratos foi imediatamente reconhecido como de meu avô, Elisha Gridley; minha esposa, minha irmã, a senhora Chaney e meus pais, todos foram unânimes

---

[89] N.T.: O volume e a página citados não se referem à *Revista Espírita*.
[90] N.T.: Grifo nosso. *Entransé*, no original francês. Literalmente, entrar em transe. Traduzimos por *influência*.

em reconhecer a grande semelhança: é um fac-símile do velho, com todas as particularidades de sua cabeleira, da gola de sua camisa etc. Quanto ao outro retrato, como ninguém o reconhecesse, pendurei-o no meu armazém, à vista dos transeuntes, ali permanecendo por uma semana sem ser reconhecido. Aguardávamos que alguém pudesse dizer-nos se representava um antigo habitante de Attica. Já perdia a esperança de saber a quem teria o artista querido pintar, quando uma noite, numa sessão espírita realizada em minha casa, manifestou-se um Espírito, dando-me a comunicação que se segue:

"Meu nome é Horace Gridley. Deixei meus despojos há mais de cinco anos. Morei muitos anos em Natchez, Mississipi, onde fui *xerife*. Meu único filho ainda mora lá. Sou primo de vosso pai. Podereis obter outras informações a meu respeito por intermédio de vosso tio, o Sr. Gridley, de Brownsville, Tenessee. O retrato que conservais em vosso armazém é meu, à época em que vivia na Terra, pouco antes de passar a esta outra existência, mais elevada, melhor e mais feliz. Ele se parece comigo, *pelo menos tanto quanto me foi possível retomar a fisionomia de então*, pois que isso é indispensável quando somos pintados; e o fazemos o melhor que podemos para dela nos recordarmos, conforme o permitam as condições do momento. O retrato em questão não foi concluído como eu gostaria; há algumas imperfeições leves, que o Sr. West diz provirem das condições sob as quais se achava o médium. Mesmo assim, enviai o retrato a Natchez, para que seja examinado. Creio que o reconhecerão."

Os fatos mencionados nessa comunicação eram por mim completamente ignorados, assim como de todos os moradores de nossa região. Certa vez, há muitos anos, ouvira dizer que meu pai tinha um parente naqueles lados do vale do Mississipi, embora nenhum de nós soubesse o seu nome e o endereço em que vivia, nem mesmo se já havia morrido. Somente vários dias mais tarde fiquei sabendo, pelo meu pai, que habitava em Delphi, a 40 milhas daqui, qual havia sido o local de residência de seu primo, de quem não ouvira mais falar há quase sessenta anos. Não tínhamos pensado absolutamente em pedir retratos de família; simplesmente coloquei, diante do médium, uma nota escrita que continha uma vintena de nomes de antigos moradores de Attica, não mais pertencentes a este mundo, na expectativa de obter-se o retrato de algum deles. Julgo, pois, que todas as pessoas sensatas admitirão que nem o retrato nem a comunicação de Horace Gridley resultaram de uma transmissão de nosso pensamento ao médium; aliás, o Sr. Rogers por certo jamais conheceu qualquer dos dois homens, cujos retratos pintou, e, provavelmente, nunca ouvira falar de nenhum deles, pois que é inglês de nascimento, veio para a América há dez anos e jamais ganhou o Sul, além de Cincinnati, enquanto Horace Gridley, ao que eu saiba, nunca viajou ao Norte para além de Memphis, no Tennessee, nos últimos 30 ou 35 anos de sua existência. Ignoro se algum dia visitou a Inglaterra, mas isso só poderia ter ocorrido antes do nascimento de Rogers, considerando-se que este não tem mais que 28 a 30 anos. Quanto a meu avô, falecido há cerca de 19 anos, nunca saiu dos Estados Unidos e, de qualquer forma, jamais mandara fazer seu retrato.

Desde que recebi a comunicação acima transcrita, escrevi ao Sr. Gridley, de Brownsville, vindo sua resposta corroborar o que havíamos sabido por meio da comunicação do Espírito. Além disso, obtive o nome da única filha de Horace Gridley, que é a senhora L. M. Patterson, ainda residindo em Natchez, onde seu pai morou durante muitos anos. Segundo meu tio, o Sr. Horace teria falecido há cerca de seis anos, em Houston, no Texas.

Então escrevi à Sra. Patterson, minha prima recém-descoberta, enviando-lhe uma cópia daguerreotipada do retrato que nos diziam ser de seu pai. Na carta a meu tio de Brownsville, nada havia dito a respeito do objetivo principal de minhas pesquisas, como nada dissera à Sra. Patterson: nem por que lhe enviava o retrato, ou como o obtivera, nem que pessoa representava. Simplesmente perguntei à minha prima se nele reconhecia alguém. Respondeu-me que por certo não poderia dizer de quem era o retrato, embora me assegurasse que *era parecido com seu pai*, na época de sua morte. Escrevi-lhe logo depois para dizer que o tomáramos também pelo retrato de seu pai, mas sem dizer-lhe como o havíamos obtido. A réplica de minha prima dizia, em suma, que na cópia que lhe enviara todos haviam reconhecido seu pai, antes que eu lhe dissesse que era ele mesmo que estava ali retratado. Minha prima demonstrou muita surpresa de que eu tivesse um retrato de seu pai, quando ela própria não tinha nenhum, e que ele jamais havia dito que mandara fazer o próprio retrato, não importa por quem. Acreditava que não existisse nenhum e se mostrou bastante satisfeita com a minha remessa, principalmente por causa dos filhos, que tinham grande veneração pela memória do avô.

Enviei-lhe, então, o retrato original, autorizando-a a ficar com ele, caso lhe agradasse, mas não lhe disse ainda como o havia obtido. As principais passagens de sua resposta são as seguintes:

> *Recebi vossa carta*, assim como o retrato de meu pai, que me permitis guardar caso se assemelhe bastante com ele. Com certeza é muito parecido e, como nunca tive outro retrato dele, vou conservá-lo comigo, já que o consentis. Aceito-o muito reconhecida, embora a mim pareça que meu pai fosse melhor que isso, quando gozava de boa saúde.

Antes do recebimento das duas últimas cartas da Sra. Patterson, quis o acaso que o Sr. Hedges, outrora residindo em Natchez e hoje morando em Delphi, bem como o Sr. Ewing, recém-chegado de Vicksburg, no Mississipi, vissem o retrato em questão e o reconhecessem como o de Horace Gridley, com quem ambos haviam travado relações.

Acreditando que esses fatos são muito significativos para permanecerem em silêncio, senti-me na obrigação de os comunicar, com vistas à sua publicidade. Ao escrever este artigo, garanto haver tomado todas as precauções quanto à sua perfeita correção.

Observação – Já conhecemos os médiuns desenhistas. Além dos notáveis desenhos, dos quais demos um exemplar, mas que retratam coisas cuja exatidão não podemos verificar, temos visto médiuns absolutamente estranhos a essa arte executar esboços muito reconhecíveis de pessoas mortas que jamais haviam conhecido.

Mas daí a um retrato pintado dentro das regras vai grande distância. Esta faculdade liga-se a um fenômeno bastante curioso, do qual somos testemunhas neste momento e de que em breve nos ocuparemos.

Independência sonambúlica

Muitas pessoas que hoje aceitam perfeitamente o magnetismo contestaram durante muito tempo a lucidez sonambúlica; é que essa faculdade, com efeito, veio confundir todas as noções que tínhamos sobre a percepção das coisas do mundo exterior. Entretanto, de há muito tínhamos o exemplo dos sonâmbulos naturais, que gozavam de faculdades análogas e que, por um estranho contraste, jamais foram aprofundadas. Hoje, a clarividência sonambúlica é um fato e, se ainda é contestada por algumas pessoas, é porque as ideias novas demoram a fincar raízes, sobretudo quando é preciso renunciar àquelas longamente acalentadas. Muita gente também pensava, como ainda hoje com as manifestações espíritas, que o sonambulismo pudesse ser experimentado como uma máquina, sem levar em conta as condições especiais do fenômeno. Eis por que, não tendo obtido à vontade e no momento preciso resultados sempre satisfatórios, concluíram pela negativa. Fenômenos tão delicados exigem uma longa observação, assídua e perseverante, a fim de se lhes captar os matizes, frequentemente fugidios. É igualmente em consequência de uma observação incompleta dos fatos que certas pessoas, mesmo admitindo a clarividência dos sonâmbulos, contestam sua independência; segundo elas, sua visão não se estende além do pensamento daquele que os interroga; alguns pretendem mesmo que não há visão, mas, simplesmente, intuição e transmissão de pensamento, citando em seu apoio numerosos exemplos. Ninguém duvida que o sonâmbulo, vendo o pensamento, algumas vezes possa traduzi-lo e dele ser o eco; nem mesmo contestamos que possa influenciá-lo em certos casos: houvesse somente isso no fenômeno, já não seria um fato bastante curioso e digno de observação? A questão, portanto, não é saber se o sonâmbulo é ou pode ser influenciado por um pensamento estranho, o que já não suscita dúvidas, mas se é sempre influenciado: isso é um resultado da experiência.

Se o sonâmbulo só diz o que sabeis, é incontestável que é o vosso pensamento que ele traduz, mas se, em certos casos, diz o que ignorais, contradiz vossa opinião e vossa maneira de ser, torna-se evidente a sua independência, não seguindo senão o seu próprio impulso. Um único fato bem caracterizado desse gênero bastaria para provar que a sujeição do sonâmbulo ao pensamento de outrem não é uma coisa absoluta; ora, há milhares deles. Entre os que são do nosso conhecimento pessoal, citaremos os dois que se seguem:

Residindo em Bercy, na rua Charenton, 43, o Sr. Marillon havia desaparecido desde o dia 13 de janeiro último. Todas as pesquisas para descobrir seu paradeiro foram infrutíferas; nenhuma das pessoas na casa das quais estava habituado a ir o tinham visto; nenhum negócio podia motivar sua ausência prolongada. Por outro lado, seu caráter, sua posição e seu estado mental afastavam qualquer ideia de suicídio. Restava a possibilidade de que tivesse sido vítima de um crime ou de um acidente; nesta última hipótese, porém, teria sido facilmente reconhecido e levado para sua casa, ou, pelo menos, despachado para o necrotério. Todas as probabilidades apontavam, pois, para um crime, nele se firmando o pensamento, tanto mais quanto o Sr. Marillon havia saído para fazer um pagamento. Mas onde e como o crime havia sido cometido? Ninguém o sabia. Sua filha recorreu, então, a uma sonâmbula, a Sra. Roger, que em muitas outras situações semelhantes dera provas de notável lucidez, que nós mesmos constatamos. A Sra. Roger seguiu o Sr. Marillon desde a saída da casa dele, às três horas da tarde, até cerca de sete horas da noite, quando ele já se dispunha a voltar. Viu-o descer às margens do Sena para satisfazer a uma urgente necessidade, sendo aí acometido de um ataque de apoplexia. Ela descreveu tê-lo visto cair sobre uma pedra, abrir uma fenda na fronte e depois rolar dentro d'água; não se tratou, pois, nem de suicídio nem de crime; ainda havia dinheiro e uma chave dentro do bolso de seu paletó. A sonâmbula indicou o local do acidente, acrescentando que o corpo não mais se encontrava no local, em virtude de ter sido arrastado facilmente pela correnteza.

Encontraram-no, com efeito, no local assinalado. Tinha a ferida indicada na fronte, a chave e o dinheiro estavam no bolso e a posição de suas roupas indicava claramente que a sonâmbula não se havia enganado quanto ao motivo que o levara à beira do rio. Diante de tantos detalhes, perguntamos onde se poderia ver a transmissão de um pensamento qualquer. Eis outro fato em que a independência sonambúlica não é menos evidente.

O Sr. e a Sra. Belhomme, cultivadores em Rueil, à rua Saint-Denis, 19, tinham uma economia de aproximadamente 800 a 900 francos. Para maior segurança, a Sra. Belhomme colocou-os num armário, do qual uma parte era reservada a roupas velhas e outra a roupas novas; o dinheiro foi guardado no interior deste último compartimento; nesse momento entrou alguém e a Sra. Belhomme apressou-se em fechar o armário. Algum tempo mais tarde, necessitando do dinheiro, convenceu-se de havê-lo posto juntamente com a roupa velha, visto ter sido essa a sua intenção inicial, imaginando que tentaria menos os ladrões; mas em sua precipitação, com a chegada do visitante, ela o pusera do outro lado. De tal modo estava persuadida de o haver colocado com as roupas velhas que não lhe acudiu a ideia de procurá-lo alhures; encontrando o lugar vazio e recordando-se da visita, julgou ter sido notada e roubada e, assim persuadida, suas suspeitas recaíram naturalmente sobre o visitante.

A Sra. Belhomme conhecia a Srta. Marillon, da qual falamos mais acima, e contou-lhe a sua desventura. Esta lhe dissera de que maneira seu pai havia sido encontrado, sugerindo que procurasse a mesma sonâmbula antes de tomar qualquer outra providência. Então os Belhommes dirigiram-se à casa da Sra. Roger, bem certos de que haviam sido roubados e na esperança de que lhes fosse indicado o ladrão que, em sua opinião, só podia ser o visitante. Tal era, pois, seu pensamento exclusivo. Ora, depois de minuciosa descrição do local, a sonâmbula lhes disse: "Não fostes roubados; vosso dinheiro está intacto no armário; apenas pensais tê-lo posto com a roupa velha, quando, na verdade, o pusestes com a roupa nova; retornai à vossa casa: lá o encontrareis." Efetivamente, foi o que aconteceu.

Ao relatar esses dois fatos — e poderíamos citar vários outros, igualmente conclusivos — nosso objetivo foi provar que a clarividência sonambúlica nem sempre é o reflexo de um pensamento estranho; que o sonâmbulo também pode ter uma lucidez própria, absolutamente independente. Disso resultam consequências de alta gravidade, do ponto de vista psicológico; aqui temos a chave de mais de um problema, que examinaremos ulteriormente quando tratarmos das relações existentes entre o sonambulismo e o Espiritismo, relações que projetam uma luz inteiramente nova sobre a questão.

Uma noite esquecida ou a feiticeira Manouza

Milésima segunda noite dos contos árabes
ditado pelo Espírito Frédéric Soulié[91]

Prefácio do Editor

No corrente ano de 1856, as experiências de manifestações espíritas que se realizavam na casa do Sr. B...,[92] na rua Lamartine, atraíram uma seleta e numerosa assistência. Eram mais ou menos sérios os Espíritos que se manifestavam nesse círculo; alguns disseram coisas de admirável sabedoria e notável profundeza, como se pode julgar por *O livro dos espíritos*, que ali fora começado e em grande parte realizado. Outros eram menos sérios; seu humor jovial prestava-se de bom grado a pilhérias, mas daquelas que jamais se afastavam das conveniências. Neste número se achava Frédéric Soulié, que veio espontaneamente, sem haver sido convidado, e cujas visitas inesperadas eram sempre um passatempo

---

[91] N.E.: Romancista, dramaturgo, crítico e jornalista francês (1800–1847). Autor do livro *Mémoires du diable* (*Memórias do diabo*).

[92] N.T.: Referência ao Sr. Baudin, cujas filhas adolescentes, Caroline e Julie Baudin, foram as primeiras médiuns que concorreram para o trabalho de Allan Kardec. *Vide Obras póstumas*, Segunda parte, A minha iniciação no Espiritismo.

agradável para os membros daquele círculo. Sua conversação era espirituosa, fina, mordaz, coerente e jamais desmentiu o autor das *Mémoires du diable*; aliás, nunca se deixou envolver pela lisonja; quando lhe dirigiam algumas perguntas um tanto mais espinhosas de Filosofia, confessava francamente sua incapacidade para resolvê-las, dizendo que ainda se achava bastante ligado à matéria e que preferia as coisas alegres às sérias.

A médium que lhe servia de intérprete era a Srta. Caroline B..., uma das filhas do dono da casa, do gênero exclusivamente passivo e que não tinha a menor consciência do que escrevia, podendo rir e conversar como bem lhe aprouvesse, o que fazia com prazer, enquanto sua mão se movimentava sobre o papel. Durante muito tempo o meio mecânico empregado foi a *cesta de bico*.[93] Mais tarde a médium se serviu da psicografia direta.

Perguntarão, sem dúvida, que prova possuímos de que o Espírito comunicante era o de Frédéric Soulié e não outro qualquer. Não nos cabe tratar aqui da questão da identidade dos Espíritos; diremos somente que a de Soulié se revelou por detalhes de tal forma numerosos que não podem escapar a uma observação atenta. Muitas vezes uma palavra, um gesto, um fato pessoal referido vinham confirmar que se tratava dele mesmo; por diversas vezes deixou sua assinatura, que foi confrontada com as originais. Um dia pediram-lhe que desse seu retrato, e o médium, que não sabe desenhar, e que nem mesmo jamais o tinha visto, fez um esboço de uma semelhança extraordinária.

Ninguém na reunião havia tido relações com ele quando vivia; por que, então, vinha sem ser chamado? É que se tinha ligado a um dos assistentes, sem jamais ter revelado o motivo; só aparecia quando essa pessoa se achava presente; entrava com ela e com ela ia embora, de sorte que, quando não estava presente, ela também não vinha e, coisa bizarra!, quando Soulié estava lá era difícil, ou

---

[93] N.T.: Esse processo, bastante primitivo, está descrito na Segunda parte, cap. XIII, item 154, de *O livro dos médiuns*.

mesmo impossível, haver comunicações de outros Espíritos; o próprio Espírito familiar da casa cedia-lhe o lugar, dizendo, por delicadeza, que deveria fazer as honras da *sua casa*.

      Um dia anunciou que nos daria um romance à sua maneira e, realmente, algum tempo depois começou uma narrativa cujo início era muito promissor. O assunto relacionava-se com os druidas e a cena se passava na Armórica, ao tempo da dominação romana; infelizmente, parece que se apavorou diante da tarefa que havia empreendido, porquanto — é preciso que se diga bem — o trabalho assíduo nunca foi o seu forte, confessando que encontrava mais satisfação na vida preguiçosa. Depois de haver ditado algumas páginas, abandonou o romance, mas disse que escreveria outro, que lhe daria menos trabalho. Foi então que escreveu o conto cuja publicação iniciamos. Mais de trinta pessoas assistiram a essa produção e podem atestar-lhe a origem. Não a damos absolutamente como obra de elevado alcance filosófico, mas como curiosa amostra de um trabalho de grande fôlego obtido dos Espíritos. Notar-se-á como tudo nele tem sequência, como tudo se encadeia com uma arte admirável. O que há de mais extraordinário é que esse relato foi retomado em cinco ou seis ocasiões diferentes e, muitas vezes, após interrupções de duas ou três semanas. Ora, a cada vez que recomeçava, o assunto continuava como se tivesse sido escrito de um sorvo, sem rasuras, sem aditamentos, e sem que houvesse necessidade de lembrar o que antes já fora relatado. Nós o damos tal qual saiu do lápis do médium, sem nada haver mudado, nem no estilo, nem nas ideias, nem no encadeamento dos fatos. Algumas repetições de palavras e pequenos senões de ortografia foram percebidos, tendo o próprio Soulié nos encarregado de os corrigir, dizendo que nos assistiria nesse mister. Quando tudo estava terminado, ele quis rever o conjunto, ao qual fez apenas algumas retificações sem importância, autorizando a sua publicação como bem o entendêssemos e cedendo, com satisfação, os direitos autorais. Todavia, julgamos por bem não o inserir na *Revista* sem o consentimento formal de seu amigo póstumo, a quem pertencia de direito, porque foi graças à sua presença e à sua solicitação que nos tornamos devedores dessa produção de Além-túmulo. O título foi dado pelo próprio Espírito Frédéric Soulié.

A. K.

Uma noite esquecida

I

Havia em Bagdá uma mulher do tempo de Aladim; é a sua história que vou narrar:

Num dos subúrbios de Bagdá, não longe do palácio da sultana Sheherazad, morava uma velha mulher chamada Manouza. Feiticeira das mais apavorantes, essa velha era motivo de terror em toda a cidade. À noite passavam-se em sua casa coisas tão assustadoras que, mal se punha o Sol, ninguém se aventurava a passar por ali, a não ser algum homem apaixonado à procura de um filtro[94] para sua amante rebelde, ou uma mulher abandonada em busca de um bálsamo para pôr na ferida que o amante, ao desamparála, lhe havia provocado.

Certo dia em que o sultão estava mais triste que de costume e a cidade se achava em grande desolação porque queria mandar matar a sultana favorita e que, por seu exemplo, todos os homens eram infiéis, um jovem deixou a sua magnífica habitação, situada ao lado do palácio da sultana. Esse jovem usava uma túnica e um turbante de cores sombrias, mas sob essas simples vestimentas havia grande ar de distinção. Procurava ocultar-se ao longo das casas, como se fora um amante que temesse ser surpreendido. Dirigia-se para os lados da casa de Manouza, a feiticeira. Uma viva ansiedade estampava-se em seu rosto, denunciando a preocupação que o agitava. Atravessou as ruas e praças rapidamente, porém usando de grande precaução.

---

[94] N.E.: Beberagem com que se pretende despertar o amor.

Chegando à porta, hesitou por alguns minutos, decidindo-se depois a bater. Durante um quarto de hora padeceu angústias mortais, porque ouvia ruídos que nenhum ouvido humano até então havia escutado; uma matilha de cães uivava com ferocidade, gritos lamentosos faziam-se ecoar e se percebiam gemidos de homens e mulheres, como sói acontecer no fim de uma orgia; e, para iluminar todo esse tumulto, luzes correndo de cima a baixo da casa, fogos-fátuos de todas as cores. Depois, como que por encanto, tudo cessou: as luzes se apagaram e abriu-se a porta.

II

O visitante ficou confuso por alguns instantes, sem saber se devia entrar no corredor escuro que surgia à sua vista. Por fim, armando-se de coragem, penetrou audaciosamente. Depois de haver caminhado às cegas o espaço de trinta passos, encontrou-se diante de uma porta que abria para uma sala, iluminada apenas por uma lâmpada de cobre de três bicos, suspensa do centro do teto.

A casa que, conforme o barulho ouvido da rua, deveria ser muito habitada, tinha agora um ar deserto; a sala, imensa, e que por sua construção devia ser a base do edifício, estava vazia, se excetuarmos os animais empalhados de todo tipo que a guarneciam.

No meio dessa sala havia uma pequena mesa coberta de livros de magia e, à sua frente, numa grande poltrona, estava assentada uma velhinha de apenas dois côvados, e de tal maneira agasalhada com xales e turbantes que era impossível divisar seus traços. À aproximação do estranho, ela levantou a cabeça e lhe mostrou o mais terrível rosto que se possa imaginar.

"Eis que estás aqui, Sr. Noureddin", disse ela, fixando os olhos de hiena no rapaz que entrava; "aproxima-te! Faz vários dias que meu crocodilo de olhos de rubi anunciou-me tua visita. Dize se é de um filtro que precisas, ou de fortuna. Mas, que digo eu, fortuna! A tua não faz inveja ao próprio sultão? Não és o mais rico, assim como és o mais belo? Provavelmente é um filtro que vens procurar. Qual é, pois, a mulher que tem a ousadia de ser cruel contigo? Enfim, nada devo dizer; nada sei; estou pronta a ouvir-te as dificuldades e a te dar os remédios necessários, desde, naturalmente, que minha ciência tenha o poder de te ser útil. Mas por que me olhas assim e não avanças? Estarias com medo? Tal como me vês, eu te amedronto, por acaso? Outrora fui bela; mais bela que todas as mulheres existentes em Bagdá; foram os desgostos que me tornaram tão feia assim. Mas que te importam os meus sofrimentos? Aproxima-te: eu te escuto; apenas não te posso conceder mais que dez minutos; apressa-te, portanto."

Noureddin não estava muito tranquilo; entretanto, porque não quisesse mostrar à velha a perturbação que o agitava, avançou e lhe disse:

"Mulher, venho aqui por uma coisa grave; de tua resposta depende a sorte de minha vida; vais decidir da minha felicidade e da minha morte. Eis do que se trata:

"O sultão quer mandar matar Nazara; eu a amo; vou contar-te de onde vem esse amor e te pedir me tragas um remédio, não à minha dor, mas à sua infeliz situação, porquanto não desejo que ela morra. Sabes que meu palácio é vizinho ao do sultão; nossos jardins se tocam. Há cerca de seis semanas, passeando à noite em meus jardins, ouvi uma música encantadora, acompanhada da mais deliciosa voz de mulher que jamais ouvira. Querendo saber de onde vinha, aproximei-me dos jardins vizinhos e percebi que se originava de um caramanchão de verdura, habitado pela sultana favorita. Fiquei vários dias absorvido por esses sons melodiosos; sonhava noite e dia com a bela desconhecida, cuja voz me havia seduzido, porque, é preciso que te diga, no meu pensamento só podia ser bela. Todas as noites eu passeava nas mesmas aleias em que tinha ouvido aquela maravilhosa harmonia. Durante cinco dias foi em vão; finalmente, no sexto dia a música fez-se ouvir novamente; não mais me podendo conter, aproximei-me do muro e vi que era preciso despender pouco esforço para o escalar.

"Após alguns momentos de hesitação, tomei uma grande decisão: passei do meu para o jardim vizinho; ali percebi não uma mulher, mas uma huri,[95] a huri favorita de Maomé, uma maravilha, enfim! À minha vista ela se assustou um pouco, mas, lançando-me a seus pés, supliquei que não tivesse nenhum receio e me ouvisse; disse-lhe que seu canto me havia atraído e garanti-lhe que em minhas atitudes não encontraria senão o mais profundo respeito; ela teve a bondade de me ouvir.

"Passamos a primeira noite a falar de música. Também cantei e ofereci-me para acompanhá-la; ela consentiu, e marcamos encontro para o dia seguinte, à mesma hora. Naquele momento estava mais tranquila; o sultão estava em seu conselho e a vigilância era menor. As duas ou três primeiras noites se passaram inteiramente com música, mas a música é a voz dos amantes e, a partir da quarta noite, não éramos mais estranhos um a outro: nós nos amávamos. Como era bela! Como sua alma também o era! Planejamos a fuga diversas vezes. Ah! por que não a realizamos? Eu seria menos infeliz e ela não estaria prestes a sucumbir. Essa bela flor não estaria a ponto de ser colhida pela foice que vai arrebatá-la à luz."

(Continua no próximo número.)

Variedades

O general Marceau

A *Gazette de Cologne* publica a seguinte história, que lhe foi comunicada por seu correspondente de Coblentz e que é, atualmente, o assunto de todas as conversações. O fato foi relatado pela *Patrie* do dia 10 de outubro de 1858.

Sabe-se que abaixo do Forte do imperador Francisco, perto da estrada de Colônia, encontra-se o monumento do general

---

[95] N.E.: Moça de grande beleza que, segundo o Alcorão, desposará no paraíso o muçulmano fiel.

francês Marceau, que tombou em Altenkirchen e foi enterrado em Coblentz, no monte Saint-Pierre, onde se acha atualmente a parte principal do forte. O monumento do general, que consiste numa pirâmide truncada, foi mais tarde removido quando se iniciaram as fortificações de Coblentz. Todavia, por ordem expressa do falecido rei Frederico III, foi reconstruído no local em que se encontra atualmente.

O Sr. de Stramberg, que em seu *Reinischen antiquarius* dá uma biografia muito detalhada de Marceau, relata que duas pessoas julgaram ter visto o general à noite, por várias vezes, montado num cavalo e usando o manto branco dos caçadores franceses. Desde algum tempo já se dizia em Coblentz que Marceau abandonava o túmulo e muitas pessoas garantiam tê-lo visto. Há alguns dias um soldado, estando de sentinela no monte Saint-Pierre, em Petersburgo, viu surgir em sua direção um cavaleiro branco, montado num cavalo igualmente branco. Gritou: "Quem vem aí?" Não tendo obtido resposta a três interpelações, atirou no desconhecido, que caiu sem sentidos. Ao ouvir o estampido, uma patrulha acorreu ao local e encontrou a sentinela desmaiada. Levada ao hospital, onde ficou gravemente doente, pôde, entretanto, relatar o que vira. Outra versão garante que o soldado morreu em consequência da aventura. Eis a anedota, tal qual pode ser constatada por toda a cidade de Coblentz.

ALLAN KARDEC

Revista Espírita
Jornal de estudos psicológicos
Ano I   Dezembro de 1858   Nº 12

Aparições

O fenômeno das aparições apresenta-se hoje sob um aspecto de certo modo novo, projetando viva luz sobre os mistérios da vida de Além-túmulo. Antes de abordar os estranhos fatos que vamos relatar, julgamos de nosso dever repetir a explicação que foi dada e completá-la.

Não se deve de maneira alguma perder de vista que, durante a vida, o Espírito se encontra unido ao corpo por uma substância semimaterial, que constitui um primeiro envoltório e que designamos sob o nome de perispírito. Tem, pois, o Espírito dois envoltórios: um grosseiro, pesado e *destrutível* — o corpo; e outro etéreo, vaporoso e *indestrutível* — o perispírito. A morte nada mais é que a destruição do envoltório grosseiro, é a roupa usada que deixamos; o envoltório semimaterial persiste, constituindo, por assim dizer, um novo corpo para o Espírito. Essa matéria eterizada — é bom que notemos — absolutamente não é a alma, é apenas o seu primeiro envoltório. A natureza íntima dessa substância ainda não é perfeitamente conhecida, mas a observação nos colocou no caminho de algumas de suas propriedades. Sabemos que desempenha um papel capital em todos os fenômenos espíritas; após a morte, é o agente intermediário entre o Espírito e a matéria, assim como o corpo durante a vida. Por aí se explica uma porção de problemas até então insolúveis. Veremos em artigo subsequente o papel que ele representa nas sensações dos Espíritos. A descoberta do perispírito, portanto, se assim nos podemos expressar, permitiu que a ciência espírita desse um passo enorme e entrasse numa via inteiramente nova. Mas, direis, não será esse perispírito uma criação fantástica da imaginação? Não seria mais uma dessas suposições feitas pela ciência para explicar certos efeitos? Não; não é obra da imaginação, porque foram os próprios Espíritos que o revelaram; não se trata de ideia fantástica, desde que pode ser constatado pelos sentidos, *ser visto e tocado*. A coisa existe, apenas o termo é nosso. Necessitamos de palavras novas para exprimir coisas novas. Os próprios Espíritos o adotaram nas comunicações que tivemos com eles.

Por sua natureza e em seu estado normal, o períspirito é invisível para nós, embora possa sofrer modificações que o tornam perceptível à vista, seja por uma espécie de condensação, seja por uma mudança em sua disposição molecular: é então que nos aparece sob uma forma vaporosa. A condensação — termo que utilizamos à falta de outro melhor, mas que não deve ser tomado ao pé da letra — a condensação, dizíamos, pode ser de tal intensidade que o perispírito passa a adquirir as propriedades de um corpo sólido e tangível, conquanto seja capaz de retomar instantaneamente o seu estado etéreo e invisível. Podemos ter uma ideia desse efeito pelo vapor, que é capaz de passar da invisibilidade ao estado brumoso, depois ao líquido, em seguida ao sólido e *vice-versa*. Esses diferentes estados do perispírito são o produto da vontade do Espírito, e não de uma causa física exterior. Quando ele nos aparece é que dá ao seu perispírito a propriedade necessária para torná-lo visível, e essa propriedade ele a pode estender, restringir e fazer cessar à vontade.

Outra propriedade da substância do perispírito é a de penetrabilidade. Nenhuma matéria lhe opõe obstáculo: ele as atravessa todas, como a luz atravessa os corpos transparentes.

Separado do corpo, o perispírito assume uma forma determinada e limitada, e essa forma normal é a do corpo humano, embora não seja constante; o Espírito pode dar-lhe, à vontade, as mais variadas aparências, mesmo a de um animal ou de uma chama. Aliás, concebe-se isso muito facilmente. Não vemos homens que imprimem ao rosto as mais diversas expressões, imitando, a ponto de nos enganarem, a voz e as expressões de outras pessoas, parecerem corcundas, coxos etc.? Quem na rua reconheceria certos atores que só são vistos caracterizados no palco? Se, portanto, o homem pode assim dar ao seu corpo material e rígido aparências tão contrárias, com mais forte razão o Espírito poderá fazê-lo com um envoltório eminentemente flexível e que se pode prestar a todos os caprichos da vontade.

Os Espíritos, pois, geralmente nos aparecem sob a forma humana; em seu estado normal, essa forma não tem nada de bem característico, nada que os distinga uns dos outros de uma maneira muito nítida; nos Espíritos bons, ela é ordinariamente bela e regular: longos cabelos flutuantes sobre os ombros e túnicas a envolver-lhes o corpo. Quando querem, porém, fazer-se reconhecidos, tomam exatamente todos os traços sob os quais eram conhecidos e, quando necessário, até mesmo a aparência do vestuário. Assim, para exemplificar, como Espírito, Esopo não é disforme: mas se for evocado como Esopo, ainda que tivesse tido várias existências posteriores, apareceria feio e corcunda, com a indumentária tradicional. Essa vestimenta, talvez, é o que mais espanta; porém, se considerarmos que faz parte integrante do envoltório semimaterial, concebe-se que o Espírito possa dar a esse envoltório a aparência de tal ou qual vestuário, como a de tal ou qual fisionomia.

Tanto podem os Espíritos aparecer em sonho como em estado de vigília; as aparições em estado de vigília não são raras nem novas; sempre existiram em todos os tempos, e a História as registra em grande número; mas sem retroceder tanto, hoje essas visões são bastante frequentes e muita gente, num primeiro instante, tomou-as por alucinações. São frequentes, sobretudo, nos casos de morte de pessoas ausentes, que vêm visitar seus parentes ou amigos. Muitas vezes não têm um fim determinado, mas, em geral, podemos dizer que os Espíritos que assim nos aparecem são atraídos a nós por simpatia. Conhecemos uma jovem senhora que à noite, em sua casa, com ou sem iluminação, via homens que entravam e saíam, embora as portas estivessem fechadas. Isso a deixava muito espantada, tornando-a de uma pusilanimidade que tocava as raias do ridículo. Certo dia viu distintamente seu irmão, então na Califórnia e que absolutamente não havia morrido, o que vem provar que o Espírito dos vivos pode vencer as distâncias e aparecer num determinado lugar, enquanto seu corpo repousa alhures. Desde que foi iniciada no Espiritismo, essa senhora não mais teve medo, porque se deu conta das visões e sabe que os Espíritos que a vêm visitar não podem fazer-lhe nenhum mal. Quando seu irmão apareceu, é provável que estivesse dormindo; se pudesse ter explicado a sua presença, poderia ter mantido conversação com ele, o qual, ao despertar, talvez conservasse uma vaga lembrança desse encontro. Além disso, é provável que nesse momento ele sonhasse que se achava ao lado da irmã.

Dissemos que o perispírito pode adquirir a tangibilidade; já falamos desse assunto quando nos referimos às manifestações produzidas pelo Sr. Home. Sabemos que por diversas vezes fez aparecessem mãos, que se podia apalpar como se fossem vivas, mas que, repentinamente, se desvaneciam como uma sombra; não se tinham visto, porém, ainda corpos inteiros sob essa forma tangível, embora esse fato não seja impossível. Numa família do conhecimento íntimo de um de nossos assinantes, um Espírito se vinculou à filha do dono da casa, menina de seus 10 ou 11 anos, sob a forma de um belo garoto da mesma idade. Fazia-se visível para ela qual se fora uma pessoa comum, e visível ou invisível para os outros conforme lhe aprouvesse; prestava-lhe toda sorte de bons serviços, trazia-lhe brinquedos, bombons, fazia o serviço doméstico, ia comprar aquilo de que precisavam e o que mais o valha. Não se trata absolutamente de uma lenda da mística Alemanha, e de forma alguma é uma anedota da Idade Média, mas sim de um fato atual, que se passa no momento em que escrevemos, numa cidade da França e numa família muito honrada.

Fizemos até mesmo estudos bastante interessantes sobre esse fato, os quais nos forneceram as mais estranhas e inesperadas revelações. Haveremos de entreter nossos leitores de modo mais completo em artigo especial que publicaremos brevemente.

Sr. Adrien, médium vidente

Toda pessoa que pode ver os Espíritos sem o auxílio de terceiros é, por isso mesmo, médium vidente, mas em geral as aparições são fortuitas, acidentais. Ainda não conhecíamos ninguém com aptidão para ver os Espíritos de maneira permanente e à vontade. É dessa notável faculdade que é dotado o Sr. Adrien, um dos membros da Sociedade Parisiense de Estudos Espíritas. Ele é, ao mesmo tempo, médium vidente, escrevente, audiente e sensitivo. Como médium psicógrafo, escreve o ditado dos Espíritos, mas, raramente, de modo mecânico, como os médiuns puramente passivos, ou seja, embora escreva coisas estranhas ao seu pensamento, tem consciência daquilo que escreve. Como médium audiente, escuta as vozes ocultas que lhe falam. Temos, na Sociedade, dois outros médiuns que gozam dessa última faculdade no mais alto grau. São, simultaneamente, ótimos médiuns escreventes. Enfim, como médium sensitivo, sente o contato dos Espíritos e a pressão que exercem sobre ele; chega mesmo a sentir comoções elétricas muito violentas, que se comunicam às pessoas presentes. Quando magnetiza alguém, pode, à vontade e desde que se faça necessário à saúde, produzir-lhe a descarga de uma pilha voltaica.

Acaba de revelar-se nele uma nova faculdade: a dupla vista; sem ser sonâmbulo e conquanto inteiramente desperto, vê à vontade, a uma distância ilimitada, mesmo além dos mares, o que se passa numa localidade; vê as pessoas e o que estão fazendo; descreve lugares e fatos com uma precisão cuja exatidão tem sido verificada. Apressemo-nos em dizer que o Sr. Adrien de forma alguma é desses homens fracos e crédulos que se deixam arrastar pela imaginação; ao contrário: trata-se de um homem de caráter bastante frio, muito calmo e que vê tudo isso com o mais absoluto sangue-frio; não dizemos com indiferença — longe disso — porquanto leva suas faculdades a sério e as considera como um dom da Providência, que lhe foi concedido para o bem e, assim, dele se serve para as coisas úteis e *jamais* para satisfazer a vã curiosidade. É um rapaz novo, de família distinta, muito honrado, de caráter meigo e benevolente, cuja educação esmerada revela-se na linguagem e em todas as suas maneiras. Como marinheiro e como militar, já percorreu uma parte da África, da Índia e de nossas colônias.

De todas as suas faculdades como médium, a mais notável e, em nossa opinião a mais preciosa, é a vidência. Os Espíritos lhe aparecem sob a forma que descrevemos em nosso artigo anterior sobre as aparições; ele os vê com uma precisão da qual podemos fazer ideia pelos retratos que daremos um pouco mais adiante da viúva do Malabar e da Bela Cordoeira de Lyon. Mas, dirão, o que prova que vê mesmo e que não é vítima de uma ilusão? O que prova é que quando alguém que ele não conhece, por seu intermédio, invoca um parente ou um amigo que jamais viu, faz deste um retrato de extraordinária semelhança, que nós mesmos pudemos constatar. Não há, pois, para nós a menor dúvida a respeito dessa faculdade, que ele goza no estado de vigília, e não como sonâmbulo.

O que há talvez de mais notável ainda é o fato de não apenas ver os Espíritos que evocamos, mas, ao mesmo tempo, todos os que se acham presentes, evocados ou não; ele os vê entrando, saindo, indo e vindo, ouvindo o que se diz, rindo ou levando a sério, segundo seu caráter; uns são graves, outros têm um ar zombeteiro e sardônico. Por vezes algum deles avança para um dos assistentes, pondo-lhe a mão sobre o ombro ou se colocando ao seu lado, enquanto outros se mantêm afastados; numa palavra, em toda reunião há sempre uma assembleia oculta, composta de Espíritos atraídos pela simpatia às pessoas ou às coisas das quais se ocupam; nas ruas o Sr. Adrien vê uma multidão deles, pois além dos Espíritos familiares que acompanham seus protegidos há, como entre nós, a massa dos indiferentes e dos que nada têm a fazer. Disse-nos ele que, em sua casa, jamais se encontra sozinho e nunca se aborrece: há sempre uma assembleia, com a qual se entretém.

Sua faculdade não se estende somente aos Espíritos dos mortos, mas também aos dos vivos; quando vê uma pessoa, pode fazer abstração de seu corpo: o Espírito então lhe aparece como se dele estivesse separado, podendo com ele conversar. Numa criança, por exemplo, pode ver o Espírito nela encarnado, apreciar-lhe a natureza e saber o que era antes de encarnar.

Essa faculdade, levada a semelhante grau, melhor que todas as comunicações escritas, nos instrui na natureza do mundo dos Espíritos, mostrando-nos tal qual é; e, se não o vemos com os olhos do corpo, a descrição que dele nos dá faz com que o vejamos pelo pensamento; os Espíritos já não são aqueles seres abstratos, mas seres reais, que estão ao nosso lado, que se nos acotovelam sem cessar; e, como agora sabemos que seu contato pode ser material, compreendemos a causa de uma porção de impressões que sentimos sem que delas nos déssemos conta. Por isso colocamos o Sr. Adrien no número dos médiuns mais notáveis e na primeira fila dos que nos hão fornecido os mais preciosos elementos para o conhecimento do mundo espírita; sobretudo o colocamos nessa posição por suas qualidades pessoais, que são as de um homem de bem por excelência e que o tornam eminentemente simpático aos Espíritos de ordem mais elevada, o que nem sempre ocorre com os médiuns de efeitos puramente físicos. Entre estes, sem dúvida, há os que fazem sensação, que cativam melhor a curiosidade; contudo, para o bom observador, para o que deseja sondar os mistérios desse mundo maravilhoso, o Sr. Adrien é o mais poderoso auxiliar que já temos visto. Assim, colocamos sua faculdade e complacência a serviço de nossa instrução pessoal, seja na intimidade, seja nas sessões da Sociedade, seja, enfim, em visitas a diversos locais de reunião. Estivemos juntos nos teatros, bailes, passeios, hospitais, cemitérios e igrejas; assistimos a enterros, casamentos, batismos e sermões; em toda parte observamos a natureza dos Espíritos que ali vinham reunir-se, estabelecendo conversação com alguns deles, interrogando-os e aprendendo muitas coisas, que tornaremos proveitosas aos nossos leitores, porquanto nosso fim é fazer com que penetrem, como nós, nesse mundo tão novo para todos. O microscópio revelou-nos o mundo dos infinitamente pequenos, do qual não suspeitávamos, embora estivesse ao alcance de nossas mãos; da mesma forma, o telescópio mostrou-nos uma infinidade de mundos celestes que não sabíamos que existiam. O Espiritismo descobre-nos o mundo dos Espíritos, que está por toda parte, ao nosso lado como nos espaços, mundo real que reage incessantemente sobre nós.

Um Espírito nos funerais de seu corpo

Estado da alma no momento da morte

Os Espíritos sempre nos disseram que a separação da alma e do corpo não se dá instantaneamente; algumas vezes começa antes da morte real, durante a agonia; quando a última pulsação se faz sentir, o desprendimento ainda não se completou, operando-se mais ou menos lentamente, conforme as circunstâncias e, até sua completa liberação, experimenta uma perturbação, uma confusão que lhe não permitem dar-se conta de sua situação; encontra-se no estado de alguém que desperta e cujas ideias são confusas. Tal estado nada tem de penoso para o homem cuja consciência é pura; sem saber explicar bem o que vê, está calmo, esperando, sem temor, o completo despertar; é, ao contrário, cheio de angústia e de terror para quem teme o futuro. Dizemos que a duração dessa perturbação é variável; é bem menor nos que, durante a vida, já elevaram seus pensamentos e purificaram a alma, sendo suficientes dois ou três dias, enquanto a outros são necessários, por vezes, oito dias ou mais. Temos presenciado frequentemente esse momento solene e sempre vimos a mesma coisa; não é, pois, uma teoria, mas o resultado de observações, desde que é o Espírito quem fala e pinta a sua própria situação. Eis a seguir um exemplo muito mais característico e interessante para o observador, já que não se refere a um Espírito invisível escrevendo por meio de um médium, mas a um Espírito que visto e ouvido na presença de seu corpo, seja na câmara mortuária, seja na igreja, durante o serviço fúnebre:

O Sr. X... acabava de ser acometido de um ataque de apoplexia; algumas horas depois de sua morte o Sr. Adrien, um de seus amigos, achava-se na câmara mortuária com a esposa do defunto; viu o Espírito deste, muito distintamente, caminhar em todos os sentidos, olhar alternadamente para seu corpo e para as pessoas presentes e, depois, assentar-se numa poltrona; tinha exatamente a mesma aparência que possuía em vida; vestia-se do mesmo modo: sobrecasaca e calça pretas; tinha as mãos no bolso e o ar preocupado.

Durante esse tempo sua mulher procurava um papel na secretária. Olhando-a, o marido disse: "Por mais que procures, nada encontrarás." Ela nada suspeitava do que então se passava, pois o Sr. X... era visível apenas ao Sr. Adrien.

No dia seguinte, durante o serviço fúnebre, o Sr. Adrien viu novamente o Espírito do amigo vagando ao lado do caixão, embora não mais portasse o costume da véspera; fazia-se envolver por uma espécie de túnica, estabelecendo-se entre ambos a seguinte conversa. Notemos, de passagem, que o Sr. Adrien absolutamente não é sonâmbulo e que nesse momento, tanto quanto no dia anterior, estava perfeitamente desperto e o Espírito lhe aparecia como se fosse um dos assistentes do enterro.

P. Dize-me uma coisa, meu caro Espírito: que sentes agora?

Resp. – Bem e sofrimento.

P. Não compreendo isso.

Resp. – Sinto que estou vivendo minha verdadeira vida e, no entanto, vejo meu corpo aqui neste caixão; apalpo-me e não me percebo, contudo sinto que vivo, que existo. Sou, pois, dois seres? Ah! deixai-me sair desta noite: tenho pesadelo.

P. Permanecerás por muito tempo assim?

Resp. – Oh! não; graças a Deus, meu amigo; sinto que logo despertarei. De outro modo seria horrível; tenho as ideias confusas; tudo é nevoeiro; sonho *na grande divisão* que acaba de ser feita... e da qual ainda nada compreendo.

P. Que efeito vos produziu a morte?

Resp. – A morte! Não estou morto, meu filho; tu te enganas. Levantava e, de repente, fui tomado por uma escuridão que me desceu sobre os olhos; depois me ergui: julga o meu espanto ao me ver e me sentir vivo, percebendo, ao lado, sobre a laje, meu outro *ego* deitado. Minhas ideias eram confusas; errei para me refazer, mas não pude; vi chegar minha esposa, velar-me, lamentar-se, e me perguntei: Por quê? Consolei-a, falei-lhe, mas não respondia nem me compreendia; foi isso que me torturou, deixando-me o Espírito ainda mais perturbado. Somente tu me fizeste o bem, porque me ouviste e compreendes o que quero; tu me auxilias a pôr em ordem minhas ideias e me fazes um grande bem; mas por que os outros não fazem o mesmo? Eis o que me tortura... O cérebro está esmagado em face dessa dor... Irei vê-la; quem sabe ela me entenda agora... Até logo, caro amigo; chama-me e irei ver-te... Far-te-ei uma visita de amigo... Surpreender-te-ei... Até logo.

A seguir o Sr. Adrien o viu aproximar-se do filho, que chorava. Curvou-se sobre ele, permaneceu alguns instantes nessa posição e, depois, partiu rapidamente. Não havia sido entendido, mas imaginava, por certo, ter produzido um som. Quanto ao Sr. Adrien, estava persuadido de que aquilo que dizia o Sr. X... chegava até o coração do filho, comprometendo-se a prová-lo. Mais tarde viu o rapaz: estava mais calmo.

Observação – Esta narração concorda com tudo aquilo que havíamos observado sobre o fenômeno da separação da alma; confirma, em circunstâncias bastante especiais, essa verdade: após a morte o Espírito ainda está ali presente. Enquanto todos acreditam ter diante de si um corpo inerte, ele vê e escuta tudo quanto se passa à sua volta, penetra o pensamento dos assistentes e sabe que, entre si e estes últimos, a única diferença que existe é a visibilidade e a invisibilidade; as lágrimas hipócritas dos ávidos herdeiros não o enganam. Quantas decepções devem os Espíritos experimentar nesse momento!

Fenômeno de bicorporeidade

Um dos membros da Sociedade nos dá ciência de uma carta de um de seus amigos de Boulogne-sur-Mer, datada de 26 de julho de 1856, na qual se lê a seguinte passagem:

> Desde que o magnetizei por ordem dos Espíritos, meu filho tornou-se um médium muito raro: pelo menos foi o que me revelou no estado sonambúlico no qual eu o havia posto, atendendo a pedido seu de 14 de maio último, e quatro ou cinco vezes depois.

> Para mim é fora de dúvida que, desperto, meu filho conversa livremente com os Espíritos que deseja, por intermédio de seu guia, que chama familiarmente de seu amigo; que se transporta à vontade em Espírito aonde deseja. Vou citar um fato cujas provas escritas tenho em mãos.

> Há exatamente um mês estávamos os dois na sala de jantar. Eu lia o curso de magnetismo do Sr. Du Potet quando meu filho pegou o livro e o folheou; chegando num certo trecho, seu guia lhe disse ao ouvido: "Lê isso." Era a aventura de um médico da América, cujo Espírito tinha visitado um amigo que dormia, a 15 ou 20 léguas de distância. Depois de o haver lido, disse: "Bem que gostaria de fazer uma pequena viagem semelhante." — "Pois bem!" — disse o guia. "Aonde queres ir?"— "A Londres, para ver os amigos" — respondeu meu filho, designando os que desejava visitar. — "Amanhã é domingo" — foi a resposta — "e não és obrigado a te levantares cedo para trabalhar. Dormirás às oito horas e irás viajar a Londres até às oito e meia. Na próxima sexta-feira receberás uma carta de

teus amigos, censurando-te por haveres permanecido tão pouco tempo com eles."

Efetivamente, na manhã do dia seguinte, na hora indicada, ele adormeceu profundamente. Despertei-o às oito e meia: não se lembrava de nada; de minha parte não lhe disse uma só palavra, aguardando os acontecimentos.

Na sexta-feira seguinte eu trabalhava em uma de minhas máquinas e, como de hábito, fumava, pois já havia almoçado; olhando a fumaça do cachimbo, meu filho diz: "Olha! Há uma carta na fumaça." — "Como vês uma carta na fumaça?" — "Tu a verás" — responde ele —, "pois eis que o carteiro a está trazendo." Efetivamente, o carteiro veio entregar uma carta de Londres, na qual os amigos de meu filho o censuravam por não haver passado com eles senão alguns instantes, no domingo precedente, das oito às oito horas e meia, com uma porção de detalhes que seria longo demais repetir aqui, entre os quais o fato singular de ter almoçado com eles. Como disse, tenho a carta, a provar que nada inventei.

Tendo sido narrado o fato acima, disse um dos assistentes que a História se reporta a diversos fatos semelhantes, e citou Santo Afonso de Liguori, canonizado antes do tempo requerido por se haver mostrado simultaneamente em dois lugares distintos, o que passou por milagre.

Santo Antônio de Pádua achava-se na Espanha[96] e, no instante em que predicava, seu pai, acusado de assassinato, ia ser supliciado em Pádua. Nesse momento aparece Antônio, demonstrando a inocência do pai e revelando o verdadeiro criminoso, que mais tarde sofreu o castigo. Foi constatado que no mesmo instante Santo Antônio pregava na Espanha.

---

[96] N.T.: Na verdade, Santo Antônio pregava na Itália, no instante em que seu pai ia ser supliciado em Portugal (Lisboa).

Tendo sido evocado, dirigimos as seguintes perguntas a Santo Afonso de Liguori:

1. O fato pelo qual fostes canonizado é real?
Resp. – Sim.

2. Esse fenômeno é excepcional?
Resp. – Não; pode apresentar-se em todos os indivíduos desmaterializados.

3. Era motivo justo para vos canonizarem?
Resp. – Sim, desde que por minha virtude eu me havia elevado até Deus; sem isso não teria podido transportar-me simultaneamente para dois lugares diferentes.

4. Todos os indivíduos, nos quais se apresentam esses fenômenos, merecem ser canonizados?
Resp. – Não, porque nem todos são igualmente virtuosos.

5. Poderíeis dar-nos a explicação desse fenômeno?
Resp. – Sim. Quando o homem, por sua virtude, se acha completamente desmaterializado, quando elevou sua alma para Deus, pode aparecer em dois lugares ao mesmo tempo, do seguinte modo: sentindo vir o sono, pode o Espírito encarnado pedir a Deus para transportar-se a um lugar qualquer. Seu Espírito ou sua alma, como quiserdes chamá-lo, abandona então o corpo, seguido de uma parte de seu perispírito, deixando a matéria imunda num estado vizinho ao da morte. Digo vizinho da morte porque ficou no corpo um laço, ligando o perispírito e a alma à matéria, e esse laço não pode ser definido. O corpo então aparece no lugar desejado. Creio que é tudo quanto desejais saber.

6. Isso não nos dá a explicação da visibilidade e da tangibilidade do perispírito.

Resp. – Achando-se o Espírito desprendido da matéria, conforme seu grau de elevação, pode tornar-se tangível à matéria.

7. Entretanto, certas aparições tangíveis de mãos e de outras partes do corpo pertencem, evidentemente, a Espíritos de ordem inferior.

Resp. – São Espíritos superiores que se servem dos inferiores, a fim de provarem o fenômeno.

8. O sono do corpo é indispensável para que o Espírito apareça em outros lugares?

Resp. – A alma pode dividir-se quando se sente transportada a um lugar diferente daquele onde se acha o seu corpo.

9. Estando mergulhado em sono profundo, quando seu Espírito aparece alhures, o que aconteceria a um homem que fosse subitamente despertado?

Resp. – Isso não ocorreria, porque se alguém tivesse a intenção de o despertar, o Espírito retornaria ao corpo, pois, lendo o pensamento, saberia prever essa situação.

Tácito[97] refere um fato análogo:[98]

Durante os meses que Vespasiano passou em Alexandria, aguardando a volta periódica dos ventos estivais e da estação em que o mar oferece segurança, muitos prodígios aconteceram, pelos quais se manifestaram a proteção do céu e o interesse que os deuses tomavam por aquele príncipe...

Esses prodígios redobraram em Vespasiano o desejo de visitar a morada sagrada dos deuses, para consultá-los sobre as coisas do Império. Ordenou que o templo fosse fechado para todos e, tendo nele entrado, estava muito atento ao que ia dizer o oráculo.

---

[97] N.E.: Públio Cornélio Tácito (56–120), historiador latino.
[98] N.T.: *Vide O livro dos médiuns*, Segunda parte, cap. VII, item 120.

quando percebeu, por detrás de si, um dos mais eminentes egípcios, chamado Basílide, que ele sabia estar doente em lugar distante muitos dias de Alexandria. Perguntou aos sacerdotes se Basílide viera ao templo naquele dia, informou-se com os transeuntes se o tinham visto na cidade e, por fim, despachou alguns homens a cavalo para para colher informações sobre ele, vindo a saber que, no momento em que Basílide lhe aparecera, estava a 80 milhas de distância. Desde então, não teve mais duvida de que a visão era sobrenatural e o nome de Basílide lhe ficou valendo por um oráculo. (Tácito: *Histórias*, livro IV, caps. 81 e 82. Tradução Burnouf).

Desde que essa comunicação nos foi feita, diversos fatos do mesmo gênero, cuja fonte é autêntica, foram-nos relatados e, entre eles, existem alguns muito recentes, que por assim dizer ocorreram em nosso meio e se apresentaram nas mais singulares circunstâncias. As explicações às quais deram lugar alargaram o campo das observações psicológicas de maneira extraordinária.

A questão dos homens duplos, outrora relegada entre os contos fantásticos, parece ter, assim, um fundo de verdade. A ela retornaremos brevemente.

Sensações dos Espíritos[99]

Sofrem os Espíritos? Que sensações experimentam? Tais questões nos são naturalmente dirigidas e vamos tentar resolvê-las. Inicialmente devemos dizer que, para isso, não nos contentamos com as respostas dos Espíritos. De certa maneira, por meio de numerosas observações, tivemos que considerar a sensação com o fato.

Em uma de nossas reuniões, pouco depois que São Luís nos transmitiu a bela dissertação sobre a avareza, inserida em nosso número do mês de fevereiro, um de nossos associados narrou o seguinte fato, a propósito dessa mesma dissertação.

---

[99] N.T.: *Vide O livro dos espíritos*, Livro segundo, q. 257.

"Estávamos ocupados de evocações numa pequena reunião de amigos quando se apresentou, inopinadamente e sem que o tivéssemos chamado, o Espírito de um homem que havíamos conhecido muito bem e que, quando vivo, poderia ter servido de modelo ao retrato do avarento, feito por São Luís: um desses homens que vivem miseravelmente no meio da fortuna e que se privava não pelos outros, mas para acumular sem proveito para ninguém. Era inverno, estávamos perto do fogo; de repente aquele Espírito lembrou-nos seu nome, no qual absolutamente não pensávamos, pedindo-nos permissão para vir, durante três dias, aquecer-se à nossa lareira, pois que sofria horrivelmente do frio que voluntariamente suportara durante a vida e que, por sua avareza, também fizera os outros suportar. Era um alívio que experimentaria, acrescentou, caso concordássemos com o pedido."

Aquele Espírito, pois, experimentava penosa sensação de frio, mas como a experimentava? Eis aí a dificuldade. A esse respeito dirigimos a São Luís as seguintes perguntas:

— Consentiríeis em dizer-nos como esse Espírito de avarento, que não tinha mais o corpo material, podia sentir frio e pedir para se aquecer?

Resp. – Podes representar os sofrimentos do Espírito pelos sofrimentos morais.

— Concebemos os sofrimentos morais, como pesares, remorsos, vergonha; mas o calor e o frio, a dor física, não são efeitos morais; experimentariam os Espíritos tais sensações?

Resp. – Tua alma sente frio? Não, mas tem consciência da sensação que age sobre o corpo.

— Disso parece resultar que esse Espírito de avarento não sentia um frio real, mas a lembrança da sensação do frio que havia suportado, e essa lembrança, tida por ele como realidade, tornava-se um suplício.

Resp. – É mais ou menos isso. Fique bem entendido que há uma distinção, que compreendeis perfeitamente, entre a dor física e a dor moral; não se deve confundir o efeito com a causa.

— Se bem entendemos, poderíamos, ao que nos parece, explicar as coisas do seguinte modo:

O corpo é o instrumento da dor. Se não é a causa primeira desta, é, pelo menos, a causa imediata. A alma tem a percepção da dor: essa percepção é o efeito. A lembrança que da dor a alma conserva pode ser muito penosa, mas não pode ter ação física. De fato, nem o frio nem o calor são capazes de desorganizar os tecidos da alma, que não é suscetível de congelar-se nem de queimar-se. Não vemos todos os dias a recordação ou a apreensão de um mal físico produzirem o efeito desse mal, como se real fosse? Não as vemos até causar a morte? Toda gente sabe que aqueles cujos membros foram amputados costumam sentir dor no membro que lhes falta. Certo que aí não está a sede, nem sequer o ponto de partida da dor. O que há, apenas, é que o cérebro guardou esta impressão. Lícito, portanto, será admitir-se que coisa análoga ocorra nos sofrimentos do Espírito após a morte. Essas reflexões são justas?

Resp. – Sim; mais tarde, porém, compreendereis melhor ainda. Esperai que novos fatos venham vos fornecer motivos de observação; deles tirareis consequências mais completas.

Isso se passava no começo de 1858; desde então, com efeito, um estudo mais aprofundado do perispírito, que desempenha um papel tão importante em todos os fenômenos espíritas, e do qual não se tinha ainda conhecimento; as aparições vaporosas ou tangíveis; o estado do Espírito no momento da morte; a ideia, tão frequente no Espírito, de que ainda está vivo; o quadro tão impressionante dos suicidas, dos supliciados, das pessoas que se deixaram absorver pelos prazeres materiais e tantos outros fatos mais, vieram projetar nova luz sobre essa questão e ensejaram explicações, cujo resumo faremos aqui.

O perispírito é o laço que à matéria do corpo prende o Espírito, o qual o tira do meio ambiente, do fluido universal. Participa ao mesmo tempo da eletricidade, do fluido magnético e, até certo ponto, da matéria inerte. Poder-se-ia dizer que é a quintessência da matéria. É o princípio da vida orgânica, porém não o da vida intelectual, que reside no Espírito. É, além disso, o agente das sensações exteriores. No corpo, os órgãos, servindo-lhes de condutos, localizam essas sensações. Destruído o corpo, elas se tornam gerais. Daí o Espírito não dizer que sofre mais da cabeça do que dos pés, ou vice-versa. Não se confundam, porém, as sensações do perispírito, que se tornou independente, com as do corpo. Estas últimas só por termo de comparação as podemos tomar, e não por analogia. Um excesso de calor ou de frio pode desorganizar os tecidos do corpo, mas não pode causar nenhum dano ao perispírito. Liberto do corpo, o Espírito pode sofrer, mas esse sofrimento não é corporal, embora não seja exclusivamente moral, como o remorso, pois que ele se queixa de frio e calor. Também não sofre mais no inverno do que no verão: temo-los visto atravessar chamas, sem experimentarem qualquer dor. Nenhuma impressão lhes causa, conseguintemente, a temperatura. A dor que sentem não é, pois, uma dor física propriamente dita: é um vago sentimento íntimo, que o próprio Espírito nem sempre compreende bem, precisamente porque a dor não se acha localizada e porque não a produzem agentes exteriores; é mais uma reminiscência do que uma realidade, reminiscência, porém, igualmente penosa. Algumas vezes, entretanto, há mais do que isso, como vamos ver.

Ensina-nos a experiência que, por ocasião da morte, o perispírito se desprende mais ou menos lentamente do corpo; que, durante os primeiros minutos depois da desencarnação, o Espírito não encontra explicação para a situação em que se acha. Crê não estar morto, por isso que se sente vivo; vê ao lado o corpo, sabe que lhe pertence, mas não compreende que esteja separado dele. Essa situação dura enquanto haja qualquer ligação entre o corpo e o perispírito. Que nos reportemos à evocação do suicida dos banhos da Samaritana que relatamos em nosso número do mês de junho.

Como todos os outros, ele dizia: "Não, não estou morto." E acrescentava: "No entanto, sinto os vermes a me corroerem." Ora, indubitavelmente, os vermes não lhe roíam o perispírito e ainda menos o Espírito; roíam-lhe apenas o corpo. Como, porém, não era completa a separação do corpo e do perispírito, uma espécie de repercussão moral se produzia, transmitindo ao Espírito o que estava ocorrendo no corpo. Repercussão talvez não seja o termo próprio, porque pode induzir à suposição de um efeito muito material. Era antes a visão do que se passava com o corpo, ao qual ainda o conservava ligado o perispírito, o que lhe causava a ilusão, que ele tomava por realidade. Assim, pois, não haveria no caso uma reminiscência, porquanto ele não fora, em vida, roído pelos vermes: havia o sentimento de um fato da atualidade. Isto mostra que deduções se podem tirar dos fatos, quando atentamente observados.

Durante a vida, o corpo recebe impressões exteriores e as transmite ao Espírito por intermédio do perispírito, que constitui, provavelmente, o que se chama fluido nervoso. Uma vez morto, o corpo nada mais sente, por já não haver nele Espírito, nem perispírito. Este, desprendido do corpo, experimenta a sensação; porém, como já não lhe chega por um conduto limitado, ela se lhe torna geral. Ora, não sendo o perispírito, realmente, mais do que simples agente de transmissão, pois que no Espírito é que está a consciência, lógico será deduzir-se que, se pudesse existir perispírito sem Espírito, aquele nada sentiria, exatamente como um corpo que morreu. Do mesmo modo, se o Espírito não tivesse perispírito, seria inacessível a toda e qualquer sensação dolorosa. É o que se dá com os Espíritos completamente purificados. Sabemos que quanto mais eles se purificam, tanto mais etérea se torna a essência do perispírito, donde se segue que a influência material diminui à medida que o Espírito progride, isto é, à medida que o próprio perispírito se torna menos grosseiro.

Mas, dir-se-á, desde que pelo perispírito é que as sensações agradáveis, da mesma forma que as desagradáveis, se transmitem ao Espírito, sendo o Espírito puro inacessível a umas, deve sê-lo igualmente às outras. Assim é, de fato, com relação às que provêm unicamente da influência da matéria que conhecemos. O som dos nossos instrumentos, o perfume das nossas flores nenhuma impressão lhe causam. Entretanto, ele experimenta sensações íntimas, de um encanto indefinível, das quais ideia alguma podemos formar, porque, a esse respeito, somos quais cegos de nascença diante da luz. Sabemos que isso é real; mas por que meio se produz? Até lá não vai a nossa ciência. Sabemos que no Espírito há percepção, sensação, audição, visão; que essas faculdades são atributos do ser todo, e não, como no homem, de uma parte apenas do ser; mas de que modo ele as tem? Ignoramo-lo. Os próprios Espíritos nada nos podem informar sobre isso, por inadequada a nossa linguagem a exprimir ideias que não possuímos, do mesmo modo que numa população de cegos não haveria termos que exprimissem os efeitos da luz; o mesmo ocorre com respeito à língua dos selvagens, para traduzir ideias referentes às nossas artes, ciências e doutrinas filosóficas.

Dizendo que os Espíritos são inacessíveis à impressão da matéria que conhecemos, referimo-nos aos Espíritos muito elevados, cujo envoltório etéreo não encontra analogia neste mundo. Outro tanto não acontece com os de perispírito mais denso, os quais percebem os nossos sons e odores, não, porém, apenas por uma parte limitada de suas individualidades, conforme lhes sucedia quando vivos. Pode-se dizer que, neles, as vibrações moleculares se fazem sentir em todo o ser e lhes chegam assim ao *sensorium commune*, que é o próprio Espírito, embora de modo diverso e talvez, também, dando uma impressão diferente, o que modifica a percepção. Eles ouvem o som da nossa voz, entretanto nos compreendem sem o auxílio da palavra, somente pela transmissão do pensamento. Em apoio do que dizemos há o fato de que essa penetração é tanto mais fácil quanto mais desmaterializado está o Espírito. No que concerne à vista, essa, para o Espírito, independe da luz, qual a temos. A faculdade de ver é um atributo essencial da alma, para quem a obscuridade não existe. É, contudo, mais extensa, mais penetrante nas mais purificadas. A alma, ou o Espírito tem, pois, em si mesma, a faculdade de todas as percepções

Estas, na vida corpórea, se obliteram pela grosseria dos órgãos do corpo; na vida extracorpórea, se vão desanuviando à proporção que o invólucro semimaterial se eteriza.

Haurido no meio ambiente, esse invólucro varia de acordo com a natureza dos mundos. Ao passarem de um mundo a outro, os Espíritos mudam de envoltório, como nós mudamos de roupa, quando passamos do inverno ao verão, ou do polo ao equador. Quando vêm visitar-nos, os mais elevados se revestem do períspirito terrestre e então suas percepções se produzem como no comum dos Espíritos. Todos, porém, assim os inferiores como os superiores, não ouvem nem sentem senão o que queiram ouvir ou sentir. Não possuindo órgãos sensitivos, eles podem, livremente, tornar ativas ou nulas suas percepções. Uma só coisa são obrigados a ouvir — os conselhos dos Espíritos bons. A vista, essa é sempre ativa, mas eles podem fazer-se invisíveis uns aos outros. Conforme a categoria que ocupem, podem ocultar-se dos que lhes são inferiores, porém não dos que lhes são superiores. Nos primeiros instantes que se seguem à morte, a visão do Espírito é sempre turbada e confusa. Aclara-se à medida que ele se desprende, e pode alcançar a nitidez que tinha durante a vida terrena, independentemente da possibilidade de penetrar através dos corpos que nos são opacos. Quanto à sua extensão através do espaço infinito, no passado e no futuro, vai depender do grau de pureza e de elevação do Espírito.

Objetarão, talvez: toda esta teoria nada tem de tranquilizadora. Pensávamos que, uma vez livres do nosso grosseiro envoltório, instrumento das nossas dores, não mais sofreríamos, e eis que nos informais que ainda sofreremos. Desta ou daquela forma, será sempre sofrimento. Ah! sim, pode dar-se que continuemos a sofrer, e muito, e por longo tempo, mas também que deixemos de sofrer, até mesmo desde o instante em que se nos acabe a vida corporal.

Os sofrimentos deste mundo independem, algumas vezes, de nós; muito mais vezes, contudo, são devidos à nossa vontade.

Remonte cada um à origem deles e verá que a maior parte de tais sofrimentos são efeitos de causas que lhe teria sido possível evitar. Quantos males, quantas enfermidades não deve o homem aos seus excessos, à sua ambição, numa palavra: às suas paixões? Aquele que sempre vivesse com sobriedade, que de nada abusasse, que fosse sempre simples nos gostos e modesto nos desejos, a muitas tribulações se forraria. O mesmo se dá com o Espírito. Os sofrimentos por que passa são sempre a consequência da maneira por que viveu na Terra. Certo já não sofrerá de gota nem de reumatismo; no entanto, experimentará outros sofrimentos que nada ficam a dever àqueles. Vimos que seu sofrer resulta dos laços que ainda o prendem à matéria; que quanto mais livre estiver da influência desta, ou, por outra, quanto mais desmaterializado se achar, menos dolorosas sensações experimentará. Ora, está nas suas mãos libertar-se de tal influência desde a vida atual. Ele tem o livre-arbítrio, tem, por conseguinte, a faculdade de escolha entre o fazer e o não fazer. Dome suas paixões animais; não alimente ódio, nem inveja, nem ciúme, nem orgulho; não se deixe dominar pelo egoísmo; purifique-se, nutrindo bons sentimentos; pratique o bem; não ligue às coisas deste mundo importância que não merecem; e, então, embora revestido do invólucro corporal, já estará depurado, já estará liberto do jugo da matéria e, quando deixar esse invólucro, não mais lhe sofrerá a influência. Nenhuma recordação dolorosa lhe advirá dos sofrimentos físicos que haja padecido; nenhuma impressão desagradável eles lhe deixarão, porque apenas terão atingido o corpo, e não a alma. Sentir-se-á feliz por se haver libertado deles e a paz da sua consciência o isentará de qualquer sofrimento moral.

Interrogamos, aos milhares, Espíritos que na Terra pertenceram a todas as classes da sociedade, ocuparam todas as posições sociais; estudamo-los em todos os períodos da vida espírita, a partir do momento em que abandonaram o corpo; acompanhamo-los passo a passo na vida de Além-túmulo, para observar as mudanças que se operavam neles, nas usas ideias, nos seus sentimentos, e, sob esse aspecto, não foram os que aqui se encontraram entre os homens mais vulgares os que nos proporcionaram menos preciosos elementos de estudo. Ora, notamos sempre que os sofrimentos guardavam relação com o proceder que eles tiveram e cujas consequências experimentavam; que a outra vida é fonte de inefável ventura para os que seguiram o bom caminho. Deduz-se daí que, aos que sofrem, isso acontece porque quiseram; que, portanto, só de si mesmos devem queixar-se, quer neste, quer no outro mundo.

  Certos críticos ridicularizaram algumas de nossas evocações, por exemplo, a do assassino Lemaire, achando singular que nos ocupássemos de seres assim tão ignóbeis, quando temos tantos Espíritos superiores à nossa disposição. Esquecem que é justamente por isso que, de alguma sorte, apreendemos a natureza do fato, ou melhor dizendo, em sua ignorância da ciência espírita eles não veem nesses diálogos senão uma conversa divertida, da qual não compreendem o alcance. Lemos em algum lugar que um filósofo dizia, depois de se entreter com um camponês: "Aprendi muito mais com este homem simplório do que com todos os sábios." É que ele era capaz de perceber algo além da superfície. Para o observador nada é perdido, encontrando ensinamentos até mesmo no criptógamo que cresce no adubo. Recusa-se o médico a tocar numa ferida horrenda, quando se trata de aprofundar a causa do mal?

  Acrescentemos ainda uma palavra sobre o assunto. Os sofrimentos de Além-túmulo têm um termo; sabemos que ao mais inferior dos Espíritos é dado o ensejo de elevar-se e purificar-se por meio de novas provas; isso pode ser demorado, muito demorado, mas depende de cada um abreviar esse tempo penoso, porquanto Deus o escuta sempre, desde que se submeta à sua vontade. Quanto mais desmaterializado é o Espírito, tanto mais vastas e lúcidas são as suas percepções; quanto mais está sob o domínio da matéria, o que depende inteiramente de seu gênero de vida terrestre, mais elas serão limitadas e veladas; quanto mais a visão moral de um se estende para o infinito, tanto mais restrita é a do outro. Os Espíritos inferiores têm apenas uma noção vaga, confusa, incompleta e muitas vezes nula do futuro; como não vislumbram o termo de seus sofrimentos, acreditam que sofrerão sempre, o que, para eles, ainda é um castigo. Se a posição de uns é aflitiva, terrível mesmo, não é, por isso, desesperadora; a dos outros é eminentemente consoladora. Cabe, pois, a nós escolher: isto é da mais elevada moralidade. Os céticos duvidam da sorte que nos aguarda após a morte; nós lhes mostramos o que há, acreditando ter-lhes prestado um serviço. Assim, vimos mais de um deles recuar de seu erro ou, pelo menos, refletir sobre aquilo que antes censurava. Nada como nos darmos conta da possibilidade das coisas. Se tivesse sido sempre assim, não haveria tantos incrédulos e a religião e a moral só teriam a ganhar. Entre muitos, a dúvida religiosa não procede senão da dificuldade que têm em compreender certas coisas; são Espíritos positivos, não organizados para a fé cega, que só admitem aquilo que, para eles, tem uma razão de ser. Tornai as coisas acessíveis à sua inteligência e eles as aceitarão, porque, no fundo, não pedem mais do que isso para crerem, e porque a dúvida lhes é uma situação mais penosa do que imaginamos e do que eles gostariam de admitir.

De tudo o que foi dito não há absolutamente um sistema, nem ideias pessoais; nem mesmo foram alguns Espíritos privilegiados que nos ditaram essa teoria: trata-se do resultado de estudos feitos sobre as individualidades, corroborados e confirmados pelos Espíritos, cuja linguagem não pode deixar dúvida sobre sua superioridade. Julgamo-los por suas palavras, e não pelo nome que carregam ou que se podem atribuir.

Dissertações de Além-túmulo

O sono

Pobres homens! Como conheceis pouco os mais ordinários fenômenos que fazem vossa vida! Acreditais ser bastante sábios, julgais possuir uma vasta erudição, e, a estas simples perguntas de todas as crianças: "O que fazemos quando dormimos? o que são os sonhos?", ficais mudos. Não tenho a pretensão de vos fazer compreender o que vou explicar, porquanto há coisas para as quais vosso Espírito não pode, ainda, submeter-se, por não admitir senão o que compreende.

O sono liberta inteiramente a alma do corpo. Quando dormimos, ficamos momentaneamente no estado em que nos encontraremos, de maneira definitiva, após a morte. Os Espíritos que cedo se desprenderam da matéria por ocasião da morte tiveram sono inteligente; quando dormem, se reúnem à companhia de outros seres superiores a eles: viajam, conversam e com eles se instruem. Trabalham até em obras que, ao morrer, acham concluídas. Isso nos deve ensinar uma vez mais a não temer a morte, visto que, conforme a palavra de um santo, morreis diariamente.

Isto quanto aos Espíritos elevados; para a massa dos homens, porém, que com a morte devem ficar longas horas nessa perturbação, nessa incerteza da qual falaram, ou irão para mundos inferiores à Terra, onde os chamam antigas afeições, ou talvez buscarão prazeres mais deprimentes ainda do que os daqui; vão aprender doutrinas ainda mais vis, mais ignóbeis e mais nocivas do que as professadas em vosso meio. E o que faz a simpatia na Terra outra coisa não é senão o fato de nos sentirmos, ao despertar, aproximados pelo coração daqueles com quem acabamos de passar oito ou nove horas de felicidade ou de prazer. O que também explica essas antipatias invencíveis é que sabemos, no fundo do coração, que essas criaturas têm outra consciência, diferente da nossa, pois as conhecemos sem jamais as termos visto com os olhos. É ainda o que explica a indiferença, pois que não intentamos fazer novos amigos, quando sabemos que há outros que nos amam e nos querem bem. Numa palavra, o sono influi em vossas vidas muito mais do que pensais.

Por efeito do sono os Espíritos encarnados estão sempre em contato com o mundo dos Espíritos, e é isso que faz com que os Espíritos superiores consintam, sem muita repulsa, em reencarnar entre vós. Quis Deus que durante seu contato com o vício eles viessem retemperar-se na fonte do bem, a fim de eles mesmos não falirem, logo eles que vinham instruir os outros. O sono é a porta que Deus lhes abriu para os amigos do Céu; é a recreação após o trabalho, à espera da grande libertação, a libertação final que os deve reconduzir ao seu verdadeiro ambiente.

O sonho é a lembrança do que viu o vosso Espírito durante o sono, mas notai que nem sempre sonhais, porque nem sempre vos lembrais daquilo que vistes ou de tudo o que vistes; não é vossa alma em todo o seu desdobramento; muitas vezes não é senão a lembrança da perturbação que acompanha vossa partida ou chegada, a que se junta a recordação daquilo que fizestes ou que vos preocupa no estado de vigília; sem isso, como explicaríeis esses sonhos absurdos, que tanto têm os mais sábios quanto os mais simples? Os Espíritos maus também se servem dos sonhos para atormentar as almas frágeis e pusilânimes.

Aliás, em breve vereis desenvolver-se uma nova espécie de sonhos, tão antiga quanto a que conheceis, mas que ignorais. O sonho de Joana, o sonho de Jacó, o sonho dos profetas judeus e de alguns profetas indianos: esse sonho é a lembrança da alma inteiramente desprendida do corpo, a lembrança dessa segunda vida de que vos falava há pouco.

Procurai distinguir bem essas duas espécies de sonhos, dentre aqueles de que vos recordais, sem o que entrareis em contradições e em erros que seriam funestos à vossa fé.

Observação – O Espírito que ditou essa comunicação, solicitado a declinar o nome, respondeu: "Para quê? Acreditais que somente os Espíritos dos grandes homens vos vêm dizer coisas boas? Não levais em nenhuma consideração aqueles que não conheceis ou que são ignorados na vossa terra? Ficai sabendo que muitos não tomam um nome senão para vos contentar."

As flores

Observação – Esta comunicação e a seguinte foram obtidas pelo Sr. F..., do qual já falamos em nosso número de outubro, a propósito dos obsedados e subjugados; por elas poderemos julgar a diferença que existe entre a natureza dessas comunicações atuais e as antigas. Sua vontade triunfou completamente da obsessão de que era vítima, e seu Espírito mau não reapareceu. Estas duas comunicações foram-lhe ditadas por Bernard Palissy.

As flores foram criadas no mundo como símbolos da beleza, da pureza e da esperança.

Por que não imagina o homem, que vê as corolas se abrirem todas as primaveras, e as flores murcharem para se transformarem em frutos deliciosos, que sua vida também florirá para dar lugar a frutos eternos? Essas flores jamais perecerão, como não perece a mais frágil obra do Criador. Coragem, pois, homens que tombais no caminho; levantai como o lírio, após a tempestade, mais puros e radiosos. Como as flores, os ventos vos açoitam por todos os lados, vos derrubam e vos arrastam pela lama, mas quando o Sol reaparece vossas cabeças se erguem, mais nobres e mais altivas.

Amai, pois, as flores; elas são o emblema de vossa vida e não temais corar por serdes a elas comparados. Tende-as nos vossos jardins, nas vossas casas e, até mesmo, em vossos templos, pois que estarão bem em qualquer parte; em todos os lugares elas convidam à poesia, elevando a alma dos que as sabem compreender. Não foi nas flores que Deus manifestou todas as suas magnificências? De onde conheceríeis as suaves cores com que o Criador alegrou a natureza, se não fossem as flores? Antes que o homem tivesse cavado as entranhas da terra para encontrar o rubi e o topázio, havia flores diante de si e essa infinita variedade de matizes já o consolava da monotonia da crosta terrestre. Amai, pois, as flores: sereis mais puros e mais ternos; sereis, talvez, mais crianças, mas crianças queridas de Deus, e vossas almas simples e sem mácula serão acessíveis a todo o seu amor, a toda alegria com a qual ele aquecerá os vossos corações.

As flores querem ser cuidadas por mãos esclarecidas; a inteligência é necessária para a sua prosperidade; durante muito tempo laborastes em erro na Terra ao deixar esse cuidado a mãos inábeis que as mutilavam, imaginando embelezá-las. Nada é mais triste que as árvores arredondadas ou pontiagudas de alguns de vossos jardins: verdadeiras pirâmides de verdura, que fazem o efeito de um monte de feno. Deixai a natureza tomar seu impulso sob mil formas diversas: aí está a graça. Feliz o que sabe admirar a beleza de uma haste que balança, semeando sua poeira fecundante; feliz o que vê em suas cores brilhantes um infinito de graça, de finura, de colorido, de matizes que fogem e se buscam, se perdem e se reencontram. Feliz o que sabe compreender a beleza da gradação dos tons!

Desde a raiz escura, que se consorcia à terra, como se fundem as cores até o vermelho escarlate da tulipa e da papoula! (Por que esses nomes rudes e bizarros?) Estudai tudo isso e notai as pétalas que saem umas das outras como gerações infinitas até seu completo desabrochar sob a abóbada celeste.

As flores não parecem deixar a Terra para se lançar em direção a outros mundos? Não parece que muitas vezes vergam, dolorosas, a cabeça, por não se poderem elevar ainda mais alto? Por sua beleza, não imaginamos que estejam mais perto de Deus? Imitai-as, pois, e vos tornareis sempre cada vez maiores, cada vez mais belos.

Vossa maneira de aprender botânica também é deficiente: não basta saber o nome de uma planta. Exorto-vos, quando tiverdes tempo, a que também trabalheis numa obra desse gênero. Transfiro para mais tarde as lições que vos queria transmitir nestes dias; elas serão mais úteis quando tivermos em mãos a sua aplicação. Então, falaremos do gênero de cultura, dos locais que lhes convêm, da disposição do edifício para arejamento e da salubridade das habitações.

Se fizerdes imprimir isto, suprimi os últimos parágrafos; seriam levados à conta de anúncios.

O papel da mulher

Sendo delineada mais graciosamente que o homem, a mulher denota, naturalmente, uma alma mais delicada; é assim que nos meios semelhantes, em todos os mundos, a mãe será mais bonita que o pai, porquanto é a ela que a criança vê primeiro; é para o semblante angelical de uma jovem mulher que a criança volta incessantemente o olhar; é para a mãe que a criança enxuga as lágrimas e fixa o olhar ainda fraco e incerto. A criança tem, pois, uma intuição natural do belo.

A mulher, sobretudo, sabe fazer-se notar pela delicadeza de seus pensamentos, pela graça de seus gestos, pela pureza de suas palavras; tudo que dela vem deve harmonizar-se com sua pessoa, que Deus fez bela.

Seus longos cabelos, derramando-se em ondas sobre o colo, são a imagem da doçura e da facilidade com que sua cabeça, diante das provações, dobra-se sem se partir. Refletem a luz dos sóis, como a alma feminina deve refletir a mais pura luz de Deus. Jovens mulheres, deixai flutuar vossos cabelos, pois que Deus para isso os criou. Parecereis, ao mesmo tempo, mais naturais e graciosas.

A mulher deve ser simples no vestir: já saiu bela demais das mãos do Criador para ter necessidade de adereços. Que o branco e o azul se confundam sobre vossos ombros. Deixai também flutuar vossos vestidos; que se veja vossa roupagem estendendo-se para trás qual se fora extenso tapete de gaze, qual nuvem discreta a assinalar vossa presença.

Entretanto, para que servem os adereços, os vestidos, a beleza, os cabelos ondulantes ou flutuantes, amarrados ou presos, se o sorriso tão doce das mães e das amantes não brilharem em vossos lábios? Se vossos olhos não semearem a bondade, a caridade, a esperança nas lágrimas de alegria que deixam correr, nos lampejos a jorrarem desse braseiro de amor desconhecido?

Mulheres, não temais deslumbrar os homens pela beleza, pela graça e pela superioridade, mas que saibam eles, a fim de se vos tornarem dignos, que devem ser tão ricos de caráter quanto sois belas, tão sábios quanto sois boas, tão instruídos quanto sois ingênuas e simples. É necessário saberem que vos devem merecer, que sois o prêmio da virtude e da honra, não dessa honra que se recobre de capa e de escudo, que brilha nas lutas e torneios, que pisa a fronte do inimigo que caiu. Não; mas da honra segundo Deus.

Homens, sede úteis; e quando os pobres abençoarem vosso nome, as mulheres serão em tudo semelhantes a vós; então formareis um todo: sereis a cabeça e elas o coração; sereis o pensamento benfazejo e elas as mãos liberais. Uni-vos, pois, não apenas pelo amor, mas para o bem que podeis fazer a dois. Que esses bons pensamentos e ações, realizados por dois corações que se amam, sejam os elos dessa corrente de ouro e diamantes que chamamos casamento. Então, quando tais elos forem bastante numerosos, Deus vos chamará para junto dele e continuareis a reunir ainda novos elos, que se juntarão aos precedentes. Mas não se trata, como na Terra, de elos de metal pesado: no Céu eles serão de fogo e luz.

Poesia espírita

O despertar de um Espírito

Nota – Estes versos foram escritos espontaneamente por meio de uma cesta, tocada por uma jovem senhora e um menino. Imaginamos que mais de um poeta sentir-se-ia honrado de sua autoria. Eles nos foram comunicados por um de nossos assinantes.

Que bela é a natureza e como é doce este ar!
Senhor! graça te rendo em de joelho te amar!
Num hino de alegria e reconhecimento
Quero elevar a ti todo o meu sentimento;
Como aos olhos, então, de Marta e de Maria,
A Lázaro da tumba ao retirá-lo, um dia;
De Jairo, tu também, a filha bem-amada
Devolveste-lhe a voz, tornando-a reanimada;
Do mesmo modo, *ó Deus!* tu me estendeste a mão;[100]
"Levanta-te!" — disseste. E não falaste em vão.

---

[100] N.T.: Grifos nossos. À primeira vista, Jesus estaria sendo chamado de Deus, o que não é verdade. A expressão *ó Deus!* é uma exclamação. É como se quisesse dizer: *Do mesmo modo* ó Céus! *tu* [Jesus] *me estendeste a mão.*

Por que eu, se não sou mais que lodo, em vil arranjo?
Queria te louvar e com a voz de um anjo;
A tua obra jamais me pareceu tão bela!
Sou como alguém que sai da noite ou de uma cela
Para um dia mais puro e de luz deslumbrante,
De um sol radioso e quente em vida inebriante.
Mais doce é o ar então que o leite e o próprio mel;
No céu, somam-se os sons num concerto fiel.
E dos ventos a voz exala uma harmonia
Que cria, num vazio, eterna sinfonia.
O que o Espírito vê, o que lhe toca o olhar
Lá, no livro dos céus, pode ler e sonhar;
Dos mares na amplidão, em vagalhões profundos,
Nos oceanos, enfim, os abismos, os mundos,
Tudo se faz esfera e, em meio aos raios seus
Em convergência, orando a gente chega a Deus.
Ó tu, cujo olhar plana assim sobre as estrelas,
E te ocultas no céu como um rei para vê-las,
Qual a tua grandeza, enfim, nesse universo
Que não é mais que um ponto, ao teu olhar imerso
Dos mares sobre o espaço, em resplendor intenso?
Qual, pois, tua grandeza e teu poder imenso?
Que palácio tão vasto, ó rei, tu construíste!
Separar-nos de ti seria muito triste.
O sol posto a teus pés, num poder sem medida,
Parece o ônix que um rei tem no sapato, em vida.
No entanto, o que mais amo em ti, ó majestade,
Bem menos que a grandeza, é essa tua Bondade
Que se revela em tudo, até na luz que aquece
Meu impotente ser na exaltação da prece.

JODELLE

Conversas familiares de Além-túmulo

Uma viúva de Malabar

Desejávamos interrogar uma dessas mulheres da Índia, obrigadas a se queimarem sobre os corpos dos maridos. Não conhecendo nenhuma delas, tínhamos pedido a São Luís que nos enviasse uma que pudesse responder às nossas perguntas de maneira satisfatória. Ele nos respondeu que o faria de bom grado dentro de algum tempo. Na sessão da Sociedade, do dia 2 de novembro de 1858, o Sr. Adrien, médium vidente, avistou uma, disposta a falar, e da qual nos deu a seguinte descrição:

Olhos negros e grandes; escleróticas levemente amareladas; rosto arredondado; faces salientes e gordas; pele amarelo-açafrão; cílios longos e supercílios arqueados e negros; nariz um pouco grande e levemente achatado; boca grande e sensual; belos dentes, grandes e bem-dispostos; cabelos lisos, abundantes, negros e engordurados. Corpo obeso e rechonchudo, envolvido por fino tecido de seda, deixando à mostra a metade do peito. Pulseiras nos braços e pernas.

1. Lembrais mais ou menos em que época vivestes na Índia e onde fostes queimada com o corpo de vosso marido?

Resp. – [Ela fez um sinal, dando a entender que não se lembrava.] – São Luís responde que foi há cerca de cem anos.

2. Lembrais o nome que tínheis?

Resp. – Fatimah.

3. Que religião professáveis?

Resp. – A maometana.

4. Mas o maometanismo não reprime tais sacrifícios?

Resp. – Nasci muçulmana, mas meu marido pertencia à religião de Brahma. Tive de me conformar com os costumes do país onde morava. As mulheres não se pertencem.

5. Que idade tínheis quando morrestes?

Resp. – Creio que 20 anos aproximadamente.

OBSERVAÇÃO – O Sr. Adrien observou que ela aparentava 28 a 30 anos, mas que naquele país as mulheres envelhecem mais depressa.

6. Vosso sacrifício foi voluntário?

Resp. – Preferia ter-me casado com outro. Refleti bem e concebereis que todas pensamos do mesmo modo. Segui o costume, mas, no fundo, teria preferido não o fazer. Esperei vários dias por outro marido, mas ninguém apareceu; então obedeci à lei.

7. Que sentimento poderia ter ditado essa lei?

Resp. – Ideia supersticiosa. Ao nos queimarem, imaginam agradar à Divindade; que resgatamos as faltas daquele que acabamos de perder e que vamos ajudá-lo a viver feliz no outro mundo.

8. Vosso marido ficou satisfeito com o sacrifício?

Resp. – Jamais procurei revê-lo.

9. Há mulheres que assim se sacrificam de livre vontade?

Resp. – Poucas; uma em mil. No fundo elas não desejariam fazê-lo.

10. O que se passou convosco no momento em que se extinguiu a vida corporal?

Resp. – Perturbação; experimentei uma espécie de nevoeiro e depois não sei o que aconteceu. Minhas ideias não se aclararam senão muito tempo depois. Ia a toda parte, mas não via bem; e ainda agora não me sinto inteiramente esclarecida; tenho muitas encarnações a sofrer, a fim de me elevar, mas não me queimarei mais... Não vejo necessidade de me queimar, de lançar-me no meio das chamas para me elevar..., sobretudo por faltas que não cometi;

depois, isto não me agradou. Aliás, eu nunca procurei saber. Proporcionar-me-íeis grande prazer se orásseis por mim, pois agora compreendo que somente a prece é capaz de fazer-nos suportar corajosamente as provações que nos são enviadas... Ah! se eu tivesse fé!

11. Pedis que oremos por vós; como somos cristãos, nossas preces poderiam vos ser agradáveis?

Resp. – Não há senão um Deus para todos os homens.

OBSERVAÇÃO – Em várias sessões seguidas a mesma mulher foi vista entre os Espíritos que às assistiam. Disse que vinha para instruir-se. Parece que foi sensível ao interesse que lhe testemunhamos, porque nos seguiu várias vezes em outras reuniões e, até mesmo, na rua.

A BELA CORDOEIRA

Notícia – Louise Charly, chamada Labé, cognominada "A Bela Cordoeira", nasceu em Lyon durante o reinado de Francisco I. Era de uma beleza perfeita e recebeu uma educação muito cuidadosa. Sabia grego e latim, falava espanhol e italiano com perfeição e, nessas línguas, fazia poesias que não seriam desaprovadas pelos escritores nacionais. Treinada em todos os exercícios corporais, conhecia a equitação, a ginástica e o manejo de armas. Dotada de um caráter muito enérgico, ela se distinguiu, ao lado de seu pai, entre os mais valentes combatentes do cerco de Perpignan, em 1542, travestida como capitão Loys. Havendo o cerco fracassado, renunciou à carreira das armas e retornou a Lyon com seu pai. Casou-se com um rico fabricante de cordas, chamado Ennemond Perrin, e logo só seria conhecida como "A Bela Cordoeira", nome que permaneceu na rua em que morava e no local em que ficavam as oficinas do marido. Instituiu em sua casa reuniões literárias a que eram convidados os espíritos mais esclarecidos da província. Tem-se dela uma coletânea de poesias. Sua reputação de beleza e de mulher de espírito, atraindo à sua casa os homens mais qualificados, excitou o ciúme das senhoras lionesas, que procuravam vingar-se pela calúnia; sua conduta, porém, foi sempre irrepreensível.

Evocada na sessão da Sociedade Parisiense de Estudos Espíritas, de 26 de outubro de 1858, foi-nos dito que ela ainda não podia vir, por motivos que não nos foram explicados. No dia 9 de novembro atendeu ao nosso apelo, e eis a descrição que dela fez o Sr. Adrien, nosso médium vidente:

Cabeça oval; tez pálido-mate; olhos negros, belos e notáveis; sobrancelhas arqueadas; fronte desenvolvida e inteligente; nariz grego, fino; boca média, lábios refletindo a bondade de espírito; dentes muito belos, pequenos, bem dispostos; cabelos negros de azeviche, ligeiramente crespos; belo porte da cabeça; talhe grande e elegante. Roupas confeccionadas em tecidos brancos.

OBSERVAÇÃO – Sem dúvida nada prova que essa descrição, tanto quanto a precedente, não passem de produto da imaginação do médium, considerando-se que não temos controle; mas quando ele o faz assim com detalhes tão precisos, de pessoas contemporâneas que jamais viu e que são reconhecidas por parentes ou amigos, não podemos duvidar de sua realidade. Daí podemos concluir: desde que vê uns com uma verdade incontestável, poderá ver os outros. Outra circunstância que deve ser levada em consideração é que sempre vê o mesmo Espírito sob a mesma forma e, ainda que se passassem diversos meses de intervalo, a descrição não sofreria qualquer alteração. Seria preciso nele supor uma memória fenomenal para imaginarmos que se lembrasse dos mínimos detalhes de todos os Espíritos cuja descrição tenha feito, e que se contam às centenas.

1. *Evocação*.

Resp. – Estou aqui.

2. Poderíeis ter a bondade de responder a algumas perguntas que gostaríamos de fazer?

Resp. – Com prazer.

3. Lembrai-vos da época em que éreis conhecida como "A Bela Cordoeira"?

Resp. – Sim.

4. De onde poderiam provir as qualidades viris que vos fizeram abraçar a profissão das armas que, de preferência, segundo as leis da natureza, é atribuição dos homens?

Resp. – Isso alegrava meu Espírito, ávido de grandes coisas; mais tarde voltou-se para outra ordem de ideias mais sérias. As ideias com as quais nascemos por certo provêm de existências anteriores, de que são os reflexos; entretanto, elas se modificam bastante, seja por novas resoluções, seja pela vontade de Deus.

5. Por que esses gostos militares não persistiram, e como puderam, com tanta rapidez, dar lugar aos gostos femininos?

Resp. – Vi coisas que não desejo que vejais.

6. Éreis contemporânea de Francisco I e de Carlos V. Poderíeis dar vossa opinião sobre esses dois homens, fazendo um paralelo entre eles?

Resp. – Não quero julgar. Eles tiveram defeitos, vós o sabeis; suas virtudes são pouco numerosas: alguns traços de generosidade e eis tudo. Deixai esse assunto de lado; seus corações poderiam sangrar ainda: eles sofrem bastante!

7. Qual era a fonte dessa alta inteligência que vos tornou apta a receber educação tão superior à das mulheres de vosso tempo?

Resp. – *Penosas existências* e a vontade de Deus.

8. Havia, pois, em vós, um progresso anterior?

Resp. – Não poderia ser de outra maneira.

9. Essa instrução vos fez progredir como Espírito?

Resp. – Sim.

10. Parece que fostes feliz na Terra: sois mais ainda agora?

Resp. – Que pergunta! Por mais feliz que se seja na Terra, a felicidade do Céu é bem diferente! Quantos tesouros, e quantas riquezas, que um dia conhecereis, e dos quais não suspeitais ou ignorais completamente!

11. Que entendeis por *Céu*?

Resp. – Entendo por *Céu* os outros mundos.

12. No momento, que mundo habitais?

Resp. – Habito um mundo que não conheceis; a ele estou pouco vinculada: a matéria prende-nos pouco.

13. É Júpiter?

Resp. – Júpiter é um mundo feliz, mas pensais que dentre todos somente ele seja favorecido por Deus? São tão numerosos quanto os grãos de areia do oceano.

14. Conservastes a verve poética que possuíeis aqui?

Resp. – Responderei com prazer, mas receio chocar outros Espíritos ou me colocar abaixo do que realmente sou. Isso faria com que minha resposta vos parecesse inútil, induzindo-vos em erro.

15. Poderíeis dizer-nos em que posição poderíamos colocar-vos entre os Espíritos?

Resp. – Não há resposta. [A São Luís]: Poderia São Luís responder a isso? *Resp.* – Ela aí está; não posso dizer aquilo que ela não quer dizer. Não vedes que, entre os Espíritos que evocais ordinariamente, ela é um dos mais elevados? Aliás, nossos Espíritos não podem apreciar exatamente as distâncias que os separam; para vós elas são incompreensíveis e, todavia, são imensas!

16. [A Louise-Charly]: Sob que aparência vos achais entre os Espíritos?

Resp. – Adrien acaba de me descrever.

17. Por que essa forma, em vez de outra? Por que, enfim, no mundo em que vos encontrais não sois tal qual éreis na Terra?

Resp. – Fui evocada como poetisa; assim vim.

18. Poderíeis ditar-nos algumas poesias ou um trecho literário qualquer? Ficaríamos felizes em ter algo vosso.

Resp. – Procurai os meus escritos antigos. Não gostamos dessas provas, principalmente em público: fá-lo-ei, contudo, de outra vez.

Observação – Sabe-se que os Espíritos não gostam de ser testados, e as perguntas dessa natureza têm sempre, mais ou menos, esse caráter. É sem dúvida por isso que quase nunca aquiescem. Espontaneamente, e quando menos esperamos, dão-nos por vezes as coisas mais surpreendentes, aquelas provas que em vão lhes teríamos solicitado; mas, quase sempre, basta que se lhes peça uma coisa para que se não a obtenha, sobretudo se percebe um sentimento de curiosidade. Os Espíritos, principalmente os elevados, querem, assim, provar-nos que não estão às nossas ordens.

No dia seguinte, "A Bela Cordoeira" ditou espontaneamente, por meio do médium escrevente que lhe servia de intérprete:

> Vou ditar o que te prometi; não são versos, pois não os quero fazer; aliás, não mais recordo os que fiz e não os apreciaríeis: será a prosa mais modesta.
>
> Na Terra exaltei o amor, a doçura e os bons sentimentos: falava um pouco do que não sabia. Aqui, não é do amor que me ocupo, é de uma caridade ampla, austera, esclarecida; de uma caridade constante, *que não tem senão um exemplo na Terra.*
>
> Homens! pensai que depende de vós ser felizes e fazer do vosso mundo um dos mais avançados do Céu: tereis de fazer calar os

ódios e as inimizades, esquecer os rancores e as cóleras, perder o orgulho e a vaidade. Deixai tudo isso de lado, semelhante a um fardo que, cedo ou tarde, precisais abandonar. Esse fardo, bem o sei, para vós é um tesouro na Terra; por isso tendes mérito em o abandonar e em perdê-lo; mas no Céu ele se torna um obstáculo à vossa felicidade. Crede, pois, em mim: apressai vosso progresso; a verdadeira felicidade é aquela que vem de Deus. Onde encontraríeis prazeres que valham as alegrias que Ele dá a seus eleitos, a seus anjos?

Deus ama os homens que procuram avançar em seu caminho; contai, pois, com seu apoio. Não tendes confiança nele? Julgais que seja perjuro, que não vos deveis entregar a Ele completamente, sem restrição? Infelizmente, não quereis entender ou poucos dentre vós entendem; preferis o hoje ao amanhã; vossa visão restrita limita vossos sentimentos, vosso coração e vossa alma, fazendo com que sofrais para progredir, em vez de avançar, natural e facilmente, pelo caminho do bem, por vossa própria vontade, porquanto o sofrimento é o meio que Deus emprega para vos moralizar. Não eviteis, pois, essa via segura, embora terrível para o viajante. Terminarei por vos exortar a não mais encarardes a morte como um flagelo, mas como o portal da verdadeira vida e da verdadeira felicidade.

Louise Charly

Variedades

Monomania

Lemos na *Gazette de Mons*:

Um indivíduo acometido de monomania religiosa, há sete anos recolhido no estabelecimento do Sr. Stuart e que até aqui se havia mostrado muito submisso, conseguiu enganar a vigilância dos guardas e apoderar-se de uma faca. Não podendo tomar a arma de volta, os guardas informaram o diretor do que se passava.

O Sr. Stuart imediatamente se dirigiu até o furioso e, confiando apenas em sua coragem, quis desarmá-lo; porém, mal dera alguns passos em direção ao louco, este se precipitou com a rapidez do relâmpago e o feriu com golpes repetidos. Só com grande dificuldade conseguiram dominar o assassino.

Das sete facadas que atingiram o Sr. Stuart, uma era mortal: a recebida no baixo-ventre; e segunda-feira, às três horas e meia, ele sucumbiu em consequência da hemorragia que se havia originado nessa cavidade.

O que não teriam dito se aquele indivíduo tivesse sido acometido pela monomania espírita ou mesmo se, em sua loucura, houvesse falado dos Espíritos? E, contudo, isso poderia acontecer, visto existirem diversas monomanias religiosas e todas as ciências forneceram seu contingente. O que se poderia concluir, razoavelmente, contra o Espiritismo, a não ser que, em razão da fragilidade de sua organização, pode o homem exaltar-se neste ponto como em tantos outros? O meio de prevenir essa exaltação não é combater a ideia; de outro modo correríamos o risco de ver renovados os prodígios das Cévennes.[101] Se alguma vez organizassem uma cruzada contra o Espiritismo, vê-lo-iam propagar-se cada vez mais. Como, pois, opor-se a um fenômeno que não tem tempo nem lugar de predileção; que pode ser reproduzido em todos os países, em todas as famílias, na intimidade, no mais absoluto segredo, melhor ainda que em público? O meio de prevenir os inconvenientes — já o dissemos em nossa *Instrução prática*[102] — é fazer com que se torne de tal forma conhecido que nele só se veja um fenômeno natural, mesmo naquilo que ofereça de mais extraordinário.

---

[101] N.E.: A região é conhecida pela sua grande comunidade de protestantes, ou huguenotes. Durante o reinado de Luís XIV, a maioria da população huguenote abandonou a França, em função da revogação do Édito de Nantes em 1685, mas a comunidade das Cévennes quase toda permaneceu, protegida das perseguições em função do terreno montanhoso. Em 1702, esta população, conhecida como *camisard* (protestantes calvinistas), se levantou contra a monarquia. Os dois lados chegaram a um acordo de paz em 1715.

[102] N.E.: Ver *Intrução prática sobre as manifestações espíritas*, edição FEB.

UMA QUESTÃO DE PRIORIDADE A RESPEITO DO ESPIRITISMO

O Sr. Ch. Renard, um de nossos assinantes de Rambouillet, dirigiu-nos a seguinte carta:

> Senhor e digno irmão em Espiritismo, leio, ou antes, devoro com indizível prazer os números de vossa *Revista*, à medida que os recebo. De minha parte isso não é de causar admiração, já que meus parentes eram adivinhos, geração após geração. Uma de minhas tias-avós ou bisavós havia mesmo sido condenada à fogueira como contumaz no crime de Vauldrie e frequentadora do *sabbat*,[103] somente evitando a morte porque se refugiou na casa de uma de suas irmãs, abadessa de religiosas enclausuradas. Isso fez com que eu herdasse algumas migalhas das ciências ocultas, o que não me impediu de passar pela crença no materialismo, se aí há fé, e pelo ceticismo. Enfim, fatigado, doente de tanto negar, as obras do célebre extático Swedenborg conduziram-me à verdade e ao bem. Tornando-me também extático, convenci-me *ad vivum* das verdades que os Espíritos materializados de nosso globo não podem compreender. Obtive comunicações de todos os tipos: fenômenos de visibilidade, tangibilidade, transporte de objetos perdidos etc. Bom irmão, teríeis a gentileza de inserir a nota que se segue num de vossos próximos números? Não se trata de amor-próprio, mas da minha própria condição de francês.
>
> Por vezes as pequenas causas produzem grandes efeitos. Por volta de 1840 eu tinha estabelecido relações com o Sr. Cahagnet, torneiro e marceneiro, que viera a Rambouillet por razões de saúde. Apreciei e iniciei esse operário, de inteligência excepcional, no magnetismo humano. Disse-lhe um dia: Tenho quase certeza de que um sonâmbulo lúcido está apto a ver as almas dos mortos e com elas entrar em conversação; ele ficou espantado. Induzi-o a fazer tal experiência quando dispusesse de um sonâmbulo lúcido. Ele o conseguiu e publicou um primeiro volume de experiências de

---

[103] N.T.: Grifo nosso. Reunião noturna de bruxaria.

necromancia, seguido de outros volumes e brochuras que foram traduzidos na América com o título de *Telégrafo celeste*. Algum tempo depois, o extático Davis publicou suas visões ou excursões pelo mundo espírita. Sobre os desmaterializados, Franklin fez pesquisas que resultaram em manifestações e comunicações mais fáceis que antigamente. As primeiras pessoas que ele mediunizou nos Estados Unidos foram a viúva Fox e suas duas filhas. Houve uma coincidência bastante singular entre esse nome e o meu, tendo em vista que o vocábulo inglês *fox* signifca raposa (*renard*).

Há muito tempo os Espíritos me haviam dito que poderíamos entrar em comunicação com os Espíritos de outros globos e deles receber desenhos e descrições. Expus o assunto ao Sr. Cahagnet, mas ele não foi mais longe que o nosso satélite.

Sou etc.

CH. Renard

Observação – A questão de prioridade, em matéria de Espiritismo, é, sem a menor dúvida, uma questão secundária; mas não é menos notável que, desde a importação dos fenômenos americanos, uma porção de fatos autênticos, ignorados do público, revelaram a produção de fenômenos semelhantes, seja na França ou em outros países da Europa, em época contemporânea ou anterior. É de nosso conhecimento que diversas pessoas se ocupavam de comunicações espíritas muito antes que se tivesse notícia das mesas girantes, e disso temos provas com datas certas. O Sr. Renard parece estar nesse número e, segundo ele, suas experiências não teriam sido estranhas às que foram realizadas na América. Registramos sua observação como interessante história do Espiritismo e para provar, uma vez mais, que essa ciência tem suas raízes no mundo inteiro, o que tira, aos que queiram opor-lhe uma barreira, qualquer possibilidade de êxito. Se o sufocam num ponto, renascerá mais forte em cem outros lugares, até que, já não sendo permitida a dúvida, ocupará sua posição entre as crenças usuais. Então seus adversários, querendo ou não, terão que tomar o seu partido.

Dezembro de 1858

Aos leitores da *Revista Espírita*

Conclusão do ano de 1858

A *Revista Espírita* acaba de completar o seu primeiro ano e nos sentimos felizes em anunciar que, doravante, estando assegurada sua existência por um número de assinantes que aumenta a cada dia, daremos prosseguimento às suas publicações.

Os testemunhos de simpatia que temos recebido de toda parte, o sufrágio dos homens mais eminentes pelo saber e pela posição social são, para nós, um poderoso encorajamento na laboriosa tarefa que empreendemos; que aqueles, pois, que nos apoiaram na realização de nossa obra possam aqui receber o penhor de nossa gratidão. Seria um fato inusitado nos fastos da publicidade se não nos defrontássemos com contradições, nem com críticas, sobretudo quando se trata da emissão de ideias tão recentes; mas se de alguma coisa devemos admirar-nos, é de ter encontrado tão poucos contraditores, em comparação com os sinais de aprovação que nos foram dados, e sem dúvida isso se deve bem menos ao mérito do escritor do que à atração suscitada pelo próprio assunto tratado e ao crédito que, diariamente, conquista nas mais altas camadas da sociedade. Nós o devemos também, e disso estamos convencidos, à dignidade que sempre temos conservado diante dos nossos adversários, deixando que o público julgue entre a moderação, de uma parte, e a inconveniência, de outra.

O Espiritismo marcha no mundo inteiro a passos de gigante; todo dia reúne alguns dissidentes pela força das coisas; e, se de nossa parte podemos lançar alguns grãos na balança desse grande movimento que se opera e que marcará nossa época como uma nova era, não será melindrando nem nos chocando frontalmente com aqueles que queremos justamente conquistar. É por esse raciocínio, e não pelas injúrias, que nos faremos escutar. A esse respeito, os Espíritos superiores que nos assistem dão-nos a regra de proceder e o exemplo. Seria indigno de uma doutrina que não prega senão o amor e a benevolência, descer até à arena do personalismo; deixamos esse papel aos que não a compreendem. Nada nos fará desviar da linha que temos seguido, da calma e do sangue-frio que não cessamos de demonstrar no exame raciocinado de todos os problemas, sabendo que assim conquistaremos mais partidários sérios para o Espiritismo do que pelo azedume e pela acrimônia.

Na introdução com que iniciamos o nosso primeiro número, traçamos o plano que nos propúnhamos seguir: citar os fatos, mas também investigá-los e submetê-los ao escalpelo da observação; apreciá-los e deduzir-lhes as consequências. No princípio, toda a atenção se concentrou nos fenômenos materiais que, então, alimentavam a curiosidade do público; mas a curiosidade não dura sempre; uma vez satisfeita, deixa de interessar, assim como a criança que abandona um brinquedo. Naquela época os Espíritos nos disseram: "Este é o primeiro período, que logo passará para ceder lugar a ideias mais elevadas; fatos novos haverão de revelar-se, marcando um novo período — o filosófico — e em pouco tempo a doutrina crescerá, como a criança que deixa o berço. Não vos inquieteis com as zombarias: os próprios zombadores serão zombados, e amanhã encontrareis zelosos defensores, entre os vossos mais ardentes adversários de hoje. Quer Deus que assim o seja e fomos encarregados de executar a sua vontade; a má vontade de alguns homens não prevalecerá contra ela; o orgulho dos que pretendem saber mais que Ele será abatido."

Realmente, estamos longe das mesas girantes, que não divertem mais, porque tudo cansa; só não nos afadigamos daquilo que fala ao raciocínio, e o Espiritismo voga a plenas velas em seu segundo período. Todos compreenderam que é toda uma ciência que se funda, toda uma filosofia, uma nova ordem de ideias. Era preciso seguir esse movimento, contribuir mesmo para ele, sob pena de sermos rapidamente ultrapassados; eis por que nos esforçamos por nos manter à altura, sem nos fecharmos nos estreitos limites de um boletim anedótico. Elevando-se à posição de doutrina filosófica, o Espiritismo conquistou inúmeros aderentes, mesmo entre os que não testemunharam nenhum fato material. É que o homem aprecia o que lhe fala à razão, aquilo de que pode dar-se conta; é que encontra na filosofia espírita algo mais que um divertimento, qualquer coisa a preencher-lhe o pungente vazio da incerteza. Adentrando o mundo extracorpóreo pelo caminho da observação, nele quisemos que penetrassem nossos leitores, a fim de fazer que o entendessem. A eles cabe julgar se alcançamos o nosso objetivo.

Prosseguiremos, pois, em nossa tarefa no ano que se vai iniciar e que, como tudo anuncia, deverá ser muito fecundo. Novos fatos de uma ordem estranha surgem neste momento, a revelar-nos novos mistérios. Registrá-los-emos cuidadosamente, neles procurando a luz com tanta perseverança quanto no passado, visto tudo pressagiar que o Espiritismo entrará em uma nova fase, mais grandiosa e ainda mais sublime.

Allan Kardec

Nota – A abundância das matérias nos obriga a remeter para o próximo número a continuação de nosso artigo sobre a pluralidade das existências e o conto de Frédéric Soulié.

Allan Kardec

Nota Explicativa[104]

> Hoje creem e sua fé é inabalável, porque assentada na evidência e na demonstração, e porque satisfaz à razão. [...] Tal é a fé dos espíritas, e a prova de sua força é que se esforçam por se tornarem melhores, domarem suas inclinações más e porem em prática as máximas do Cristo, olhando todos os homens como irmãos, sem acepção de raças, de castas, nem de seitas, perdoando aos seus inimigos, retribuindo o mal com o bem, a exemplo do divino modelo. (KARDEC, Allan. *Revista Espírita* de 1868. 1. ed. Rio de Janeiro: FEB, 2005. p. 28, janeiro de 1868.)

A investigação rigorosamente racional e científica de fatos que revelavam a comunicação dos homens com os Espíritos, realizada por Allan Kardec, resultou na estruturação da Doutrina Espírita, sistematizada sob os aspectos científico, filosófico e religioso.

A partir de 1854 até seu falecimento, em 1869, seu trabalho foi constituído de cinco obras básicas: *O livro dos espíritos* (1857), *O livro dos médiuns* (1861), *O evangelho segundo o espiritismo* (1864), *O céu e o inferno* (1865), *A Gênese* (1868), além da obra *O que é o espiritismo* (1859), de uma série de opúsculos e 136 edições da *Revista Espírita* (de janeiro de 1858 a abril de 1869). Após sua morte, foi editado o livro *Obras póstumas* (1890).

O estudo meticuloso e isento dessas obras permite-nos extrair conclusões básicas: a) todos os seres humanos são Espíritos imortais criados por Deus em igualdade de condições, sujeitos às

---

[104] N.E.: Esta *Nota Explicativa*, publicada em face de acordo com o Ministério Público Federal, tem por objetivo demonstrar a ausência de qualquer discriminação ou preconceito em alguns trechos das obras de Allan Kardec, caracterizadas, todas, pela sustentação dos princípios de fraternidade e solidariedade cristãs, contidos na Doutrina Espírita.

mesmas leis naturais de progresso que levam todos, gradativamente, à perfeição; b) o progresso ocorre através de sucessivas experiências, em inúmeras reencarnações, vivenciando necessariamente todos os segmentos sociais, única forma de o Espírito acumular o aprendizado necessário ao seu desenvolvimento; c) no período entre as reencarnações o Espírito permanece no Mundo Espiritual, podendo comunicar-se com os homens; d) o progresso obedece às leis morais ensinadas vivenciadas por Jesus, nosso guia e modelo, referência para todos os homens que desejam desenvolver-se de forma consciente e voluntária.

Em diversos pontos de sua obra, o Codificador se refere aos Espíritos encarnados em tribos incultas e selvagens, então existentes em algumas regiões do Planeta, e que, em contato com outros polos de civilização, vinham sofrendo inúmeras transformações, muitas com evidente benefício para os seus membros, decorrentes do progresso geral ao qual estão sujeitas todas as etnias, independentemente da coloração de sua pele.

Na época de Allan Kardec, as ideias frenológicas de Gall e as da fisiognomonia de Lavater eram aceitas por eminentes homens de Ciência, assim como provocou enorme agitação nos meios de comunicação e junto à intelectualidade e à população em geral, a publicação, em 1859 — dois anos depois do lançamento de *O livro dos espíritos* — do livro sobre a *Evolução das espécies*, de Charles Darwin, com as naturais incorreções e incompreensões que toda ciência nova apresenta. Ademais, a crença de que os traços da fisionomia revelam o caráter da pessoa é muito antiga, pretendendo-se haver aparentes relações entre o físico e o aspecto moral.

O Codificador não concordava com diversos aspectos apresentados por essas assim chamadas ciências. Desse modo, procurou avaliar as conclusões desses eminentes pesquisadores à luz da revelação dos Espíritos, trazendo ao debate o elemento espiritual como fator decisivo no equacionamento das questões da diversidade e desigualdade humanas.

Nota Explicativa

Allan Kardec encontrou, nos princípios da Doutrina Espírita, explicações que apontam para leis sábias e supremas, razão pela qual afirmou que o Espiritismo permite "resolver os milhares de problemas históricos, arqueológicos, antropológicos, teológicos, psicológicos, morais, sociais etc." (*Revista Espírita*, 1862, p. 401). De fato, as leis universais do amor, da caridade, da imortalidade da alma, da reencarnação, da evolução constituem novos parâmetros para a compreensão do desenvolvimento dos grupos humanos, nas diversas regiões do Orbe.

Essa compreensão das Leis divinas permite a Allan Kardec afirmar que:

> O corpo deriva do corpo, mas o Espírito não procede do Espírito. Entre os descendentes das raças apenas há consanguinidade. (*O Livro dos Espíritos*, item 207, p. 176.)

> [...] o Espiritismo, restituindo ao Espírito o seu verdadeiro papel na Criação, constatando a superioridade da inteligência sobre a matéria, faz com que desapareçam, naturalmente, todas as distinções estabelecidas entre os homens, conforme as vantagens corporais e mundanas, sobre as quais só o orgulho fundou as castas e os estúpidos preconceitos de cor. (*Revista Espírita*, 1861, p. 432.)

> Os privilégios de raças têm sua origem na abstração que os homens geralmente fazem do princípio espiritual, para considerar apenas o ser material exterior. Da força ou da fraqueza constitucional de uns, de uma diferença de cor em outros, do nascimento na opulência ou na miséria, da filiação consanguínea nobre ou plebeia, concluíram por uma superioridade ou uma inferioridade natural. Foi sobre este dado que estabeleceram suas leis sociais e os privilégios de raças. Deste ponto de vista circunscrito, são consequentes consigo mesmos, porquanto, não considerando senão a vida material, certas classes parecem pertencer, e realmente pertencem, a raças diferentes. Mas se se tomar seu ponto de vista do ser espiritual, do ser essencial e progressivo, numa palavra, do Espírito, preexistente

e sobrevivente a tudo, cujo corpo não passa de um invólucro temporário, variando, como a roupa, de forma e de cor; se, além disso, do estudo dos seres espirituais ressalta a prova de que esses seres são de natureza e de origem idênticas, que seu destino é o mesmo, que todos partem do mesmo ponto e tendem para o mesmo objetivo; que a vida corporal não passa de um incidente, uma das fases da vida do Espírito, necessária ao seu adiantamento intelectual e moral; que em vista desse avanço o Espírito pode sucessivamente revestir envoltórios diversos, nascer em posições diferentes, chega-se à consequência capital da igualdade de natureza e, a partir daí, à igualdade dos direitos sociais de todas as criaturas humanas e à abolição dos privilégios de raças. Eis o que ensina o Espiritismo. Vós que negais a existência do Espírito para considerar apenas o homem corporal, a perpetuidade do ser inteligente para só encarar a vida presente, repudiais o único princípio sobre o qual é fundada, com razão, a igualdade de direitos que reclamais para vós mesmos e para os vossos semelhantes. (*Revista Espírita*, 1867, p. 231.)

Com a reencarnação, desaparecem os preconceitos de raças e de castas, pois o mesmo Espírito pode tornar a nascer rico ou pobre, capitalista ou proletário, chefe ou subordinado, livre ou escravo, homem ou mulher. De todos os argumentos invocados contra a injustiça da servidão e da escravidão, contra a sujeição da mulher à lei do mais forte, nenhum há que prime, em lógica, ao fato material da reencarnação. Se, pois, a reencarnação funda numa Lei da Natureza o princípio da fraternidade universal, também funda na mesma lei o da igualdade dos direitos sociais e, por conseguinte, o da liberdade. (*A gênese*, cap. I, it. 36, p. 42-43. *Vide* também *Revista Espírita*, 1867, p. 373.)

Na época, Allan Kardec sabia apenas o que vários autores contavam a respeito dos selvagens africanos, sempre reduzidos ao embrutecimento quase total, quando não escravizados impiedosamente.

É baseado nesses informes "científicos" da época que o Codificador repete, com outras palavras, o que os pesquisadores

NOTA EXPLICATIVA

Europeus descreviam quando de volta das viagens que faziam à África negra. Todavia, é peremptório ao abordar a questão do preconceito racial:

> Nós trabalhamos para dar a fé aos que em nada creem; para espalhar uma crença que os torna melhores uns para os outros, que lhes ensina a perdoar aos inimigos, a se olharem como irmãos, sem distinção de raça, casta, seita, cor, opinião política ou religiosa; numa palavra, uma crença que faz nascer o verdadeiro sentimento de caridade, de fraternidade e deveres sociais. (KARDEC, Allan. *Revista Espírita* de 1863 – 1. ed. Rio de janeiro: FEB, 2005. – janeiro de 1863.)

> O homem de bem é bom, humano e benevolente para com todos, sem distinção de raças nem de crenças, porque em todos os homens vê irmãos seus. (*O evangelho segundo o espiritismo*, cap. XVII, it. 3, p. 348.)

É importante compreender, também, que os textos publicados por Allan Kardec na *Revista Espírita* tinham por finalidade submeter à avaliação geral as comunicações recebidas dos Espíritos, bem como aferir a correspondência desses ensinos com teorias e sistemas de pensamento vigentes à época. Em Nota ao capítulo XI, item 43, do livro *A gênese*, o Codificador explica essa metodologia:

> Quando, na *Revista Espírita* de janeiro de 1862, publicamos um artigo sobre a "interpretação da doutrina dos anjos decaídos", apresentamos essa teoria como simples hipótese, sem outra autoridade afora a de uma opinião pessoal controversível, porque nos faltavam então elementos bastantes para uma afirmação peremptória. Expusemo-la a título de ensaio, tendo em vista provocar o exame da questão, decidido, porém, a abandoná-la ou modificá-la, se fosse preciso. Presentemente, essa teoria já passou pela prova do controle universal. Não só foi bem aceita pela maioria dos espíritas, como a mais racional e a mais concorde com a soberana justiça de Deus, mas também foi confirmada pela generalidade das instruções que os Espíritos deram sobre o assunto. O mesmo se verificou com a

que concerne à origem da raça adâmica. (*A gênese*, cap. XI, it. 43, Nota, p. 292.)

Por fim, urge reconhecer que o escopo principal da Doutrina Espírita reside no aperfeiçoamento moral do ser humano, motivo pelo qual as indagações e perquirições científicas e/ou filosóficas ocupam posição secundária, conquanto importantes, haja vista o seu caráter provisório decorrente do progresso e do aperfeiçoamento geral. Nesse sentido, é justa a advertência do Codificador:

> É verdade que esta e outras questões se afastam do ponto de vista moral, que é a meta essencial do Espiritismo. Eis por que seria um equívoco fazê-las objeto de preocupações constantes. Sabemos, aliás, no que respeita ao princípio das coisas, que os Espíritos, por não saberem tudo, só dizem o que sabem ou que pensam saber. Mas como há pessoas que poderiam tirar da divergência desses sistemas uma indução contra a unidade do Espiritismo, precisamente porque são formulados pelos Espíritos, é útil poder comparar as razões pró e contra, no interesse da própria doutrina, e apoiar no assentimento da maioria o julgamento que se pode fazer do valor de certas comunicações. (*Revista Espírita*, 1862, p. 38.)

Feitas essas considerações, é licito concluir que na Doutrina Espírita vigora o mais absoluto respeito à diversidade humana, cabendo ao espírita o dever de cooperar para o progresso da humanidade, exercendo a caridade no seu sentido mais abrangente ("benevolência para com todos, indulgência para as imperfeições dos outros e perdão das ofensas"), tal como a entendia Jesus, nosso Guia e Modelo, sem preconceitos de nenhuma espécie: de cor, etnia, sexo, crença ou condição econômica, social ou moral.

A Editora

O QUE É ESPIRITISMO?

O Espiritismo é um conjunto de princípios e leis revelados por Espíritos Superiores ao educador francês Allan Kardec, que compilou o material em cinco obras que ficariam conhecidas posteriormente como a Codificação: *O livro dos espíritos, O livro dos médiuns, O evangelho segundo o espiritismo, O céu e o inferno* e *A gênese*.

Como uma nova ciência, o Espiritismo veio apresentar à Humanidade, com provas indiscutíveis, a existência e a natureza do Mundo Espiritual, além de suas relações com o mundo físico. A partir dessas evidências, o Mundo Espiritual deixa de ser algo sobrenatural e passa a ser considerado como inesgotável força da Natureza, fonte viva de inúmeros fenômenos até hoje incompreendidos e, por esse motivo, são tidos como fantasiosos e extraordinários.

Jesus Cristo ressaltou a relação entre homem e Espírito por várias vezes durante sua jornada na Terra, e talvez alguns de seus ensinamentos pareçam incompreensíveis ou sejam erroneamente interpretados por não se perceber essa associação. O Espiritismo surge então como uma chave, que esclarece e explica as palavras do Mestre.

A Doutrina Espírita revela novos e profundos conceitos sobre Deus, o Universo, a Humanidade, os Espíritos e as leis que regem a vida. Ela merece ser estudada, analisada e praticada todos os dias de nossa existência, pois o seu valioso conteúdo servirá de grande impulso à nossa evolução.

O EVANGELHO NO LAR

Quando o ensinamento do Mestre vibra entre quatro paredes de um templo doméstico, os pequeninos sacrifícios tecem a felicidade comum.[1]

Quando entendemos a importância do estudo do Evangelho de Jesus, como diretriz ao aprimoramento moral, compreendemos que o primeiro local para esse estudo e vivência de seus ensinos é o próprio lar.

É no reduto doméstico, assim como fazia Jesus, no lar que o acolhia, a casa de Pedro, que as primeiras lições do Evangelho devem ser lidas, sentidas e vivenciadas.

O espírita compreende que sua missão no mundo principia no reduto doméstico, em sua casa, por meio do estudo do Evangelho de Jesus no Lar.

Então, como fazer?

Converse com todos que residem com você sobre a importância desse estudo, para que, em família, possam compreender melhor os ensinamentos cristãos, a partir de um momento de união fraterna, que se desenvolverá de maneira harmônica e respeitosa. Explique que as reflexões conjuntas acerca do Evangelho permitirão manter o ambiente da casa espiritualmente saneado, por meio de sentimentos e pensamentos elevados, favorecendo a presença e a influência de Mensageiros do Bem; explique, também, que esse momento facilitará, em sua residência, a recepção do amparo espiritual, já que auxilia na manutenção de elevado padrão vibratório no ambiente e em cada um que ali vive.

Convide sua família, quem mora com você, para participar. Se mora sozinho, defina para você esse momento precioso de estudo e reflexões. Lembre-se de que, espiritualmente, sempre estamos acompanhados.

Escolha, na semana, um dia e horário em que todos possam estar presentes.

O tempo médio para a realização do Evangelho no Lar costuma ser de trinta minutos.

---

[1] XAVIER, Francisco Cândido. *Luz no lar*. Por Espíritos diversos. 12. ed., 7. imp. Brasília: FEB, 2018. Cap. 1.

As crianças são bem-vindas e, se houver visitantes em casa, eles também podem ser convidados a participar. Se não forem espíritas, apenas explique a eles a finalidade e importância daquele momento.

O seguinte roteiro pode ser utilizado como sugestão:

1. Preparação: Leitura de mensagem breve, sem comentários;
2. Início: Prece simples e espontânea;
3. Leitura: *O evangelho segundo o espiritismo* (um ou dois itens, por estudo, desde o prefácio);
4. Comentários: breves, com a participação dos presentes, evidenciando o ensino moral aplicado às situações do dia a dia;
5. Vibrações: pela fraternidade, paz e pelo equilíbrio entre os povos; pelos governantes; pela vivência do Evangelho de Jesus em todos os lares; pelo próprio lar...
6. Pedidos: por amigos, parentes, pessoas que estão necessitando de ajuda...
7. Encerramento: prece simples, sincera, agradecendo a Deus, a Jesus, aos amigos espirituais.

As seguintes obras podem ser utilizadas nesse momento tão especial:

- *O evangelho segundo o espiritismo*, como obra básica;
- *Caminho, verdade e vida; Pão nosso; Vinha de luz; Fonte viva; Agenda cristã.*

Esse momento no lar não se trata de reunião mediúnica e, portanto, qualquer ideia advinda pela via da intuição deve permanecer como comentário geral, a ser dito de maneira simples, no momento oportuno.

No estudo do Evangelho de Jesus no Lar, a fé e a perseverança são diretrizes ao aprimoramento moral de todos os envolvidos.

COLEÇÃO
ESTUDANDO A
CODIFICAÇÃO

Uma das mais belas coleções da literatura espírita, composta pelos livros *Religião dos espíritos*, *Seara dos médiuns*, *O Espírito da Verdade*, *Justiça divina* e *Estude e viva*, apresenta um estudo aprofundado das obras da Codificação Espírita.

Codificação
Allan Kardec

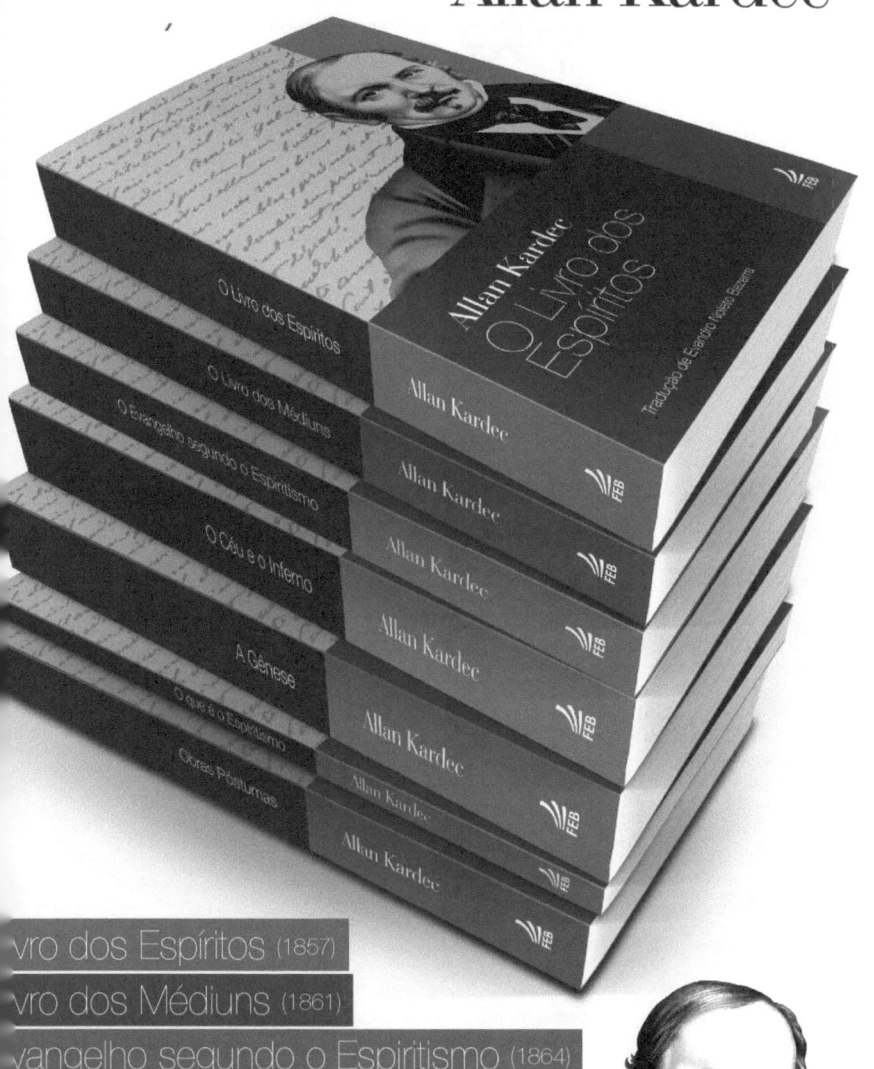

vro dos Espíritos (1857)
vro dos Médiuns (1861)
vangelho segundo o Espiritismo (1864)
éu e o Inferno (1865)
ênese (1868)
ue é o Espiritismo (1859)
as Póstumas (1890)

FEB editora
Livro espírita para um novo mundo
www.febeditora.com.br
@febeditoraoficial
@febeditora

Conselho Editorial:
Carlos Roberto Campetti
Cirne Ferreira de Araújo
Evandro Noleto Bezerra
Geraldo Campetti Sobrinho – Coord. Editorial
Jorge Godinho Barreto Nery – Presidente
Maria de Lourdes Pereira de Oliveira
Miriam Lúcia Herrera Masotti Dusi

Produção Editorial:
Elizabete de Jesus Moreira

Revisão:
Perla Serafim

Capa e Projeto Gráfico:
Tarcisio Ferreira

Reconstrução de *layout* e diagramação:
Rones José Silvano de Lima – instagram.com/bookebooks_designer

Normalização Técnica:
Biblioteca de Obras Raras e Documentos Patrimoniais do Livro

Esta edição foi impressa no sistema de Impressão pequenas tiragens, todos em formato fechado de 140x210 mm e com mancha de 110x180 mm. Os papéis utilizados foram o Off white 80g/m² para o miolo e o Cartão 250g/m² para a capa. O texto principal foi composto em fonte Adobe Garamond Pro 12/14 e os títulos em Adobe Garamond Pro 32/38,4. Impresso no Brasil. *Presita en Brazilo.*